Hans-Peter Burmeister

Zentralspanien
und Madrid

*Von den Schätzen des Prado
zu den Burgen Kastiliens*

In der vorderen Umschlagklappe:
Übersichtskarte von Zentralspanien

In der hinteren Umschlagklappe:
Stadtplan von Madrid

Wichtige Sehenswürdigkeiten auf einen Blick

ZENTRALSPANIEN
(Umschlagklappe vorn)

Alcalá de Henares (H4) . 278

Aranjuez (G2) 274

Ávila ☆ (D4) 121

Campillo (A8) 313

Coca (E6) 292

Cuenca (L2) 287

El Escorial ☆☆ (E/F4) . . 261

Guadalajara (H/J4) 281

La Granja ☆ (F5) 271

Medina del Campo (D7). 292

Pedraza (G6) 291

Peñafiel (F8) 291

Salamanca ☆☆ (A5) 91

Segovia ☆☆ (F5) 135

Sigüenza ☆ (K6) 283

Toledo ☆☆ (F1) 54

Tordesillas ☆ (C7) 298

Toro (B7) 300

Valladolid ☆ (D8) 294

Zamora ☆ (A7) 303

MADRID ☆☆ 155
(Umschlagklappe hinten)

Academia de
San Fernando ☆ (E4) . . . 240

Centro de Arte
Reina Sofía ☆☆ (F2) 233

Monasterio de
las Descalzas Reales (D4) 255

Monasterio de la
Encarnación (C/D4/5) . . 255

Museo Arqueológico
(G5/6) 248

Museo del Prado ☆☆ (G3) 163

Museo Thyssen-
Bornemisza ☆☆ (F4) 235

San Antonio
de la Florida ☆ (A6) 241

keine Sterne
sehenswert

☆
Umweg lohnt

☆☆
keinesfalls versäumen

Inhalt

Vorwort 6

Land und Geschichte

Zentralspanien – ein Land vieler Kulturen 10
   Römer, Westgoten und Mauren 10
   Das Land dreier Religionen 13
Reconquista – Rückeroberung
   durch die Christen 14
   Kastilien – geistiges Zentrum Europas 17
   Die Herausbildung der spanischen Nation 18
   Das Ende der Reconquista 22
Weltmacht Spanien 26
Siglo de oro – das goldene Jahrhundert
   spanischer Kultur 30
   Grundmotive spanischer Kunst 32
Spanien auf dem Weg in die Moderne 37
Daten zur Geschichte 41
Galerie der bedeutendsten Künstler 48

Reisen durch Zentralspanien

Toledo – die älteste Hauptstadt Spaniens
Zur Geschichte der Stadt Toledo 57
Ein Rundgang um die Stadt 63
Die Kathedrale 67
El Greco: ›Das Begräbnis des Grafen Orgaz‹ 77
Die Synagogen 81
San Juan de los Reyes 82
Hospital Santa Cruz 85
Hospital de Tavera 88

Salamanca – Zentrum spanischer Gelehrsamkeit
Zur Geschichte der Stadt Salamanca 91
Über die römische Brücke in die Stadt 94

Die Alte Kathedrale	94
Die Neue Kathedrale	98
Die Universität	100
Santa María de las Dueñas	106
San Esteban	107
Spaziergang durch die Altstadt	110
Die Plaza Mayor	118

Ávila – Stadt der Heiligen

Zur Geschichte der Stadt	121
Die Kathedrale	122
San Vicente	126
Teresa von Ávila	130
Convento Santo Tomás	132

Segovia – ein Märchen

Annäherung an das Stadtbild Segovias	135
Zur Geschichte der Stadt	137
Die obere Altstadt	141
Die Kathedrale	144
Der Alcázar	147
Ein Spaziergang um die Stadt	150

Madrid – Metropole der Neuzeit

Zur Geschichte der Hauptstadt Spaniens	155
Annäherung an ein Zentrum europäischer Kunst	161
Museo Nacional del Prado	163
Überlegungen zur Auswahl	163
Altniederländische Malerei	167
Deutsche Malerei	177
Italienische Malerei	179
Spanische Malerei des *siglo de oro*	185
Höhepunkt des *siglo de oro*: Velázquez	197
Beginn der Moderne: Goya	210
Ein zweiter Rundgang durch den Prado	224
Museo Thyssen-Bornemisza	225
Centro de Arte Reina Sofía	233
Real Academia de San Fernando	240
Die Fresken Goyas in San Antonio de la Florida	241
Palacio Real	244
Museo Arqueológico Nacional und	
Museo de América	248
Weitere Kunstmuseen	251
Das Madrid der Habsburger	252
Spaziergänge am Rand des Zentrums	256

Die Umgebung von Madrid

El Escorial	261
Valle de los Caídos	270
La Granja	271
Aranjuez	274
Alcalá de Henares	278
Guadalajara	281
Sigüenza	283
Cuenca	287

Zu den Niederungen des Duero – Castillos, Paläste, Kathedralen

Ausflug zu den kastilischen Burgen	291
Valladolid	294
Tordesillas	298
Toro	300
Zamora	303
Glossar	314
Literatur	318

Praktische Reiseinformationen

Reisevorbereitung	322
Informationen für unterwegs	323
Informationen von A bis Z	335
Zitatnachweis	337
Abbildungsnachweis	338
Register	339

Bitte schreiben Sie uns, wenn sich etwas geändert hat!
Alle in diesem Buch enthaltenen Angaben wurden vom Autor nach bestem Wissen erstellt und von ihm und dem Verlag mit größtmöglicher Sorgfalt überprüft. Gleichwohl sind – wie wir im Sinne des Produkthaftungsrechts betonen müssen – inhaltliche Fehler nicht vollständig auszuschließen. Daher erfolgen die Angaben ohne jegliche Verpflichtung oder Garantie des Verlages oder des Autors. Beide übernehmen keinerlei Verantwortung und Haftung für etwaige inhaltliche Unstimmigkeiten. Wir bitten dafür um Verständnis und werden Korrekturhinweise gerne aufgreifen:
DuMont Buchverlag, Postfach 10 10 45, 50450 Köln
E-Mail: reise@dumontverlag.de

Vorwort

Castillo de Peñafiel

Zentralspanien, das ist das Innere der Iberischen Halbinsel, fern der Meere. In der strengen Landschaft der kastilischen Hochebene liegen stolz sich auftürmende Städte wie Toledo, Salamanca, Ávila und Segovia wie Schmuckstücke auf einem ausgebreiteten Tuch. Der Besucher geht über römische Brücken, zieht in mittelalterliche Burgen ein, besucht ehemalige Synagogen und weiträumige Kathedralen. Er bewegt sich in Stadtpalästen der Renaissance und Klöstern des Barock und ist dabei dem aus vielen Strömungen kunstvoll geformten Eigencharakter spanischer Kultur auf der Spur. Und er nimmt zugleich auf überraschend eindrückliche Weise als staunender Betrachter an der jahrhundertelangen Entwicklung europäischer Kunstgeschichte teil.

Vorwort

Zentralspanien ist mehr als nur ein geographischer Begriff – und es ist nicht nur ein faszinierender kultureller Wirkungsraum der Vergangenheit, in dem Orient und Okzident einander begegneten. Hier spannt sich von der Architektur bis zur Malerei ein kraftvoll fundierter und reich verzierter Bogen künstlerischer Kostbarkeiten aus fernen Jahrhunderten bis zur Moderne.

In der spanischen Hauptstadt Madrid ist buchstäblich die Neuzeit zu Hause. Sie ist in den letzten Jahren eine der faszinierendsten Weltstädte Europas geworden – und ein unvergleichlicher Ort für die Begegnung mit der europäischen Malerei geblieben. Man muss schon nach Zentralspanien reisen, um sich von den bewegenden Bildern El Grecos, Velázquez' und Goyas ergreifen zu lassen.

El Escorial:
anonymer Kupferstich,
18. Jahrhundert

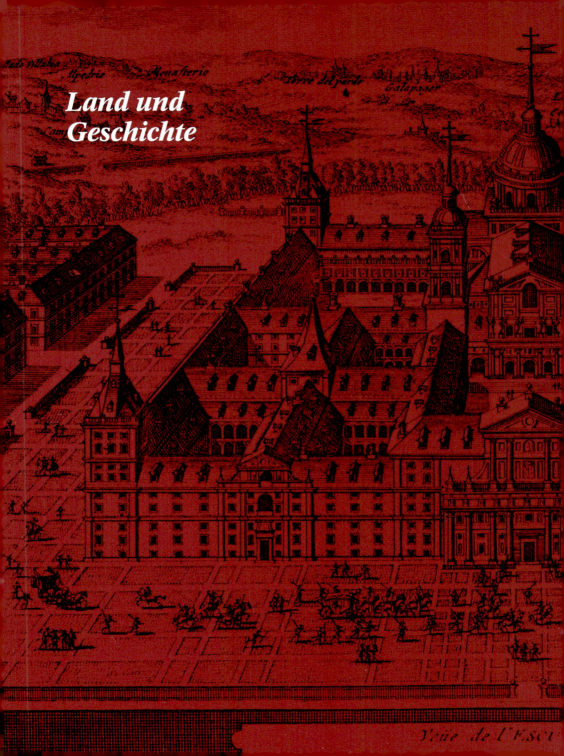

Land und Geschichte

Land und Geschichte

Zentralspanien – ein Land vieler Kulturen

Spanien ist nicht nur ein großes Land, es wirkt mit seinen grünen Auen im Norden, den Wüsten Aragons, dem riesigen Hochland Kastiliens, den Ebenen der Extremadura und den Hochgebirgen der Pyrenäen im Norden und der südlich in Andalusien gelegenen schneebedeckten Sierra Nevada so ausgedehnt und verschiedenartig wie ein Kontinent. Das Land der Mitte ist Kastilien – weit entfernt von den Meeren, ein Land von großer Weite und sprödem Reiz. Im Sommer trocken und staubig, der glühenden Sonne ausgesetzt; im Winter frostig, grau und hart und im Frühjahr wie ein wogender grüner Ozean, in den die Städte wie Inseln eingestreut sind, die wenigen Siedlungen und Höfe wie einsam treibende Schiffe. Das ist Zentralspanien, in dessen Mitte die Hauptstadt Madrid liegt. Von hier aus wurde das Land beherrscht; von hier dominierte Spanien mehr als ein Jahrhundert lang Europa und die halbe Welt – das erste erdballumspannende Weltreich der Geschichte. Spanien ist ein europäisches Kernland, aber es liegt geographisch am Rand, von Meeren umspült, nicht weit von Afrika entfernt. Es ist ein Land mittelmeerischer Kulturen – früh von keltischen Stämmen aus dem Norden besiedelt, von den Phöniziern entdeckt, die dort eine der ältesten Siedlungen Europas gründeten, das heutige Cádiz. Die Griechen siedelten an seinen Küsten, und die Karthager zogen unter Hannibal durch die Iberische Halbinsel gen Rom. Die Römer waren die ersten, die nahezu das gesamte Land in Besitz nahmen und mit ihren Brücken und Straßen eine Infrastruktur schufen, die bis heute sichtbar geblieben ist. Auf den Trassen alter Römerstraßen fließt heute der Autoverkehr über die großen Nationalstraßen. Bis vor wenigen Jahrzehnten floss Wasser über das römische Aquädukt inmitten des kastilischen Segovia. In Salamanca erreicht man noch heute die Altstadt über die römische Brücke.

Römer, Westgoten und Mauren

Die römische Eroberung Spaniens dauerte Jahrhunderte. Immer wieder brachen Aufstände aus. Die Lusitanier und Vettonen im Süden wurden besiegt; ihre Kämpfer wurden zu römischen Legionären, als der römische Bürgerkrieg zwischen den Parteien von Cäsar und Pompejus auch in Spanien tobte. Erst als der Widerstand der Kantabrer und Asturier im Norden der Halbinsel gebrochen war und nicht mehr allein militärische Gesichtspunkte die Bauvorhaben bestimmten, entfaltete sich die römische Zivilisation in Stadtanlagen mit Villen, Bädern und Bewässerungssystemen mit Aquädukten.

Die befestigten römischen Militärlager wurden zu offenen Städten. In ihnen siedelten die Veteranen der Feldzüge römischer Kaiser,

Römer, Westgoten und Mauren

Segovia, das römische Aquädukt

aber auch Händler aus Griechenland und Syrien und Juden aus Palästina. Spanien lieferte wertvolle Rohstoffe, die aus Bergwerken gewonnen wurden, und galt als eine der Kornkammern des Weltreichs. Das Christentum, ursprünglich eine der vielen Mysterienreligionen aus dem Osten des Römischen Reichs, gelangte während des ersten Jahrhunderts durch Sklaven, Freigelassene und Händler, vorwiegend aus Griechenland, nach Spanien. Während der Völkerwanderung zerbrach das Römische Reich. Das germanische Volk der Wandalen zog auf seinem zerstörerischen Weg nach Afrika durch das Land. Die Sueben drangen zunächst bis in die südliche Mitte Iberiens vor, um sich dann in den Nordwesten Spaniens, nach Galicien, zurückzuziehen, wo sie ein eigenes Königreich bildeten. Die Westgoten beherrschten seit dem vierten Jahrhundert ganz Spanien, zunächst als dünne Oberschicht, um dann mit den Einheimischen zu verschmelzen. Toledo wählten sie als Hauptstadt. Das westgotische Reich zerbrach unter dem Ansturm der Reitervölker aus Arabien, dem Jemen, aus Syrien und Marokko (die römische Provinz Mauretanien), die, unter dem Banner des Islam geeint, die christliche Herrschaft der Westgoten innerhalb kürzester Zeit hinwegfegten. Erst Karl Martell konnte ihnen bei Tours und Poitier in Frankreich Ein-

Land und Geschichte

halt gebieten, so dass die Muslime (= die sich Allah unterwerfen) sich auf das Gebiet der Iberischen Halbinsel zurückzogen, vor allem in den fruchtbaren Süden und in die Städte, denen sie zu neuem Glanz verhalfen.

Bis auf wenige unzugängliche Gegenden in der Bergwelt Kantabriens und Asturiens im nördlichen Spanien blühte Spanien im Zeichen maurischer Kultur auf. Die Landwirtschaft wurde erneuert und verbessert; bislang unbekannte Früchte wurden angebaut, die römische Bewässerungstechnik verfeinert und erweitert. Leder- und Schmiedehandwerk, keramisches und textiles Gewerbe erblühten. Vor allem in der Architektur, der Kunst des Ornaments und im Kunsthandwerk ließ die maurische Kultur das spanische Land, bis tief in die nachfolgende christliche Zeit hinein erstrahlen. Impulse aus Wissenschaft und Poesie machten das maurische Spanien zu einem Hort der Gelehrsamkeit und Empfindsamkeit gegenüber den Schönheiten der Welt.

Der noch junge Islam hatte eine mitreißende Überzeugungskraft, weil er nicht nur die in Stammesfehden zerrissenen Völker zu vereinigen vermochte, indem sie sich alle Allah unterwarfen, sondern zugleich eine soziale Regelung ihres Zusammenlebens förderte. Das Arabische wurde zur reichen und biegsamen Sprache aller Muslime, da die Religion über den von Mohammed dem Propheten in arabisch verfassten Koran vermittelt wurde. Die Beschränkung auf diese eine Sprache und zugleich die Offenheit gegenüber allen Erscheinungen der Welt angesichts der Unendlichkeit Allahs inspirierte dazu, die schriftlichen Quellen anderer Sprachen und die Weisheiten anderer Kulturen ins Arabische zu übersetzen. Erkenntnis dieser Welt war ein Weg zum Lobe Allahs, der sie geschaffen hatte. Und in der Tat drangen indische, persische und byzantinische Traditionen und Er-

Die westgotische Kirche San Pedro de la Nave bei Campillo

kenntnisse innerhalb kürzester Zeit ins Arabische und verleiteten dazu, im Hinblick auf das Universelle weiterzuforschen: über die Konstellationen der Gestirne, die Brechungen des Lichts, den Organismus des Körpers und die mathematischen Formeln für Unendlichkeit.

Neben der Freude an sinnlichen Genüssen, an Wasserspielen und Wohlgerüchen sowie an der in den Gärten kultivierten Natur waren es auch der Wohlklang der Sprache, die prägende Bildkraft einer Formulierung, die Schärfe eines zugespitzten Gedankens, die die gebildeten Menschen begeistern konnten. Sie priesen darin nicht nur den menschlichen Urheber, sondern die Schöpfung selbst. Solch lobpreisende Poesie entzündete sich auch an der Verehrung der geliebten Frau und in der Kultivierung des Geschlechterverhältnisses in den oberen Gesellschaftsschichten. Aus Persien kommend, wanderte die edle Kunst der Liebespoesie in arabischer Sprache über Nordafrika bis nach Spanien, wo sie neue Blüten trieb, und gelangte von dort zu den Troubadouren nach Toulouse wie auch an provenzalische Höfe, um schließlich noch einen Walther von der Vogelweide im süddeutschen Raum zu inspirieren.

Das Land dreier Religionen

Das maurische Spanien war nicht allein das Spanien der Mauren. Die ursprüngliche aus Iberern, Kelten, Phöniziern, Griechen, Karthagern, Römern, Juden und Westgoten gemischte Bevölkerung wurde ja nicht vertrieben oder ausgerottet. Man ließ sie leben, auch teilhaben, ja man respektierte den fremden Glauben, sofern er jüdisch oder christlich war. Jesus war als Prophet von Mohammed anerkannt worden; und der jüdische Monotheismus war der islamischen Auffassung immer schon nah gewesen. Nur bei Heiden bestand man auf Bekehrung. Ansonsten konnten die Religionsgemeinschaften ungestört ihren Riten folgen. Das maurische Spanien bestand aus dem Zusammenklang dreier Religionsgemeinschaften: dem Islam, dem Christentum und dem mosaischen Glauben. Ihre Anhänger waren zwar in den Moscheen, Kirchen und Synagogen getrennt, nicht aber im Miteinander des täglichen Lebens. Hier wurde Handel getrieben, es wurden Dienstleistungen erbracht, und man maß sich im friedlichen Wettstreit an den Qualitäten der jeweils anderen Religion. Das maurische Spanien entfaltete seinen Glanz in diesem Zusammenspiel christlicher, muslimischer und jüdischer Religiosität, die zugleich eine spannungsreiche, aber auch kommunikative, auf Einigung zielende säkulare Welt erschuf. Im Wettstreit um die Eroberung der Welt ging es nicht mehr in erster Linie um Territorien, sondern um die geistige Entdeckung, die Erkenntnis der natürlichen Vorgänge, die Analyse physischer Beschaffenheit und die Therapie im Fall von krankhaften Ungleichgewichten. Vor allem medizinische und optische Kenntnisse nahmen zu.

Land und Geschichte

Die Schätze griechischer Philosophie, vergraben und fast vermodert in den Kellern von Byzanz, wurden von den Arabern gehoben. Sie sammelten mit Leidenschaft geistige Schätze und übertrugen sie ins Arabische, bevor sie in lateinischer Übersetzung dem christlichen Abendland den entscheidenden Impuls für die Errichtung eines christlichen philosophisch-theologischen Lehrgebäudes gaben, wie es an den gerade gegründeten Universitäten in Paris, Bologna und Oxford, Neapel und Köln vermittelt wurde. Während Mitteleuropa noch auf das Licht der Neuzeit wartete, gab es nicht nur Straßenbeleuchtung in den großen Städten des maurischen Spanien, auch die europäische Aufklärung ließ im freigeistigen Milieu des islamischen Spanien ihre ersten zarten Triebe sprießen. Gegen Wunderglauben wurde Vernunft als göttlicher Geist entdeckt, ihr Gebrauch gefordert und dem rechten Glauben als eigener Gottesdienst an die Seite gestellt – so von dem arabischen Philosophen Averroes (Mohammed ibn Rushd, geb. 1126 in Cordoba), Kommentator, Übersetzer und Vermittler der Schriften des Aristoteles und von dem Juden Maimonides, dessen Gedanken, von Spinoza aufgegriffen, anregend waren für Leibniz, Kant und Goethe. So war über Jahrhunderte für das mittelalterliche Spanien der arabisch-maurische Einfluss prägend, aber doch in einem eigenen Sinn der Verschmelzung und der gegenseitigen Beeinflussung. Die jüdische Geistigkeit konnte sich in einer Atmosphäre der Toleranz nahezu ungehindert entfalten. Unter den Westgoten hatten die Juden in Angst und in Sorge um ihre Existenz leben müssen. Die arabisch-maurische Invasion wirkte für sie daher wie eine Befreiung. Das intellektuelle Leben in den Städten war seitdem zunehmend von jüdischer Geistigkeit durchdrungen. Sie waren zudem gesuchte Verwalter und Financiers, aber auch tüchtige Handwerker.

Reconquista – Rückeroberung durch die Christen

Gegen das islamisch beherrschte Spanien organisierte sich seit dem achten Jahrhundert im äußersten Norden Spaniens eine Gegenbewegung. Unter Führung geflüchteter westgotischer Adliger begann die Rückeroberung (Reconquista) der Iberischen Halbinsel, die fast 800 Jahre lang dauerte, wie die maurische Präsenz.

Es waren zunächst asturische und kantabrische Hirten, dann einfache Bauern und Ritter, die von Norden her die unbesiedelten Weiten der iberischen Hochebene in Besitz nahmen. Damit begann eine langwierige Rückeroberung, die für die spanische Geschichte entscheidend und für das Selbstbewusstsein der Spanier zur folgenreichen, Identität stiftenden Erfahrung wurde. Erst mit dieser Inbesitznahme begann die eigene Geschichte Kastiliens, die eine Dynamik entfaltete, die zur Einigung Spaniens im Zeichen des Kreuzes und schließlich zur Erringung der Weltmacht führte.

Es war nicht einfach nur Landgewinnung, es war auch das Festklammern an der einmal wiedereroberten Erde, die zum militanten Stolz selbst einfacher Bauern führte. Der Adel musste sich auf seine Untergebenen verlassen können; er gab ihnen daher eigenes Land und den Bürgern Selbstbestimmungsrechte. So wurde – gegenüber der offensichtlichen Überlegenheit der gegnerischen Kultur – die Motivation für die Verteidigung nun eigenen Bodens und des selbstbestimmten Gemeinwesens gestärkt.

Der feinen Lebenskunst des maurischen Spanien setzte man die Würde der Selbstbestimmung entgegen, so roh und ungeschliffen sie zunächst auch daherkam, um sich erst im Lauf der Zeit zu der sprichwörtlich spanischen Höflichkeit zu entwickeln. Es war der trotzige Stolz der kulturell Unterlegenen, der von Anfang an das Selbstgefühl der Reconquista prägte. Unabhängig von Stand und Ansehen glaubten sie an die schlichte Überlegenheit des eigenen Glaubens. Ein Wertbewusstsein, das sich durch nichts erschüttern ließ, edel von Natur aus, wenn man so will, um den Preis der Ignoranz, der Vermessenheit, der Überschätzung. Dass man entgegen allen realistischen Annahmen, entgegen dem Kalkül, der Berechnung einfach tat, was der eigene Wille befahl, machte die Spanier groß und schrecklich, brachte ihnen Erfolg und ließ sie scheitern. Im Don Quijote ist diese spanische Figur später im Doppellicht des Närrischen wie Weisen zur literarischen Gestalt geworden. In der Idee des freien Willens, wie sie die Jesuiten vertraten, hat sich dieser spanische Geist mitsamt seiner militanten Umkleidung in die weltlich agierende Avantgarde der katholischen Kirche geformt.

Das weitgehend unbewohnte Gebiet des mittleren Spanien bestückten die Edelleute aus Leon, Asturien, Kantabrien und Galicien mit Festungen. Es wurde zum Land der Kastelle, was zum Namen Kastilien führte. Kampf gegen den Gegner im eigenen Land, militanter Stolz, Askese, stoischer Gleichmut im Ertragen von Leiden, Armut und Entbehrung – das führte zu kastilischen Tugenden, die als hoher Wert galten. Das Festklammern an der trockenen Erde, aber auch die stetige Herausforderung, weiter vorzudringen, gab den armen Leuten nicht nur eine Verheißung auf späteres Glück. Dieses Glück lag im Jenseits. Die weite kastilische Landschaft mit unbestimmtem Horizont, die tiefliegenden Wolken am Himmel, die Härte des Daseins in sommerlicher Glut und winterlicher Kälte ließen das irdische Leben als gering erscheinen gegenüber der himmlischen Verheißung, einst als Kämpfer für den wahren Glauben erlöst zu werden. Es war diese Vision, die die Menschen vorantrieb; es war zudem ein trockener Realitätssinn, der einen Aufstieg in dieser Welt möglich erscheinen ließ. Denn diese ständig auf Raumgewinn zielende Gesellschaft war auch im Innern mobil und flexibel. Es waren die kleinen Leute voller Ehrgeiz, die in der Verbindung von Schwert

Land und Geschichte

Die Burg von Pedraza

und Kreuz aus dem zyklischen, dem Naturkreislauf nahen bäuerlichen Lebensgefühl heraustraten und durch zielstrebige Eroberungen die Chance erhielten, einen höheren Stand zu erreichen. Nicht nur die Geburt, nicht die Abstammung und nicht die von Gott gesetzte Ordnung waren mithin für den gesellschaftlichen Rang allein entscheidend, sondern auch das eigene, vom Willen und von persönlicher Tapferkeit abhängige kämpferische Handeln. All dies ließ sich zusammenfassen im Begriff der Ehre. Sie war wichtiger als das eigene Leben. Sie war der Wert, der alle anderen überstieg. Nicht Glanz und Glück galt es zu erwerben, sondern Ehre. Sie war die Formel für Erlösung schon auf Erden. Sie verhieß ewiges Leben. In ihr verband sich das Gefühl für persönliche Würde, die jeder Autorität zu trotzen verstand, mit dem Ehrgeiz, aus dem Leben als ein Besserer treten zu wollen. So wurde das Leben zu einer Art Prüfstand zur Erringung ewigen Heils, der Kampf zur Initiation, Bewährung und Überschreitung, die eigene Willenskraft zur Feder allen Bemühens, allen Ertragens, von keinem weltlichen Glück getröstet, sondern durch Leiden geläutert, vom Schmerz und von der Gewissheit getragen, in eine Art Heiligenstand zu treten.

Die Ritter der Reconquista schlossen sich zu Orden zusammen; Mönch und Ritter, Kreuz und Schwert erschienen als Einheit. Das

Christentum, ursprünglich eine Religion der tätigen Liebe und vom Gedanken der Vergebung und der Gnade durchdrungen, wurde zu einer militanten Glaubenslehre, die im aufopfernden Kampf für die eigene Ausbreitung ihre erste und alles legitimierende Aufgabe sah. Der Widersinn, mit dem Schwert für das Kreuz zu kämpfen, wurde zum spezifisch spanischen Denkmuster – bis tief in unser Jahrhundert hinein. Über zehn Prozent der Gesellschaft gehörten zum Adel, aber nur wenige zum mächtigen Hochadel. Der Kleinadel besaß kaum mehr als ein Wappen. *Hidalgos* nannte man jene *hijos de algo* (Söhne von Etwas). Der Name zählte, die Ehre und der Kampf.

Gut und Leben für den König setzet ein, jedoch die Ehre, ist das Erbteil unsrer Seele, und die Seele ist ganz Gottes

Calderón de la Barca

In Kastilien gab es zwar auch das fruchtbare Ebrotal und die einladenden Niederungen des Duero, aber kaum ergiebige Quellen und üppige Gärten, deren Früchte nur eingesammelt zu werden brauchten, überhaupt kaum geschlossene Landschaftsräume, in denen begrenztes Glück denkbar, fühlbar oder realisierbar schien. Keine glücklichen Häfen der Geborgenheit, lockende Gestade, sanfte Hügel und stille Seen. Über der hohen, strengen und kargen kastilischen Landschaft erhob sich ein unendlich weiter und doch auch tief liegender, nah gerückter Himmel. Klein und ungeschützt waren die Menschen in der Weite. Das Jenseits war immer gegenwärtig als sichtbare Ferne und überwältigender Himmelsschirm. Die Unbestimmtheit des Horizonts reizte dazu, aufzubrechen und die Landschaft wie ein Meer zu überqueren. Häfen der Sehnsucht waren nur denkbar jenseits Kastiliens. Die monumentale Weite war wie ein riesiges Feld der Erwartung und Erprobung kein Gelobtes Land, eher schon eine Wüste Sinai, aus der die Gesetze des Lebens von einem strengen Gott empfangen wurden – wie eine irdische Bühne, die die Bewährung sichtbar macht und die eigene Haltung vor aller Welt offenbart, oder wie ein gewaltiger Vorhof zu himmlischen Schlössern.

Die Burgen Kastiliens stehen heute noch stolz und fremd in der Landschaft, weithin sichtbar, über sie herrschend, sich gegen sie behauptend, und doch auch interpretierbar als deren Steigerung, naturhaften Malen ähnlich, steinerne Verdichtungen der Erde, Zeichen wehrhafter Existenz, Manifestationen des trotzigen Willens, in der der Widerstand gegen die Landschaft das Widerstehende zutiefst geprägt hat. Nicht bergend, sondern verschlossen. Schutzgebend wie ein Verlies, Zuflucht gestattend für eigenes Gefangensein.

Kastilische Strenge ist sprichwörtlich: aus der Geschichte der Reconquista geboren, an die hohe, weitflächige Landschaft Zentralspaniens gebunden und im herrischen Gestus sowie im harten disziplinierten Tonfall der Sprache manifest geworden.

Kastilien – geistiges Zentrum Europas

Als Toledo 1085 von den Christen eingenommen wurde, war dies die historische Wende für ganz Spanien in doppelter Hinsicht. Das feinsinnige und leichtlebige maurische Spanien fühlte sich bedroht und

Land und Geschichte

holte sich fanatische Beschützer aus dem nahen Marokko, Almoraviden und Almohaden, die mit militärischer Strenge wieder den Kampf gegen die Christen bis hoch in den Norden organisierten, Territorien für sich gewannen, aber auch einen fanatisch-strengen Islam zu verbreiten suchten, der sich gegen die Lebenskunst der maurischen Welt in Spanien selbst richtete. Insbesondere die Juden verloren vielfach ihre günstige Position, wurden unter Druck gesetzt, verfolgt und zogen ins Exil in christliche Gebiete, vorzugsweise unter die Obhut kastilischer Könige, z. B. nach Toledo, wo sich nun inmitten Kastiliens ein freier Geist entfalten konnte, eine ganz Europa beliefernde Übersetzerschule berühmt wurde und König Alfons mit dem Ehrentitel ›Der Weise‹ einer der ersten Gelehrten seiner Zeit war.

Das strenge asketische Kastilien wandelte sich zu einem Hort der Toleranz, der Wissbegierde und zum nicht nur geographischen, sondern auch aktiven Zentrum des Handels. Der Schwerpunkt lag auf dem Handel mit Wolle, die von den riesigen Schafherden auf der *meseta* erzeugt wurde; die Tuchproduktion Segovias, aber auch das traditionelle metallverarbeitende Gewerbe der Waffenschmiede Toledo genossen einen guten Ruf. In den kastilischen Städten begann das wirtschaftliche Leben zu florieren. Eine tätige Mittelschicht wuchs heran, ein selbstbewusstes Bürgertum mit Handelskontakten zu den nördlichen und östlichen Häfen. Kastilien war nicht nur zum bevölkerungsreichsten, sondern auch zum weiträumigsten Land des christlichen Spanien geworden. Es wurde zunehmend auch kulturell zum Mittelpunkt Spaniens, denn es schloss sich nicht ab in dieser Phase der Gelassenheit während des Gesamtverlaufs der Reconquista, sondern öffnete sich, produzierte, tauschte aus und wurde mit der Übersetzerschule von Toledo und den neu gegründeten Universitäten von Plasencia und Salamanca zu einem geistigen Zentrum Europas.

Die Herausbildung der spanischen Nation

Ab Mitte des 13. Jahrhunderts gab es nur noch ein islamisches Königreich in Spanien – Granada im Süden. Der muslimische Herrscher war zum Vasallen des kastilischen Königs geworden, ja zum Mitstreiter sogar gegen seine eigenen Glaubensbrüder im Kampf um Sevilla.

Spanien bestand aus vielen sich gegenseitig befehdenden Königreichen. Nur im Krieg gegen den Islam war man sich einig. Der Adel war mächtig, eigenwillig und unbotmäßig. Die Könige schätzten die islamischen Handwerker, von denen sie sich ihre Paläste errichten ließen. Die Landwirtschaft prosperierte. Reiche jüdische Händler gaben Kredite. Der große Bewegungsstrom der Reconquista, der im Lauf des 13. Jahrhunderts den gesamten Süden bis auf das Königreich Granada unterworfen hatte, war vorerst zum Stillstand gekom-

Die Herausbildung der spanischen Nation

Isabella von Kastilien und Ferdinand von Aragon, die ›Katholischen Könige‹ Miniatur aus dem Gebetbuch ihrer Tochter, Johanna der Wahnsinnigen, Chantilly, Musée Condé

men. Das riesige Gebiet südlich von Kastilien wurde rasch an die hohen Herren des Adels und die Kirche verteilt. Das Land wurde in Kleinkriegen zwischen den Adelshäusern aufgerieben sowie in den immer wiederkehrenden Scharmützeln an den Grenzen zum muslimischen Süden.

Als in der Mitte des 15. Jahrhunderts Isabella Königin von Kastilien wurde und Ferdinand von Aragon heiratete, begann für Spanien ein neues Zeitalter. Der plötzliche Machtzuwachs und die energisch zielgerichtete, gemeinsame Machtausübung, gebunden durch eine Idee, jahrhundertelanges Streben zu einem Abschluss führen zu können, ließen den Keim für die staatliche Formung der spanischen Nation entstehen. Eine wirkungsvolle königliche Zentralgewalt bildete sich heraus und beschränkte die feudalen Rechte des Adels. Das

Land und Geschichte

Königtum erstarkte, durch gesetzliche Auflagen wurde die Willkürherrschaft des Adels beschränkt, dessen Energien gebunden und zugleich durch das königliche Bündnis mit einem aufstrebenden Bürgertum in den Städten in Schach gehalten. Die Einführung von königlich geschützten Märkten belebte neben dem Handel zusätzlich das produktive Gewerbe. Was das Ziel staatlicher Einheit über die Erringung von Macht und Territorium hinaus beflügelte, war die Vorstellung eines endgültigen Siegs über den Islam auf spanischem Boden, die Erfüllung eines Jahrhunderte währenden Traums, das verlorene Paradies wieder zu erlangen und damit die Schuld der Vorväter, die es eingebüßt hatten, durch Opfer und Sühne wiedergutzumachen.

Der Papst hatte den beiden Königen den Ehrentitel ›Die Katholischen‹ gegeben. Die Kirche war nicht nur Trägerin der Staatsideologie, sie war und blieb auch – zumindest in Spanien – eine wichtige Macht im Staat. Ihre Oberhäupter nahmen nicht selten für Jahre die gesamte Regierungsverantwortung auf sich. Immer aber wirkten die höchsten Kirchenfürsten als politische Berater, als Beichtväter und als Ideenspender für die königlichen Entscheidungen. Dies war durchaus keine einseitige Einflussnahme, sondern widersprüchlich, zuweilen auch kontrovers. Kirchenmänner sorgten als Inquisitoren für das Brennen der Scheiterhaufen, für die Verfolgung und Vertreibung der Juden, aber es waren auch Dominikaner-Mönche wie Bartolomé de Las Casas oder Francisco de Vitoria, die die Könige davon überzeugten, dass Indianer zu morden unchristlich sei und dass es Völker- und Menschenrechte gebe, die es zu schützen gilt – gegen die

›Columbi erste Schifffahrt nach Indien, Anno 1492‹, kolorierter Kupferstich von Theodore de Bry aus H. Bezono, America pars quarta, Frankfurt 1594

Die Herausbildung der spanischen Nation

Willkür der eigenen brandschatzenden, plündernden, vergewaltigenden und mordenden Landsleute.

1492 war ein Schicksalsjahr für Spanien in mehrfacher Hinsicht. Am ersten Januar dieses Jahres wurde die kastilische Fahne auf die Alhambra gepflanzt. Damit war das letzte noch in Spanien verbliebene islamische Reich erobert; ganz Spanien war in christlicher Hand. Auf Bitten des Beichtvaters Isabella der Katholischen hatte Kolumbus noch während der Belagerung Granadas ein letztes Mal Gehör bei der Königin und dem König gefunden. Sein jüdischer Finanzberater Santangel war es schließlich, der mit der Übernahme des finanziellen Risikos den Ausschlag dafür gab, dass dieser eigensinnige Genuese mit seiner verrückten Idee erhört wurde. Nachdem die Türken den Landweg über Kleinasien und Nordafrika abgeriegelt hatten, wollte Kolumbus über einen völlig unbekannten Seeweg zu den Gewürzen und Schätzen Westindiens gelangen. Falls die Erde rund sei, müsse man am Ende des Seewegs nach Westen auf Indien stoßen. Das Ergebnis war die Entdeckung der Neuen Welt, des amerikanischen Kontinents, am 12. Oktober desselben Jahrs – bis heute ein Feiertag in Spanien. Während die drei Schiffe des Kolumbus an der andalusischen Küste zur Expedition gerüstet wurden, waren die Häfen Spaniens monatelang verstopft und von Klagen erfüllt; denn die spanischen Könige hatten dem Drängen des Großinquisitors und des Erzbischofs nachgegeben. Sie hatten verfügt, dass alle Juden, die ihrem Glauben treu bleiben wollten, Spanien verlassen müssten. Unter Zurücklassung ihrer Habe wurden Hunderttausende Juden ver-

Links: Unbekannter Meister des 16. Jahrhunderts, Kolumbus (Detail), Madrid, Museo de America

Rechts: Unbekannter Meister des 17. Jahrhunderts, Bartolomé de Las Casas, Sevilla, Biblioteca Colombina

Land und Geschichte

trieben: nach Marokko, in die Türkei, nach Griechenland und Bulgarien, nach Italien und Holland, wo sie bis in unser Jahrhundert hinein ihr kulturelles Selbstbewusstsein als Sephardim mitsamt ihrer altspanischen Sprache aufrechterhielten. Wer als Jude zum Christentum konvertierte, stieß auf das Misstrauen der Inquisition. Es waren vor allem *conversos*, die der Folter und der öffentlichen Verbrennung zum Opfer fielen.

Die *limpia de la sangre*, die Reinheit des Bluts, wurde zum fanatisch erstrebten Wert, der die Menschen, aufgehetzt von Predigern, in Massenhysterie versetzte und einer kalt operierenden Tötungsbürokratie die Macht über das Leben ihrer Mitmenschen übertrug. Jeder war verdächtig in Spanien. Die Inquisition setzte potentiell jeden in Angst und Schrecken. Sie machte auch nicht Halt vor Rang und Vermögen; zuweilen sorgten Intrigen für gezielt gestreuten Verdacht, und reiche Schätze der Verurteilten wechselten in den Besitz der Kirche und der Krone. Und wer später als Spanier nach Mitteleuropa gelangte, war seinerseits im misstrauischen Europa verdächtig, ein Araber oder ein Jude zu sein.

Das Jahr 1492 erlebte nicht nur das Ende der Reconquista mit der Eroberung Granadas, der Vertreibung der Juden und der Entdeckung Amerikas, sondern auch die Publikation der ersten spanischen Grammatik – Ereignisse, die Geschichte machten und bis heute fortwirken.

Das Ende der Reconquista

Bekannt ist, dass sich Isabella und Ferdinand lange gegen den Druck der judenfeindlichen Erzbischöfe und Großinquisitoren gesträubt haben. Sie sahen keinen Vorteil darin. Sie schätzten Juden als vertraute Freunde und Berater, profitierten von deren Verbindungen und vermittelnder Eloquenz, deren ärztlicher Kunst, deren Kenntnis des Rechts und deren Anhänglichkeit gegenüber dem König. Der Jude Santangel aus Valencia, Finanzberater des Königs Ferdinand, hatte mit seinem Kredit den Ausschlag für die Reise des Kolumbus gegeben. Sie waren auch Handwerker und Händler; in der Mehrzahl waren sie gebildete Menschen, die das städtische Leben inspirierten. Die Könige hatten jahrhundertelang zu ihren Verbündeten gehört: gegen fanatische Christen, ungehobelte Ritter und den mordbereiten Pöbel. Sie konnten sich gegenseitig vertrauen. Dennoch haben die Katholischen Könige am Ende das Dekret unterzeichnet, das gläubigen Juden befahl, binnen weniger Monate das Land zu verlassen, es sei denn, sie nähmen den christlichen Glauben an. Es gilt daher auch mit Recht als ihre politische Tat, vollbracht im Hochgefühl des Erfolgs, im Sog einer endlich sich schließenden Siegeskette, im Bewusstsein, die spanische Einheit geschaffen zu haben und nun auch vollenden zu müssen, und im eingeflüsterten Glauben, dass im geeinten Land nur Platz sein sollte für die eine, die siegreiche Religion.

Das Ende der Reconquista

Toledo, Santa María la Blanca: Die ehemalige Synagoge wurde Anfang des 15. Jahrhunderts zur Kirche

Bleibt noch nachzutragen, dass es vorher und noch einmal verstärkt durch das Dekret viele *conversos* in Spanien gab, getaufte Juden, die Karriere beim Staat und in der Kirchenhierarchie machten (einer der fanatischsten Judenhetzer des 15. Jahrhunderts, der Großinquisitor Torquemada, entstammte selbst einer konvertierten Familie), und dass dies erst recht die Inquisition in Gang brachte, überall nach ›unechten Christen‹, heimlichen Juden zu fahnden, sie dem peinlichen Verhör, der Folter, zu übergeben und schließlich öffentlich zu verbrennen. Wer kein Schweinefleisch aß, galt als nahezu überführt. Auf Gerüche spezialisierte Spione durchstreiften die Wohnviertel, um die Küchendünste aufs genauste zu untersuchen. Offizieller Grund für die Vertreibung war die vermeintliche Sorge, dass die einmal Konvertierten, die zwar misstrauisch betrachtet wurden, aber offiziell als lebende Zeugnisse für den Sieg des überlegenen christlichen Glaubens galten, von ihren ehemaligen Glaubensbrüdern, die weiterhin neben ihnen lebten, auf ihrem rechten Weg abgelenkt werden könnten. Für deren Seelenheil trügen aber nun einmal die bestallten Hirten der Kirche Sorge. So verbanden sich Brutalität und Verlogenheit im machtsichernden totalitären Gestus der Kirche. Sie mochte nichts dulden, was außerhalb ihrer Kontrolle lag, und nutzte jede Chance, die sich bot, um ihre Macht auszudehnen – mit dem unanfechtbar guten Gewissen derer, die

Land und Geschichte

glauben, damit nur für das Seelenheil der ihnen anvertrauten Menschen Sorge zu tragen.

Für die spanischen Juden war die Vertreibung eine Katastrophe. Sie hatten sich über Jahrhunderte nirgendwo seit Salomos Zeiten in Palästina so entfalten und zugleich Anteil an einer gesellschaftlichen und kulturellen Entwicklung nehmen können wie in Spanien unter der Maurenherrschaft und der Herrschaft der kastilischen Könige.

Aber die Katastrophe kam nicht überraschend. Schon seit dem Ende des 14. Jahrhunderts gab es – bisweilen auf das ganze Land übergreifende – furchtbare Pogrome mit Tausenden von Todesopfern. Dominikanische Mönche wie Vicente Ferrer hetzten das Volk auf, die Mörder Christi zu jagen. Immer wieder mussten die Könige Einhalt gebieten und den Schutz gegen fanatische Vertreter einer grollenden Kirche garantieren. Zumeist wurden die eskalierenden Konflikte durch Zugeständnisse gegenüber dem kirchlichen Begehren beigelegt – so beispielsweise durch die Übergabe von Synagogen an den christlichen Kult.

Die Einrichtung der Inquisition, die Zentralisierung der Macht und damit die Festigung der Monarchie, die auf jüdische Verbündete in den Städten nicht mehr so angewiesen war wie zuvor, verstärkte das Gefühl, die Mission der Reconquista zumindest in Spanien zu Ende führen zu können. Der christliche Glaube sollte sich auf staatlicher Ebene vollständig durchsetzen. Das war ja die Rechtfertigung der Kämpfe über Jahrhunderte gewesen; damit legitimierte sich die wachsende Zentralmacht der kastilischen Monarchie gegenüber konkurrierenden regionalen Machthabern. Nur in diesem Sinn verstand sich die spanische Nation auf dem Weg zu ihrer Staatlichkeit. Das hatten die Juden ebenso wie die katholischen Kleriker begrüßt und gefördert, nur aus unterschiedlichen Gründen. Die einen versprachen sich vom staatlichen Machtmonopol den garantierten Schutz der ethnischen oder religiösen Minderheit vor willkürlichen Übergriffen, die anderen hofften auf die Durchsetzung einer einzigen bestimmenden Macht, die alles nicht zu Vereinnahmende ausschließen konnte.

Den Juden bot man nun in diesem spanischen Schicksalsjahr 1492 an zu konvertieren. Wer dazu nicht bereit war, musste gehen. Wer nicht konvertierte, kränkte den Stolz derer, die einst aus der Armut gekommen waren, mühselig die Herrschaft über ein riesiges Land errungen hatten und nun endlich siegreich waren – und dies als ein unmissverständliches Zeichen des Himmels verstanden. Ein rundum totaler Sieg der Reconquista schwebte ihren Vollendern vor. Da es lächerlich gewesen wäre, die friedlichen Juden als Gegner anzusehen, stilisierte man sie zu inneren Feinden, zu Seelenverführern. Und es blieb noch Jahrhunderte für den Alleinvertretungsanspruch der katholischen Kirche Spaniens kennzeichnend, im Bündnis mit der staatlichen Obrigkeit der gesamten spanischen Gesellschaft mit Misstrauen zu begegnen, so als sei sie vom Teufel besessen, der mit Härte und vernichtender Schärfe ausgetrieben werden müsse. Ihr Sendungsbewusstsein trieb sie an, die intellektuelle und die sinnliche Verführung (besonders verwerflich, weil sie mit jüdischem und maurischem Kulturerbe identifiziert wurde) im eigenen Herrschaftsbereich aufzuspüren, zu verurteilen, zu vernichten. Die Kirche verstand diese Gnadenlosigkeit als Verteidigung des wahren christlichen Glaubens und die Militanz ihres Einsatzes in gewissem Sinn als Fortführung der Reconquista, die nicht aufhörte, denn seit dem 16. Jahrhundert ging es gegen gottlose Humanisten und die kirchenspalterischen Protestanten innerhalb und außerhalb Spaniens, späterhin im 18. und 19. Jahrhundert gegen liberale Aufklärer und Sozialisten – bis hin zu dem von den spanischen Bischöfen Kreuzzug *(cruzada)* genannten Aufstand unter General Franco gegen die spanische Republik im 20. Jahrhundert, der zum Spanischen Bürgerkrieg führte.

Ebenfalls bis in unser Jahrhundert hinein ließen die vertriebenen Juden nicht ab, ihre altspanische Sprache und, wo sie konnten, selbstbewusst ihre hohe Kultur der Sephardim (im wesentlichen spanische und portugiesische Juden, allgemein werden damit die Westjuden bezeichnet – im Gegensatz zu den Aschkenasim, die aus Mittel- und Osteuropa stammen) zu pflegen: ob in Marokko, Italien, Griechenland oder Bulgarien, gleich wohin es die Hunderttausende spanischer Juden verschlagen hatte.

Für die spanische Gesellschaft war die Vertreibung ihrer jüdischen Mitbürger eine moralische Katastrophe (was jahrhundertelang in Spanien verdrängt wurde und erst seit wenigen Jahren wieder ins Bewusstsein dringt). Es war auch ein nachhaltig wirkender substantieller Verlust an Zivilisation sowie ein Aderlass an Begabungen, Fähigkeiten und qualifizierter Arbeitskraft. Allein dank vieler *conversos* überlebte wenn nicht der Glaube, dann doch manche der durch die jüdische Religion vermittelten tief verankerten Wertmaßstäbe und Tugenden: in erster Linie die Würdigung der Schrift und der Gebrauch der Vernunft in der Kunst der sprachlichen Auslegung und des scharfsinnig geführten Disputs. Es waren vielfach *conversos* oder deren Abkömmlinge, die an den Universitäten von Salamanca oder Alcalá de Henares zu Beginn des 16. Jahrhunderts für intellektuelles Niveau sorgten, die mit ihrem gewohnt weiten geistigen Horizont, ihrer Verstandesschulung, ihrem Abstraktions- und Sprachvermögen und ihrer Liebe zur Schrift der Wissenschaft und der Literatur zur Blüte verhalfen und die schöpferische Höhe des *siglo de oro* auf diesem Feld wesentlich vorbereiteten und mitbestimmten. Denn das Spanische war ihnen nichts Fremdes gewesen; sie waren dessen Mitschöpfer gewesen und ließen sich vom Geist dieser Schöpfung weitertragen. Auf diesem Terrain mussten sie sich nicht verstellen. Die kastilische Sprache war seit dem Bündnis König Alfons des Weisen mit den Juden Toledos auch zu ihrer Sprache geworden. Mittels dieser Sprache ließen sich Empfindungen und Erfahrungen, die innere und die äußere Welt im Spiegel eines Sprache gewordenen und neu zur Sprache kommenden Geistes ausdrücken.

Land und Geschichte

Weltmacht Spanien

Innerhalb kürzester Zeit wurde der gerade erst entstandene Nationalstaat zur Weltmacht. Kaum war der Sieg über den Islam im eigenen Land vollkommen, setzte sich die Reconquista in den innerhalb kürzester Zeit entdeckten und eroberten Inseln der Karibik, dann Mittelamerikas, schließlich auch Südamerikas und Asiens fort. Währenddessen kämpften Spanier an allen Fronten in Europa: vor allem gegen die Franzosen, die Türken und die Protestanten in Deutschland.

Durch die Heirat Johannas der Wahnsinnigen mit Philipp I. (reg. 1504–1506), dem Schönen, Sohn Kaiser Maximilians, war das kastilische Königshaus mit dem Herrscherhaus der Habsburger verbunden. Der Sohn aus dieser Ehe wurde als Karl V. deutscher Kaiser und als Carlos I. zugleich spanischer König. Unter ihm wuchs Spanien zur Weltmacht, in dessen Territorium »die Sonne nie unterging«.

Carlos I. (reg. 1516–1556) war ein spanischer König, der erst Spanisch lernen musste. Als er mit seinen flämischen Beratern nach Kastilien kam, stießen viele seiner Entscheidungen auf Ablehnung. Die selbstbewussten Bürger solch stolzer Städte wie Segovia und Toledo mochten sich von diesem Fremdling aus dem Norden, der nicht einmal ihre Sprache beherrschte, nichts vorschreiben lassen. Dass ein flämischer Günstling Erzbischof von Toledo wurde, ließ auch die Kirche zurückhaltend reagieren. Es begann ein Aufstand der *comuneros*, der alsbald niedergeschlagen wurde, aber bis heute daran erinnert, dass von Kastilien immer auch stolzer Bürgersinn, nicht nur die Zentralgewalt ausging. Es ist wenig bekannt, dass die Wiege des Parlamentarismus keineswegs in England liegt, sondern in Kastilien mit seiner *cortes*, die als Ständeversammlung 1188 von König Alfons IX. von Leon erstmals einberufen wurde (England 1265). Die *cortes*, wie das spanische Parlament bis heute heißt, bewirkte zwar insgesamt wenig, aber erhob immerhin doch den Anspruch einer Art Volksvertretung und deren Mitspracherecht. Dies bedeutete, dass zu den privilegierten Ständen ›die guten Männer der Städte‹, was den *commons* in England und dem dritten Stand in Frankreich entsprach, hinzukamen. Die Rechte waren in den verschiedenen Königreichen jeweils unterschiedlich. In Kastilien debattierte die *cortes* grundsätzlich nur über Steuerfragen. Die Städte besaßen eigene lokale Ratsversammlungen. In den Sitzungen übte man direkte Demokratie aus, in den größeren Städten wurden als Vertreter ›gute Männer‹ ausgewählt, die im Lauf der Zeit zu eigenen Repräsentanten königlicher Macht wurden. Überhaupt gingen stolzer Bürgersinn und königliche Autorität am Anfang Hand in Hand gegen die Rechtsunsicherheit und Willkür der Adelsherrschaft.

Waren die kastilischen Städte, bis auf die Ausnahme Toledo, in ihrem Ursprung militärische Befestigungen, Burgen, so entwickelte

Weltmacht Spanien

Juan de Flandes,
Bildnis einer Infantin
von Kastilien
(Johanna die Wahn-
sinnige ?), um 1496,
Madrid, Museo
Thyssen-Bornemisza

sich um sie herum ein von städtischen Schutzmauern begrenzter eigener, auf Freiheit beruhender Rechts- und Handlungsraum, dessen Gesetze für alle Bewohner galten, die sich Bürger nannten. »Stadtluft macht frei« hieß es im Mittelalter also nicht nur in Mitteleuropa, sondern auch in Zentralspanien. Die gemeinsame Loyalität aller Bürger bezog sich nicht mehr auf einzelne Feudalfürsten, sondern auf die eigene zivile Kommune und eine gemeinsame, in ihren Grenzen zwar unbestimmte Größe, aber dennoch eine im Streben wirksame und sichtbare Aufgabe: die spanische Nation, definiert durch die Reconquista.

Dies bildete den Hintergrund nicht nur für die Kraft, die innere Überzeugung und die Disziplin der kastilischen Kämpfer, es führte auch dazu, dass in Spanien jede Einmischung in die eigenen Belange von äußeren Mächten nicht nur empfindlich registriert, sondern in der Regel sofort und nachhaltig bekämpft wurde – vom Aufstand gegen den ›Fremdling‹ Karl V. zu Beginn des 16. Jahrhunderts bis zum Guerillakrieg gegen die napoleonischen Besatzer Anfang des 19. Jahrhunderts.

Zeitgleich mit dem Kampf spanischer Konquistadoren unter Cortez in Mexiko, die in gewisser Weise die Reconquista in der Neuen Welt fortführten, erhob sich gegen den jungen spanischen König und seine flämische Begleitung ein Aufstand der Bürger kastilischer Städte. Sie nannten sich *comuneros*, wurden von Adligen angeführt, de-

Tizian, Karl V. zu Pferd, 1548, Madrid, Museo del Prado

ren Anzahl in dieser Aufstandsbewegung eher gering war, und in ihren Reihen kämpften Kaufleute und Handwerker, Anwälte, Ärzte und Geistliche. Sie strebten eine konstitutionelle, demokratische Monarchie an, die sich auf eine Volksvertretung gründen sollte. Ihre *junta general*, von der es hieß, dass sie den allgemeinen Willen aller vertrat, fasste ihre Beschlüsse mit Stimmenmehrheit. Bis heute werden die Anführer des Aufstands in den kastilischen Städten verehrt. In Segovia beherrscht die Statue des Juan Bravo mit dem Banner der *comuneros* in der Hand den zentralen Platz der Stadt.

Anlass zum Aufstand der *comuneros* war die Auferlegung neuer finanzieller Belastungen vonseiten des Königs. Auch nach der Niederschlagung der offenen Rebellion blieb der Widerstand der *cortes* gegen die königlichen Finanzforderungen bestehen. Der König musste die Weltmacht finanzieren. Die steuerlichen Mittel hierzu wurden in erster Linie in Kastilien erbracht, dessen ökonomisch und kulturell blühendste Zeit das 16. Jahrhundert bildete. Kastilien war die am dichtesten bevölkerte und reichste Provinz des damaligen Spanien. Ihre tatkräftige Bürgerschaft verteilte sich auf ein Netz von Städten, die unterschiedliche Aufgaben wahrnahmen. Regierungs- und Verwaltungszentren waren Valladolid und Madrid. Segovia, Toledo und Cuenca waren wichtige Industriestandorte. Burgos und Medina del Campo setzten sich als Handels- und Finanzierungszentren durch; Salamanca und Alcalá de Henares bildeten die Elite des Staats aus und waren auch international angesehene Stätten der Wissenschaft, vor allem des Rechts und der Sprache.

Segovia, Statue des Juan Bravo

Nicht nur die Organisations- und Rechtsformen der Kastilier breiteten sich auf ganz Spanien aus – gegen die jeweiligen Sonderformen in den unterschiedlichen Regionen –, sondern auch die kastilische Sprache. Sie wurde mehr und mehr zu der spanischen Sprache, deren literarische Urform Ende des zehnten Jahrhunderts entstanden war. Der erste poetische Text in kastilischer Sprache beschreibt das Leben des spanischen Volkshelden ›El Cid‹ und entstand um 1300. Als Begründer der kastilischen Prosa gilt König Alfons X., der auch wissenschaftliche und juristische Texte in kastilischer Sprache verfasst hatte. 1492 entstand die erste kastilische Grammatik aus dem Geist des Humanismus – die *Arte de la Lengua Castellana* von Elio Antonio de Nebrija, gewidmet der Königin Isabella I. Und es war diese Sprache, die nicht nur das nunmehr einheitlich geführte Spanien beschrieb, es war auch *castellano*, das die Entdecker und Eroberer Amerikas in die Neue Welt mitnahmen. Das Kastilische wurde zur spanischen Weltsprache.

Viele Kastilier gingen in die Neue Welt. Ziel waren zunächst die Karibischen Inseln, dann Mittelamerika, schließlich die eroberten Länder Südamerikas von Kolumbien bis nach Chile. Reichlich Gold und Silber floss aus dem ausgebeuteten Amerika nach Spanien. Aber es floss in den königlichen Haushalt, der damit seine Kriege finanzierte und dem es, auch durch eine gewaltige Inflation, gerade gelang, seine riesigen Schulden zu bezahlen, die Karl V. bei den Augs-

Land und Geschichte

burger Fuggern gemacht hatte, um deutscher Kaiser werden und weiterhin gegen Türken, Franzosen und deutsche Protestanten zu Felde und zu Meere ziehen zu können. Jedenfalls wurde Kastilien nicht reich durch das amerikanische Gold. Seine wandernden Schätze waren nach wie vor die riesigen Schafherden, die die gesamte Fläche Kastiliens von den Hängen des Kantabrischen Gebirges im Norden bis zu den Winterweiden der Extremadura im Süden abgrasten. Die Organisation der Schafzüchter, die *mesta*, war eine kastilische Besonderheit. Sie wurde im ausgehenden 13. Jahrhundert zum Schutz der Wanderschäfer gegründet, die auf ihren jährlichen Zügen bis zu 800 km zurücklegen mussten. Es war die einzige wirtschaftliche Aktivität, die auch das kaum besiedelte Hinterland und damit das gesamte kastilische Territorium ausnutzte.

Siglo de oro – das goldene Jahrhundert spanischer Kultur

Die Notwendigkeit, ein Weltreich zu beherrschen, es zu verwalten, zu nutzen, ja nur es zu regieren, forderte ein hohes Maß an Organisation und Talent. Es waren nicht die alten Königsstädte wie Toledo, Valladolid oder Segovia, die Philipp II. sich erwählte, sondern eine kleine, aber zentral gelegene Stadt an einem Flüsschen namens Manzanares, die er, unabhängig von der Macht des Toledaner Klerus, zur weltlichen Hauptstadt Spaniens und damit zum Verwaltungszentrum eines Weltreichs machte: Madrid.

1561 zum Sitz der Regierung ernannt, wuchs sie innerhalb weniger Jahrzehnte auf über 100 000 Einwohner an und zog die gesamte Intelligenz des Landes an. Mit der Entstehung Madrids als Hauptstadt Spaniens hängt aufs engste ein Aufschwung spanischer Kultur zusammen, der ein Jahrhundert währte und den man mit Recht das *siglo de oro*, das goldene Jahrhundert spanischer Kultur nennt. Waren es vordem in erster Linie Flamen und Niederländer, Deutsche, Italiener und Franzosen, die die gotischen Kathedralen und Kunstwerke der Renaissance in Spanien schufen, so kommt nun, wenn man so will, Spanien ganz zu seiner eigenen Sprache, zu seiner Klassik, die bis heute vorbildhaft wirkt. Und sie tut dies, weil das Kastilische zum Spanischen geworden war und Spanien zum Vorbild Europas, was zugleich den universalistischen Anspruch auf die ganze Welt erhob. Ein Gefühl des Auserwähltseins hatte Raum gegriffen, im Bündnis mit Gott meinten die Spanier sowohl das Schisma durch die Reformation rückgängig machen zu können, wie der Ausbreitung des Islam zu wehren. Ihre Siege, wie 1571 bei Lepanto gegen die Türken, die die islamische Vorherrschaft auf dem Mittelmeer beendete, ermutigten sie; das Desaster des Untergangs der Armada 1588 gegen England wurde zwar als schwere Niederlage, aber als Sieg der Ele-

Siglo de oro

mente, nicht Englands begriffen. Es ernüchterte zumindest den Rausch der Allmacht und machte Platz für die Wahrnehmung eigener Gebrechen.

Während das Reich nicht mehr zu halten war und mehr und mehr zerfiel, setzten sich die kulturellen Anstrengungen fort. Und es war die Spannung zwischen Individualismus und zentralistischem Einheitsstreben, Spontaneität und Dogmatismus, die in der spanischen Literatur und der bildenden Kunst ausgetragen wurde. Im Widerstand gegen die das Denken regulierende Inquisition, die sture Verwaltung und die lebensfeindliche Herrschaftsattitüde schufen die spanischen Künstler ihre großen Werke, getragen vom Glauben, zutiefst inspiriert vom Geist des Humanismus, von großer Individualität geprägt, in einer reichen, ausdrucksstarken Sprache und in dem Gefühl, dass sie nicht nur für sich, sondern potentiell für alle sprachen. Dieser Universalismus der Kunst, gespeist von den großen, zur Selbständigkeit inspirierenden italienischen und flämischen Vorbildern, geriet zu einem Inbegriff spanischer Kultur, dessen leuchtendste Hervorbringungen vor allem in der Literatur gelangen, in Lyrik, Drama und Roman, wie in der bildenden Kunst insbesondere im Tafelbild. Nach der Entdeckung Amerikas startete Spanien das europäische Abenteuer der Entdeckung des Menschen als Individuum: auf der Bühne mit Lope de Vega, Tirso de Molina und Calderón de la Barca, in der Lyrik mit San Juan de la Cruz, Luis de Góngora und Fernando de Herrera, im Roman mit dem ersten modernen Roman der Weltliteratur von Miguel de Cervantes: ›Don Quijote de la Mancha‹. Während sich im konkurrierenden anglikanischen England das kulturelle Leben kongruent mit dem wirtschaftlichen Aufschwung entwickelte, entfaltete sich der Reichtum spanischer Sprache und Kultur vor dem Hintergrund ökonomischen und staatlichen Verfalls. Die Erfahrung gab nicht mehr nur Raum für Bilder des Heroismus, sondern auch für Groteske und Satire. Platz gab es für mystische Versenkung, Abkehr vom schnöden Mammon der Welt und seiner Fratze wie für den berühmten lakonischen Realismus des Spaniers, der immer neben seiner Sicht auf die Welt auch eine spanische Haltung zeigte. Es war ein Ausländer, der die bis heute prägendsten Darstellungen des spanischen Edelmannes schuf und in einem Werk auf

Miguel de Cervantes

El Greco, Das Begräbnis des Grafen Orgaz, 1588 (Detail), Toledo, Santo Tomé Abbildung Seite 78

unvergleichliche Weise die Verschmelzung in himmlischen Sphären mit der unprätentiösen Darstellung spanischer Edelleute und deren schlichter Würde verband. Und es ist kein Zufall, dass dieses Bild vom geistigen Spanien, das am Anfang des goldenen Jahrhunderts steht, ein Begräbnis schildert. Die menschliche Seele wird im Himmel empfangen, der Tod, das große übergreifende Thema spanischer Kultur, ist als Übergang dargestellt, noch nicht als Schrecken in barocker Morbidität weltlichen Verfalls, sondern als Schilderung der Erlösung innerhalb eines universalen Weltzusammenhangs: El Greco – Das Begräbnis des Grafen Orgaz.

Spanien gab in Europa den Ton an. Das Verhalten des *caballero* war das eines Kavaliers. Aus dem Willen zum Sieg über eine feindliche Natur war ein Zeremoniell großer Künstlichkeit geworden, das sowohl für Steifheit und Enge sorgte wie für die Ausbildung ziviler Verhaltensformen durch die Kultivierung distanzierender und dennoch vermittelnder Formen im Umgang der Menschen. Aus den hochgeschlossenen, engen Kragen blickte ein ernstes Gesicht, stolz, einem höheren Lebenskreis anzugehören als nur dem eigenen Körper, der eigenen Lebensspanne, der eigenen Region. Wie sich die zinnenbewehrten Türme der strengen kastilischen Architektur in den Städten zu Bauformen mit ornamentalem Zierrat und Schmuckwerk gewandelt hatten, so veränderten sich auch ihre Bewohner: die spanische Halskrause wurde zur fein durchgearbeiteten Hervorhebung – im Kontrast zum uniformen Schwarz des Rocks ein sich öffnender weißer Kelch für das Gesicht menschlicher Würde, das, jenseits von Kategorien wie Sieg und Niederlage oder Erfolg und Misserfolg, streng im Dienst einer Sache stand und zugleich darin eine Haltung ausformte, die für sich stand: Erregung und Leidenschaft zurückhaltend, diszipliniert, erfüllt von der Pflicht, ein Herr sein zu müssen, auch wenn alles ringsum zusammenbricht. Nicht mehr Territorien galt es zu erobern, sondern das Errungene zu halten und innerhalb der eigenen Grenzen Überlegenheit zu zeigen. Der spanische Stolz ist sprichwörtlich geworden. Der Sonderweg Spaniens nahm seinen Lauf.

Grundmotive spanischer Kunst

Der maurischen Kultur mit ihrem Bilderverbot hatten die spanischen Christen ihre figurative, bildhafte Kunst der Romanik und Gotik entgegengesetzt. Aber den Hang, die Allmacht Gottes durch Unendlichkeit suggerierende Ornamentik sinnbildlich zu bezeugen, übernahmen sie in vielfacher Weise. Man ließ die hierfür spezialisierten maurischen Künstler selbst für die Paläste der kastilischen Könige arbeiten, wie in Sevilla oder Tordesillas. Für die Juden galt das Bilderverbot ähnlich streng wie für Muslime. Für die gläubigen Juden Spaniens lag es daher nahe, die maurische Architektur und Dekorationskunst auch für ihre Synagogen in Anspruch zu nehmen, wie es in Toledo zu sehen ist. Es entstand der Mudéjar-Stil: maurische Kunst,

Grundmotive spanischer Kunst

entweder in christlichem Auftrag und mit christlichen Symbolen angereichert oder in jüdischem Auftrag mit hebräischen Schriftzügen versehen, der bis ins 15. Jahrhundert hinein wirkte. Die endgültige christliche Eroberung Spaniens Ende des 15. Jahrhunderts mit ihrem Sog zur staatlichen Einheit unter christlichem Vorzeichen schuf eine neue Situation.

Stilfragen wurden in der Zeit staatlicher Neugründung und gesellschaftlicher Konsolidierung in Spanien nicht nur als politische Fragen behandelt; in ihnen manifestierte sich ein gesamtgestalterischer Wille – und ihn zu bekunden und zu befolgen lag nun einmal in der Hand der Kirchenoberen und der Könige. Den Erzbischöfen als politischen Beratern und zugleich Hauptverantwortlichen für das Seelenheil kam dabei besondere Bedeutung zu. Vor allem der mehrfache Stilwandel im Spanien des 16. Jahrhunderts – von Mudéjar- über Isabellinischen und platerasken Stil bis zum Escorial- bzw. Herrera-Stil – hängt eng mit der Selbstfindung des jungen Staats innerhalb gesamteuropäischer Bewegungen wie Renaissance und Reformation, schließlich Gegenreformation zusammen. Die ästhetische Spannung zwischen üppigem luxuriösem Dekor – legitimiert, weil zum Ruhme Gottes nichts prachtvoll genug sein konnte – und einer strengen asketischen Grundhaltung durchzieht die spanische Architekturgeschichte als eine antipodische, selten vermittelnde Grundhaltung bis in unser Jahrhundert hinein. Entspricht der einen Seite die unbotmäßig-anarchistische Grundhaltung der Spanier, so der anderen ein streng organisierter, von Staat und Kirche bis ins Totalitäre sich ausweitender Zentralismus.

Tordesillas, Fenster im Mudéjar-Stil am alten Palast, Monasterio de Santa Clara

Der einen Haltung ist die Hingabe bis ins Verspielte artikulierter Lebensfreude eigen, die potentiell alle Formen sprengt, der anderen ist es ernst wie der Tod, dessen Strenge das Formprinzip vorgibt, das es womöglich zu überbieten gilt. Die eine zieht es zur bildnerischen Manifestation der Unendlichkeit Gottes im nachgeahmten Verwirrspiel sinnenhaft aufglänzender göttlicher Natur, die andere zur geistig-ästhetischen Manifestation der Beherrschung einer potentiell zu Chaos und Ausbruch neigenden (Menschen-) Natur, der man seinen Willen aufzwingen muss, um einen höheren geistigen Rang zu gewinnen. Die eine wird von Lebens- und Gottvertrauen geleitet, die andere von Todesangst beherrscht.

Andererseits zeigt der spanische Kompromiss des Isabellinischen Stils nicht nur den Hang, etwas aufzubauen, grandios zu inszenieren oder abweisend vorzustellen, um die Davorstehenden zu überwältigen und auf diese Weise für sich einzunehmen. Versucht wird die Herstellung eines Gleichmaßes, das die Momente der Bewegtheit mit der Ruhe, des üppigen Dekors mit gebotener Schlichtheit, der maßvollen Ordnung mit auflockernder vitaler Lebendigkeit zusammenbringt. Daraus entsteht die besondere Prägung spanischer Renaissance. Die Baukunst der Renaissance in Italien beeindruckte die humanistisch gebildeten Herrschenden Spaniens auch deshalb, weil sie ganz neue Repräsentationsmöglichkeiten eröffnete. Gemessen an

33

Land und Geschichte

Platereske Fassade der Universität von Salamanca

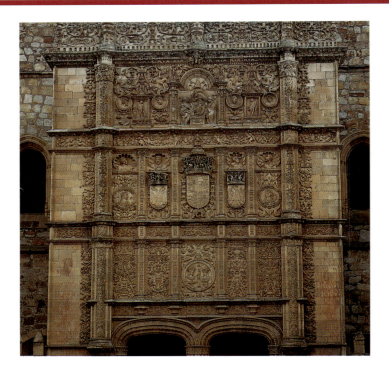

den vor allem in der alten Hauptstadt Toledo vorherrschenden eher kleinteiligen mudéjaren Bauformen und deren Dekorationselementen wirkten die neuen Stilprinzipien aus Italien geradezu monumental und für weltliche repräsentative Zwecke wesentlich geeigneter.

Wollte man eine Art Stil-Dramaturgie des *siglo de oro* skizzieren, so öffnet sich die gerade zur staatlichen Einheit zusammengeschlossene spanische Nation den humanistischen Bewegungen und versucht, deren Anregungen selbstbewußt mit den eigenen Traditionen zu verknüpfen. Dafür steht der Isabellinische Stil (um 1480 – um 1510), den wir in zahlreichen Kirchen, Klöstern und Stadtpalästen von Toledo, Ávila, Segovia und Salamanca sehen können. Er verbindet das traditionelle gotische Formenvokabular mit dem neuen Schönheitsideal italienischer Renaissance. Er bremst den gotischen Höhendrang und erfindet elegante Lösungen, filigranen gotischen Schmuck in einen maßvoll fließenden Formenschwung zu integrieren. Auf den Isabellinischen Stil der Gründerzeit folgt Anfang des 16. Jahrhunderts der platereske Stil (um 1510 – um 1560). Die der Antike entliehenen bevorzugten Formen und Elemente der italienischen Renaissance werden nun direkt übernommen und bestimmen die Anlage des gesamten Baukörpers. Zugleich überziehen die Bildhauer leere Wandflächen und Säulen mit feingearbeitetem (platerеsk

Grundmotive spanischer Kunst

heißt: in der Art der Silberschmiede) ornamentalem und figurativem Schmuckwerk, dessen Themen nicht mehr allein religiös, sondern auch durch humanistische Literatur inspiriert sind – am wirkungsvollsten an der Fassade der Universität von Salamanca.

Im Aufstieg zur Weltmacht, zugleich begleitet von schweren militärischen Niederlagen und wirtschaftlichen Dauerkrisen, reduziert sich die ursprünglich offene, auf Neues mit dem Impetus des Entdeckers und Eroberers zugehende Haltung schließlich auf Demonstrationen der Selbstbehauptung: am entschiedensten im Escorial verwirklicht und mit der Herrscherpersönlichkeit Philipps II. verknüpft. Die Architekten des Escorial waren in Italien, vor allem am Bau des Vatikan, geschult; sie brachen im Auftrag des spanischen Königs mit dem Pluralismus der in Spanien herrschenden Stilformen, insbesondere aber mit jeglichem Ornamentschmuck. Die Baumasse galt es entsprechend ihrer funktionalen Aufgaben zu gliedern. Die reine Form italienischer Renaissance-Architektur wurde gleichsam ohne deren verführerischen sinnlichen Schwung als Vorbild genommen, ins Monumentale gesteigert, aber auch strenger gefaßt und nüchterner modelliert. Man nennt diesen sparsamen Stil aus der zweiten Hälfte des 16. Jahrhunderts Escorial-Stil oder auch Herrera-Stil, nach einem der führenden Escorial-Architekten.

Zugleich fördert die Gegenreformation die Aufmerksamkeit für die reale Beschaffenheit der Welt und fordert als Gegenprogramm zur protestantischen Bildlosigkeit zur Anschaulichkeit auf. Die künstlerischen Mittel sollen die Menschen verführen, sie einnehmen, ihr Gefühl ansprechen. Innerhalb des gesteckten Rahmens

El Escorial

35

bleibt es nun der Literatur und der Malerei als individualistischen Künsten vorbehalten, Neues auszuleuchten und der Bewegung menschlichen Lebens in all ihrem Reichtum nachzuspüren.

Nicht mehr Territorien werden erobert und symbolisch durch sie beherrschende architektonische Male in Besitz genommen; die Angespanntheit angesichts zwingender kollektiver Aufgaben weicht der Ermüdung und gibt zugleich erst den Raum frei für anderes Leben, anderes Wollen und die Entfaltung anderer Genres. Hierbei erweist sich die von den Jesuiten, der in alle weltlichen Bereiche hineinwirkenden Avantgarde der Gegenreformation, hochgehaltene Willensfreiheit als heilsames Gegengewicht zum institutionalisierten Misstrauen der auf Dogmen fixierten Inquisition, vor allem auf dem Terrain des Ausdrucksvermögens. Die seit der Renaissance mit zunehmendem Selbstbewusstsein als ›Poeten‹, Erschaffer von Wirklichkeit, ausgestatteten Schriftsteller und Maler gehen in ihrer vom Humanismus angeregten Arbeit der geistigen Durchdringung und aufgefordert, mit der Originalität neuer Schöpfungen jedesmal auch die Welt gleichsam zu erobern, dem Abenteuer der Entdeckung des Individuums nach. Es ist die Widerstandsmacht des Individuums gegen die Mächte kollektiver Zurichtung, der sie auf der Spur sind und die sie, daran selbst teilhabend, zeigen. Dass Don Juan und Don Quijote scheitern, macht sie so menschlich. Dass sie sich nicht beugen, hat sie unsterblich gemacht. Im mythenschaffenden Spiegelwerk der Literatur und der Malerei Spaniens und in der Ausformung der hierfür neu zu artikulierenden Sprache wird das Bild vom europäischen Menschen als Individuum erst Figur: dramatisch zugespitzt auf der Bühne, episch ausgebreitet in der Welt des Romans und unmittelbar vor Augen geführt in der Malerei.

Auch der Realismus der Malerei (und der Literatur!) des *siglo de oro* in der ersten Hälfte des 17. Jahrhunderts mit all seinen unterschiedlichen Temperamenten und Charakteren wirkt gerade durch die geglückte Verbindung von strengem Formbewusstsein und dem hohen Rang, den die niederen Phänomene sinnenhafter Wirklichkeit in ihr einnehmen.

Am überzeugendsten scheint dies in der gleichermaßen Lebendigkeit und Ruhe vermittelnden Bildkunst von Velázquez gelungen. In Zeiten manieristischer Spielereien und aufblühender rhetorischer Illusionskunst bleibt die spanische Malerei des *siglo de oro* dem Gebot der Schlichtheit treu; ein formbewusster, strenger Gestaltungswille verbindet sich mit Aufmerksamkeit gegenüber den wirklichen Dingen. In ihren Bildern von Menschen aller sozialen Schichten verstehen es die spanischen Maler, durch eine Haltung, die der individuellen Regung nur auf verhaltene Weise nachgibt, menschliche Anmut und Würde zu zeigen. Sie verkörpern damit ein stolzes Menschenbild der Freiheit, durchdrungen vom christlichen Pathos menschlicher Gottesebenbildlichkeit. Manche ihrer Bilder erscheinen geradezu als bildnerische Manifestationen der Menschenwürde und dem Individuum angeborenen universellen Menschenrechts.

Spanien auf dem Weg in die Moderne

Die spanische Malerei des ›goldenen Zeitalters‹ ist keineswegs bloße Widerspiegelung und Illustration eines herrschenden politischen Kurses der Gegenreformation. Es ist wohl nicht übertrieben, sie vielmehr als stillen und dennoch klar und anschaulich zutage tretenden eigenen Beitrag zur europäischen Aufklärung zu verstehen.

Spanien auf dem Weg in die Moderne

Während Spanier in aller Welt auf dem Feld der Ehre kämpften, wurden die Geschäfte mit den Kolonien von anderen besorgt: Engländern und Niederländern in erster Linie. Die spanische Bevölkerung litt Not, während die geraubten Schätze Amerikas für Kriegszüge verpulvert oder das umgeschmolzene Edelmetall heilige Weihung in Gestalt von Monstranzen erfuhr. Die Inquisition sorgte durch Drohung, Terror und Zensur für nachhaltige Verdunkelung hinter klerikalen Mauern. Spanien wandte sich ab von Europa. Das Licht der Aufklärung dagegen erhellte Frankreich und England. Als die

Francisco Goya, El Dos de Mayo de 1808

Land und Geschichte

Francisco Goya, El Dos de Mayo de 1808 Abbildung Seite 37

Habsburger-Dynastie schließlich ausstarb, kam es zu Beginn des 18. Jahrhunderts zu einem Weltkrieg um den spanischen Thron. Die Bourbonen errangen den Sieg. Der übermächtige Einfluss des Klerus wurde zumindest eingedämmt, ebenso die Macht der einzelnen Teilreiche. Nach französischem Vorbild wurde Spanien zentralistisch regiert. Die Jesuiten wurden vertrieben. Als die Französische Revolution ein neues Zeitalter der Freiheit, Gleichheit und Brüderlichkeit ankündigte und das Volk seine Herrscher aufs Schafott schickte, wurde auch Spanien von allgemeiner Unruhe erfasst. Die wenigen Liberalen formierten sich und erhofften Anschluss an das freigeistige Europa. Aber die Franzosen kamen unter Napoleon als Besatzer. Das rief den alten Stolz und den Unabhängigkeitswillen der Spanier wach, die am 2. Mai 1808 den Aufstand begannen.

Als Napoleon den spanischen König Karl IV. zur Abdankung zwang, kämpften die französischen Truppen sowohl gegen die spanischen Anhänger der Revolution wie gegen die Vertreter der alten Gesellschaft. Vor allem aber hatten sie die einfachen Bauern gegen sich. Ein mörderischer Guerilla-Krieg zerstörte das Land. In Cádiz diskutierte man indessen eine fortschrittliche Verfassung. Aber es siegten die Mächte der Restauration. Die Kirche errichtete ihre alte Macht im Bündnis mit dem Königsthron neu. Und die Liberalen wurden verfolgt. Spanien erstarrte von neuem im 19. Jahrhundert, von den Krämpfen dynastischer Kriege um die Thronnachfolge begleitet. Der liberale Gedanke von Cádiz entzündete sich indes in den spanischen Kolonien Amerikas. Ein Land nach dem anderen erfocht sich die Unabhängigkeit vom gelähmten spanischen Imperium.

Ab 1890 begann die Ära des Parlamentarismus. Der Staat wurde wieder stärker zentralisiert, so dass zahlreiche Provinzen den Rest der Selbstverwaltung verloren, der ihnen noch geblieben war. Das ergab den Nährboden für kulturelle und politische Erneuerungsbewegungen in den Regionen. Eine unter Handwerkern und Landarbeitern verbreitete Gewerkschaftsbewegung stellte die Lösung der sozialen Frage in einen Zusammenhang mit der Abschaffung des Staats.

Als 1898 die letzten überseeischen Territorien verlorengingen, besannen sich die Intellektuellen Spaniens wieder auf das eigene Land, auf den Geist Kastiliens, seine Armut und seine Würde.

Die Industrialisierung seit Ende des 19. Jahrhunderts hatte vor allem die nördlichen Regionen wie Katalonien und das Baskenland in eine dynamische Entwicklung versetzt. Das übrige Spanien blieb weiterhin von den alten Mächten des Großgrundbesitzes dominiert. Neue politische Bewegungen gegen Armut und Rechtlosigkeit entstanden. Die katholische Kirche, mit der Staatsmacht verflochten, sperrte sich wie in eine Wagenburg, während anarchistische Gewerkschaften und sozialistische Arbeiterparteien sich zum politischen Kampf um Recht und Lohn formierten. Unversöhnlich standen sich schließlich zwei Lager in der spanischen Gesellschaft gegenüber: auf der einen Seite die Staatsmacht im Bündnis mit dem Klerus, den Großgrundbesitzern und dem konservativ-katholischen

Spanien auf dem Weg in die Moderne

John Heartfield, Fotomontagen zum Spanischen Bürgerkrieg, aus: Die Volksillustrierte, 19. 8. 1936 (links), 25. 11. 1936 (rechts)

Bürgertum, auf der anderen die Arbeiter, Tagelöhner und Handwerker sowie die kritischen Intellektuellen. Die Landarbeiter und Bauern gehörten je nach Region und Status sowohl zum einen wie zum anderen Lager. Die Spaltung ging vielfach durch die Familien. Große Reformprojekte wurden beschlossen, aber nur zögerlich umgesetzt. Ungeduldig antworteten die Bergarbeiter im Norden Spaniens mit Streik und Rebellion. Als im Verlauf der Wahlen 1936 das Linksbündnis die Mehrheit erhielt, putschten die ›Nationalen‹, um das Vaterland zu retten – für die Bischöfe die Fortsetzung der Kreuzzüge, der Reconquista. Der drei Jahre währende Spanische Bürgerkrieg verheerte das Land. Das faschistische Italien Mussolinis und das nationalsozialistische Deutschland Hitlers halfen den aufständischen Generälen mit Waffengewalt, die spanischen Anhänger der Republik niederzuwerfen. Internationale Brigaden aus vielen Nationen bildeten sich, um in Spanien für die Verteidigung der Freiheit zu kämpfen. Auf internationalen Druck mussten sie wieder abziehen. Zerwürfnisse im eigenen Lager schwächten zudem die ohnehin schwachen militärischen Kräfte der Republik. Die Diktatur des Caudillo Franco wurde errichtet. Hunderttausende Menschen waren getötet worden. Hunderttausende gingen in die Emigration.

Franco hielt Spanien weitgehend aus der Katastrophe des Zweiten Weltkriegs heraus; das zerstörte Land musste wieder aufgebaut werden. Aber es blieb auch in der Nachkriegszeit isoliert von demokra-

Land und Geschichte

tischen Entwicklungen in Europa. Seit Beginn der 50er Jahre setzte eine langsame Öffnung durch das militärische Bündnis mit den USA ein, später durch den Tourismus; wirtschaftliche Verbindungen und Handelserleichterungen öffneten langsam die Abgeschlossenheit Spaniens. Viele spanische Arbeitsemigranten in den westlichen Metropolen Europas sparten für ihre Familien zu Hause und erweiterten ganz nebenbei ihren Horizont. Spanien drang auf friedliche Weise nach außen und nahm seit den 60er Jahren Fremde in Gestalt von Sonne suchenden Touristen mit offenen Armen auf. Eine flexible bürgerliche Mittelschicht entstand, die den Anschluss ans übrige Europa auch politisch suchte. Spaniens jahrhundertelang währender Sonderweg begeisterte nur noch wenige. Nach Francos Tod 1975 begann für Spanien endgültig das Ende der Isolation, und ein neues europäisches Selbstbewusstsein brach sich Bahn. 1985 wurde Spanien Mitglied der Europäischen Gemeinschaft. 1992 war Madrid die Kulturhauptstadt Europas, Barcelona lud zu den Olympischen Sommerspielen ein und Sevilla war Gastgeberin für eine Weltausstellung, die Bezug nahm auf die Entdeckung Amerikas vor 500 Jahren. Die Zeit unvoreingenommener Selbstreflexion war gekommen. Zugleich eine Zeit, in der sich Spanien europa- und weltpolitisch als demokratische Macht auf neue Weise engagierte. Dies bezog sich auf diplomatische Initiativen im Mittelmeerraum einschließlich des Nahen Ostens, aber auch auf die lateinamerikanischen Länder.

Das gesamte kulturelle Erbe wurde und wird immer noch gesichtet und aus einem demokratischen Selbstverständnis heraus neu interpretiert. Das freiheitliche Spanien erinnerte sich seiner liberalen Traditionen – von den regionalen Selbstverwaltungsformen des Mittelalters über den *comuneros*-Aufstand bis zur Verfassungsgebenden Versammlung von Cádiz und der Spanischen Republik vor dem Bürgerkrieg. Die Überführung von Picassos ›Guernica‹ von New York nach Madrid war ein nationales Ereignis. Es war wie die Heimholung des Symbols einer großen Tradition, ein Akt der Versöhnung mit der eigenen Geschichte und ein Signal der Offenheit gegenüber der Moderne.

Die Verwaltungszentrale Madrid wurde in den vergangenen beiden Jahrzehnten nicht nur zu einer lebendigen Weltstadt und einer Metropole der Kunst, sondern auch zur Brücke Europas nach Lateinamerika, zum Zentrum sowohl Spaniens wie der gesamten hispanischen Kultur, die sich auf einen riesigen, die Kontinente übergreifenden Sprachraum beziehen kann.

Autonomieregelungen ließen die Regionen Spaniens zu eigenen Rechten kommen, zugleich wurde die ökonomische und verkehrstechnische Infrastruktur des gesamten Lands innerhalb weniger Jahre entscheidend verbessert. Spanien ist heute weitgehend ein modern organisiertes und dynamisches Land. Seine Demokratie ist gesichert. Es bedeutet keine Mühsal mehr, dorthin zu gelangen und das Innere des Landes kennenzulernen. Gleichwohl hat es den Zauber seines Andersseins bewahrt. Mag manches verborgen sein, verschlossen ist es nicht mehr.

Daten zur Geschichte

Frühe Geschichte

20 000 v. Chr.	Entstehung der Höhlenmalereien in Nordspanien (Altamira)
8000 v. Chr.	Neolithische Revolution; Beginn der Seßhaftigkeit, Landwirtschaft und Viehzucht; Herstellung von Keramikgefäßen.
1000 v. Chr.	Kupfer- und Bronzezeit; Phönizier gründen Cádiz, die erste spanische Stadt an der Südküste der Iberischen Halbinsel.
900–600 v. Chr.	Einwanderung keltischer Stämme aus dem Norden
600 v. Chr.	Griechische Siedlungen an der spanischen Mittelmeerküste; Wein und Olivenanbau.
600–200 v. Chr.	Blüte der iberischen Kunst der Keramik; monumentale Grabstätten; Steinskulpturen: Dame von Elche, Dame von Baza.
236–206 v. Chr.	Erweiterung karthagischer Herrschaft in Zentralspanien vom Tajo bis zum Ebro
219 v. Chr.	Zerstörung des spanischen Sagunt durch die Karthager; Beginn des 2. Punischen Kriegs zwischen Rom und Karthago.
201 v. Chr.	Karthago verzichtet zugunsten Roms auf Spanien.

Dame von Elche, Madrid, Museo Arqueológico

Spanien unter römischer Herrschaft

197 v. Chr.	Spanien wird in die römischen Provinzen *Hispania Citerior* (Nordosten) und *Hispania Ulterior* (Südwesten) eingeteilt; Beginn des Widerstands gegen Rom, der nahezu 200 Jahre andauert.
154–139 v. Chr.	Kämpfe der Lusitanier unter Viriatus gegen die römischen Söldner
81–72 v. Chr.	Versuch von Sartorius, einem Anhänger des Marius, ein von Rom unabhängiges Iberisches Reich zu gründen.
45 v. Chr.	Sieg Cäsars gegen die Anhänger des Pompeius bei Córdoba; Beginn der Ansiedlung seiner Veteranen.
27 v. Chr.	Spanien wird in drei Provinzen aufgeteilt: *Hispania Tarraconensis* (im Norden und Osten), *Lusitania* (zwischen Duero und Guadiana im Westen) und *Baetica* (heutiges Andalusien).
19 v. Chr.	Mit dem Sieg des Augustus über die Asturier im

Land und Geschichte

	Norden der Halbinsel gerät ganz Spanien unter römische Herrschaft.
1.–3. Jh. n. Chr.	›Goldenes Zeitalter‹ spanisch-römischer Kultur; berühmte römische Schriftsteller wie Seneca, Lukan und Martial sowie die römischen Kaiser Hadrian, Trajan und Theodosius stammen aus Spanien.
74	Die wichtigsten Orte erhalten Stadtrecht nach dem *Ius Latii*.
Um 100	Beginn der Christianisierung durch eingewanderte Griechen und Syrer; nach der Zerstörung des Salomonischen Tempels durch Titus verstärkte Einwanderung von Juden.

Das westgotische Reich

400	Zerfall des Römischen Reichs; Völkerwanderung; Sueben (Elbgermanen) setzen sich in Nordwest-, Wandalen (Ostgermanen) in Südspanien fest.
429	Die Wandalen ziehen nach Nordafrika.
466	Sieg der Westgoten unter König Eurich über die Sueben; Beginn der westgotischen Herrschaft über Spanien (außer Nordwesten, wo die Sueben ihr Reich behalten); Toledo wird Hauptstadt des Westgotenreichs und Königssitz.
587	Übertritt der arianischen Westgoten zum Katholizismus; danach rasche Verschmelzung der unterschiedlichen Bevölkerungsgruppen.

Maurisches Spanien und Reconquista

711	Sieg eines arabischen Heers über die Westgoten in Südspanien; rasche Eroberung ganz Spaniens (bis auf unwegsame Gebirgsgegenden Kantabriens und Asturiens im Norden) innerhalb weniger Jahre; Beginn der maurischen Herrschaft; Präsenz des Islam in Spanien bis 1492 – insgesamt fast acht Jahrhunderte.
714	Spanien wird Provinz des Kalifats der Omaiyaden von Damaskus.
722	Vertreibung eines maurischen Stoßtrupps bei Covadonga durch asturische Bauern und Hirten unter dem Westgoten Pelayo; Gründung eines christlichen asturischen Königreichs im Norden Spaniens; Beginn der Reconquista, der christlichen Rückeroberung, die 770 Jahre lang dauert.

Daten zur Geschichte

756	Gründung des selbständigen Emirats von Córdoba durch den aus Damaskus geflüchteten Omaiyaden Abd ar-Rachman I.; Beginn einer landwirtschaftlichen und kulturellen Blütezeit Spaniens; die neue Oberschicht besteht aus Arabern und Syrern; die Mehrzahl der neuen Bewohner Spaniens stammt aus Marokko, der ehemaligen römischen Provinz *Mauretania*, daher die Bezeichnung: maurische Kultur.
900	Entstehung der Grafschaft Kastilien
929–1031	Kalifat von Córdoba; Höhepunkt maurischer Herrschaft; große Palastbauten; Moschee von Córdoba; nach der Zerstörung des Kalifats durch Nachfolgestreitigkeiten Entstehung von islamischen Kleinkönigreichen.
1085	Eroberung Toledos durch den kastilischen König Alfons VI. – entscheidender Schritt der christlichen Wiedereroberung Zentralspaniens; Beginn der Neubesiedlung und Befestigung kastilischer Städte wie Ávila, Salamanca, Segovia und Zamora; Kirchenbauten im romanischen Stil.
Seit 1086	Herrschaft der orthodox-islamischen Almoraviden und Almohaden aus Marokko in Spanien; Flucht vieler Juden aus Sevilla nach Toledo.
1088	Das erste spanische Parlament wird von König Alfons IX. nach León einberufen.
1212	Das vereinigte Heer der nordspanischen christlichen Königreiche siegt über die Almohaden; innerhalb weniger Jahre wird nun ganz Südspanien von den Christen erobert – bis auf das Emirat von Granada.
1238–1492	Emirat von Granada unter der Dynastie der Nasriden
13./14. Jh.	Bau des spätmaurischen Alhambra-Königspalasts in Granada sowie des Königspalasts des kastilischen Königs Pedro I. in Sevilla und des Königspalasts von Tordesillas im Mudéjar-Stil; Bau der Kathedralen von Ávila, Cuenca und Toledo im gotischen Stil.
1469	Heirat von Isabella von Kastilien und Ferdinand von Aragon; die ›Katholischen Könige‹ vereinigen die spanischen Königreiche.
Um 1480	Verschmelzung von spätgotischer Formensprache und dem neuen Maß der Renaissance im ›Isabellinischen Stil‹.
1486	Einrichtung der Inquisition; Torquemada wird erster Großinquisitor.
1492	Eroberung Granadas nach zehnjährigem Krieg

Inquisition: Massenhinrichtung vermeintlicher Ketzer, kolorierter Kupferstich, 17. Jahrhundert

durch die ›Katholischen Könige‹ Isabella und Ferdinand; Entdeckung Amerikas durch Christoph Kolumbus; Vertreibung der spanischen Juden.

Weltmacht Spanien – die Zeit der Habsburger

1494	Vertrag von Tordesillas; Verteilung der Interessensphären zwischen Spanien und Portugal.
1516	Der Habsburger Carlos I. wird König von Spanien.
1519	Carlos I. wird als Karl V. römisch-deutscher Kaiser; er regiert über Spanien, die Niederlande, Sardinien, Neapel, Sizilien, Mailand, Burgund sowie über die amerikanischen Kolonien; um die Oberherrschaft in Italien und Burgund zu wahren, führt er während seiner über 30-jährigen Herrschaft fünf Kriege gegen Frankreich.
1521	Karl V. überläßt seinem Bruder Ferdinand die deutschen habsburgischen Länder.
1520/21	Aufstand der *comuneros* (der kastilischen Städte) gegen Karl V.; nach der Niederschlagung verlieren die kastilischen Städte ihre Rechte; die *cortes* (Ständeversammlung) verliert an Bedeutung.
1519–1535	Ausbau der Kolonialherrschaft in Amerika; Eroberung von Mexico (Cortez) und Peru (Pizarro), später auch von Chile.

1534	Gründung des Jesuitenordens durch Ignatius von Loyola
1545–1563	Konzil von Trient; Beginn der Gegenreformation unter Führung Spaniens.
1547	Sieg Karls V. über die deutschen Fürsten bei Mühlberg
1550–1650	*Siglo de oro* – goldenes Zeitalter spanischer Kultur
1556	Karl V. dankt ab und zieht sich ins Kloster Yuste zurück; sein Sohn Philipp II. wird spanischer König.
1556–1598	Herrschaft Philipps II.
1561	Madrid wird Hauptstadt Spaniens.
1559	Friedensvertrag mit Frankreich; Hegemonie Spaniens über Europa.
1563–1584	Bau des Escorial
1568	Beginn der Unabhängigkeitskämpfe der Niederlande gegen die spanische Herrschaft; sie dauern 80 Jahre.
1571	Schlacht von Lepanto; Sieg der spanischen, venezianischen und päpstlichen Flotte unter Juan de Austria (Halbbruder Philipps II.) gegen die Türken im Mittelmeer.
1588	Untergang der spanischen Armada vor den Küsten Englands
1609	Vertreibung der letzten Mauren und Juden unter Philipp III.
1621–1665	Regierung Philipps IV.
1659	Pyrenäenfrieden; Frankreich wird erste Macht in Europa.
1665–1700	Regierung Carlos II.; politischer und wirtschaftlicher Niedergang Spaniens; mit dem debilen Carlos II., der keine Nachkommen mehr zeugen kann, endet die Herrschaft der Habsburger in Spanien.

Die Zeit der Bourbonenherrschaft

1701–1713	Spanischer Erbfolgekrieg zwischen österreichischen Habsburgern (einschließlich England und den Niederlanden) und französischen Bourbonen
1713	Friede von Utrecht; der Bourbone Philipp von Anjou (Philipp V.) wird spanischer König; Beginn des aufgeklärten Despotismus.
1759–1788	Regierung Carlos III.
1767	Ausweisung der Jesuiten
1788–1808	Regierung Carlos IV.; die Regierungsgeschäfte

Francisco Goya, ›Der Schlaf der Vernunft produziert Ungeheuer‹, aus der Radierungsfolge der Caprichos, Blatt Nr. 43

Land und Geschichte

	übernimmt Manuel Godoy, der ein Bündnis mit Frankreich eingeht.
1805	Schlacht von Trafalgar; Vernichtung der spanisch-französischen Flotte durch die englische Flotte unter Admiral Nelson.
1808	Aufstand in Aranjuez; Godoy wird vertrieben; Carlos IV. wird gezwungen, zugunsten seines Sohns Ferdinand VII. abzutreten, daraufhin nötigt Napoleon Bonaparte beide im französischen Bayonne zur Abdankung und setzt seinen Bruder Joseph als König von Spanien ein.
2. Mai 1808	Aufstand gegen die Franzosenherrschaft auf der Puerta del Sol in Madrid; die nationale Erhebung beginnt, unterstützt von einem englischen Heer unter Wellington; Napoleons Spanienfeldzug führt zur völligen Okkupation Spaniens und zum Guerilla-Krieg gegen die Franzosen im Land.
1810–1825	Abfall der südamerikanischen Kolonien
1812	Die in Cádiz versammelten liberalen Patrioten beschließen die erste spanische Verfassung.
1814	Ferdinand VII. kehrt auf den spanischen Thron zurück; Verfolgung der Liberalen.
1820	Revolution der Liberalen in Cádiz; Anerkennung der Verfassung von 1812 durch Ferdinand VII.
1823	Niederschlagung der Liberalen durch eine französische Interventionsarmee im Auftrag der Heiligen Allianz
1834–1839	Nach dem Tod Ferdinands VII. erster sogenannter Karlistenkrieg um die Thronfolge
1847–1849	Zweiter Karlistenkrieg
1872–1876	Dritter Karlistenkrieg
1873–1874	Erste Republik
1874–1885	Alfonso XII., König von Spanien
1876	Einführung der Pressefreiheit
1888	Gründung der Allgemeinen Arbeiterunion
1890	Einführung des allgemeinen Wahlrechts; Beginn der Autonomiebewegungen in Katalonien und im Baskenland.
1898	Spanisch-amerikanischer Krieg; Spanien verliert die letzten großen Kolonien: Kuba, Philippinen, Puerto Rico.
1902	Alfons XIII. wird spanischer König

Zwischen den Weltkriegen

1923	General Primo de Rivera übernimmt mit Billigung des Königs die Regierung; Parlamentsauflösung.

Daten zur Geschichte

1930	Politische und soziale Unruhen führen zum Rücktritt von Primo de Rivera.
1931	Sieg der Republikaner bei den Kommunalwahlen; Alfons XIII. verläßt Spanien; Beginn der Zweiten Republik (Trennung von Staat und Kirche, Einheitsstaat, regionale Autonomie für Baskenland und Katalonien, Versuch der Agrarreform).
1933	Wahlsieg der Konservativen; wachsende soziale Unruhen; Gründung der faschistisch geprägten Falange-Bewegung.
1934	Bergarbeiteraufstand in Asturien
1936	Wahlsieg der Volksfront (Republikaner, Sozialisten, Kommunisten); Militärrevolte der Generäle Mola und Franco.
1936-1939	Spanischer Bürgerkrieg
1939	Ende der Republik; Beginn der Diktatur Francos.

Die Diktatur Francos

1953	Die politische Isolierung Spaniens nach 1945 wird aufgegeben; die USA erhalten militärische Stützpunkte gegen Wirtschaftshilfe.
1955	Spanien wird Mitglied der UNO.
Nach 1960	Wirtschaftlicher Aufschwung durch zunehmende Investitionen, Tourismus und Überweisungen spanischer Arbeiter aus dem Ausland.
1969	Juan Carlos, Enkel des letzten spanischen Königs Alfons XIII., wird zum Nachfolger Francos und künftigen König nominiert.
1975	Tod Francos; Juan Carlos wird König von Spanien.

Das moderne Spanien

1977	Erste demokratische Wahlen seit 1936
1978	Verabschiedung der neuen demokratischen Verfassung.
1982	Eintritt Spaniens in die NATO; Wahlsieg der Sozialisten; Beginn der Ära Gonzalez (bis 1995); allgemeiner wirtschaftlicher Aufschwung.
1986	Spanien wird Mitglied der EG.
1992	Weltausstellung in Sevilla; Olympische Spiele in Barcelona; Madrid ist Kulturhauptstadt Europas.
1995	Wahlsieg der Volkspartei unter José Maria Aznar.
2000	Die konservative Partido Popular unter Aznar gewinnt die absolute Mehrheit bei den Wahlen und regiert ohne Koalitionspartner.

Galerie der bedeutendsten Künstler

El Greco, 1541–1614

Domenikos Theotokopoulos (genannt ›El Greco‹) wurde 1541 in Candia, dem heutigen Heraklion, der Hauptstadt Kretas, geboren. Kreta, in jener Zeit von den Venezianern beherrscht, gehörte zum byzantinischen Kulturkreis. Seine Ausbildung als Maler erhielt El Greco in der Tradition der Ikonenmalerei, wie sie charakteristisch für die christliche Ostkirche war. Mit 26 Jahren ging er als bereits anerkannter Maler nach Venedig, um die moderne Renaissancekunst in den Ateliers Tizians, Tintorettos und Veroneses zu studieren. Nach dreijährigem Aufenthalt in der Lagunenstadt ging er 1570 nach Rom, wo er Zugang zum Intellektuellenkreis um den mächtigen Kardinal Alexander Farnese fand, dessen gelehrter Bibliothekar Fulvio Orsini bald zu den Bewunderern El Grecos gehörte. El Greco arbeitete eine Zeitlang als Miniaturist an der Accademia di San Luca in Rom. Die maßgeblichen römischen Künstlerkreise, denen er angehörte, waren vom Geist des Manierismus erfüllt, der sich an den Werken Michelangelos entzündet hatte. Gemessen an der koloristischen Malkunst der Venezianischen Schule war Michelangelo für El Greco als Maler kein Vorbild, aber er studierte und bewunderte dessen Kompositionen der menschlichen Figur in Bild und Skulptur. Überragender Erfolg wurde ihm in Rom nicht zuteil; er malte für Privatpersonen, nicht für Institutionen. Über seinen Gönner Orsini lernte er spanische Geistliche kennen, darunter zwei Abgesandte aus Toledo.

Der mächtigste König der damaligen Welt, Philipp II., ist dabei, sein monumentales Königsschloss El Escorial in Zentralspanien zu bauen, und braucht für dessen Dekoration begabte Künstler. El Greco entschließt sich, Rom zu verlassen und nach Spanien zu gehen, unterstützt und gefördert von seinen in Rom gefundenen Freunden aus Toledo, von denen er bald die ersten Malaufträge für die Sakristei der Kathedrale von Toledo erhält. 1577, inzwischen 36 Jahre alt, kommt El Greco nach Toledo, wo er 37 Jahre bis zum Ende seines Lebens blieb. Hier findet er sofort Freunde und Arbeitsmöglichkeiten. Philipp II. indes ist wenig angetan von den eigensinnigen Werken des Kreters. El Greco bleibt dem spanischen Königshof in Madrid fern, wird aber vom reichen Klerus aufgenommen, dessen Hauptstadt Toledo ist, und findet Zugang zu einem der Kunst und Literatur zugewandten humanistisch gesonnenen Zirkel einflussreicher Freunde.

El Greco gründet eine Familie und führt ein großes gastfreundliches Haus. Toledo wird zu seiner Stadt. In ihrer von vielen religiösen und kulturellen Strömungen geprägten Atmosphäre findet er zu seinem reifen Stil, gewachsen aus byzantinischem Erbe, venezianischem Kolorismus und römischer, an Michelangelos Werken geschulter Körperkomposition. 1614, im Alter von 73 Jahren, stirbt El Greco in Toledo. Er hat keine Schule gemacht und keine Nachfolger

Galerie der bedeutendsten Künstler

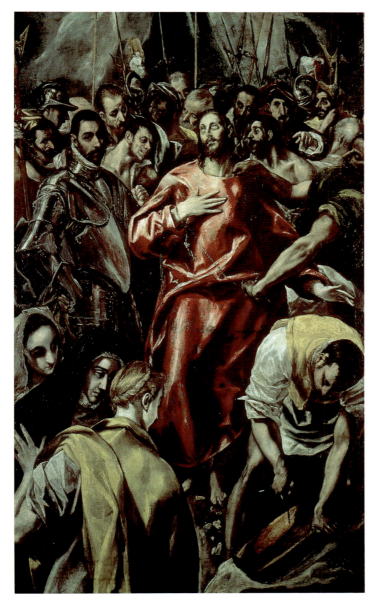

El Greco, Entkleidung Christi, um 1577/79, Toledo, Kathedrale

gehabt. Sein Werk, gebunden an seine Wahlheimat Toledo, bleibt einmalig und unverwechselbar. Jahrhundertelang bleiben sowohl die alte Hauptstadt Spaniens wie ihr berühmtester Maler in Europa vergessen. Erst Ende des 19. Jahrhunderts werden die spanischen Intellektuellen und die Avantgarde-Künstler Europas auf El Greco aufmerksam. Man beginnt, nach Toledo zu pilgern, um das Werk El Grecos zu erleben. Vor allem für die Expressionisten wird El Greco zum großen Anreger einer neuen, subjektiven Ausdruckskunst, die das innere Erleben ästhetisch umzusetzen sucht und gegen die flachen Vorgaben akademischer, naturalistischer und klassizistischer Malerei opponiert.

Diego Velázquez, 1599–1660

Diego Velázquez, Selbstporträt, Detail aus: Las Meninas, Museo del Prado, Madrid

Diego Rodríguez de Silva y Velázquez wurde 1599 in Sevilla geboren. Madrid war als Hauptstadt noch jung, Toledo bereits am Ende seiner Blütezeit. Die lebendigste Stadt Spaniens war damals Sevilla. Die andalusische Hauptstadt war das Tor zur Neuen Welt, über die der gesamte Handel und Verkehr mit Amerika abgewickelt wurde, sie war im 16. Jahrhundert die Metropole der Weltmacht Spanien. Der Großvater von Velázquez war aus Portugal eingewandert. Diego Velázquez wuchs in einer unvermögenden kinderreichen Familie auf. Mit zehn Jahren arbeitete er bereits als Gehilfe, mit zwölf Jahren ging er in die Lehre der Malers Francisco Pacheco (1564–1654), seinerzeit einer der führenden Künstler Sevillas. Pacheco war in erster Linie ein guter Zeichner, wirkte aber auch als einflussreicher Pädagoge und Theoretiker, 1649 veröffentlichte er seine vielbeachtete Lehrschrift ›Arte de la Pintura‹. Sein Haus, in dem Velázquez sechs Jahre als Schüler verbrachte, war ein berühmter Treffpunkt für Künstler und Intellektuelle.

1617 wurde Velázquez in die Gilde der Maler aufgenommen. Ein Jahr später gründete er eine Familie. Seine ersten Bilder als unabhängiger Maler zeigen den Einfluss Caravaggios, vermittelt über seinen Lehrer Pacheco. Velázquez ist bereits in frühen Jahren ein Meister des Naturalismus. Die einfache gegenständliche Welt ist sein bevorzugtes Thema, Menschen aus dem Volk gilt seine Porträtkunst, schlichten Alltagsszenen sein Interesse. Das Licht wird dramaturgisch wirkungsvoll eingesetzt.

Als nach dem Tod Philipps III. 1621 Philipp IV. den spanischen Königsthron in Madrid besteigt, ernennt er sofort seinen Favoriten, den Herzog von Olivares, zu seinem Minister, der fortan die Regierungsgeschäfte führt. Der Herzog entstammt einer alteingesessenen Sevillaner Familie. Die alten Freunde werden protegiert. Pacheco schreibt aus Sevilla an den neuen Mächtigen des Landes, und sein ehemaliger Schüler Velázquez darf 1622 eine Auswahl seiner Werke in Madrid zeigen. Olivares setzt sich dafür ein, dass Velázquez ein Porträt des Königs malen darf. Velázquez liefert ein überzeugendes

Reiterbild und wird daraufhin an den Hof gerufen. Er zieht mit seiner Familie nach Madrid und kehrt von dort zeit seines Lebens nicht mehr zurück. Abgesehen von zwei ausgedehnten Italienreisen bleibt er in Madrid, seine Karriere bei Hof beharrlich vorantreibend und sein Leben dem Fortschritt der Kunst widmend. Er ist unter anderem zuständig für die königliche Gemäldesammlung und kauft für den spanischen König Kunstwerke in Italien. Er porträtiert die königliche Familie. Und er entwickelt von Bild zu Bild in großer Ruhe und innerer Unabhängigkeit seine kompositorische Kunst und malerische Technik weiter. Velázquez malt nur wenige Bilder. Aber nahezu jedes Kunstwerk bildet einen Ereignisraum neuer Art. Seine Bilder sind durchdacht, zugleich spontan entwickelt und geben wie wenige die frische Unmittelbarkeit eines Augenblicks wieder.

Der Maler des Königs malt nach wie vor auch das einfache Volk. Würde und Weisheit sind für ihn nicht an den sozialen Stand gebunden. Er ist dem Geheimnis der Wirklichkeit auf der Spur, dem Phänomen von Raum und Zeit. Die Wirklichkeitsspiegelung seiner Kunst ist auch selbstreflexiv. Das Verhältnis von Wirklichkeit und Kunst, Sein und Schein macht er im Medium der Kunst selbst anschaulich. Unmittelbare Wirklichkeiten aufdeckend, schafft er dauernde Rätsel.

Rubens, der vor allem in seiner Eigenschaft als Diplomat in Madrid weilt, wird sein Freund, in Italien studiert er während seiner Aufenthalte die zeitgenössische Malerei, trifft Bernini, Lorrain und Poussin. Vor allem aber in Madrid selbst sind ihm die großen Venezianer Tizian, Tintoretto und Veronese aus der königlichen Gemäldesammlung gleichsam als Vorbilder ständig vor Augen. Velázquez führt ein wenig spektakuläres Leben. Wenige Jahre vor seinem Tod wird ihm die Ehre zuteil, Mitglied des Santiago-Ordens zu werden. Er steigt damit zum Hochadel auf. Dem galt sein Bestreben von Jugend an. Das Zeichen gesellschaftlicher Wertschätzung gilt nicht nur seiner Person, es gilt auch seinem Malerberuf.

Die Malerei wird von Ideen geleitet, aber sie materialisiert sich durch Handwerk. Darüber reflektiert Velázquez in seinen Werken selbst. Er setzt dabei – bewusst gegenläufig zur herrschenden Kunsttheorie seiner Zeit – den Akzent auf Handwerk, nicht nur auf die Würde der Menschen, sondern auch auf die Würde der Handarbeit. Die malerische Reflexion spiegelungsreicher Wirklichkeitsschichten und komplexer Beziehungen macht seine unprätentiöse Malerei zur Kunst höchsten Anspruchs. Sie ist schlicht und komplex zugleich, einfach und auf anmutige Weise rätselhaft. Seine Bilder sind jedem verständlich, aber sie erlauben es auch, kompositorische Tiefendimensionen, verschiedene Bedeutungsschichten und komplizierte Beziehungsgeflechte zu entdecken.

Für Erneuerer der Malerei, insbesondere Goya an der Wende vom 18. zum 19. Jahrhundert, Manet und Cézanne im 19. und Picasso im 20. Jahrhundert werden die Meisterschaft und das bleibende Rätsel Velázquez fortwirkende Inspiration für ihre eigene Kunst. Vor allem sein berühmtes Bild ›Las Meninas‹, 1656 gemalt, beschäftigt bis heute Künstler und Kunsthistoriker, Dichter und Philosophen in immer neuen künstlerischen Variationen und Paraphrasen sowie Interpretationen. Es ist damit zu einem der wirkungsvollsten Kunstwerke der europäischen Kunstgeschichte geworden. 1660 stirbt Velázquez mit 61 Jahren in Madrid.

Francisco Goya, 1746–1828

Francisco Goya, Selbstporträt, 1815, Museo del Prado, Madrid

Francisco de Goya y Lucientes wurde 1746 in Fuentetodos bei Zaragoza geboren. Sein Vater war Vergolder, seine Mutter stammte aus einer Familie des niederen aragonischen Adels. Er wuchs in ärmlichen Verhältnissen auf. Bis zum 14. Lebensjahr wurde er von Mönchen in Zaragoza unterrichtet, dann begann seine vierjährige Lehrzeit unter der Obhut des Zeichners José Luzan. 1763, im Alter von 17 Jahren, nahm er an der Aufnahmeprüfung der Academia de San Fernando in Madrid teil – ohne Erfolg. Goya verließ Spanien und ging nach Italien, um nach langer Wander- und Lehrzeit erst zehn Jahre später zurückzukehren. Seine besten Lehrer seien die Meisterwerke gewesen, die er in Spanien und Italien habe betrachten können.

1773, zurück in Zaragoza, heiratet er die Schwester des Malers Francisco Bayeu, der eine Stellung am Madrider Hof einnimmt. Sein Schwager vermittelt Goya erste Aufträge. Diese Arbeiten für Kirchen und Klöster in Zaragoza zeigen die klassizistische Schulung, die er in Rom genossen hat.

1775 geht Goya nach Madrid und arbeitet als Maler für die Königliche Teppichfabrik. Im Lauf der folgenden Jahre erregen seine großformatigen Teppichentwürfe Aufmerksamkeit, die die königlichen Schlösser dekorieren sollen. Goya kopiert in dieser Zeit intensiv die Werke von Velázquez.

1780 wird Goya zum Mitglied der Academia de San Fernando gewählt. Nun kann er erstmals mit bedeutenden Aufträgen rechnen. 1786 erhält er den Titel ›Königlicher Maler‹, 1789, im Jahr der Französischen Revolution, wird er Hofmaler. Er kommt in enge Berührung mit den wenigen aufgeklärten Geistern des spanischen Hochadels und den Intellektuellen Madrids. Jovellanos, einer der führenden Köpfe der spanischen Aufklärung, wird sein Freund. Die malerischen Entwürfe Goyas verlieren ihre Verspieltheit; sie werden wirklichkeitsnäher, genauer, zuweilen auch düster und sozialkritisch. 1792 wirft ihn eine schwere Krankheit nieder, die mit vollständiger Taubheit endet. Noch während seiner Genesung beginnt er mit seinem gewaltigen zeichnerischen und druckgraphischen Werk, an dem er ohne Auftrag bis an sein Lebensende arbeitet und das künstlerisch gleichwertig neben seinem malerischen Werk steht.

Während unter dem Einfluss seiner Freunde Goyas Denken gegenüber Staat und Kirche kritischer wird, macht er eine steile Karriere bei Hof. 1795 wird er Direktor der Academia de San Fernando,

Segovia mit dem römischen Aquädukt Stich aus Meyers Universum, III, 1859

1799 ernennt der König ihn zum Ersten Hofmaler der Krone. In dieser Zeit malt er unentwegt, nicht nur die Königsfamilie, sondern auch Stierkämpfer, Hexen und Monster. Ende der 90er Jahre und Anfang des 19. Jahrhunderts entstehen seine bedeutendsten Porträts. Es ist zugleich die Zeit einer intensiven Beziehung zur schönen Herzogin von Alba. 1808 beginnt der sechsjährige Krieg der spanischen Bevölkerung gegen die französische Besatzungsmacht im Land. Goya arbeitet während dieser Zeit, auch aus Mangel an Aufträgen – der König ist im Exil – vor allem als Zeichner. Er dokumentiert das Grauen des Kriegs wie kein Künstler zuvor es tat. Und er klagt an. Die berühmte Radierungsfolge der ›Desastres de la Guerra‹ entsteht.

1814 kommt Ferdinand VII. zurück auf den Thron nach Madrid, installiert die zuvor abgeschaffte Inquisition erneut und verfolgt die Liberalen. Goya wird vor das Inquisitionstribunal bestellt und als Liberaler und Franzosenfreund verdächtigt. Er wird erneut schwerkrank; um sich dem Madrider Leben zu entziehen, erwirbt er ein einsam außerhalb der Stadt am Ufer des Manzanares gelegenes Haus, dessen Räume er mit düsteren visionären Bildern bedeckt, bei deren Anblick viele den Maler für wahnsinnig erklären. 1824 werden erneut und mit großer Heftigkeit die Liberalen verfolgt. Goya versteckt sich bei Freunden und entschließt sich im Alter von 78 Jahren zur Emigration nach Frankreich. Er lässt sich in Bordeaux nieder, malt und zeichnet umgeben von seiner neuen Lebensgefährtin, deren Kindern und einem Freundeskreis von Exilanten, lässt sich beim spanischen König offiziell beurlauben und bekommt von ihm dafür eine kleine Rente zugesprochen. 1828 stirbt Goya im Alter von 82 Jahren in Bordeaux.

Das Werk Goyas blieb der außerspanischen Öffentlichkeit lange Zeit verborgen und wurde erst in der zweiten Hälfte des 19. Jahrhunderts wieder entdeckt. In Spanien gab es dagegen schon zu seinen Lebzeiten eine große Zahl von Epigonen und ›goyesk‹ malenden Künstlern. Eine besonders starke Wirkung hatte sein Werk auf die französischen Romantiker wie Delacroix und im Zuge einer ausgesprochenen Spanienmode auch auf Manet. Sowohl die Impressionisten wie die Expressionisten haben von ihm gelernt. Gerade die Rezeption seines Werks zeigt, dass Goya eine singuläre Erscheinung in der europäischen Kunstgeschichte ist: mit ihm beginnt die Moderne.

Francisco Goya, Der Hund, Detail aus den ›Pinturas negras‹ der Quinta del Sordo, Museo del Prado, Madrid

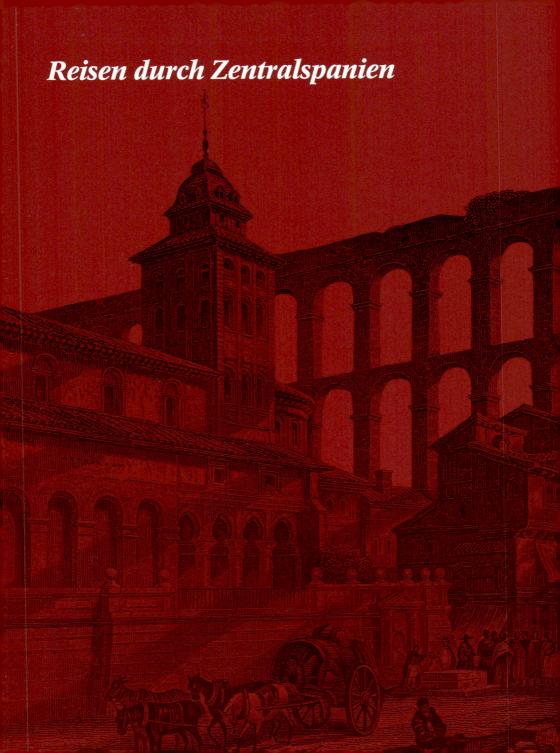
Reisen durch Zentralspanien

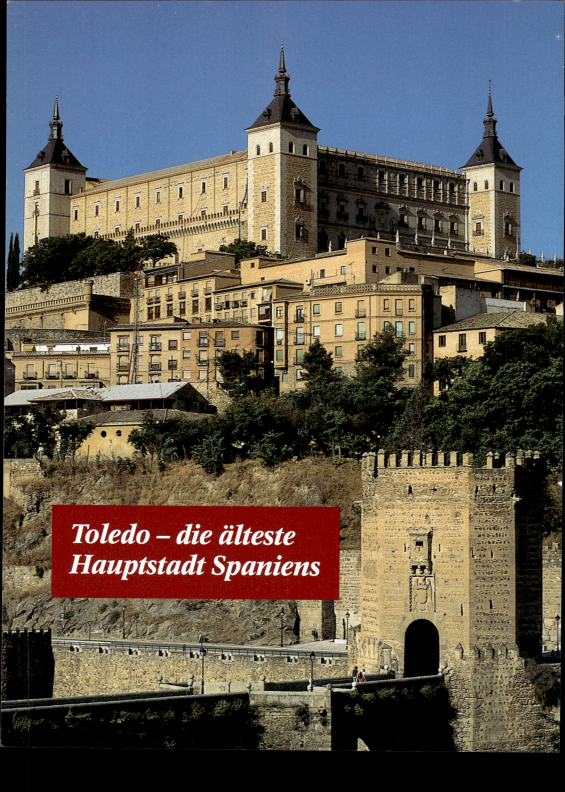

Toledo – die älteste Hauptstadt Spaniens

Zur Geschichte der Stadt Toledo

Schon in vorgeschichtlicher Zeit war Toledo, auf Hügeln inmitten einer Schleife des Tajo gelegen, eine wichtige Festung. Die Römer nutzten sie und bauten sie aus. In spätrömisch-frühchristlicher Zeit wurde sie bereits kirchliches Zentrum. 400 n. Chr. fand dort das erste spanische Konzil statt. Unter den Westgoten wurde sie im sechsten Jahrhundert Hauptstadt des Reiches, in der kirchliche und weltliche Macht zusammenflossen. Denn die Konzilien von Toledo waren gleichzeitig Reichsversammlungen, an deren Beschlüsse der König gebunden war.

Während der arabischen Herrschaft blieb ihre Position im Landesinnern wichtig, wenn auch der Schwerpunkt nach Córdoba verlegt war. Von Toledo aus wurde die gesamte Mitte Spaniens kontrolliert. Zu Zeiten der Reconquista war sie zunächst wichtigste Grenzstadt der Muslime, seit 1085 militärischer Vorposten der Christen. Von Papst Urban II. wurde der Erzbischof von Toledo wieder zum Primas von Spanien benannt.

Im weitgehend entvölkerten Grenzgürtel zwischen Tajo und Duero lag über Jahrhunderte das Schlachtfeld der Muslime und Christen. Hier wurden die *castillos* gebaut, die Kastilien den Namen gaben, hier entstanden im Laufe der Reconquista blühende Städte. Aber Toledo bestand schon lange zuvor und besaß neben seiner strategisch guten Position eine ununterbrochen starke Ausstrahlung. Sein hervorragender Ruf als Waffenschmiede hat sich seit dem Mittelalter bis heute, wo man edle Klingen in Souvenir-Läden erwerben kann, gehalten. Toledo war aufgrund der Vergangenheit als alte Hauptstadt und geistiges Zentrum durch die besonderen Ambitionen der Bewohner gewissermaßen die Mutter der kastilischen Städte, zugleich aber auch eine weit vorgeschobene wehrhafte Grenzstadt – und ein Schmelztiegel christlicher, jüdischer und muslimischer Kultur, wie er nirgendwo sonst in Spanien in dieser Intensität und Kontinuität des geistigen Austauschs zu finden war. Schon in Zeiten des Kalifats von Córdoba galt Toledo gegenüber der Zentralmacht als unbotmäßig und die Stadtaristokratie mit ihren westgotischen Adligen, die Mozaraber oder Muslime geworden waren, als besonders selbstbewusst und mit angestammten imperialen Ambitionen ausgestattet.

Nach dem Zusammenbruch des Kalifats bildete sich ein kleines berberisches Königreich Toledo *(taifa)*, unter dessen Herrscher Al-Mamun im elften Jahrhundert die Wissenschaft der Astronomie blühte. Azarquiel, der bedeutendste Astronom vor Kepler, berechnete dort die Planetentafeln, die – in der lateinischen Übersetzung – tief in die Renaissance hineinwirkten. Als der kastilische König Alfons VI. 1085 Toledo eroberte, war die islamische Welt in Spanien nachhaltig verunsichert. Die zur Einigkeit unfähigen Kleinkönigreiche riefen die Almoraviden und Almohaden aus Marokko zu Hilfe, die noch einmal den islamischen Herrschaftsbereich bis in den Norden

Toledo ☆☆

Besonders sehenswert:
Alcázar
Puerta Vieja de Bisagra
Puerta del Sol
Santo Cristo de la Luz
San Román
Kathedrale
Santo Tomé: El Greco, Das Begräbnis des Grafen Orgaz
Ehem. Synagogen El Transito und Santa María la Blanca
San Juan de los Reyes
Hospital Santa Cruz

◁ *Toledo, Blick auf die Puente Nuevo und den Alcázar*

hinein ausdehnten und die Reconquista für nahezu 150 Jahre aufhielten, aber sie machten auch der geübten Toleranz in Südspanien ein Ende. Mozaraber und Juden wurden von fanatischen Muslimen verfolgt. Es waren vor allem die Wohlhabenden und Gebildeten, die ökonomisch und geistig Beweglichen, die nach Toledo auswanderten: Handwerker, Gelehrte, Musiker, Händler und Finanzspezialisten. Sie wurden von den kastilischen Königen in Toledo willkommen geheißen. Die Gegenwart der arabisierten Christen (Mozaraber) aus dem Süden motivierte nicht wenige der ansässig gebliebenen muslimischen Familien in der Stadt, zum Christentum überzutreten, weil sie dort ihre eigene alte Kultur und Lebensweise beibehalten konnten. Sie nahmen am mozarabischen Ritus teil, der von den Westgoten übernommen worden war, während sich unter dem wachsenden Einfluss der Kluniazenser, denen viele Erzbischöfe von Toledo angehörten, der römische Messekanon etabliert hatte. Diese intellektuelle Konzentration von Vertretern verschiedener Religionsgemeinschaften, wobei sowohl die emigrierten arabisierten Juden aus dem Süden wie ihre ansässigen Glaubensbrüder eine wichtige Mittlerstellung zwischen Muslimen und Christen einnahmen, machte Toledo anderthalb Jahrhunderte (1126–1284) zu einem Schatzhaus der arabischen Wissenschaften und zum europäischen Zentrum der Übersetzerbewegung, die für die gesamte geistige Entfaltung Europas eine große Rolle spielte. Von einer kleinen international besetzten europäischen Elite, im kastilischen Toledo versammelt (parallel dazu im sizilianischen Palermo unter dem Stauferkönig Friedrich II.), gingen jene Impulse aus, die die Gründungen der europäischen Universitäten nach sich zogen, die die katholische Lehre eines Thomas von Aquin inspirierten und letztlich auch der europäischen Renaissance und dem Zeitalter der Aufklärung den Weg ebneten.

Ein besonderes Interesse galt der Astronomie und der Astrologie. Die astronomischen Lehrbücher dienten Tycho Brahe, Kepler und Kopernikus als Ausgangspunkt ihrer Forschungen. ›Das Buch der Leiter‹ schildert die Himmelfahrt des Propheten Mohammed, Mitte des 13. Jahrhunderts in Toledo übersetzt, das wenig später Dante zu seiner ›Göttlichen Komödie‹ inspirierte. Das Arabische war in Handel und Wissenschaft die *lingua franca*. Es waren in erster Linie spanische Juden, die die Übersetzungen aus dem Arabischen ins Kastilische vornahmen, bevor sie, zumeist von Christen, aus dem Kastilischen ins Lateinische übersetzt wurden, das von allen Gelehrten des christlichen Europa verstanden und an den Universitäten gesprochen wurde. Die Namen der berühmtesten Übersetzer geben auch Auskunft über ihre Herkunft: Juan de Sevilla, Rudolf von Brügge, Hermann der Dalmatier, Robert von Chester und Gerhard von Cremona.

Michael Scotus (um 1180–1235), einer der großen Übersetzer und Inspiratoren des Spätmittelalters in Europa, hielt sich, bevor er zu Friedrich II. nach Palermo ging, von 1224 bis 1227 in Toledo auf, ebenso wie Hermannus Germanicus (Hermann der Deutsche), der die Nikomachische Ethik von Aristoteles und die für das gesamte Mittelalter und noch weit in die Philosophie der Neuzeit hinein so überaus anregenden Aristoteles-Kommentare des arabischen Philosophen Averroes aus Córdoba (Ibn Rushd, 1126–1198) vom Arabischen ins Lateinische übersetzte.

Toledo wurde zum Mekka des freien Geistes, das Intellektuelle aus ganz Europa anzog, die auf der Suche nach noch nicht gehobenen Schätzen der Wissenschaften und der Philosophie waren. Die Übersetzer waren nicht nur sprachkundig, sondern auch gelehrt in den empirischen und spekulativen Wissenschaften. Der Alchemie und Astrologie, Astronomie und Mathematik (hier vor allem der rätselhaften Zahl Null) galt das Interesse ebenso wie der Physik und der Mechanik. Das große medizinische Kompendium des Avicenna (Ibn Sina, 980–1037) in der Toledaner Übersetzung von Gerhard von Cremona (um 1114–1187), der auch als Lehrer in Toledo wirkte, blieb das Hauptlehrbuch der Medizin in Europa bis ins 16. Jahrhundert hinein. Auch das wichtigste Handbuch der Chirurgie wurde durch Gerhards Übersetzung zugänglich gemacht und brachte für Europa einen gewaltigen Fortschritt in diesem Metier.

Avicenna, Ibn Sina
französischer Stich,
1660

Die medizinischen Schriften des griechisch-römischen Arztes Galen (129–199) wurden auf dem Umweg über das Arabische im lateinischen Europa bekannt, ebenso wie wichtige Schriften des Aristoteles, die schon Averroes und Maimonides (1135–1204) in Córdoba im 12. Jahrhundert ins Arabische übersetzt und geistreich kommentiert hatten. Von Toledo aus begann aber zunächst sein Denken auf die Scholastik zu wirken, so dass Aristoteles zu ›dem Philosophen‹ des Mittelalters werden konnte. Gelehrte aus Paris, Bologna und Oxford kamen zu Studienaufhalten nach Toledo und kehrten wieder zurück, um ihr Wissen an den ersten Universitäten Europas zu verbreiten. Diese erste glanzvolle und von internationaler Aufmerksamkeit bedachte Periode der Toledaner ›Übersetzerschule‹ dauerte von 1126 bis 1187.

Eine zweite Periode fällt, nachdem Friedrich II. zu Beginn des 13. Jahrhunderts viele der großen Übersetzer an seinen Hof in Palermo geholt hatte, in die Regierungszeit König Alfons X. (1252–1284). Alfons, mit dem Beinamen ›der Weise‹, hatte bereits als Kronprinz unter seinem Vater Ferdinand III., dem Heiligen, erzählende Werke aus dem Arabischen übersetzen lassen – und nun nicht mehr ins Lateinische, sondern ins Kastilische, wodurch Alfons X. entscheidend zur Etablierung der kastilischen Schriftsprache als einer der ersten europäischen Nationalsprachen beigetragen hatte. Er versuchte sich auch selbst als Poet, wählte für seine lyrischen Gesänge allerdings das Gallego, die Sprache des iberischen Nordwestens, die später zur Mutter des Portugiesischen werden sollte. Denn noch war dem Kastilischen das Verinnerlichte subjektiven Empfindens fremd, zu sehr galt alle Anspannung der Eroberung des Äußeren, der Konfrontation mit dem Feind und weniger der Auslotung des menschlichen Innen-

Toledo – die älteste Hauptstadt Spaniens

Toledo

Blick auf Toledo

Toledo – die älteste Hauptstadt Spaniens

lebens. Sie gelang erst nach der Reconquista drei Jahrhunderte später im *siglo de oro* Spaniens, vermittelt über die jüdisch-arabische Kulturtradition. Alfons der Weise war ein universeller Geist, nicht nur ein Anreger, sondern auch selbst Redakteur gewaltiger Enzyklopädien, der mit Engagement und Sorgfalt die sachliche und prägnante Kraft der kastilischen Sprache in den von ihm besorgten Publikationen zur Geltung brachte und mit der wissenschaftlichen Erfassung der Phänomene der irdischen und außerirdischen Welt, mit einer Geschichte der Iberischen Halbinsel und mit einem Kompendium des gesamten kastilischen Rechts das Kastilische zur spanischen Hochsprache erhob. Er legte damit eine Art Grundstein für die kastilisch-spanische Reichsgründung. Die vom König selbst redigierten Werke liegen heute als königliche Prunkexemplare in der Bibliothek des Escorial und in der Spanischen Nationalbibliothek in Madrid.

Im Entstehungsprozess der spanischen Hochsprache spielten die Juden eine entscheidende Rolle; nicht nur weil sie des Arabischen kundig waren, sondern auch weil sie in einer Art Rivalitätsverhältnis zur christlichen Kirche standen. Die kastilischen Könige brauchten die Juden, um die überlegene arabische Kultur kennenzulernen und zur finanziellen Unterstützung ihrer kostspieligen Vorhaben. Sie emanzipierten sich gewissermaßen mit Hilfe der Juden von der materiellen und ideologischen Macht der Kirche. Die Juden dagegen engagierten sich für die kastilische Sprache und Staatsmacht, weil sie die Protektion des Königs zum Schutz gegen die Macht der Kirche brauchten. Sie unterstützten somit auch die Herausbildung einer mächtigen Zentralgewalt, die Sicherheit vor Willkür und Verfolgung versprach. Die Wahl der volksnahen kastilischen Sprache – und eben nicht des Lateinischen, der Sprache der Kirche – war somit auch Ausdruck einer angestrebten und verwirklichten geistigen Unabhängigkeit von den eifersüchtig auf Einfluss bedachten katholischen Klerikern und wirkte als einigendes Band zwischen dem König, den Gebildeten und dem einfachen Volk. 200 Jahre kämpften kastilische Könige und Juden gegen den Herrschaftswillen der katholischen Kirche und die von Demagogen aufgehetzten Bürger an, die in den Juden in erster Linie Privilegierte sahen. Für den König und den Staat waren sie eine dauernde Quelle des Reichtums, für die Kirche und aufgehetzte neidische Christen eine reiche Beute. Hatte das Bündnis zwischen König und Juden die spanische Staatsbildung auf entscheidende Weise gefördert, so triumphierte doch am Ende dieses Prozesses die Kirche, als sie 1492, zum Zeitpunkt der Eroberung des letzten noch verbliebenen islamischen Königreichs von Granada, auch die Vertreibung der Juden aus Spanien durchsetzen konnte, um das Christentum als Staatsreligion zu etablieren und endlich der Schätze der reich gewordenen Juden habhaft zu werden. 36 000 Juden verließen Toledo.

Die kastilischen Könige hatten die vergangenen Jahrhunderte in verschiedenen Städten Hof gehalten: in Segovia, Sevilla und in Valladolid. Auch in Toledo, wo Johanna die Wahnsinnige, die Mutter

Karls V., geboren wurde und von wo er selbst zeitweise das Weltreich regierte. Aber Toledo blieb immer in erster Linie das Bollwerk der Kirche, Sitz des Primas von Spanien bis heute. Als Philipp II. daran ging, das unter seinem Vater Karl V. errungene spanische Weltreich zu regieren und zu verwalten, wählte er einen unbedeutenden, aber dafür übersichtlichen Ort – Madrid. Damit zeigte Philipp nicht nur seine Abneigung gegen die mittelalterlich-orientalisch verwinkelte Stadtstruktur Toledos, er betonte damit auch den Abstand weltlicher zu kirchlicher Macht. 80 km waren weit genug entfernt von der Kirchenmacht und dicht genug dran, um sie nicht aus den Augen zu verlieren. Fast in der geographischen Mitte Spaniens inmitten der Weite, auf erhöhtem Plateau, ließ er den königlichen Palast bauen. Von hier aus wurde das Weltreich verwaltet, auch als er in der Nähe Madrids am Fuß des Gebirges den gewaltigen Bau des Escorial errichten ließ, um später von dort die Regierungsgeschäfte zu erledigen.

Zur selben Zeit wählte der Kreter Domenikos Theotokopoulos, später El Greco genannt, Toledo zu seiner Heimat und schuf hier seine visionären Bilder – inspiriert vom nachwirkenden vielströmigen Geist dieser mittelalterlich-islamischen Stadt.

Innerhalb einer Generation sank die Einwohnerzahl von Toledo um mehr als die Hälfte; die Stadt wurde ein abgeschiedener, fast verborgener Ort. Erst durch die spanische Biographie El Grecos und die 98er Generation mit ihrem Interesse an der Wiederentdeckung des kastilischen Geistes und des wahren Spanien rückte Toledos Einmaligkeit seit Ende des 19. Jahrhunderts wieder ins öffentliche Bewusstsein.

Ein Rundgang um die Stadt

Toledo liegt auf einem Felsen, umgeben von einer Schleife des Tajo. Der tief liegende Fluss umschließt sie von drei Seiten. Von Norden ist die Stadt nach wie vor von den alten Stadtmauern und Toren begrenzt.

Bevor man sich in das Gewirr der Gassen hineinbegibt, bietet eine erste Rundfahrt am anderen Ufer des Flusses einen guten Eindruck von der einmaligen Lage und Geschlossenheit dieser Stadt, die im großen und ganzen ihr Profil seit 400 Jahren ohne nennenswerte Veränderungen bewahrt hat. Auf der Wegstrecke gibt es Möglichkeiten zum Halten; auf dem höher gelegenen Plateau, wo sich ein neu eingerichteter *Parador* befindet, hat man einen noch besseren Überblick, der die nördlich von Toledo sich weitende kastilische Landschaft miteinbezieht.

Rechter Hand sieht man eine der beiden Brücken, die über den Tajo führen. Bis zum 13. Jahrhundert war dieses bereits von den Rö-

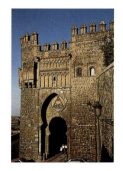

Puerta del Sol, das ›Sonnentor‹ Toledos

Toledo – die älteste Hauptstadt Spaniens

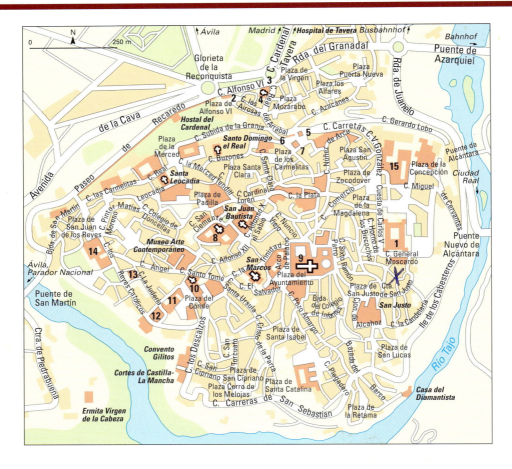

mern errichtete Bauwerk der einzige Flussübergang zur Stadt. 854 wurde sie zerstört, als die Bewohner Toledos gegen den Emir von Córdoba erneut revoltiert hatten, 997 während des Kalifats von Córdoba wurde sie wieder errichtet und hat seitdem mehrere Restaurierungen erlebt (von Alfons X. 1259 und den Katholischen Königen 1484). Der Brückenturm zur Stadt hin wurde 1575, der östliche 1721 erneuert. Als Brückenschutz diente seit der Maurenzeit die Festung San Servando auf dem der Stadt gegenüberliegenden Felsen, in der heute eine Jugendherberge eingerichtet ist.

An höchster Stelle des zerklüfteten Bergrückens, auf dem sich Toledo, das ›spanische Rom‹, über mehrere Hügel und Täler verteilt, sieht man alles überragend, den **Alcázar** (1). Seit dem dritten Jahrhundert befand sich an dieser Stelle ein römisches Kastell. Über elf Jahrhunderte lang residierten dort Westgoten, Mauren und kastili-

Puertas de Bisagra

sche Könige. Karl V. ließ die alte kastilische Burganlage nach den Plänen des Hofarchitekten Alonso de Covarrubias (um 1488–1570) 1537 gründlich umgestalten, wobei die Grundstruktur der mächtigen kastilischen Festung als rechteckige Burganlage mit vier Ecktürmen erhalten blieb. Die Fassade wurde neu gegliedert, das Portal angebracht und der Innenhof völlig neu nach den Vorstellungen der Renaissance gestaltet.

Im Lauf der folgenden Jahrhunderte wurde der Alcázar wiederholt stark zerstört: 1710 während des Spanischen Erbfolgekriegs durch einen von den Österreichern verursachten Brand; 1810 durch die Franzosen und 1936 während der 70-tägigen Belagerung der damaligen Kadettenanstalt, deren Insassen sich zu den ›Nationalen‹ zählten, während das republikanische Toledo, verstärkt durch ›Internationale Brigaden‹, den Alcázar einzunehmen versuchte. Nach der Wiederherstellung 1964 wurde das Untergeschoss als Bürgerkriegsmuseum eingerichtet.

In der tief liegenden Mitte der Stadt und eng von umliegenden Häusern umgeben, erkennt man die filigran in den Himmel ragenden Türme der Kathedrale von Toledo, deren gewaltige Größe sich von keiner Außenperspektive erschließt, weder von fern noch von nah, sondern nur von innen. Dies entspricht ganz den maurischen Gepflogenheiten. Sie nimmt den Raum ein, der ehemals von der großen Moschee in Anspruch genommen worden war.

Fahren wir weiter um die Stadt herum, blicken wir diesseits der zweiten Brücke, San Martin (aus dem 12. Jahrhundert, nach der Zerstörung während der Kämpfe um den kastilischen Thron im 14. Jahrhundert wieder aufgerichtet), auf das alte jüdische Viertel von Toledo. Es wurde nach der Vertreibung der Juden 1492 völlig neu besiedelt. El Greco hatte von 1577 bis zu seinem Tod 1614 hier sein Quartier. Am Ausgang der Stadt, gegenüber dem Flussübergang, sehen wir die von den Katholischen Königen Ende des 15. Jahrhunderts errichtete Klosterkirche San Juan de los Reyes.

Die natürliche, durch den Tajo geschaffene Stadtgrenze öffnet sich, die alte Stadtmauer Toledos wird sichtbar, die sich fast über die gesamte Nordseite hinzieht, von drei alten Stadttoren unterbrochen und geöffnet.

Unser Stadtrundgang beginnt vor dem ältesten Stadttor, in das schon der Eroberer Toledos, Alfons VI., 1085 eingezogen ist: Die **Puerta Vieja de Bisagra** (2) zeigt noch einen Hufeisenbogen aus westgotischer Zeit, denen zwei spitzbogige arabische Hufeisenbögen vorgeblendet sind.

Um die **Puerta Nueva de Bisagra** (3) herum, eine Art Wehrturm mit Innenhof, der als Kontrollstation diente, fließt heute der motorisierte Verkehr ins Stadtinnere. Das arabische Tor wurde 1545 bis 1562 umgebaut und mit zwei runden Wehrtürmen zur Stadtaußenseite flankiert. Die Rustikarahmung des Eingangsbogens wird nahezu ausgefüllt von einem riesigen Wappenemblem Karls V. mit dem habsburgischen Doppeladler und dem Orden vom Goldenen Vlies,

◁ Stadtplan Toledo

1 Alcázar
2 Puerta Vieja de Bisagra
3 Puerta Nueva de Bisagra
4 Santiago de Arrabal
5 Puerta del Sol
6 Puerta del Valmardón
7 Santo Cristo de la Luz
8 San Román
9 Kathedrale
10 Santo Tomé
11 Casa del Greco
12 El Tránsito
13 Santa María la Blanca
14 San Juan de los Reyes
15 Hospital Santa Cruz

Toledo – die älteste Hauptstadt Spaniens

Puerta Nueva de Bisagra

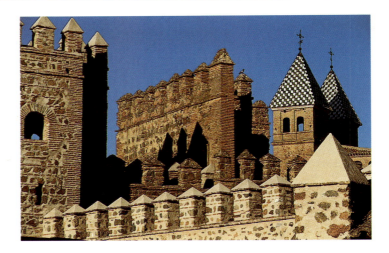

einer Krone unter dem Kreuz und in der Mitte einem Wappen mit den Emblemen für Kastilien und Leon, Kastell und Löwe. Im Innenhof befindet sich eine Statue Karls V.

Unmittelbar hinter dem neuen Bisagra-Tor (arab. ›Rotes Tor‹, was sich auf die erdig-roten Felder stadtauswärts bezieht) steht die Kirche **Santiago de Arrabal** (4, *arrabal* = Vorstadt), 1265 aus Ziegel- und Bruchstein erbaut. Im schlichten Glockenturm erkennt man gut das ehemalige Minarett mit dem für die Mauren und den Mudéjar-Stil typischen Ajimez-Fenster (Doppelfenster mit einer Säule). Wir biegen rechts ab und gehen eine kleine gepflasterte Straße hoch. Oberhalb einer Treppe haben wir eine schöne Aussicht auf das an der verkehrsreichen Hauptstraße gelegene Schmucktor **Puerta del Sol** (5). Das ›Sonnentor‹ aus dem 12. Jahrhundert wurde im 14. Jahrhundert erneuert und zeigt über dem Bogen eine in Toledo häufig zu sehende Szene, die den westgotischen Stadtheiligen und Erzbischof von Toledo, Ildefonso (gest. am 23. 1. 667), betrifft. Der Legende nach wurde ihm von Maria, weil er die Lehre von ihrer Jungfräulichkeit verteidigte, ein weißes Messgewand übertragen.

Santo Cristo de la Luz, Schnitt durch das Kircheninnere

Wir gehen durch die **Puerta del Valmardón** (6), ein maurisches Tor aus dem zehnten Jahrhundert, um nach wenigen Schritten zu einem Kleinod maurischer Baukunst zu gelangen: **Santo Cristo de la Luz** (7), einer ehemaligen Moschee aus dem Jahr 999, aus Ziegelstein erbaut und in mancher Hinsicht wie eine Miniatur der großen Moschee von Córdoba erscheinend. Wir sehen zwölf Hufeisenbögen im Innern und neun verschiedene Rippenkuppeln. Die Mittelkuppel zitiert ausdrücklich das sternförmige Rippengewölbe, wie es der prächtige Raum vor dem Mihrab in Córdobas Mezquita zeigt. 1187 fügte man dem maurischen Vorraum eine Kapelle mit halbrunder Apsis hinzu und widmete das islamische Bethaus zur christlichen

Kirche um. Außen sieht man Bruchziegelornamente und verschiedene sich überblendende Bogenformen im maurischen Stil. Von der dazugehörigen Gartenterrasse hat man einen schönen Blick auf die Vorstädte Toledos; außerdem befindet sich hier ein Zugang zur Puerta del Sol, die in der oberen Etage eine Wachstube besaß, die man besichtigen kann.

Auf dem Weg zur Kathedrale im Stadtzentrum kommt man über die Cuesta de Cermelitas und die Calle Alfonso X. el Sabio zur Kirche **San Román** (8). Der großzügig-schlichte Bau im Mudéjar-Stil entstand zu Beginn des 13. Jahrhunderts. Die schwungvollen Hufeisenbögen der dreischiffigen Kirche sind sehr eindrucksvoll. Das *Museum der Westgotischen Kultur* ist hier untergebracht. Es zeigt Fresken, Grabmäler, Schmuck und Inschriften aus dem fünften bis achten Jahrhundert, als Toledo Hauptstadt und Königssitz des Westgotenreichs war.

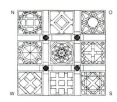

Santo Cristo de la Luz, Schema der Gewölbe

Die Kathedrale

Die Kathedrale von Toledo (9) ist eines der gewaltigsten Bauwerke der Christenheit. 1226 legte man den Grundstein, 14 Jahre nach dem entscheidenden Sieg über die Almohaden, der den Weg der kastilischen Herrschaft jenseits der Sierra Morena in den spanischen Süden eröffnet hatte. Bevor hier eine der größten gotischen Kathedralen entstehen sollte, befand sich an dieser Stelle ein westgotisches Gotteshaus, danach die Moschee. Nach französischen Plänen, den Kathedralbauten von Paris und Bourges folgend, nur wenige Jahre nach der Kathedrale von Burgos, begann man ein Werk französischer Hochgotik zu entwerfen, das zugleich den gesamten Raum einnehmen sollte, der einstmals von der Moschee bedeckt war. Es entstand eine eigenwillige Mischung aus gotischer Baustruktur und spanisch-maurischen Besonderheiten.

Vom *Kreuzgang (a)* aus (wo es die Eintrittskarten gibt) tritt man in einen gewaltigen Raum, dessen Gesamtstruktur zwar durchsichtig zu sein scheint, doch keineswegs die Erwartungen erfüllt, die man an den Besuch gotischer Kathedralen normalerweise knüpft. Dieser Raum ist weder lichtvoll noch von dem himmelwärts strebenden und alles mit sich ziehenden Höhendrang erfüllt. Er ist zwar hoch, aber das Mittelschiff (33 m) ist auch verhältnismäßig breit (13 m); tief liegende Gurtbögen steigen über vorgelegte Dienstbündel nur mäßig steil auf. Die Seitenschiffe sind in ihrer Breite noch ungewöhnlicher. Es entsteht der Eindruck eines gewaltigen, nach oben hin gestaffelten Raums und einer riesigen Flucht, deren Ende aber nicht fixiert werden kann, weil der gesamte Mittelteil einen abgeschlossenen Block bildet. Dem Hauptaltar gegenüber befindet sich der Chor, von außen und innen kunstreich gestaltet; dazwischen die wenigen Bän-

Toledo – die älteste Hauptstadt Spaniens

Die Kathedrale von Toledo

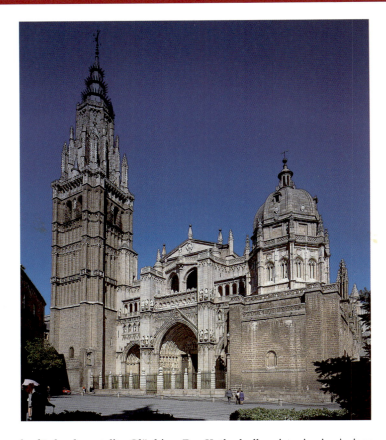

ke für hoch gestellte Gläubige. Der Kathedralbau ist wie ein riesiger Umhang für diesen Kirchenkern. Der Eindruck der lichtdurchlässigen Weite des Raums, wie er für andere gotische Kathedralen so charakteristisch ist, entsteht hier nicht. Das Dunkel ist eher vorherrschend, und das zarte Farben- und Lichterspiel hoch oben im Triforium über der Vierung scheint höheren Ursprungs zu sein. Man sieht den Innenraum der Kathedrale nicht auf den ersten Blick. Sie wirkt erst, wenn man sich in ihr bewegt und die gesamte Ausdehnung spüren kann, die sowohl in die Höhe wie in die Breite zieht. Es sind die nervigen Dienste sichtbar, aber auch die Massivität der Bauträger spürbar. Das Volumen des gesamten Raums ist nicht von einem Standpunkt aus fassbar, sondern immer nur ahnbar und nur in zeitlicher Abfolge zu erfassen, wenn man die in ihm gesonderten Einzelräume, die sich im Kern und an den Außenseiten befinden, während des Durchschreitens wahrnimmt. So bekommt die Kathedrale mit ihrer strukturell durchaus klaren gotischen Ausrichtung etwas Laby-

Die Kathedrale

rinthisches. Durchsichtigkeit der Baustruktur und dämmriges Verhangensein kennzeichnen diesen Raum des Mysteriums gleichermaßen. Er versammelt zwar alle Elemente in einem einheitlichen Raum, bildet aber in gleichsam epischer Breite mit den hinzugewachsenen Einheiten der Außenkapellen und dem massiven Zentrum deutliche Eigengewichte. So wirkt der Raum insgesamt von einem Ordnungsgedanken durchzogen, der nicht auf vollständige Durchsichtigkeit zielt, sondern gleichsam innehält, um gesonderte Aufmerksamkeit für eigene Mysterien wachzuhalten. Geschlossene Räume, die Schatzkammern gleichen, unterbrechen das Panorama. Für den Besucher wird in dieser sich sowohl emporstreckenden und Licht empfangenden und zugleich im Irdischen befangenen und dessen dunkle Geheimnisse wahrenden Höhle trotz ihrer Mächtigkeit so etwas wie eine Aura der Geborgenheit spürbar, wie sie sonst eher romanischen Kirchen und weniger gotischen Kathedralen eigen ist.

Nähern wir uns zunächst dem Zentrum, dem Hauptaltar, der *Capilla mayor (b)*. Es ist durchaus üblich in Spanien, dass man erst einmal vor einem Gitter steht, bevor man irgendwo eintreten kann. Dies ist auch hier der Fall. Wobei hier allerdings auch der Eintritt nicht erlaubt ist. Nur zu besonderen Zeiten wird der bewegliche Teil des Gitters geöffnet. Man hat in Spanien eine besondere Kunst des Schmiedehandwerks entwickelt und die Schutzelemente zu Kunstwerken eigener Art verziert. Eines der prachtvollsten des ganzen Landes se-

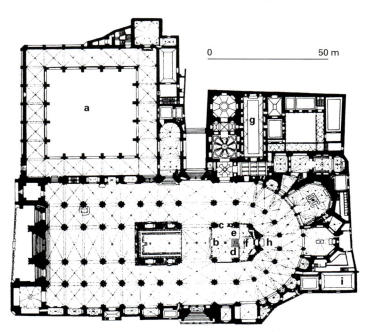

Grundriss der Kathedrale von Toledo

a   Kreuzgang
b   Capilla mayor
c   Grabmal Mendoza
d   Statue des muslimischen Rechtsgelehrten Al Faqui
e   Statue des Hirten Martin Alhaga
f   Chor
g   ehem. Sakristei, Pinakothek
h   ›Transparente‹
i   Kapitelsaal

hen wir im reich vergoldeten und geschmückten Gitterwerk *(Reja)*, von Francisco Villalpando zwischen 1538 und 1542 geschaffen. Renaissanceformen, die Embleme Karls V. aufgreifen (Wappen, Goldenes Vlies, zwei Säulen des Herkules mit dem Wahlspruch »plus ultra«, was soviel hieß wie: übers Mittelmeer hinaus, jenseits der Straße von Gibraltar die Neue Welt entdeckend und erobernd), sind auf kunstvoll manieristische Weise dekoriert. Dahinter steigt der gewaltige *Hochaltar* empor, an dem mehr als 20 Künstler aus Frankreich, Holland, Deutschland, Italien und Spanien zwischen 1500 und 1504 gearbeitet haben, darunter Enrique Egas, Juan de Borgona und Felipe Bigarny. Die thronende Madonna des Marienaltars stammt von einem älteren Altar und wurde bereits 1418 geschaffen. Auf drei Stockwerken und in fünf Ebenen gliedert sich das aus geschnitztem und farbig gefasstem Lärchenholz ins Bild gesetzte Geschehen. Es stellt Szenen der Heilsgeschichte dar, im Zentrum die Madonna mit dem Kind, darüber eine Geburt Christi und an der Spitze Mariä Himmelfahrt. An den Seiten wird die Passionsgeschichte in dramatisch lebhafter Bewegung geschildert, die pulsierenden Figurengruppen scheinen fast die spätgotischen filigranartig bekränzten Schautafeln des Burgunders ›Petit Jean‹ zu sprengen. Über allem steht das Bild des Gekreuzigten mit der Schmerzensmutter und dem Jünger Johannes.

An der linken Innenseite des Altars sehen wir das *Renaissance-Grabmal* (von Domenico Fancelli 1509 fertiggestellt) des mächtigen Kardinals *Mendoza (c)*, des Vorgängers von Cisneros, dessen Wunsch es war, an diesem privilegierten Ort begraben zu liegen. Die linke mittlere Innensäule trägt die *Statue* des muslimischen Rechtsgelehrten *Al Faqui (d)*, der im Jahr 1087, zwei Jahre nach der Eroberung Toledos, als Streitschlichter gewirkt hat. König Alfons VI. hatte den Muslimen zugesichert, ihren Glauben zu respektieren. Während seiner Abwesenheit hatte der Erzbischof Bernhard de Sedirac, ein Franzose, das königliche Versprechen gebrochen und die Moschee kurzerhand zur christlichen Kirche gemacht. Alfons VI. eilte zurück, um die Schuldigen zu bestrafen. Al Faqui wusste dies zu verhindern und sorgte dafür, dass um des lieben Friedens willen die Moschee fortan den Christen gehörte. Auf der gegenüberliegenden Seite befindet sich die *Statue des Hirten Martin Alhaga (e)*. Er soll die kastilischen Truppen auf Schleichwegen durch die Sierra Morena geführt und so günstig postiert haben, dass sie 1212 die entscheidende Schlacht bei Navas de Tolosa gegen die Almohaden gewinnen und damit die Reconquista in Südspanien fortführen konnten.

Auch der *Chor (f, Coro)* besitzt ein eigenes Gitter (1548); hier hatten Laien keinen Zutritt, sondern nur die hohen Geistlichen, die während des Gottesdienstes hier ungestört ihren Gesangspflichten nachkommen und sonstiges unter sich regeln konnten. Da die Einrichtung des Chors zwar der hohen Funktion derer, die hier das Privileg hatten zu beten, Rechnung trug, ansonsten aber den optischen Gesamteindruck der Kirche unterbrach und damit schmälerte, ha-

Die Kathedrale

ben die Kirchenoberen besonderes Augenmerk auf deren ausgleichende Verzierung gerichtet. Dies gilt sowohl für die Außenwände wie für den Chorinnenraum. Das Chorgestühl wurde in den meisten Kathedralen Spaniens verziert und bildet somit traditionell einen Schwerpunkt der Schnitzkunst und des im Verborgenen auffindbaren künstlerischen Feinsinns, der realistischen Kleinkunst und zuweilen der witzig-rebellischen Wahrheitsfindung im Detail. Im geschützten Dunkel der Misericordien war so manches darstellbar, selbst im strengen Spanien.

Die Arbeiten der Kathedrale von Toledo ragen aber auf besondere Weise heraus. Es ist schwer, all die einzelnen Werke zu würdigen: allein 54 Sitze in den unteren Reihen, 70 Bildreihen im oberen Gestühl. Außerdem bräuchte man eine Taschenlampe und ein Fernglas, für die nächstliegenden Sitze eine Lupe, um die Gestaltung würdigen zu können. Mehr als eine exemplarische Betrachtung einzelner Szenen ist wohl kaum möglich. Ganz vorn am Frühmessaltar begrüßt uns eine holde französische Marienfigur aus dem 14. Jahrhundert, Madonna Blanca genannt.

Rodrigo Alemán (um 1450 – nach 1512) schnitzte das gesamte untere, aus Walnussholz bestehende Gestühl. Er arbeitete daran von 1489 bis 1495, im Auftrag des Kardinals Mendoza, der als Beichtvater und einflussreicher politischer Berater Isabella der Katholischen im Krieg gegen das Königreich Granada beistand. Der Deutsche Rodrigo Alemán hat wie in einer anschaulich vorgetragenen und realistischen Bildreportage das damals stattfindende Kriegsgeschehen in verschiedenen Episoden als Holzrelief in die Rückenlehnen des Gestühls geschnitzt. Die höhere Sitzreihe wurde von zwei verschiedenen Künstlern gestaltet. 1536 begann der Franzose Felipe Bigarny (um 1475–1543), der bereits am Hauptaltar mitgewirkt hatte, und 1537 stieß der Spanier Alonso Berruguete (um 1486–1561) dazu. Bigarny arbeitete bis zu seinem Tod 1543 an der von ihm verantworteten nördlichen Evangelienseite, während Berruguete, der nach dem Tod Bigarnys das Werk allein vollendete, die südlichen Reliefs bis zum Bischofsthron in der Mitte schuf. Erscheinen die Figuren Bigarnys in Darstellung und Ausdruck zwar würdevoll, aber vergleichsweise statisch unbewegt, schildert der in Rom an Michelangelos Bildhauerkunst geschulte Berruguete seine Figuren in einer in Spanien bis dahin ungesehenen Weise: als dramatisch bewegte, die Bildrahmung buchstäblich sprengende, entfesselte und beseelte nackte Relieffiguren. Zusammen mit der Vollplastik der Transfiguration über dem Bischofssitz und den allegorische Endzeitvisionen schildernden Marmorreliefs des Sockels machen diese 35 kleinformatigen skulpturalen Bildwerke Berruguetes diesen kleinen, dem Klerus vorbehaltenen Innenbezirk der Kathedrale von Toledo zum wenn auch verschatteten und wenig zugänglichen, dennoch zentralen Schauplatz höchster Bildhauerkunst Spaniens im 16. Jahrhundert. Besonders eindrucksvoll in diesem Reigen von Figuren aus dem Alten und Neuen Testament sind in ihrer von höchster Dramatik bis

Kopf des Mose am Chorgestühl von Alonso Berruguete (Detail)

Toledo – die älteste Hauptstadt Spaniens

Chorgestühl von Alonso Berruguete: Hl. Sebastian (links) Hiob (rechts)

zu lyrisch-zarter Beseeltheit reichenden Ausdrucksbreite Hiob und Moses, beide Johannesfiguren, Eva und Jonas.

Das Paradox eines streng die Form wahrenden Stands – und Toledo war immerhin der Sitz des spanischen Erzbischofs, hier war die Zentrale des spanischen Katholizismus und das mächtigste Bollwerk der Gegenreformation –, der in seinem eigensten Bezirk sich umgeben sieht mit nackten, entfesselten Figuren, die das Maß zu sprengen scheinen, ist augenfälliger als im Hinblick auf die von Michelangelo ausgemalte Sixtinische Kapelle des Vatikan mit ihren monumentalen nackten Figuren; schließlich walteten dort die sinnenfrohen römischen Päpste, während Spanien in Toledo, ganz ähnlich manchen reformatorischen Strömungen, den asketisch-strengen und körperfeindlichen Zug des Christentums gegen den römischen Sittenverfall betonte. Allerdings entstanden die Werke Berruguetes noch vor dem Konzil von Trient, noch vor der vollständigen gegenreformatorischen Wappnung und ideologischen Aufrüstung. Noch war der Humanismus in Spanien nicht gänzlich verteufelt, wenn auch die Schriften des Erasmus, die so großen – und auch nach dem Verbot insgeheim nachhaltigen – Einfluss unter den spanischen Intellektuellen besaßen, offiziell gerade verboten worden waren. Und solange es sicher vor den Augen der Öffentlichkeit verborgen war, mochten die nachkommenden Kleriker dieses Werk der Hochrenaissance auf spanischem Boden, von einem spanischen Künstler geschaffen, wenn nicht schätzen, dann zumindest wohlwollend dulden. Konnten sie doch selbst das Gift der Sünde heldenhaft auf sich nehmen, das sie als besorgte Hirten ihren Schafen vorzuenthalten hatten. Die strenggläubigen Könige Karl V. und später Philipp II. machten es ihnen vor: Sie schätzten beide insbesondere die erotisch-verführerischen Venusfiguren eines Tizian in ihren eigenen vier Wänden, während spanische Künstler aus Furcht vor der Zensur nackte Figuren nicht einmal zu konzipieren, geschweige denn darzustellen wagten. Noch Velázquez erntete ein Jahrhundert später auf seiner ersten Italienreise wegen dieser Tatsache den Spott seiner italienischen Künstlerkollegen, weshalb er noch in Italien sein Marsbild schuf, wie um zu beweisen, dass auch Spanier in der Lage waren, den unbekleideten menschlichen Körper angemessen in Szene zu setzen. Weitere 150 Jahre später musste Goya, nachdem er vor das Inquisitionstribunal bestellt worden war, das den nackten Körper an sich schon für obszön hielt, seine ›Nackte Maja‹ hinter einem weniger anstößigen Bild verstecken.

Ein Rundgang um die Außenseite des Chores *(Trascoro)* mag sich anschließen. Seine feingliedrige Dekoration aus Mudéjar-Elementen und spätgotischen Strukturen ist schon Ende des 14. Jahrhunderts entstanden, während die später vorgenommenen Kapelleneinbauten aus dem 18. Jahrhundert stammen. Auf der Stirnseite ist im Medaillon Berruguetes ›Ewiger Vater‹ zu sehen, der noch im Zusammenhang mit seiner Werkreihe im Innenteil des Chors entstanden ist. Von dort aus liegt es nahe, den Weg zur *Sakristei (g)* zu wählen; dort treffen wir in erster Linie auf Werke El Grecos, der sich in Toledo nicht nur von der in sich geschlossenen und zugleich kulturell so vielströmigen Atmosphäre der Stadt, sondern auch von den expressiven und entflammten Gestalten Berruguetes hat inspirieren lassen, die erst wenige Jahrzehnte vor seiner Ankunft entstanden waren.

Wir treten in die ehemalige Sakristei, die seit 1926 als Pinakothek der Kathedrale dient. An ihrer Stirnseite erblicken wir eines der frühen großformatigen Werke El Grecos, die er in Toledo geschaffen hat: ›Die Entkleidung Christi‹, zwischen 1577 und 1579 entstanden. In der Mitte Christus, mit der schon gefesselten Hand vor der Brust, den Blick himmelwärts gerichtet, das von ihm vorausgesehene Ereignis erwartend. Hinter ihm versammelt, drängend, schiebend, stoßend ein Haufen von Menschen, die ihn opfern, die ihn ans Kreuz schlagen und dies sehen wollen. Sein weiter blutroter Rock, der einen Großteil des monumentalen Gemäldes einnimmt, wirkt allein durch die Farbe, die hier das Heilige selbst ikonenhaft darzustellen und zugleich das Blutopfer auf malerische Weise symbolhaft auszudrücken scheint, auf das alles Drängen zielt. Der Betrachter wird nicht in einen Bildraum hineingezogen, sondern das blendende Rot scheint geradezu aus dem Bild herauszuspringen, während die drängende menschliche Meute in sich zerstückt zusammenzukleben scheint, von willkürlich aufgeblendetem Licht getroffen oder verschattet; ausschließlich Männer; drei Frauen im Vordergrund,

El Greco,
Die Entkleidung Christi
Abbildung Seite 49

Toledo – die älteste Hauptstadt Spaniens

kaum zu glauben, dass sie Maria, Maria Magdalena und Maria Kleophas darstellen sollen, blicken sie doch fast gleichmütig zum gebückten Helfer, der noch vor der Christusfigur das Loch in das Holzkreuz vorbohrt und über dem die zweite Hand von Christus in segnender Haltung schwebt. Christus nimmt die Bildmitte ein, aber er ist nicht die zentrierende, bestimmende Kraft, sondern von allen Seiten eingeschlossen. Ein ungewöhnliches Heiligenbild, das zugleich die menschliche Bedrohung, die Gewaltbereitschaft an sich gleichgültiger, aber aufgehetzter Menschen und die Einsamkeit des von allen verlassenen Opfers schildert. Im Hintergrund ein fahles, abstrahiertes, vom Himmel fahrendes Licht, das zwischen die funkelnden Hellebarden fährt. Es ist durchaus schon die typische, hochformatige Komposition El Grecos, der die Figuren ›aufbaut‹ und nicht in die Tiefe einer Landschaft oder eines räumlichen Hintergrunds stellt. Aber das bedrängte Zentrum bleibt hier ganz bei sich. Nicht die Andeutung einer Erlösung gibt es. Auch deshalb breitet sich kein himmlisches Strahlen in der Höhe aus. Nur die eine eigene Farbe leuchtet.

Es ist aber auch noch nicht der reife El Greco, der mit seinen phosphoreszierenden Farben und Lichtmodulationen in seinen Bildschöpfungen ein völlig neuartiges Leuchten hervorzubringen vermag. Noch bleibt sein in Venedig geschulter Kolorismus zurückhaltend. Erst die Erfahrung, die Luft und das Licht Toledos wird seiner Malerei die ihm eigene flackernde Zuspitzung verleihen. In diesem Gemälde steckt aber schon vieles, was die späteren Werke kennzeichnen wird: die Kühnheit der Komposition, der expressive Einsatz der Farbe, die sich loszulösen scheint, und eine dramaturgisch eingesetzte Lichtführung. In diesem Moment ist der Himmel fern, vollständig verdeckt von der Ansammlung verschiedener menschlicher Personen und unterschiedlicher Temperamente. Sie sehen gar nicht alle verhetzt oder bösartig aus. Einige sind leidenschaftlich beteiligt, andere sehen zu. Ein anderes Verhalten erscheint denkbar. Aber nicht anders als so trägt es sich zu. Zum Bestandteil einer menschlichen Meute geworden, drängen sie und lassen keinen Ausweg. Sie verbarrikadieren ihn und drängen nach vorn zu Zerstörung und Selbstzerstörung. Sie wissen nicht, was sie tun. Aber sie tun es zielgerichtet. El Greco schildert die Gewalt eines kollektiven Wahns, der die zusammengeballten Menschen einen gemeinsamen Meute-Willen verfolgen lässt, der gar nicht unbedingt der Wille jedes einzelnen wäre – wenn sie nicht in der Masse stünden und Teil von ihr geworden wären. Wer El Greco für einen Mystiker gehalten hat, wird hier eines anderen belehrt.

An den Seiten des ursprünglich streng formierten Saals sind El Grecos ebenfalls berühmte 12 Apostel-Darstellungen mit Christus aufgehängt (die zweite von drei Serien, zwischen 1605 und 1610 gemalt; von der ersten sind einige im Prado zu sehen; die dritte, teilweise skizzenhaft und unvollendet wirkend, beherbergt die Casa Greco in Toledo). Jeder ist mit ihm eigenen Attributen versehen;

Die Kathedrale

Andreas mit dem diagonalen Kreuz, Petrus mit dem Schlüssel, Matthäus mit Buch und Feder, Lukas, angeblich ein Selbstporträt El Grecos, mit einem Pinsel und einem aufgeschlagenen Buch mit der Darstellung der Muttergottes (Lukas, der Schutzheilige der Maler, soll das erste Marienbild gemalt haben).

El Greco beherrscht somit auf feierliche Weise diesen Raum, der allerdings noch anderes Sehenswertes zu bieten hat, an erster Stelle ein großformatiges Gemälde Francisco Goyas, eines seiner wenigen religiösen Bilder, düster realistisch und ausdrucksstark die ›Gefangennahme Christi‹ (1798) schildernd. Von van Dyck eine Heilige Familie, ein Papst-Porträt, Paul III., von Tizian, ein Marienbild von Raffael. Im Nebenraum, dem Vesturio, ein Porträt des ›Kardinals Gaspar de Borja‹ von Velázquez. Eine ›heilige Katharina‹ von Rubens ist in der Ecke versteckt. Im oberen Stockwerk, das nicht immer zugänglich ist, hängt ein eindrucksvoller ›Johannes der Täufer‹ von Caravaggio. Des Weiteren zwei Werke des eigenwilligen spanischen Malers Luis de Morales (1500–86) aus Badajoz (›La Dolorosa‹ und ›Ecce Homo‹). Man gab ihm ihm den Beinamen ›el Divino‹ (der Göttliche) Er ist sowohl für seine feinen Madonnendarstellungen berühmt (eine davon im Prado) wie für seine zuweilen verwegen manieristische Bildsprache und expressive Farbigkeit (so in der Academia de San Fernando in Madrid); außerdem ein ›Grablegung‹ von Giovanni Bellini (um 1430–1516). Auf dem Rückweg sollte man nicht versäumen, einen Blick zur Decke zu richten. Das Vesturio wurde von dem in Spanien in der zweiten Hälfte des 17. Jahrhunderts dominierenden Claudio Coello (1642–93) bemalt; das Deckenfresko der Sakristei stammt von dem Neapolitaner Luca Giordano (1634–1705), der um die Mitte des 17. Jahrhunderts zehn Jahre lang für Hof, Adel und Kirche in Zentralspanien seine barocken Bilder malte und für seine effektive Arbeitsweise und rastlose Schnelligkeit (Beiname: Fa Presto) berühmt war.

Auf dem Weg zum Kapitelsaal umschreiten wir den Hauptaltar von hinten und treffen auf das ›*Transparente*‹ *(h)*, geschaffen von Narciso Tomé (gest. 1742) zwischen 1721 und 1732, das eine Glanzleistung des spanischen Hochbarock darstellt: Thema ist das Wunder der Eucharistie, verbunden mit einer sowohl architektonisch wie plastisch und malerisch geradezu abenteuerlich in Szene gesetzten Lichtmetaphorik. Die gotische Gewölbezone wurde aufgebrochen, um das wirkliche Sonnenlicht von außen auf diesen mit allen Finessen einer das Auge überlistenden Illusionskunst ausgestatteten Altar zu richten und die ekstatisch-dramatische Wirkung des Wunders als Wandlung zu zelebrieren. Die symbolische Sonne selbst, die vom realen Licht von außen beschienen wird, sprengt tumultuarisch die Engel herab. Über der dramatischen Zone erhebt sich eine feierliche Abendmahlszene, den Gründungsakt universeller Solidarität symbolisch darstellend und die Urhandlung, auf der die Kirche als Leib Christi beruht und der das sich immer wiederholende Ritual seiner wunderbaren Wandlung folgt.

Blick ins ›Transparente‹ von Narciso Tomé

So sollte ›transparent‹ werden, was als Allerheiligstes vor dem Hauptaltar vollzogen, der einfachen Gemeinde nicht zugänglich war, der statt dessen nun ein dynamisch inszeniertes Spektakel geboten wurde.

Im *Kapitelsaal (i),* erst 1508–1511 unter dem Kardinal Cisneros entstanden, auf den wir nun am äußersten Ende der Kathedrale stoßen, treffen wir sowohl auf mudéjare Gestaltungselemente – die Yesería-Verzierung der Türrahmung und die kunstvollen Artesonado-Decken – wie dekorative plateresque Stilformen. Die Holztür von Blandino Bonifacio (tätig 1510–1539), 1510 geschaffen, bietet jenes Maß an Anpassung von Mudéjar-Tradition an Renaissanceform, wie es in der Zeit der Katholischen Könige den Mächtigen als ein reizvoller, Tradition und Moderne, Lokalkolorit und universelle Formensprache verbindender spanischer Kunststil einer neuen Zeit vorschwebte.

Wandfresken (nach 1510) von Juan de Borgoña (tätig 1495–1533): Passion und Marienleben; darunter die Konterfeis der Toledaner Bischöfe vom heiligen Eugen (gest. 97) bis Cisneros (gest. 1517). Ein letzter Blick in diesem Schatzhaus, aus dem wir nur eine Auswahl getroffen haben, gilt der Monstranz im Tesoro nahe dem Eingang: Sie ist das Werk des Enrique de Arfe (tätig 1500–43), des wohl aus der Gegend von Köln stammenden Begründers einer Silberschmiededynastie, die nahezu alle gewichtigen Monstranzen dieser überragenden Qualität in Spanien geschaffen hat. Von 1517 bis 1524 arbeitete er daran, 200 Kilogramm pures Gold und Silber – das erste Gold aus der gerade eroberten Neuen Welt Amerikas – und 5000 Edelsteine in einem filigranen Meisterwerk der Goldschmiedekunst von zweieinhalb Metern Höhe unterzubringen. Auch hier erreichte die Kirche, was sie sich, aus welchen lauteren und unlauteren Gründen auch immer, wünschte: dass man sich verneige. Die Fronleichnamsprozession ist in Toledo der Höhepunkt des Jahrs und im ganzen Land berühmt. An diesem Tag wird die Monstranz durch die Straßen der Stadt getragen.

El Greco: Das Begräbnis des Grafen Orgaz

Von der Kathedrale aus führt uns der Weg durch die engen Gassen zur Kirche **Santo Tomé (10)** aus dem 14. Jahrhundert mit einem schönen Mudéjar-Turm. In der abgesonderten Kapelle, für die es gemalt worden ist, treffen wir auf eines der Hauptwerke von El Greco: ›Das Begräbnis des Grafen Orgaz‹ aus dem Jahr 1588.

Es verwundert nicht, dass dieses Bildnis zu einem Pilgerziel für Kunstinteressierte aus aller Welt geworden ist. Es bildet gewiss einen Höhepunkt im Schaffen El Grecos. Es vereint seine Fähigkeit zum realistischen Porträt mit der Darstellung himmlischer Erscheinungen. Himmel und Erde werden auf keinem seiner Bilder als Gegensätze deutlicher akzentuiert und zugleich ins Bild gebracht. Der glanzvolle Farbenreichtum italienischer Malschule venezianischer Prägung verbindet sich mit einem nüchtern-realistischen Sinn für das Stoffliche, der in Spanien erst Jahrzehnte nach Entstehung dieses Werks Schule machen sollte.

Gezeigt wird in diesem Auftragswerk, wie der Legende nach der 1323 gestorbene Graf und Wohltäter Orgaz aus einem gleichnamigen Ort in der Nähe von Toledo von den Heiligen Stephanus und Augustinus eigenhändig zu Grabe getragen wird. Die Szene zeigt im Vordergrund den toten Grafen in schimmernder Rüstung, rechts von Augustinus, links von Stephanus gehalten; eine kleine Bildtafel illustriert die Steinigung dieses ersten christlichen Märtyrers. Daneben stehen Geistliche. Hinter der Grablegungsszene bildet in eindrucksvoller Schlichtheit die horizontal angeordnete Reihung einer Porträtgalerie Toledaner Edelleute die optische Grenze und den Kontrast zur vorgelagerten Wunderszene. Die Toledaner Zeitgenossen ziehen mit dem Schwarzweiß ihrer Kleidung und der vornehmen Unbewegtheit ihrer schmalen Gesichter gleich einer Kordel eine Grenzlinie zwischen Himmel und Erde. Sie zählen zu den Freunden und Förderern des Malers. Zwischen dem legendären Geschehen auf Erden und der wunderbaren himmlischen Welt bilden sie das Band menschlicher Gegenwärtigkeit. Sie beglaubigen das Werk des Malers und verfremden zugleich die reine Legende. Ihr inhaltlicher Status

Toledo – die älteste Hauptstadt Spaniens

bleibt indes so offen und unklar wie ihr lokalisierbarer Standort. El Greco verzichtet auch hier auf Bildtiefe und konkrete Ortsbestimmung. Die hohen Herren (ausnahmslos Herren!) sind gegenwärtige Betrachter des Geschehens, nämlich der Erzählung einer Legende, und nicht die in die Legende eingeschlossene Trauergemeinde. Sie akzentuieren Abstand, trotz ihrer Nähe. Zwischen ihnen und uns, den Bildbetrachtern, spielt sich das legendäre Geschehen ab, von dem das Bild des Malers erzählt und das sie wie ein antiker Chor mitzuerzählen scheinen. Zeigt sich die malerische Darstellungskraft in der Porträtgalerie ausschließlich in der feinen Charakterisierung der Gesichter, so liegt der Schwerpunkt von El Grecos Malkunst im Vordergrund auf der Wiedergabe der so unterschiedlichen Stofflichkeit: von der bescheiden verhüllenden Mönchskutte zur zeremoniellen Pracht der schweren Brokatstoffe, in die die Heiligen gewandet sind, von der schillernd glänzenden schweren Eisenrüstung des Toten bis zum transparent scheinenden Weiß des Priestergewands. In der Himmelszone wiederum dominiert die Darstellung wolkig-atmosphärischer Färbungen und der in sie eingewebten Figuren in perspektivischer Verkleinerung. Wird der irdische Raum von strenger Form umrahmt, ist die Himmelswelt von diagonal verlaufenden Bewegungen reiner Licht- und Farbenkomposition durchzogen. In der Figurenkomposition sind die beiden Welten durch die Korrespondenzen geburtshöhlenartiger Ovale miteinander verbunden. Das untere ist durch die Beugung der beiden den toten Körper tragenden Heiligen gebildet. Die flügelhaften Hände eines der *caballeros* zwischen den geneigten Häuptern deuten an, dass zwischen ihnen die unsichtbare menschliche Seele sich gen Himmel bewegt. Das Oval in der himmlischen Sphäre entsteht durch die Fürbitte leistenden Figuren von Maria und Johannes, über denen ein lichtvoller Christus schwebt. Von unten trägt ein Engel die wie eine Art Embryo dargestellte unsterbliche Seele des Toten durch ein Schlupfloch in die Geborgenheit eines irdisch-himmlischen Zwischenreichs, die Vorbereitung für ein von den Himmelsbewohnern am Rande schon erwartetes Geburtsereignis.

El Greco nimmt den tief verankerten Wunderglauben zum Anlass, um den Tod mittels bildnerischer Imagination zumindest seiner bedrohlichen Unsichtbarkeit zu entkleiden und die vom gegenreformatorischen Programm geforderte Anschaulichkeit fast um jeden Preis zu liefern. Man könnte denken, dass er die Porträtgalerie nur als gesammelte Zeugenschaft gemalt hätte, um dem Glauben an das Wunder Nachdruck zu verleihen und ihm eine Fundierung in der realen Welt zu geben. Andererseits haben diese Menschen mit der Legende von sich aus gar nichts zu tun. Nahezu unbewegt sind sie ihren eigenen Gedanken hingegeben; jeder einzelne schaut auf seine Weise. Man weiß nichts wirklich, scheinen sie, lauter Einzelne, zusammengerückt, ein wenig unentschlossen zum Ausdruck zu bringen. Hat El Greco also eine zurückhaltende Skepsis in dieses Legendenbild einbauen wollen, um eine zu geradlinige kindliche Vorstellung zu ent-

◁ *El Greco, Das Begräbnis des Grafen Orgaz, 1588*

schärfen oder durch den Kontrast aufzuwerten? Wie auch immer, es gab ihm die Gelegenheit, alle Register seines malerischen Könnens zu ziehen und seiner überragenden Bildphantasie ein genial komponiertes Werk abzuringen, das von Tod und Wiederauferstehung, von irdischem und himmlischem Leben, vom Wunder der Neugeburt, dem Wunder des ewigen Lebens und der Gegenwärtigkeit des Menschlichen in einem einzigen Bild erzählt. Das Unsichtbare sichtbar machen, war ein stolzes Programm. Für sein Selbstbewusstsein als Bürger Toledos steht nicht nur die Porträtgalerie seiner Freunde und Gönner, die sich weniger als Zeugen eines Wunders der Grablegung denn des Wunders seiner künstlerischen Auferstehung versammelt wiederfinden konnten, sondern auch die links im Bild vorangestellte, mit dem Finger auf die Hauptszene weisende Knabenfigur: es ist das Porträt seines 1578 in Toledo geborenen Sohnes; sein Geburtsdatum ist gemeinsam mit El Grecos Signatur auf dem Taschentuch zu finden.

Von Santo Tomé sind es nur wenige Schritte zur **Casa del Greco** (11). Sein tatsächliches Haus ist es sicherlich nicht; aber in diesem Stil und auch an diesem Ort wird er gelebt haben. Er war ein anerkannter Mann, der in großem Stil lebte, durch seine Kunst zu Vermögen gekommen war und die Gebildeten Toledos zu seinen Freunden zählte. Der kleine Rundgang durch das Haus macht einen mit Räumlichkeiten und Mobiliar bekannt; zusätzlich ist ihm ein Museum angeschlossen und ein reizvoller Garten, der zum Ausruhen einlädt. Die dritte und letzte Apostel-Serie, die El Greco malte, ist im Museum ausgestellt; teilweise mit starkem lebensvollem Ausdruck, teilweise aber auch blass, unscharf und skizzenhaft unvollendet. Eine Ansicht von Toledo zeigt das Hospital Tavera auf Wolken; eine Madonna erscheint über Toledo; und der jugendliche Sohn Jorge Manuel hält den Stadtplan.

Weitere Bilder des 17. Jahrhunderts, darunter Arbeiten von Murillo, Zurbarán und Valdés Leal, gehören zu schwächeren Werken oder sind in den Zuschreibungen nicht gesichert.

Die Synagogen

Wenige Schritte von Santo Tomé entfernt liegt die ehemalige Synagoge **El Tránsito** (12), der seit 1964 ein kleines Museum der Sephardim angeschlossen ist, das Grabsteine, liturgische Geräte, Schriften und eine Übersichtskarte enthält, aus der die Verbreitung des Judentums in Spanien ersichtlich wird. Die Synagoge entstand zwischen 1355 und 1357 innerhalb des Wohnpalasts von Samuel Levi, des Schatzmeisters von Pedro dem Grausamen, dem kastilischen König, der den prachtvollen Alcázar in Sevilla im Mudéjar-Stil errichten ließ; nach 1492 wurde sie zur christlichen Kirche umgewandelt.

Es ist ein kleiner Versammlungsraum; die Vorhalle ist von einer Tribüne bedeckt, auf der die Frauen Platz nehmen konnten. Der Yesería-Schmuck an den Wänden erinnert unmittelbar an den Sevillaner Königspalast; Vielpassbögen überwölben Doppelsäulen, von hebräischen Schriftbändern umrahmt. In einer Nische wurde die Thora aufbewahrt. Nur wenig blieb erhalten von jener blühenden jüdischen Kultur, die über Jahrhunderte hier gewirkt hat: fußend auf einer Religion der Schrift und des Gesetzes, die sich stark von der ins Heidnische reichenden Bilder- und Heiligenwelt der Christen unterschied und sich eher mit dem Gottesbegriff des Islam berührte. So entwickelten die Juden auch keine eigene Architektur oder Dekorationskunst, sondern übernahmen die Lust am Unendlichkeit suggerierenden Ornament, wie es die Mauren in Form von Arabesken oder Mauresken pflegten und deren kunstreiche dekorative Wirkung vorbildhaft blieb auch für viele christliche Könige des ausgehenden Mittelalters in Spanien. Von Gott sollte es kein Bildnis geben dürfen, so verhieß es das erste Gebot, das Mose vom Sinai seinem Volk gebracht hatte. Der Geist Gottes wirkte durch sein Gesetz; und sein zur Schrift gewordener Geist ergab das heilige Band, das die Juden, zerstreut in der Diaspora, ohne eigenes Territorium, zu einer geistigen Gemeinschaft in der geduldigen Erwartung des Messias zusammenhielt; in der Synagoge wird der Versammlungsraum der Gläubigen entsprechend von einem Schriftband umschlossen. Es gibt keine Reliquien und keinen Altar, keinen heiligeren Ort als den, der die Schrift aufbewahrt.

El Tránsito

Nur wenige Meter entfernt liegt innerhalb eines Gartens die zweite noch erhalten gebliebene Synagoge Toledos. Es sind die beiden einzigen Synagogen Zentralspaniens; eine dritte befindet sich in Córdoba.

Zur Kirche **Santa María la Blanca** (13) wurde die in der Mitte des 13. Jahrhunderts erbaute Synagoge nach den Hetzpredigten des Dominikanermönchs Vicente Ferrer, der bereits 1405 die Christen zu blutigen Pogromen in Toledo aufhetzte. Die Synagoge kam in christliche Hand; im 16. Jahrhundert wurden die Altarräume angebaut; in späteren Zeiten nutzte man die Räumlichkeiten als Kaserne und Lagerhalle. Ende des 19. Jahrhunderts wurde sie restauriert und zum geschützten Kulturerbe erklärt.

Santa María la Blanca, Abbildung Seite 23

Sie wirkt prachtvoll und schlicht zugleich. Die große Moschee von Córdoba beziehungsweise ihre Miniatur von Cristo de la Luz wirkten als Vorbild. Die Gewölbe der fünf Schiffe werden von weit ausschwingenden Hufeisenbögen getragen, die auf 32 niedrigen achteckigen Säulen ruhen. Die Kapitelle zeigen Pinienzapfen, die der schwungvollen Eleganz der Bogenreihen einen rundlich-kraftvollen Akzent verleihen. Das überall sichtbare Muschelmotiv muss nicht für die spanische Jakobsmuschel stehen und somit als spezifisch christliches Symbol angesehen werden; die Muschel galt in vieler Hinsicht als dekorativ und entspräche dem verwendeten vegetabilen Motiv des Pinienzapfens als anderes, dem Wasser entnommenes und universell verstandenes Symbol des Lebens. Der Obergaden ist von einer zarten geometrisierenden Stuckdekoration bedeckt, über die sich eine Zone mit Blendarkaden breitet. Der Wechsel von schlichten weißen Wandteilen und kontrastierenden Dekorationsakzenten gibt dem Raum eine zurückhaltend-vornehme Rhythmik, die sich auf harmonische Weise gegenläufig zum Gleichklang des Bogenschwungs und der Säulenformation verhält. Der Synagogenraum strahlt gleichermaßen Klarheit und Ruhe, lichte Weite und Geborgenheit aus.

San Juan de los Reyes

San Juan de los Reyes (14) steht am Rand der Stadt, gegenüber der Puente de San Martin, nahe der Puerta del Camabron. Das 1476 gegründete Franziskanerkloster ist ein Vermächtnis der Katholischen Könige Isabella und Ferdinand. Es sollte ihre Grabstätte werden, eine Idee, die nach dem ersten Januar 1492 zugunsten der königlichen Kapelle im eroberten Granada wieder aufgegeben wurde. Ein Monument der gefestigten Macht des katholischen Spanien auf kastilischem Bo-

Puente de San Martin

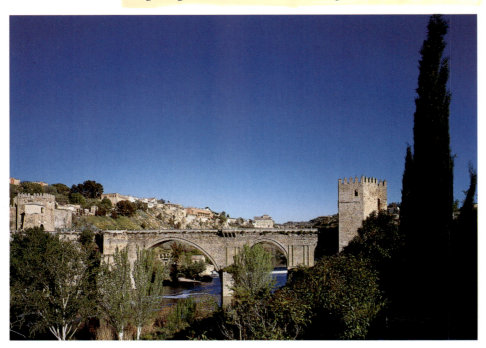

San Juan de los Reyes

Artesonado-Decke in San Juan de los Reyes

den ist das Bauwerk geblieben. Der Bretone Juan Guas (gest. 1496), in Brüssel ausgebildet und seit Mitte des 15. Jahrhunderts in Spanien tätig, zuletzt als Baumeister der Kathedrale von Toledo, entwarf und leitete den Bau bis zu seinem Tod und konnte ihn nahezu beenden. Erst nach der Fertigstellung 1504 fiel die Entscheidung für Granada als letzte Ruhestätte. Das Kloster wurde während der französischen Besatzung zu Beginn des 19. Jahrhunderts zerstört. Seit der zweiten Hälfte des 19. Jahrhunderts wurde die Kirche gründlich restauriert.

Juan Guas gilt als der eigentliche Erfinder und Meister des Isabellinischen Stils, der das schmuckreiche gotische Repertoire des Nordens mit dem maßvollen Streben der Renaissance in schwungvollen Formen zu vereinen und die Dekorationskunst des Mudéjar-Stils partiell einzubeziehen suchte. Sein Meisterwerk und zugleich das klassische Beispiel für diesen Stil ist San Juan de los Reyes geworden. Es lässt Norden und Süden, Orient und Okzident in einen Formenfluss strömen.

Guas entwarf eine einschiffige Kirche mit vier Jochen. Der vordere Ostteil, ursprünglich für die königlichen Gräber vorgesehen, ist am prachtvollsten gestaltet. Eine an maurischen Vorbildern orientierte oktogonale Rippenkuppel wird bekrönt durch ein Netzgewölbe, das sich zu einem Feld stilisierter Blüten formt. Himmel und Erde sind im Achteck des Gewölbes gleichsam symbolisch vermittelt: der Kreis steht für den Himmel, das Quadrat für die Erde. Die Tribünen an den Vierungspfeilern tragen die Initialen Y und F für Isabella und Ferdinand; königliche Embleme (die auch die Anfangsbuchstaben F und Y wieder aufgreifen: *flechas* = Pfeile und *yugos* = Ochsenjoch) und bekrönte Wappen schmücken die Wände. Der Inschriftenfries berichtet von den politischen Taten, in erster Linie gegen die Andersgläubigen. Er verherrlicht den Triumph über den Islam durch die Eroberung Granadas und die Vertreibung der jüdischen Gläubigen aus Spanien.

Toledo – die älteste Hauptstadt Spaniens

San Juan de los Reyes

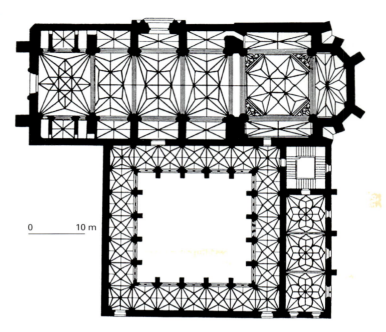

Der Kreuzgang gehört stilistisch eng zum Innenraum der Kirche, wenn er auch erst nach 1500 unter Enrique Egas (um1455 bis um 1534) erbaut wurde, Nachfolger Juan Guas und zentrale Architektenfigur der ersten Hälfte des 16. Jahrhunderts in Spanien. Es ist einer der elegantesten offenen Räume Spaniens. Fialen und Skulpturen im Untergeschoss, Wasserspeier im Obergeschoss zitieren spätgotisches nordisches Formenvokabular, das sich einem neuen Ideal hingegeben hat. Das Untergeschoss zeigt flamboyante Maßwerkarkaden in gespitzten Bögen, das Obergeschoss antwortet beschwichtigend mit breiten Vorhangbögen. Die kunstvolle Artesonado-Decke (Mudéjar-Stil) im Obergeschoss wiederholt nicht nur die königlichen Wappen (Kastell und Löwe für Kastilien und Leon) und die bekannten Embleme, sondern zeigt auch erstmals den aufgebrochenen Granatapfel, der die Eroberung Granadas und damit die Vollendung der Reconquista, den Beginn der staatlichen Einheit des katholischen Spanien symbolisiert.

In der zugleich konzentriert geschlossenen und offenen lichtvollen Räumlichkeit des klösterlichen Kreuzgangs mag ein wenig Zeit zur Reflexion dessen eingeräumt werden, was uns hier inmitten der Stille des alten Judenviertels von Toledo begegnete – kein Zeugnis eines bloß lokalen Ereignisses, sondern einer historischen Zäsur in der Geschichte Spaniens.

Wir spazieren entweder am Stadtrand entlang, nehmen den Weg durch die Gassen, oder gehen den Weg zurück, den wir gekommen sind, werfen einen gesonderten Blick auf die Kathedrale von außen, den Turm und den Architekturschmuck des Brüsseler Meisters Hannequin aus dem 15. Jahrhundert. Um dies zu sehen, treten wir auf den Rathausplatz und würdigen zugleich das Rathaus, nach einem 1575 angenommenen Entwurf Juan de Herreras (um 1530–97) errichtet und ganz wesentlich 1613/14 von Jorge Manuel Theotocópuli (1578–1631), dem Sohn El Grecos, vor seiner Vollendung 1618 verändert. Die Turmaufsätze sind barocke Zutaten von Teodoro Ardemans (1664–1726) aus dem Jahr 1693.

Hospital Santa Cruz

Die Katholischen Könige ließen zu Beginn des 16. Jahrhunderts drei große Hospitäler bauen: in Santiago de Compostela, in Granada und in Toledo. Alle drei wurden von Enrique Egas entworfen, triumphale und repräsentative Gebäude, architektonisch sinnreich konzipiert, allerdings wenig geeignet für ihren fürsorgerischen Zweck, ein funktional eingerichtetes Haus für Kranke zu sein. Sie dienten anderen und unterschiedlichen Zwecken. Santa Cruz (15) war immerhin zeitweise ein Waisenhaus. Zwischen 1505 und 1514 gebaut, dient es seit 1919, restauriert nach schweren Schäden während des Spanischen Bürgerkriegs, als Museum der Provinz Toledo und beherbergt

Fassade des Hospital Santa Cruz

Toledo – die älteste Hauptstadt Spaniens

Hospital Santa Cruz

u. a. eine große Sammlung von Gemälden El Grecos, die er seinerzeit für die Kirchen Toledos gemalt hat.

Santa Cruz war ursprünglich ein Projekt des Kardinals Mendoza, der auch den Titel eines Bischofs von Santa Croce in Rom trug. Das Hospital hat eine Kreuzform, und die doppelstöckig angelegten Bettensäle führen auf ein in der Mitte aufgerichtetes *vera cruz* hin, angeblich mit einem Teil des in Rom aufbewahrten ›wahren Kreuzes‹.

Das Eingangsportal zeigt denn auch innerhalb eines doppelten römischen Bogens den im Bogenfeld vor dem Kreuz knienden Kardinal Mendoza, von Petrus sachte nach vorn geschoben; gegenüber die heilige Helena, Mutter Kaiser Konstantins (unter dem das Christentum Staatsreligion wurde), die angeblich in Jerusalem das *vera cruz* fand, mit dem Apostel Paulus. Die auf Paulus zurückgehenden theologischen Tugenden Glaube, Liebe, Hoffnung sind im Bogenlauf und an seinem Scheitelpunkt personifiziert.

Wir sehen den Rundbogen, die klassischen Säulen und Kapitelle der Renaissance und zugleich darin eine filigrane Dekoration eingearbeitet, die an die Arbeiten von Gold- und Silberschmieden denken lässt. Die platereksen, dekorierenden Teile sind der flachen Wand ›aufgelegt‹ und wirken als schmuckreicher Kontrast zu deren Schlichtheit. Konzentrierte Dekorationsfelder umranden Fenster und Türen oder bilden abgezirkelte Schmuckflächen. Sie setzen schmückende Akzente, ohne die Baumasse selbst zu gliedern. In abgegrenzten Bildfeldern prankt die reliefartig sich hervorhebende Dekoration wie ein üppig quellender Blütenteppich oder wie ein gestickter Vorhang, der Säulen, Embleme, Figuren und Wappen feingliedrig umspielt. Zuweilen drängt sich der Eindruck auf, dass im Selbstbewusstsein gefestigter Macht der verführerische Sinnenzauber vergangener maurischer Tradition wieder zugelassen wird – aber gleichsam nur im Gestus der Vorführung einer Trophäe, die zugleich die Macht des Siegers über den Besiegten demonstriert und in diesem Fall noch mehr ausdrückt: die Beherrschung einer potentiell überquellenden vitalen Natur durch ihre bewusste und rational einkalkulierte Eingrenzung. Und das setzt eine Art triumphierenden Akzent zu dem auf schlichtes Gleichmaß und balancierenden Ausgleich zwischen Vernunft und Natur, Form und Materie zielenden Schönheitssinn der italienischen Renaissance.

Die Eingangszone des Hospital Santa Cruz ist für den platereksen Stil der spanischen Renaissance ein klassisches Beispiel. Ein architektonischer Höhepunkt dieses Stils findet sich weiterhin im Kreuzgang – zwischen 1520 und 1530 auf Initiative von Karl V. von Alonso de Covarrubias (um 1488–1570) und Francisco de Villalpandos (gest. um 1561) erbaut, der die einflussreichen Schriften des italienischen Architekturtheoretikers Sebastiano Serlio (1475–1554) übersetzt hatte und damit der Hochrenaissance in Spanien den Weg bereitete. Elegant öffnet sich der Hof zum erst 1574 vollendeten dreiläufigen prunkvollen Treppenhaus – ein Meisterwerk Alonso de Covarrubias und Juan de Herreras, der mit diesem Bau bereits ein Modell für seine große Treppe im Escorial schuf.

Das Museum enthält eine interessante archäologische und kunstgewerbliche Sammlung mit Zeugnissen aus der bewegten Geschichte Toledos.

Die Hauptattraktion ist aber die große Sammlung von Gemälden El Grecos, die in ihrer Vielfalt nirgendwo besser zu sehen sind als in dem riesigen Raum des Ostflügels im oberen Stockwerk. Die Bilder sind bis auf wenige Ausnahmen alle aus den Kirchen und Kapellen Toledos zusammengezogen und geben somit auch einen Eindruck davon, wie stark Toledo mit der Kunst El Grecos verbunden war und mit ihr gelebt hat. An der Stirnseite des Raums hängt das als Deckengemälde konzipierte fast vier Meter hohe Marienbildnis, meist als ›Mariä Himmelfahrt‹ bezeichnet, inzwischen aber doch überzeugend als ›Mariä Empfängnis‹ identifiziert, eines seiner letzten, in der Behandlung der Farbe souveränsten und ausdrucksvollsten Gemälde, 1607 entstanden. Maria schwebt zwar in der Höhe, man sieht aber weder ein offenes Grab und trauernde Apostel auf der Erde noch eine sie empfangende Heilige Trinität; stattdessen Blumensymbole der Jungfräulichkeit, die andeuten, dass sie als zukünftige Muttergottes emporgetragen wird, schwebend und ohne Körperschwere ihre Bestimmung zu empfangen. Ausdrucksvoll ist der gemalte Hintergrund: es ist das Toledo El Grecos, das ihm zur Mitte der Welt wurde.

Manche Gemälde sind Repliken derer, die im Prado hängen. Außerdem ist eine Variante der in der Sakristei der Kathedrale von Toledo ausgestellten ›Entkleidung‹ zu sehen, und es sind zahlreiche

weitere Marien-, Heiligen- und Apostelbildnisse ausgestellt. Die
›Verkündigung‹, zwischen 1610 und 1614 entstanden, ist eines seiner letzten Werke.

Weiterhin sehenswert: in feinem manieristischem Stil ›Christus an der Säule‹ von Luis de Morales und José Riberas (1591–1652) ›Heilige Familie‹, die ein wohlgenährtes Jesuskind zeigt und Joseph als echten Zimmermann.

Hospital de Tavera

Eingangstor des Hospital de Tavera

Außerhalb der Stadt, aber gut zu Fuß erreichbar, liegt das vor allem durch El Grecos Ansichten von Toledo berühmte Hospital de Tavera. Kardinal Don Juan Pardo de Tavera gab 1541 den Auftrag zum Bau dieses riesigen nie vollendeten Gebäudes, das der Michelangeloschüler Bartolomé de Bustamante (1501–70) entwarf und das unter der Aufsicht Alonso de Covarrubias' mit der Hauptfassade und dem Patio 1548 zumindest teilweise fertiggestellt wurde. Es ist ein sonderbar dimensioniertes Bauwerk mit reichem Innenleben. Das Gebäude diente sowohl als Krankenhaus, das jeden Hilfesuchenden aufzunehmen hatte, wie als prunkvolle Residenz des Kardinals. In der Mitte des Gebäudes, das sich zunächst zu einem mächtigen, aber schlichten Renaissancehof öffnet, liegt die Kirche, in der sich sein Grab befindet. Später kamen die Herzöge von Lerma in den Besitz des Hauses, das sie im Westflügel als ihre Stadtresidenz einrichteten und mit einer reich bestückten Gemäldesammlung versahen.

Hatten wir im Chor der Kathedrale meisterhafte Werke Alonso Berruguetes aus Alabaster, Holz und Marmor bewundern können, so sehen wir hier das aus Alabaster gefertigte Grab mit der liegenden Statue des Kardinals Tavera als eines seiner letzten Meisterwerke. Im rechten Seitenaltar hängt die ›Taufe Christi‹, eines der manieristischen Gemälde El Grecos in flammenden Licht- und Farbmodellierungen und den übermäßig gelängten oder verkleinerten menschlichen Körperdarstellungen. Die schräg geneigte übergroße molluskenhafte Jesusfigur im Vordergrund zeigt El Greco als flackernde Lichtgestalt mit dem Gesichtsausdruck eines Irrsinnigen. Ein ebenso riesenhafter im Schatten stehender nackter Johannes mit auswucherndem Kniegelenk übergießt ihn mit Taufwasser aus einer Muschel. Raumperspektive und Körperproportionen werden missachtet. Nur auf die Licht- und Farbenvision scheint es El Greco anzukommen. Das Figurengewimmel durchleuchtet im scharfen schrägen Strahl das von Gottvater ausgehende diagonal fallende Licht. Vater, Sohn und Heiliger Geist (als weiße Taube in der Mitte des Bildes) erhellen als göttliche Trinität Himmel und Erde und geben das Licht in der Finsternis.

Renaissancehof des *Hospital de Tavera*

In der Sakristei sind drei Gemälde El Grecos sehenswert: ›Heilige Familie mit der heiligen Anna‹ (1595), ein ebenso liebliches wie berühmtes Bild (angeblich stand die Frau El Grecos Modell für die schöne Jungfrau); ›Der heilige Petrus in Tränen‹ (1605) zeigt die nur in den Einzelporträts deutlich werdende Nähe El Grecos zum Realismus der spanischen Schule. Das ›Porträt des Kardinal Tavera‹ (1608) schuf er – hier zeigt sich der Realist El Greco – nach der Totenmaske.

In der Gemäldesammlung der Herzöge von Lerma mit Bildern aus dem 15. bis 19. Jahrhundert sind neben Caravaggio, Luca Giordano und Antonis Mor auch ein Bild Zurbaráns und zwei Gemälde Riberas zu sehen, jeweils eindrucksvolle Porträts. Von Francisco de Zurbarán (1598–1664) ein Porträt des Duque de Medinaceli, den er präsent und entschlossen zeigt; rechts die Handschuhe in aristokratischer Gelassenheit, die linke Hand am Schwertgriff; Gesten, die seinem Leben Form geben. Eher exotisch wirkt hierbei die in einem Seitenraum separat ausgestellte ›Bärtige Frau‹. Es hatte sie wirklich gegeben im Königreich Neapel, diese 52-jährige Ehefrau und Mutter von sieben Kindern, der ein Vollbart gewachsen war und die gemeinsam mit ihrem zweiten Ehemann auf dem Bild erscheint; der Vizekönig von Neapel wollte dies Philipp III. zeigen, und José de Ribera erhielt den Auftrag, sie zu malen.

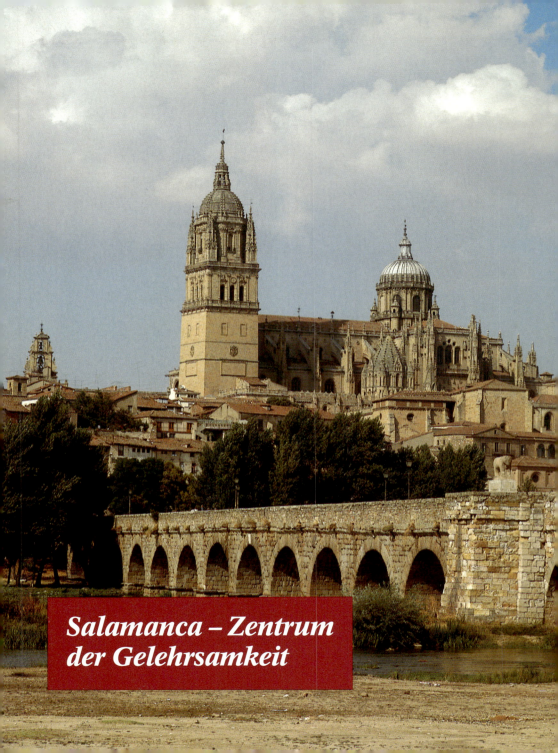

Salamanca – Zentrum der Gelehrsamkeit

Zur Geschichte der Stadt Salamanca

Westlich des kastilischen Scheidegebirges liegt Salamanca am Fluß Tormes, inmitten einer weiten Landschaft, die sich wie ein riesiger See ausnimmt. Mit ihren Türmen und Spitzen rückt die Raststätte auf der langen *Ruta de la Plata* wie eine verheissungsvolle Insel ins Blickfeld. Im Jahre 2002 ist Salamanca Kulturhauptstadt Europas.

Die uralte iberische Siedlung wurde 219 v. Chr. von Hannibal besucht und von den Römern im ersten Jahrhundert mit einer bis heute haltbaren Brücke versehen. Von Westgoten und Mauren wenig genutzt, aber oft heimgesucht von Plünderung und Zerstörung im Hin und Her der Reconquista, wuchs die Bedeutung der Stadt erst mit der Eroberung von Toledo im Jahr 1085. Alfons VI. beauftragte seine Tochter Urraca und seinen französischen Schwiegersohn Conde Raimondo de Borgoña, das kastilische Hochland zu befestigen und für die Möglichkeit einer Wiederbesiedlung zu sorgen. Der Conde ließ mit einem Tross von Bauleuten und Handwerkern die Mauern von Ávila errichten und sorgte ebenfalls für die Befestigung der Brückenstadt Salamanca. Die verschiedenen Siedlergruppen, darunter Franken, Portugiesen, Mozaraber und Juden, lebten in unterschiedlichen Stadtteilen. 1147 entstanden neue Stadtmauern, die erst 1867 geschleift wurden und an deren ehemaligem Verlauf sich die heutigen Umgehungsstraßen befinden. 1150 wurde an der (Alten) Kathedrale gebaut, und 1218 entstanden die ersten Universitätsgebäude. Neben Bologna, Paris und Oxford gehörte diese erste Universität Spaniens zu den bedeutendsten Bildungsstätten Europas. Sie blieb die führende Universität Kastiliens bis zum Beginn des 16. Jahrhunderts, als ihr der rasche Erfolg der neugegründeten Universität von Alcalá de Henares die besondere Stellung und den einzigartigen Ruhm als Stätte der Gelehrsamkeit streitig zu machen begann. Salamanca erhielt unter den Katholischen Königen ein neues Gesicht, als die Familienfehden innerhalb der Stadt ein Ende nahmen und ab 1500 große Investitionen der Krone und der Kirche für neue Bauwerke sorgten. Die Universität wurde erneuert; man begann mit dem Bau der Neuen Kathedrale. Der Isabellinische Stil, der spätgotische Formelemente mit dem maßvollen Streben der Renaissance zu vereinen suchte, erfuhr in Salamanca seine konsequenteste Ausformung. Der folgende platereske Stil Spaniens hat an den Fassaden am Eingang zur Universität und zur Neuen Kathedrale sowie an weiteren Kirchen und Klöstern der Altstadt seinen überzeugendsten Ausdruck gefunden, der in seiner stilistischen Geschlossenheit heute noch von großer Wirkung ist; nicht zuletzt wegen des rötlichen Sandsteins, der das Material für alle Bauten der Altstadt abgab und vor allem im Abendlicht seine leuchtende Farbkraft entfaltet.

Im 18. Jahrhundert erhielt Salamanca seine Plaza Mayor, einen der schönsten Stadt-Plätze Europas und bis heute Treffpunkt der alt-

Salamanca ☆☆

Besonders sehenswert:
Alte und Neue Kathedrale
Universität
Santa María de las Dueñas
San Estaban
Plaza Mayor

◁ *Römische Brücke und Kathedrale*

Salamanca – Zentrum spanischer Gelehrsamkeit

Miguel de Unamuno

*Salamanca, Salamanca
renaciente maravilla
academica palanca
de mi vision de
Castilla*

*Salamanca, Salamanca
wiedergeborenes
Wunder
gelehrter Schoss
meiner Vision von
Kastilien*

*Es todo cima tu extension redonda
y en ti me siento al
cielo levantado,
aire de cumbre es el
que se respira
aqui, es tus paramos.*

*Ganz Gipfel bist du mir
im weiten Rund,
in dir fühl ich mich
himmelwärts erhoben,
Gebirgsluft atme ich
auf deinen Höhen.*

*Miguel de Unamuno
(1864–1936)*

eingesessenen Bewohner und der studentischen Gäste der Stadt, die aus aller Welt kommen und in jüngster Zeit Salamanca zu erneuerter Blüte führten.

Die sogenannte 98er Generation, jene Intellektuellen, Lyriker und Romanciers, die nach dem definitiven Ende der Kolonialmacht Spanien im Jahr 1898 (sie verloren Kuba und die Philippinen) über das verlorene, einsame und vergessene Spanien nachdachten und den spröden Reiz, die herbe Poesie Kastiliens wieder entdeckten und als kastilischen Geist Spaniens beschworen, besang in vielen ihrer Poeme die Stadt Salamanca. Der Baske Miguel de Unamuno (1864 bis 1936) war einer ihrer führenden und eigensinnigsten Köpfe, der Salamanca zu seiner Wahlheimat gemacht hatte und wie viele seiner ähnlich empfindenden schreibenden Zeitgenossen nicht aus Zentralspanien stammte, aber überzeugter und geradezu schwärmerischer Wahlkastilier war. Von zahlreichen Amtsenthebungen und Verbannungen unterbrochen, war Unamuno bis zu seinem Tod im Jahr 1936 Rektor der Universität von Salamanca.

Miguel de Unamuno – von Hermann Graf Keyserling als der bedeutendste Spanier seit Goya bezeichnet – war auch im literarisch-philosophischen Deutschland der 20er Jahre eine Figur, die man bewunderte und der man großen Respekt erwies. Seine gesammelten Werke erschienen 1925 und 1928 in deutscher Sprache; viele seiner Theaterstücke wurden auf deutschen Bühnen aufgeführt. Heinrich und Thomas Mann sowie Hermann Hesse äußerten sich begeistert über diese europäische Stimme aus dem damals exotischen Spanien. Versuchte Unamuno, dieser ›Don Quijote des 20. Jahrhunderts‹, zunächst das in den letzten Jahrhunderten randständig gewordene Spanien Europa wieder näher zu bringen, verfolgte er späterhin die Idee, Europa zu hispanisieren. Den Geist Kastiliens, den der ausdauernde Wanderer ebenso wie die Schriftsteller Antonio Machado und Azorín mit der inspirierenden Landschaft der kastilischen Hochebene verband, suchte er in zahlreichen Essays und Gedichten zu beschwören und nachzuformen.

In seinem ›Seelenlandschaften‹ betitelten Aufsatz schreibt er: »Das Hochland ist ja auch Gebirge, ein weiter, vom Firmament überspannter Gipfel. Wenn der Himmel des Seelen-Hochlands, der weiten Seelen-Steppe sich mit Gewitterwolken, mit einer einzigen riesigen Wolke überzieht, die wie ein zweites vom Himmel herabhängendes Hochland ist, glaubt man, Gott bewege uns beiden Handflächen aufeinander zu. Erschaudernd fürchtet die Seele, zwischen beiden Händen erdrückt zu werden.« Unamuno, ein zweifelnder, widersprüchlicher, ein Leben lang suchender Mensch, war ein Mann der Freiheit und Unabhängigkeit, überzeugt davon, dass »du bist, was du sein willst«. Er wechselte seine Positionen ein Leben lang und blieb trotzdem unbeirrt, er beschwor die Gemeinschaft, lebte aber auf in der Opposition gegen sie. Er suchte die Einsamkeit wie das Publikum: »Ich will ich sein, ich will mich vor dem Publikum und gegen das Publikum behaupten.« Wie Don Quijote, diese von

Zur Geschichte der Stadt Salamanca

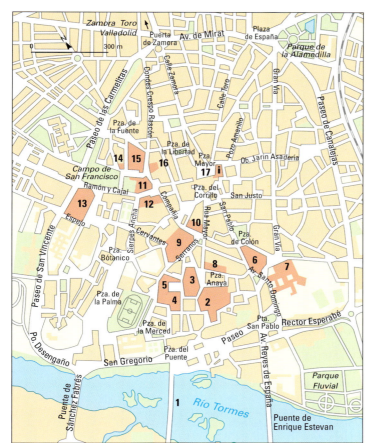

Salamanca

1 Römische Brücke
2 Alte und Neue Kathedrale
3 Universität
4 Escuelas Menores
5 Museo Provincial de Bellas Artes
6 Santa María de las Dueñas
7 San Esteban
8 Colegio Anaya mit San Sebastián
9 Clerecía
10 Haus der Muscheln (Casa de las Conchas)
11 Palacio Monterrey
12 La Purísima
13 Colegio Mayor Arzobispo Fonseca
14 Vera Cruz
15 Convento de las Ursulas
16 Casa de las Muertes
17 Plaza Mayor

Unamuno verehrte spanische Grundfigur, beschwor er, ein eher spiritueller als rationaler Denker, eine sowohl resignierte wie kämpferische Haltung gegenüber dem Leben, der Lächerlichkeit kaltblütig Trotz bietend. »Alles, was nach einer greifbaren Lösung riecht, widerstrebt mir. Ich will nichts anderes als die Geister in Bewegung bringen und überall da, wo man mich ruft – oder nicht ruft – zu gelegener – oder auch zu ungelegener Zeit das Sakrament des Wortes ausgießen.«

Unamuno wurde als Rektor seines Amts verwiesen, man verbannte ihn nach Fuerteventura; er lebte im Pariser Exil. Er war ständiger Kritiker des spanischen Staats und seiner Politik. Den furchtbaren Bürgerkrieg ahnte er sorgenvoll voraus, verzweifelt, ihn nicht abwenden zu können. Er, der überzeugter Republikaner war, wendete sich auch gegen die spanische Republik. Und als am 12. Oktober

Salamanca – Zentrum spanischer Gelehrsamkeit

1936 die Universität von Salamanca im Beisein der Gattin Francos den Staatsfeiertag beging und die Falangisten den Wahlspruch ihres Generals Millan Astray erschallen ließen: »Viva la muerte!« – Es lebe der Tod! – da hielt der greise Unamuno seine letzte öffentliche Rede, worin er eingangs bekannte: »Zu Zeiten heißt Schweigen: Lügen. Denn Stillschweigen kann als Zustimmung ausgelegt werden.« Er wandte sich gegen die anwesenden Franco-Anhänger und ihre dümmlichen Paradoxien. Als der Ruf »Abajo la Intelligenzia!« – Nieder mit der Intelligenz! – ihm entgegenbrandete, fuhr er unbeirrt fort: »Sie befinden sich im Tempel des Geistes. Ich bin sein Hohepriester. Und Sie profanieren seinen heiligen Bezirk. Sie werden gewinnen, weil es Ihnen nicht an brutaler Kraft fehlt. Aber Sie werden nicht überzeugen. Denn um zu überzeugen, muss man überreden können. Und um zu überreden, tut das not, was Ihnen fehlt: Vernunft und Recht im Kampf. Ich halte es für nutzlos, Sie zu ermahnen, an Spanien zu denken.« Unamuno wurde endgültig seines Amts enthoben und durfte sein Haus in der Calle de Bordadous nicht mehr verlassen. Nur wenige Wochen später, am 31. Dezember 1936, starb er dort.

Über die römische Brücke in die Stadt

Die **römische Brücke** (1) überspannt in 26 Bögen den unregulierten breiten Rio Tormes und wurde im ersten Jahrhundert erbaut. 1626 riss eine gewaltige Flut zehn der südlichen Bögen und große Teile der Altstadt mit sich; die zerstörte Brücke wurde 1667 erneuert. An der Nordseite der Brücke steht ein iberischer Stier, der durch den 1554 anonym verfassten Schelmenroman ›Lazarillo de Tormes‹ in die Weltliteratur eingegangen ist. 1974 hat man ein Denkmal für die Schelmenfigur und seinen ersten Lehrer, einen blinden Bettler, aufgestellt (von A. Casillas). Dahinter steht eine 1980 vorgenommene Rekonstruktion der 1145 gegründeten mozarabischen Jakobskirche in Mudéjar-Backsteinbauweise.

Die Alte Kathedrale

Im ehemaligen Frankenviertel, hoch über dem Fluss gelegen, befinden sich die beiden Kathedralen von Salamanca. Alte und Neue Kathedrale (2) stehen in unmittelbarer Verbindung und bieten allein durch ihre Bauzeit bedingt einen Überblick über 600 Jahre spanische Stilgeschichte. Die Alte Kathedrale wurde im 12. Jahrhundert erbaut, die Neue Kathedrale Anfang des 16. Jahrhunderts begonnen und Mitte des 18. Jahrhunderts beendet.

Der Bau der *Alten Kathedrale (A)* wurde bereits in der ersten Hälfte des 12. Jahrhunderts begonnen und Ende des 13. Jahrhun-

Die Alte Kathedrale

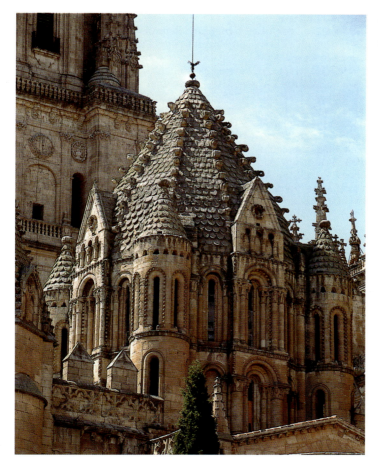

Alte Kathedrale, Vierungsturm, ›Torre del Gallo‹

derts einschließlich des *Kreuzgangs (B)* vollendet. Ein Johanniterritter sorgte für die Finanzierung. Da die Neue Kathedrale die liturgischen Funktionen übernahm, hat man später auf An- und Umbauten sowie den nachträglichen Einbau eines Chors verzichtet; wir befinden uns in einer nahezu unveränderten romanischen Kirche. Die dreischiffige Anlage wurde mit der halbrunden Apsis im Osten begonnen; die drei Schiffe des Langhauses werden mit Kreuzrippengewölben über Bündelpfeilern geschlossen.

Sehenswert ist die stilisierte reiche Bauplastik der Kapitelle und Figurenkonsolen französischer Prägung unter den Diagonalrippen. Im Bereich der Vierung stehen unter den Kuppelansätzen die vollplastisch und in symmetrischer Anordnung ausgebildeten Tier- und Menschenfiguren aus der Zeit des Baubeginns. Bautechnisch impo-

Salamanca – Zentrum spanischer Gelehrsamkeit

sant und originell zugleich ist die 16-teilige Melonenkuppel über der Vierung, die islamische beziehungsweise mozarabische Konstruktionstechniken (wie in der Mezquita von Córdoba oder der kleinen Moschee Cristo de la Luz in Toledo, s. S. 66f.) verwendet und zum krönenden Bestandteil spätromanischen Baudenkens verschmelzen lässt. Verwandte Konstruktionen mit einer krönenden Kuppelschale, *cimborrio* genannt, sind in Zamora und Toro zu sehen und haben diesen westspanischen Kirchen den gemeinsamen Namen ›Grupo salmatino‹ gegeben (s. S. 300f.).

Die gesamte Apsis wurde ab 1445 von Nicolás Florentino (Dello de Nicola, um 1404–71) ausgemalt; wie der Name sagt: ein Florentiner Maler und Architekt, der im Dienst des kastilischen Königs Juan II. stand. Es handelt sich um ein Meisterwerk der Frührenaissance; auf 5 Ebenen in jeweils 11 Bahnen erzählen 53 Temperabilder vom Leben Christi, beginnend unten links mit der Geburt Mariä, endend mit ihrem Tod oben rechts. Darüber befindet sich in der Viertelkugel der Apsis das Fresko des Weltgerichts.

Die einzelnen Bildwerke, deren zuweilen weicher Stil in der Personenzeichnung und Farbgebung eher an die Sieneser denn an die Florentiner Schule denken lässt, sind reich an Figuren und Landschaften. Auffällig sind die variantenreichen Architekturdarstellungen des auch als Architekt seinerzeit hochgelobten Malers, die dem vordergründigen Geschehen einen angedeuteten Erzählraum geben,

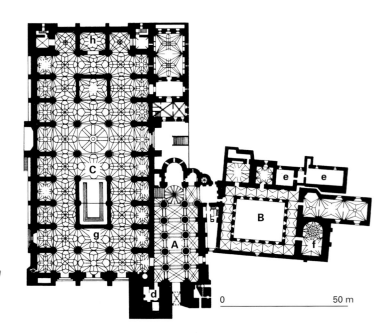

Die Kathedralen

A Alte Kathdrale
B Kreuzgang
C Neue Kathedrale
d Capilla San Martin
e Diözesanmuseum
f Capilla de Anaya
g Trascoro-Altar
h Cristo de las Batallas

Alte und Neue Kathedrale

Neue Kathedrale, Westportal

ohne zentralperspektivisch streng durchkonstruiert zu sein. (Für die genauere Betrachtung ist ein Fernglas nötig.) Sehr schön sind die bemalten Arkaden in der Turmkapelle *(d, Capilla San Martin)*, die 1262 entstanden, und die 1999 freigelegten romanischen Fresken im rechten Seitenschiff.

Der *Kreuzgang (B)* aus dem späten 12. Jahrhundert wurde 1755 während des Erdbebens von Lissabon stark beschädigt und 1785 erneuert. Das Eingangsportal mit seinem plastischen Schmuckwerk sowie die Wandnischengräber und Seitenkapellen (12.–16. Jahrhundert) entgingen der Zerstörung. Sehenswert ist im Westtrakt das von Juan de Juni 1540 geschaffene Grabmal des Gutiérre de Castro mit einem Relief der Beweinung Christi.

Dem Kreuzgang angeschlossen ist das *Diözesanmuseum (e)* mit Gemälden des vor allem von flämischen Vorbildern inspirierten bedeutendsten kastilischen Malers des 15. Jahrhunderts: Fernando Gallego (um 1440–nach 1507, siehe auch seine Bilder im Museum der Universität). Sehenswert ist eines seiner Hauptwerke, das Triptychon der ›Virgen de la Rosa‹, aber auch ›Mariä Krönung‹, ›Geburt‹ und ›Geißelung Christi‹.

In der Seitenkapelle *Capilla de Anaya (f)* befindet sich eine der prunkvollsten Grabstätten Spaniens. Das Alabaster-Liegegrab des Stifters und ehemaligen Erzbischofs von Sevilla, Diego de Anaya y Maldonado, der 1437 starb, ist das Meisterwerk eines anonymen Künstlers aus der ersten Hälfte des 15. Jahrhunderts. Zwei Männerköpfe symbolisieren Jugend und Alter; Löwe, Hund und Kaninchen stehen für Mut, Gehorsam und Friedfertigkeit. Höchste gesellschaftliche Würde bedeuten die vier Kissen, auf denen der Kopf des reichen Kirchenmanns ruht. – Treten wir aus dem Bezirk der Alten Kathedrale hinaus, müssen wir durch die Neue Kathedrale hindurch.

Die Neue Kathedrale

Detail aus der Westfassade der Neuen Kathedrale

Salamanca war im 15. Jahrhundert zunehmend gewachsen; allein 5000 Studenten lebten Ende des Jahrhunderts in der Stadt, so dass man eine große Kathedrale planen musste. Die Alte Kathedrale diente während der Bauzeit weiter als Kulthaus und blieb unmittelbar an der Seite der *Neuen Kathedrale (C)* bestehen. Die Baugeschichte ist geprägt von zähem Festhalten an der einmal getroffenen Entscheidung des Domkapitels, die gotische Grundstruktur beizubehalten. Nachdem immer wieder die besten Architekten Spaniens zu Beratungen zusammengezogen worden waren und 1513 der Grundstein gelegt wurde, begann man schließlich den Bau unter der Leitung von Juan Gil de Hontañon (um 1480–1526). Man errichtete zunächst das dreischiffige Langhaus von Westen aus. Bis 1533 entstand ein Bau im reinen Stil Isabellinischer Gotik einschließlich des Westportals. Hierfür sorgte neben Juan Gil de Hontañon auch Juan de Álava (gest. 1537), der maßgeblich an der Ausführung beteiligt war. 1538 übernahm nach dem Tod Álavas und Juan Gils dessen Sohn Rodrigo (um 1500–77) die Bauleitung (der sein Meisterstück mit der Fassade der Universität von Alcalá de Henares geliefert hatte, s. S. 279). Formelemente der italienischen Renaissance wie Medaillons und Galerien unter den Fenstern verbinden sich nun verstärkt mit dem spätgotischen Wandsystem. Nach dem Tod Rodrigo Gil de Hontañons wurden erst einmal die Bauarbeiten eingestellt; es wurde eine provisorische Ostwand gezogen und der unfertige Bau dem Kult übergeben. 1589 entschied sich das Domkapitel angesichts der veränderten Architekturvorstellungen – fünf Jahre zuvor war der Escorial eingeweiht worden, und der mit ihm verbundene Stil dominierte bereits ganz Spanien – für den Kompromiss eines rechteckigen Chorumgangs unter Beibehaltung der gotischen Grundstruktur; dann fehlte es aber doch an Geld für ein als vorgestrig erscheinendes Projekt in einer Stadt, deren Glanz als Mittelpunkt der Gelehrsamkeit verblichen war. Erst 1668 wurde wieder eine ernsthafte Initiative

zur Vollendung ergriffen, und 1733 erhielt die Kathedrale schließlich ihre Weihe, nachdem Joaquín Churriguera (1674–1724) zum Schluss die Vierung mit einer Kuppel gekrönt hatte. 220 Jahre hat es bis zur Fertigstellung gedauert. Das Ergebnis ist beeindruckend.

Regelmäßig ausgebildete Bündelpfeiler, deren Dienste sich bis zum Gewölbeansatz fortsetzen, schaffen einen hohen, lichten Raum. Ihr sanfter Strom fängt sich in Netzgewölben und verzweigt sich in der Höhe zu Blüten. Die spätbarocke Innenausstattung aus dem 18. Jahrhundert schadet dem Eindruck vornehmen Gleichmaßes nicht, das durch das sanft schimmernde Licht und die warme Farbe des Steins noch erhöht wird. Zwei Kleinodien sind bemerkenswert. Im *Trascoro-Altar (g)* an der Außenseite des Chors sind in den

Neue Kathedrale, Blick in die Vierungskuppel

Seitenhäuschen Statuen der heiligen Anna, einer jugendlichen Maria und Johannes des Täufers zu sehen, die aus dem Grabmal des Gutiérre de Castro vom Kreuzgang der Alten Kathedrale (s. S. 97) stammen. Ihre bewegende Kraft scheint inmitten des überfließenden spätbarocken Dekors fast unterzugehen; sie entfalten sich indes in ihrer Ausdruckskraft, wenn man sich ihnen konzentriert nähert.

In der Scheitelkapelle am Ostende der Kathedrale, *Cristo de las Batallas (h)*, steht ein 1734 von Alberto Churriguera (1676–1750) gestifteter Altar, der seine verschwenderische Dekorationsfülle um ein schlichtes, strenges, weniger als ein Meter hohes Kruzifix rankt, das aus dem 11. Jahrhundert stammt und in eindrucksvollem Kontrast zu seiner spätbarocken Umkleidung steht. Der Legende nach war es ein Geschenk des ›Cid‹ an seinen Waffenbruder Jeronimo, der später Bischof von Salamanca wurde, 1120 starb und dessen leibliche Überreste in einer Urne (von 1744) neben dem Altar ruhen.

Während der Restaurierungsarbeiten im 20. Jahrhundert wurde im linken Feld der Nordfassade eine Astronautenfigur eingeschmuggelt.

Die Universität

Im Jahr 1218 wurde eine ›*estudio general*‹ genannte Institution von Alfons IX., König von Leon, gegründet, die ihre Tätigkeit im Kreuzgang der Alten Kathedrale entfaltete. Alfons X., der Weise, richtete 1254 zwölf neue Lehrstühle ein. Daraufhin erhob Papst Alexander IV. die Lehrstätte zur Universität. Sie war nach Bologna (1119), Paris (1174) und Oxford (1214) die vierte Universität in Europa und ist die einzige, deren um 1500 entstandener Bau relativ vollständig erhalten blieb (3). Architektur und Innenausstattung vermitteln einen

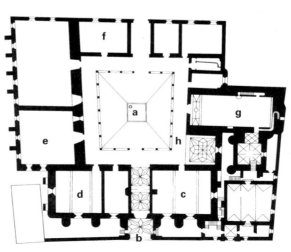

Die Universität

a Patio
b Fassade
c Aula Francisco de Salina
d Aula Miguel de Unamuno
e Aula Fray Luis de León
f Aula Francisco de Vitoria
g Kapelle
h Treppenhaus

Universität

Universität, Detail der Westfassade, Gesamtansicht: Abbildung Seite 34

lebendigen Eindruck von einem Haus der spätmittelalterlichen und humanistischen Wissenschaften, das, von König und Papst gefördert und mit Privilegien versehen, auf eigene und selbständig organisierte Weise versuchte, die Phänomene von Himmel und Erde zu ordnen, zu sichten, zu erforschen und ein Reich des Wissens zu erschaffen. Es diente der Orientierung und Beratung innerhalb einer durch die Entwicklung der Städte und des Handels komplexer werdenden Gesellschaft, für die es neben den Fragen der Legitimation in einer auf einheitliche Staatlichkeit zuwachsenden Gemeinschaft auch neuer grundlegender juristischer Richtlinien bedurfte. In Zeiten der Veränderung half weder das alte fixierte noch das Gewohnheitsrecht.

Das Hauptgebäude, *Escuelas Mayores*, wurde 1415 erbaut, und um den *Innenhof (a)* herum hat man während der zweiten Hälfte des 15. Jahrhunderts zur Zeit der Katholischen Könige verschiedene Hörsäle eingerichtet, die einzelnen Fächern zugeordnet waren. Königin der Wissenschaften war seinerzeit die Theologie. Ihr nachgeordnet waren Kanonisches Recht und Zivilrecht, Medizin, Literatur (Sprache) und Freie Künste. Im ersten Stockwerk wurde die Bibliothek untergebracht, die in ganz Europa berühmt war. Die den Eingang schmückende *Westfassade (b)* entstand zwischen 1524 und 1529, als der Humanist Perez de Oliva Rektor der Universität war. Auch die Gestaltung des Innenhofs und der Treppe fand in dieser Zeit statt. Die Architekten und Baumeister sind unbekannt geblieben. Der dreigeschossigen Wand über dem Eingang legten sie eine symbolisch-allegorische Bilderzählung vor, die sich wie eine vorgehängte Standarte ausnimmt, von Risaliten gegliedert, und die gesamte strukturierte Wandfläche mit feinstem Dekor und vitalen Bilderfindungen überzieht, die das Kunstwerk zu einem Höhepunkt des platereskischen Stils werden lassen. Papst, König und Staatswappen

Salamanca – Zentrum spanischer Gelehrsamkeit

Die Statue Fray Luis de Leóns vor der Fassade der Escuelas Mayores

sind einbezogen, aber auch antike Götter, groteske Gestalten, Pflanzen und Tiere, eine wirbelnde, vom Reichtum der Phänomene zeugende Welt. In der breiteren Mittelbahn des ersten Geschosses im Medaillon die Katholischen Könige (in griechischere Schrift ist die gegenseitige Förderung der Könige und Universität erwähnt), daneben Grotesken (nach Stichen von Nicoletto da Modena, Anfang 16. Jahrhundert); im zentralen Teil des mittleren Felds das Wappen von Karl V., eingeschlossen vom Habsburger Adler und dem Adler Isabellas von Kastillien. In den Seitenfeldern links ein Porträt Karls V., rechts von seiner Gemahlin Isabella von Portugal; die Büsten in den Muschelkalotten sind nicht identifizierbar. In der oberen Zone diskutiert der Papst mit seinen Kardinälen, umgeben rechts von Venus, begleitet von Priamos und Bacchus, und links von Herkules, Juno und Jupiter an seiner Seite, jeweils im Kasten stehend. Der Stellvertreter Gottes in Rom wird hier ganz im Sinn eines humanistischen Renaissance-Programms in seinem Disput flankiert durch eine die Inspiration der sinnlichen Liebe verkörpernde Venus und den werktätigen Zivilisationsheros Herkules; die eine für den sinnlichen Rausch, der andere für den festen Zugriff. Die Fassade muss vom Platz aus betrachtet werden, dann sieht man als Ganzes die feine Gliederung des Schmuckwerks, dessen Plastizität von oben nach unten abnimmt, ohne im flächigen Dekor seine sinnliche Verführungskraft zu verlieren. Ganz sicher ein Gegenstand für die Inquisition; und die Namenlosigkeit der Urheber mag damit zu tun haben, dass sie alles gesagt hatten und sich nicht peinlichen Befragungen aussetzen mochten, mit all den absehbaren persönlichen Folgen; nicht ausgeschlossen, dass das Bildprogramm zwar vonseiten des humanistischen Rektors bestellt, die Ausführung aber in den Händen der hierfür prädestinierten Mudéjar-Künstler maurischer Abstammung lag. In der rechten Kapitellzone des ersten Bildfelds ist ein Totenkopf zu sehen, auf dessen Hirnschale eine Kröte sitzt. Ihr, dem Symbol der Unzucht, aber auch der Vergänglichkeit wie der Verwandlung, gilt die Suche aller angereisten Betrachter. Spät nachmittags beginnt der sonnenbestrahlte Salmatiner Stein sich im schönsten Rot zu zeigen.

Der plateresk Stil ist natürlich nur die Dekoration einer Fassade, aber sie wird hier nicht als sinnlicher Akzent vorgeführt, sondern bedeckt die gesamte Eingangswand der Universität auf geradezu besitzergreifende und von unten nach oben sich steigernde Weise. Hier ist die Verbindung von spanischer, maurisch durchtränkter Tradition und Renaissance, die eine sich öffnende neue Welt zu gestalten drängt, auf einmalig selbstbewusste und meisterhafte Weise gelungen. Um den *Patio (a)* im Erdgeschoss reihen sich die Fakultätsräume: Weiß für die Theologen, Rot für die Juristen, Grün für die Philologen. Einige der Räume sind nach berühmten Professoren (catedraticos) benannt. Gleich rechts vom Eingang lehrte *Francisco de Salina (c)* im 16. Jahrhundert Musik. Daran schließt sich ein *Miguel de Unamuno (d)* gewidmeter Hörsaal an, in dem sich eine Bronzeskulptur mit der für ihn typischen Haltung befindet. Ob es seine täglichen Spaziergänge auf die Plaza Mayor oder längere Wanderungen in der kastilischen Landschaft außerhalb der Stadt waren, umgeben von Schülern und Freunden stand er zumeist mit sich selbst im Dialog. Er war Professor für Latein und Griechisch und Rektor der Universität (s. S. 92). Es folgt die Aula, *Fray Luis de León (e)* gewidmet, dessen Statue auf dem Platz vor dem Eingangsportal steht. Der Theologe (1527–1591) war der berühmteste spanische Lehrer des 16. Jahrhunderts, ein hellwacher Mystiker und mutiger Poet von unbeirrbarer Menschlichkeit. Als er das Hohelied Salomos, die erste zur Literatur gewordene Liebeslyrik und Teil des Alten Testaments, ins Spanische übersetzt hatte, nahm ihn die Inquisition in Haft, nicht nur zur Strafe, sondern um den Augustiner zu beugen. Es gelang ihr nicht. Aus der Haft nach fünf Jahren entlassen, begann er in der Aula seine erste Vorlesung vor atemlos lauschendem Publikum mit den Worten: »Deciamos ayer…« (Wie wir gestern sagten…).

Ihm zur Seite stand als Theologe und Jurist der Dominikaner *Francisco de Vitoria (f)* – sein Standbild steht vor dem Dominikanerkloster San Esteban. Bevor im übrigen Europa von Völkerrecht (erst durch Hugo Grotius im 17. Jahrhundert) und Menschenrechten die Rede war, hielt Francisco de Vitoria bereits 1538 Vorlesungen zu diesem Thema und stritt für die Rechte der Indios gegenüber dem

Frosch und Totenkopf von der Fassade der Universität

Salamanca – Zentrum spanischer Gelehrsamkeit

König und den kirchlichen Oberhirten. Allerdings aus gegebenem Anlass. Denn die spanischen Soldaten und Kolonisten, die eine angeblich Neue Welt im Namen des Christentums beanspruchten, drohten in ihrer Eroberung Amerikas und in maßloser Gier die Völker Mittel- und Südamerikas sowie der Karibischen Inseln vollends zu vernichten. Neben Bartolomé de Las Casas war Francisco de Vitoria die wichtigste Figur in der Durchsetzung klarer staatlicher Bestimmungen, die immerhin das Recht von Nichtchristen auf ihre eigene Existenz festschrieben und dazu anhielten, fremde Völker zu schützen, weil auch sie Gottes Kinder seien. Vitoria predigte die Gleichheit der Rassen; wie wir wissen, mit wenig Erfolg. Aber ohne das feste Eintreten Vitorias und de Las Casas vor Karl V. für die Menschenrechte der amerikanischen Indios hätte es wohl kaum noch bedeutende überlebende Indio-Populationen und ohne den von Francisco de Vitoria vertretenen spanischen Antirassismus kaum jene Bevölkerungsmischungen zwischen Einheimischen und Eroberern gegeben, die zum charakteristischen Bild vieler Länder des gegenwärtigen Lateinamerikas geführt haben. Die großen Meister der klassischen kastilischen Sprache, Cervantes und Lope de Vega, im 17. Jahrhundert Calderón de la Barca, holten sich in diesen Räumen jene geistige Unabhängigkeit, intellektuelle Anregung und Ermutigung, die ihr späteres Schaffen so fruchtbar machte.

Die *Kapelle* (g) steht heute an dem Platz, wo sich vor 1500 die Bibliothek befunden hatte; ihre Decke war ehemals von einem berühmten Fresko geschmückt, das man zunächst erhielt und im 18. Jahrhundert unter einer abgehängten Decke verbarg; Teile dieser astrologischen Darstellung des Universums, von Fernando Gallego (um 1440 – nach 1507) gemalt, kann man im Museum der Universität besichtigen.

Das *Treppenhaus* (h) einschließlich der Treppe selbst ist beachtenswert, besonders die Wangenreliefs an den Seiten sind von grotesken Liebesallegorien und Ritterspielen geschmückt. Der westliche Trakt des oberen Stockwerks ist als einziger im 16. Jahrhundert ausgeführt; sehenswert die Artesonado-Decke aus Kastanienholz – und hierfür ist zumindest einer der Künstler, die für Fassade und Innenausstattung der Universität während des kurzen Höhenflugs des spanischen Humanismus zu Beginn des 16. Jahrhunderts verantwortlich sind, namentlich überliefert: der Maure Abrayme. Hier befindet sich die wertvolle alte Bibliothek mit 50 000 Bänden und Manuskripten vom Spätmittelter bis ins 18. Jahrhundert; gegenüber die moderne Bibliothek. Die nach außen gerichteten Brüstungswangen zeigen verschlüsselte Darstellungen vom Liebestraum des Poliphilus nach einem 1499 in Venedig gedruckten Werk.

Die **Escuelas Menores** (4) befinden sich gegenüber den Escuelas Mayores. Wir gehen über den Hof an der Statue des Fray Luis de León, 1869 von Nicasio Sevilla (gest. 1872) geschaffen, vorbei, sehen links das bereits in der ersten Hälfte des 15. Jahrhunderts entstandene Hospital (heute Sitz des Rektorats) und betreten durch das in die

Treppenhaus der Universität

Ecke des Platzes eingebundene Portal einen Universitätsbau, der ebenfalls schon vor 1500 bestand, aber in der heutigen Form 1533 vollendet wurde und dessen Fassade sich an der des Hauptportals der Universität orientiert. Wir treten in einen hellen, weiträumigen, einstöckigen Patio, der eine gelöste und, durch die Vorhangbögen hervorgerufen, geradezu festliche Atmosphäre verbreitet. (Über das niedrige Dach ragt der Turm der Neuen Kathedrale.) Hier wurde das Vorstudium absolviert und wurden zukünftige Studenten einer Eingangsprüfung unterzogen, bevor sie auf die andere Seite zum echten Studium wechseln durften. In einem ehemaligen Hörsaal des Südwest-Flügels ist heute das Museum der Universität untergebracht. Die Reste des ehemaligen Deckenfreskos der Universitätsbibliothek sind hier zu einem Drittel ihres ursprünglichen Umfangs neu zusammengesetzt worden. Ehemals war in 48 Figurationen von Fernando Gallego das himmelskundliche Wissen, das in Salamanca gelehrt wurde, auf monumentale Weise bildnerisch ausgebreitet worden. Als ikonographische Vorlage diente Gallego eine 1485 in Venedig erschienene illustrierte Ausgabe des ›Poeticon astronomicon‹ des römischen Mythologen Hyginus aus dem ersten Jahrhundert. Auf dem Fresko wird vor allem das antike weltliche Wissen unter die lateinischen Worte des Psalmisten (Psalm 8,4) gestellt: »Wenn ich sehe die Himmel, deiner Finger Werk, den Mond und die Sterne, die du bereitet hast.« Erhalten sind zwei Planetenbilder, fünf Tierkreiszeichen (mittlere Bahn: Löwe, Jungfrau, Waage, Skorpion und Schütze) und neben einigen Sternkonstellationen die vier Winde. Außerdem sehenswert: die ausdrucksvollen Holzskulpturen des Altars der ehemaligen Universitätskapelle von Felipe Bigarny (siehe auch seine Werke in der Kathedrale von Toledo, S. 71), zwischen 1505 und 1507 entstanden. Im Nordwesten des Platzes neben den Escuelas Menores steht die im 15. Jahrhundert für den ehemaligen Leibarzt der Katholischen Königin gebaute Casa de los Abarca Maldonado. Die Katholischen Könige waren große Förderer der Universität; sie sollte jene Elite ausbilden, die den gerade geschaffenen spanischen Staat erhalten und nach modernsten Regeln verwalten sollte. Ihr einziger Sohn Juan, der einmal die Nachfolge antreten sollte, war Student in Salamanca und starb hier 1497, was schließlich dazu führte, dass die Habsburger über die Heirat der Tochter Johanna mit Philipp dem Schönen in die spanische Geschichte eintraten. Seit 1974 befindet sich hier das **Museo Provincial de Bellas Artes** (5). Um einen zweigeschossigen Patio herum bietet es eine Ausstellung mit zahlreichen Leihgaben (u. a. aus dem Prado) und Werken meist anonymer Künstler vom 16. bis zum 20. Jahrhundert; darunter aber auch eine ›Pieta vor dem Kreuz‹ von Luis de Morales und einen ›Heiliger Hieronymus‹ von Guido Reni; im Garten iberische Tierskulpturen und römische Grabstelen.

Gehen wir südwärts an den Escuelas Mayores und der Kathedrale vorbei, statten wir dem Patio Chico an der Südostseite des Kathedralkomplexes noch einen Besuch ab. Hinter der Plaza de Juan XXIII. passieren wir zunächst den Bischöflichen Palast mit dem Museum für Stadtgeschichte, das eine archäologische, topographische und kunsthistorische Abteilung enthält. Am Ende der Calle Tentenecio befindet sich das Colegio de Ambrosio, ein spätbarocker Churriguera-Bau, in dem sich das Historische Nationalarchiv befindet (einschließlich einer besonderen Abteilung über den Spanischen Bürgerkrieg). Biegen wir links in die Calle Gibraltar, sind wir schon nach wenigen Metern auf dem Patio Chico, der Rückseite der Alten Kathedrale. Von hier aus kann man die halbrunden Apsiden mit ihren Säulenvorlagen und dem seinerzeit berühmten Vierungsturm bewundern, der die 16-teilige Melonenkuppel des Innern ummantelt. Vor dem Bau der Neuen Kathedrale war dieser Turm aus dem 13. Jahrhundert, Torre del Gallo genannt und damals von weither zu sehen, das Wahrzeichen der Stadt. Die turmartigen runden Anbauten mit spitzen Giebeln und vorgesetztem Blendgiebel dienen nicht nur zur Zierde, sondern erfüllen eine zusätzliche statische Funktion, um dem Gewölbeschub im Innern zu begegnen.

Iberischer Stier

Santa María de las Dueñas

Wir gehen eine kleine Gasse östlich hinunter, um zum 1419 gegründeten, seit 1533 erbauten Dominikanerinnenkonvent von Santa María de las Dueñas (6) zu gelangen und dort auf eine der verblüffendsten Skulpturendekorationen der Renaissance zu treffen.

Wir treten rechts vom platerseken Portal des Kircheneingangs in einen Vorgarten und gelangen von dort durch das Vestibül zum Kreuzgang. (Die Nonnen verkaufen am Eingang zum Gebäude selbstgemachtes süßes Gebäck.) Ein ruhiger zweigeschossiger, unre-

Santa María de las Dueñas

Details der Kapitelle (rechts und linke Seite unten)

gelmäßig geschnittener Hof mit weit gespannten Bögen im Erdgeschoss erwartet uns. Vor allem im ersten Stockwerk, wo die Säulen verdoppelt wurden und von einer Balustrade verbunden sind, zeigt sich im Kapitellschmuck eine teilweise vollplastisch und porträthaft ausgebildete, variantenreich ausgeschmückte Szenerie des Grotesken. Nicht die christliche Heilsbotschaft bildet das Thema, sondern eine von Spannungen und wollüstigen Trieben erfüllte erlösungsbedürftige Welt. Nackte Körper mit deutlich ausgebildeten Geschlechtsteilen, Hermaphroditen, ausdrucksvolle, der Enge und dem Druck entfliehende Gesichter und flehende Gesten erheben diesen Bildschmuck zum Panorama menschlicher Seelenzustände, zu einem erstaunlichen Meisterwerk psychologisch eindringlicher Bauplastik und zugleich zu einem der freizügigsten Bildwerke Kastiliens überhaupt. Ihre Urheber, die es Mitte des 16. Jahrhunderts schufen – zur Zeit des Konzils von Trient und dem Beginn der Gegenreformation! – sind unbekannt geblieben.

San Esteban

Gegenüber vom Dominikanerinnenkonvent liegt der Dominikanerkonvent San Esteban (7), Sitz der Dominikaneruniversität. Sie wurde zeitgleich mit Santa María de las Dueñas gebaut. Der Orden wurde im 13. Jahrhundert vom heiligen Dominikus gegründet, der aus Spanien stammte. Der Bettel- und Predigerorden trat vor allem im Kampf gegen die Häretiker hervor; er war beispielsweise führend an der Bekämpfung der Katharer in Südfrankreich beteiligt, die zur totalen Ausrottung der Anhänger dieser religiösen Bewegung führte; Dominikaner standen auch der innerkirchlichen Inquisition vor,

Salamanca – Zentrum spanischer Gelehrsamkeit

dem Schrecken der spanischen Gesellschaft über Jahrhunderte (sie wurde 1476 gegründet und erst 1837 aufgelöst), die sich als Werkzeug einer über allem stehenden, unangreifbaren und totalitär gesonnenen Kirchenmacht verselbständigte und eine düstere, angstersfüllte Atmosphäre im ganzen Land verbreitete, während das übrige Europa über den Humanismus der Renaissance und die Kritik der Reformation hinaus sich langsam aus der institutionellen und ideologischen Umklammerung der Kirche im Licht der Aufklärung löste. Andererseits gab es Dominikaner wie Bartolomé de Las Casas und Francisco de Vitoria, die engagiert für die Menschenrechte stritten. Sie waren Ausnahmen, aber sie hatten auch Nachfolger, vor allem in der Katholischen Kirche Lateinamerikas.

Ihren Machtanspruch dokumentierten die Dominikaner mit der 1524 erbauten monumentalen Kirche, die, außerhalb der alten Stadtmauern gelegen, in ihren Ausmaßen in deutlicher Korrespondenz, oder auch Konkurrenz, zur Neuen Kathedrale steht. Ihre Konventskirche ist 84 m lang, 27 m hoch im Schiff und 44 m hoch in der Vierung. Das Gewölbe wurde 1603 geschlossen; der Bau der plateresk gestalteten Fassade wurde 1590 begonnen, aber erst im 17. Jahrhundert beendet. Architekt der einschiffigen Kirche mit angebauten Kapellen und Querhaus war der brillanteste spanische Gewölbekonstrukteur des 16. Jahrhunderts, Juan de Álava.

Der Außenbau zeigt durch fialenbekränzte Strebepfeiler und Strebebögen die Verschmelzung von gotischer Struktur mit Elementen der Renaissance, rundbogigen Fenstern und rechteckigen Gliederungen. Die Fassadenarchitektur verbindet eine strenge architektonische Gliederung mit einer Fülle von wimmelndem, platereskem Dekor, von Wappen, Medaillons sowie reliefierten und vollplastischen Figuren. Wie ein dreigeschossiger Altar ist die Fassade um den Rundbogen des Eingangsportals gestaltet. Das Bogenfeld des zweiten Geschosses zeigt als großes szenisches Relief die Steinigung des heiligen Stephanus, 1610 geschaffen von dem Mailänder Antonio Ceroni (1579–1640).

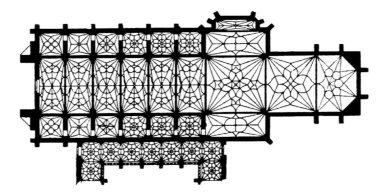

San Esteban

San Esteban

Im Innern gewahren wir wieder die von maßvoller Eleganz erfüllte Formfindung Juan de Álavas, den man als den genialen Vollender des Isabellinischen Stils bezeichnen kann. Der Raum ist weit und hoch. Die Seitenkapellen dienen als Widerlager des Gewölbeschubs beziehungsweise als Strebepfeiler. Übergreifende Gewölbeformen verklammern die Seitenkapellen mit den sechs Jochen, die das Langhaus bis zum Querschiff tragen. Dahinter erstreckt sich ein längliches Presbyterium bis zum Hauptaltar. Die Pfeilerstützen steigen in ungebremstem Strom hoch bis zu den Rippen des Sterngewölbes, auf dessen Entfaltung die gesamte Konstruktion hinzuzielen scheint. Im Gewölbe der Vierung strahlt das Licht durch dreiteilige Fenster sowohl in das sphärische Universum über der Vierung wie in den darunterliegenden kreuzförmigen Raum. Der vollständig vergoldete, 30 m hohe barocke Hauptaltar wurde 1693 von José Churriguera (1665–1725, dem ältesten der Churriguera-Brüder) geschaffen. Es war sein erstes Werk für Salamanca. 4000 Pinien sollen dafür gefällt worden sein. Im Zentrum steht das Tabernakel, das von salomonischen bzw. geschraubten Säulen flankiert wird, darüber eine ›Steinigung des heiligen Stephanus‹ von Claudio Coello (1642–93). Ebenfalls von José Churriguera ist der ›Rosenkranzaltar‹ im linken Querschiff. Ihm gegenüber weist ein platereskes Portal zum zweigeschossigen, ebenfalls plateresk ausgeschmückten Kreuzgang, der 1544 vollendet wurde (üblicher Eingang durch das Vestibül hinter der Re-

Salamanca – Zentrum spanischer Gelehrsamkeit

San Esteban, Blick auf den Hauptaltar

naissance-Arkade rechts neben dem Hauptportal der Kirche). Vom zweiten Stock des Kreuzgangs aus, über das nach dem Spender genannte Treppenhaus (›Escalera de Soto‹; 1553–1560 gebaut), gelangen wir zur Westempore der Kirche, von wo der Mönchschor seine Gesänge anstimmt. Das Fresko der Rückwand, 1705 von Antonio Palomino (1655–1726) gemalt, spricht auf allegorische und unverschleiert rohe Weise vom Selbstverständnis des Ordens und seinem Verhältnis zur Kirche: ein von Dominikus angefeuerter Kirchenwagen rast, von vier Rössern gezogen, ohne Skrupel über die Ungläubigen hinweg.

Spaziergang durch die Altstadt

Zurück in der Altstadt an der Plaza Anaya befinden wir uns wieder im alten Universitätsbezirk gegenüber der Neuen Kathedrale. Diego de Anaya, Bischof von Salamanca, gründete dort, wo heute das **Colegio Anaya** (8) steht, 1411 das erste Universitätskolleg der Stadt (vorher wurde der Kreuzgang der Alten Kathedrale genutzt). Es wurde zwischen 1760 und 1768 in klassizistischem Stil neu erbaut; daneben das ehemalige Hospiz Anaya mit einem zweigeschossigen Arkadenhof, von Joaquín Churriguera (1674–1724) zu Beginn des 18. Jahrhunderts gebaut. Die Pfarrkirche **San Sebastian** ersetzt die alte Kapelle des Kollegs; Alberto Churriguera (1676–1750) errichtete die jetzige Kreuzkuppelkirche 1730, die zu den gelungensten barocken Schöpfungen Salamancas und zu den Kleinodien jener Pracht gehört, die die Churriguera-Brüder über Salamanca ausgebreitet haben.

Gehen wir die Rua Mayor in Richtung Plaza Mayor weiter, stoßen wir linker Hand auf das schon von weitem unübersehbare ehemalige Jesuitenkolleg mit der dazugehörigen doppeltürmigen Kirche, **Clerecía** (9) genannt. Es wurde zwar schon 1584 gegründet, aber erst während des 17. und 18. Jahrhunderts nach Plänen des Madrider Hofarchitekten Juan Gómez de Mora (1586–1648) errichtet. Schenkungen Philipps III. und seiner Frau Margarete von Österreich hatten diesen Bau ermöglicht, der die Proportionen des alten Viertels zu sprengen droht und dessen riesenhafte Türme der Kathedrale Konkurrenz zu machen scheinen. Vieles wirkt wuchtig und erdrückend, etwa die der Fassade vorgelagerten Doppelsäulen. Beliebt ist dieses Kuckucksei nicht bei den Salmatinern; die abschätzige Bezeichnung *Clerecía* (was soviel wie Priestertum bedeutet) spiegelt die Reserve gegenüber diesem Bau, der natürlich auch als Ausdruck jesuitischen Hochmuts verstanden wurde. Das düster-erhabene Innere der Jesuitenkirche del Espíritu Santo enthält barocke Altäre aus dem 18. Jahrhundert, die zum Teil Joaquín und Alberto Churriguera zugeschrieben werden. Sehenswert ist der Innenhof des Jesuitenkollegs nördlich der Kirche. 1730 wurde dieser schönste im barocken Stil geschaffene Patio in ganz Salamanca von Andrés García de Quiñones (18. Jahrhundert) vollendet. Er war zugleich der Architekt des Turmaufbaus aus dem Jahr 1755. Seit 1940 ist das Kolleg Päpstliche Universität.

Der von dem Basken Ignatius von Loyola gegründete Orden war nicht nur ein effektiver Propagandastab der Gegenreformation und als solcher ein großer Förderer der barocken Illusionskunst in Architektur, Malerei und Theater; seine Mitglieder ließen sich am weitesten auf die Weltlichkeit ein. Sie gründeten die anerkannt besten Schulen, waren selbst gebildet und belesen, kannten auch das, was verboten war, und ließen sich sogar dazu hinreißen, im 17. Jahrhundert im lateinamerikanischen Paraguay einen selbständigen ›sozialistischen‹ Jesuitenstaat in der Nachfolge Jesu gemeinsam mit den ihrer Ansicht nach unverbildeten Indios dieser Region zu gründen. Zugleich verunsicherten sie die nichtpäpstlichen und nichtspanischen Herrscher Europas, versuchten als fünfte Kolonne der spanischen Gegenreformation im Interesse des Papstes Intrigen zu schmieden und Attentate gegen missliebige Potentaten in die Wege zu leiten. Gefürchtet war ihre Gesprächskunst und Fähigkeit zur dialektischen Beweisführung, wobei sie gern die Rolle des Zynikers oder des Geg-

Salamanca – Zentrum spanischer Gelehrsamkeit

ners, gegen den sie zielten, übernahmen, um ihn mit eigenen Waffen zu schlagen. In der Kunst wirkten sie als engagierte Förderer einer volkstümlich-gefühlvollen Anschaulichkeit der christlichen Lehre, von welcher spektakulären Bühne auch immer. Die Illusionskunst des Barock kam ihren Vorstellungen dabei entgegen. Aber ihre Einmischung aus dem Hintergrund, als graue Eminenzen katholischer Herrscher, fand wenig Gegenliebe. So sehr sie eine Öffnung zum Volk und eine Bildungsoffensive vertraten (viele von ihnen waren begnadete Pädagogen), sie selbst blieben doch eine geschlossene Truppe von militärischer Disziplin mit elitärem Bewusstsein, die mit dem Ressentiment derer rechnen musste, die nicht dazugehörten. Dass der Zweck die Mittel heilige, hat niemand von ihnen ausdrücklich gesagt. Aber in diesem Sinn wurde durchaus, und ja nicht nur von ihnen, politisch gehandelt. Für die Entfaltung spanischer Kunst spielten die Jesuiten eine nicht unwichtige Rolle. Entgegen fatalistischen Vorstellungen – seien es die totale Abhängigkeit von der Gnade Gottes, wie auch immer von deren selbsternannten Vertretern auf Erden interpretiert, oder einfach nur festgelegte Menschenbilder – traten sie für die Willensfreiheit der Menschen ein und schätzten Klugheit und humanistische Bildung, nicht nur den Glauben. Sie bildeten ein wichtiges innerkirchliches und zugleich gesellschaftlich wirksames kulturpolitisches Gegengewicht zum Einfluss der von Dominikanern bestimmten Inquisition. Von den Bourbonen wurden diese lästigen Gegenaufklärer und aufgeklärten Reaktionäre, die sich nur dem Papst gegenüber zum unbedingten Gehorsam verpflichtet fühlten und daher für alle anderen verdächtig blieben, 1767 aus Spanien vertrieben.

Casa de las Conchas

Casa de las Conchas

Zierzinnen am Palacio Monterrey

Gegenüber von der Jesuitenkirche steht die **Casa de las Conchas** (10, Haus der Muscheln), ein Stadtpalast, den sich um 1500 Rodrigo Maldonado de Talavera, Universitätsprofessor und führendes Mitglied des hocharistokratischen Santiago-Ordens, bauen ließ. Nach umfassender Renovierung dient es heute als Kulturzentrum und städtische Bibliothek. 400 am glatten Mauerwerk angebrachte Jakobsmuscheln geben der Fassade, die zu einem der Wahrzeichen Salamancas wurde, einen eigenen ästhetischen Reiz. Er wird verstärkt durch spätgotisch und platéresk geschmückte Rahmenelemente an Fenstern und Portal. Die ursprünglich dazugehörigen Ecktürme sind geschleift worden. Im Innern befindet sich ein Patio, in dem sich spätgotische, maurische und Renaissancemotive in Vorhangbögen (die hier erstmals in Salamanca erscheinen), weißen italienischen Säulen, korinthischen Kapitellen und in der geflochtenen Brüstung auf elegante Weise miteinander zu einem der gestalterischen Höhepunkte zentralspanischer Innenarchitektur verbinden. Die reich gegliederten Turmfassaden der Clerecía sieht man am besten von der Nordseite dieses Innenhofs.

Bevor wir uns als Endpunkt der Salamanca-Besichtigung auf der Plaza Mayor niederlassen, sollte uns ein Spaziergang durch die Calle Componia noch in das westliche Altstadt-Viertel führen. Wir treffen dort an der Plaza de las Agustinas auf ein zweites sehenswertes Privathaus: den **Palacio Monterrey** (11). Er wurde als Teil eines viel größer angelegten Projekts ab 1540 gebaut und gibt ein gutes Beispiel eines Stadtpalasts, der in seiner Anlage die wehrhaften Vorstellungen der Ritterzeit mit den neuen Dekorationsmustern des 16. Jahrhunderts verknüpft. Das untere kastellartig geschlossene Geschoss trägt einen reich gegliederten Oberbau mit üppig dekorierten Zierzinnen und riesigen Wappenschilden an den Ecken. Schornsteine und zwei Ecktürme sind zu Ziertürmen verwandelt und werden von Balustraden gekrönt. Gegenüber befindet sich die vom Grafen Monterrey, 1631–37 Vizekönig von Neapel, als Familienkirche geplante **La Purísima** (12), die von italienischen Künstlern entworfen und auch – als Ausnahme in Salamanca – in rein italienischem Stil gebaut wurde. Die Kirche gehört zum Augustinerinnenkloster und birgt ein Hauptwerk José Riberas. Seine ›Immaculata‹ bildet den Mittelteil des Hauptaltars, entstand 1634 in Neapel und wirkte von Salamanca aus stilbildend auf die spanische Malerei. Ebenfalls von Ribera stammen die Pieta im Altargiebel sowie die Darstellung der Heiligen Augustin und Genaro auf den Seitenaltären.

Weiter westwärts am Rand der Altstadt, an die alten Stadtmauern grenzend, liegt das **Colegio Mayor Arzobispo Fonseca** (13), auch Colegio de los Irlandeses genannt, weil es im 19. Jahrhundert von irischen Studenten bewohnt war. Es bildet einen Höhepunkt spanischer Baukunst im 16. Jahrhundert. Stifter des Studienkollegs war Alonso de Fonseca III., als Erzbischof von Toledo der mächtigste Mann der spanischen Kirche, einst Absolvent der Universität von Salamanca, der er mit diesem Bau seine Referenz erwies. Die besten spanischen Architekten ihrer Zeit: Juan de Álava (gest. 1537), Diego de Siloé (um 1495–1563) und Alonso de Covarrubias (um 1488–1570) arbeiteten daran gemeinsam. 1524 begann Álava, ab 1529 arbeiteten Siloé und Covarrubias mit. 1578 war das Werk abgeschlossen.

Der ausgereifte Isabellinische Stil Álavas verbindet sich in diesem Bauwerk mit Renaissancevorstellungen von Architekten wie Siloé und Covarrubias. Den Kollegeingang rahmt ein zweigeschossiges Renaissanceportal von Siloé (1534 beendet). Die von Netzgewölben bedeckte Eingangshalle führt durch ein weiteres Renaissance-Portal nach Osten zur Kollegkapelle, nach Norden in den Patio. Sowohl der Raum der Kapelle wie der Patio sind Werke Álavas, die den besonderen Atem seines anmutig-leichten Stils ausströmen. Ähnlich wie in San Esteban, nur weniger monumental, führen hier die nahtlos aufsteigenden Wandvorlagen in ein phantasievoll von Kurven überzogenes Netzgewölbe, das durch hohe Fenster Licht erhält und sich in der Vierung zu noch reicheren Gewölbeformen steigert.

Die aus Holz geschnitzte Altarwand aus dem Jahr 1530 stammt von Alonso Berruguete, dem führenden spanischen Bildhauer des 16. Jahrhunderts. Wie in seinen Werken in Toledo (s. S. 71 f.) greifen auch hier seine ausdrucksvoll gestalteten Figuren über die vorgenommenen Rahmenbegrenzungen hinaus. Buchstäblich über die seitlichen Pilaster hinweg nehmen Joseph von Arimathäa und ein Bärtiger am Schmerz Mariä teil. Die zwei äußeren Bahnen des viergeschossigen Altars enthalten auch Gemälde, die das Leben Jesu erzählen; nur die untere Reihe stammt von Alonso Berruguete.

Der zweigeschossige Arkadenhof des Patio wurde 1534 von Álava und seinem Sohn Pedro Ibarra (erste Hälfte 16. Jahrhundert) fertiggestellt und beeindruckt ebenfalls durch die maßvolle Gliederung und den feinen Rhythmus der Rundsäulen im Erdgeschoss und der modellierten zugespitzten Rundpilaster im oberen Stockwerk. Über den Rundbogenarkaden des Erdgeschosses verläuft eine die niedrigen Proportionen geschickt ausgleichende Galerie von Korbbögen, der eine Balustrade vorgestellt ist.

Gegenüber der begrünten Parkanlage Campo de San Francisco liegt die Kapelle eines Nonnenkonvents. Die Kuppelkirche **Vera Cruz** (14) wurde von Joaquín Churriguera 1715 auf schwelgerische Weise mit Altar und Dekor ausgestattet und bildet ein Kleinod des spanischen Barock. Der nächstliegende **Convento de las Ursulas** (15) ist ebenfalls eine Stiftung der Familie Fonseca; die vielen Umbauten haben den ursprünglich spätgotischen Bau verschandelt. Sehenswert sind im kleinen Museum der Kirche neben vier Gemälden von Luis de Morales (›Ecce Homo‹, ›Piedad‹, ›San Pablo‹ und ›San Juan Evangelista‹) Bildwerke von Juan de Borgoña, dem vor Morales wichtigsten spanischen Maler des beginnenden 16. Jahrhunderts. Zu sehen ist ein Zyklus der Heilsgeschichte, der die in Florenz erworbene Schulung des Malers erkennen lässt und sowohl durch eine ausdrucksvolle warme Farbgebung wie durch den würdevoll-gelassenen Gestus seiner Figuren beeindruckt.

Vor der Apsis der Kirche, auf dem Platz gegenüber dem Wohnhaus aus dem 16. Jahrhundert, in dem Miguel de Unamuno 1936 starb, steht eine Bronzestatue in einer für ihn charakteristischen Haltung: nachdenklich gegen den Wind vorwärtsschreitend (1968 von Pablo Serrano).

Auf der anderen Straßenseite liegt die **Casa Ibarra** oder **Casa de las Muertes** (16, Haus des Todes) vom Beginn des 16. Jahrhunderts. Der Architekt Pedro Ibarra hatte es bewohnt. Die Totenköpfe der oberen Fensterkonsolen gaben ihm den zweiten Namen. Legenden zu Familienfehden und hier gefundenen Ermordeten fehlen nicht; wie auch in anderen kastilischen Städten wuchsen sich die Rivalitäten der aristokratischen Familien innerhalb der Städte nicht selten zu blutigen Fehden aus; das Gesetz der Blutrache ließ kein Ende finden. Erst die Katholischen Könige, die dafür sorgten, dass die Burgen verlassen, die Wehrtürme der Stadtpaläste abgerissen und der Willkür und dem Blutrecht gegenüber das Gesetz der königlichen Zentralmacht zur Geltung gebracht wurde, konnten die eskalierenden Familienkriege weitgehend eindämmen. Die ganze Straße hieß noch im 18. Jahrhundert *Calle de muerte*. Über dem Mittelfenster eine Porträtbüste des Bauherrn: Alonso de Fonseca, der Ahnherr jener großen Kirchenherren, die sich zugleich als Förderer der Universität von Salamanca erwiesen. Sehenswert ist die feingestaltete platereske Fassade dieses Zivilbaus. Nur wenige Schritte sind es zur Plaza Mayor. Sie hatte den Beginn eines Besuchs von Salamanca markiert. Und da sie so schön ist, sollte der Aufenthalt in Salamanca hier angemessen ausklingen, verbunden mit näherer Betrachtung.

Detail der Fassade der Casa de las Muertes

Salamanca – Zentrum spanischer Gelehrsamkeit

Plaza Mayor

Die Plaza Mayor

Die Plaza Mayor

Die Plaza Mayor (17), das unumstrittene, lebendige Zentrum Salamancas, markiert nicht nur einen neuen Anfang für die Stadt, sondern auch einen Neubeginn Spaniens. Nach dem Niedergang der Stadt im 17. Jahrhundert und der übergewichtigen Präsenz der Kirche als zwar öffentlich wirksame, aber auch unzugängliche Macht, wurde hier ein städtischer Raum eingerichtet, der zum lebendigen Denkmal öffentlichen Lebens und der Zivilgesellschaft wurde: die Bürger der Stadt treten hier auf die Bühne; nicht mehr als Ritter gerüstet, von Mauern geschützt oder von Türmen herabsehend, nicht mehr von der Aufgabe der Reconquista zusammengeschlossen, auch nicht ausschließlich versammelt an heiligen Orten, sondern als profane Menschen, die sich zumindest auf diesem festlichen Platz auf einem Terrain begegnen, das sie unabhängig von sozialer Stellung und Gewerbe zu Bürgern gleicher Rechte erhebt und keine Hierarchien vorsieht. Die Plaza Mayor von Madrid, nach Brüsseler Vorbild geschaffen, bestand schon viele Jahrzehnte, als noch während des Spanischen Erbfolgekriegs der Franzose Philipp V. der Stadt Salamanca, die in der Erbfolgefrage auf der Seite der Bourbonen stand, einen solchen Versammlungsplatz versprach, der eines aufgeklärten Zeitalters würdig sein sollte. Der als Architekt begabteste der Churriguera-Brüder, Alberto Churriguera (1676 bis 1750), sorgte für den Gesamtentwurf und leitete selbst den Bau des Königlichen Pavillons *(Pabellon Real)* auf der Ostseite. Er wurde zwischen 1729 und 1733 fertiggestellt. Andrés García de Quiñones (18. Jahrhundert) setzte die Arbeiten fort und beendete sie 1755 mit dem Bau des Rathauses auf der Nordseite. Es entstand einer der schönsten Stadtplätze Spaniens. Er ist 4400 Quadratmeter groß und bildet ein leicht unregelmäßiges Viereck. Er ist von Fassadenfronten mit drei Stockwerken über Arkadengängen umgeben.

Der Königliche Pavillon ist von einer durch zwei Stockwerke reichenden Durchgangsarkade geöffnet. Darüber befindet sich ein Medaillon mit dem heiligen Ferdinand, in der Dachzone eine Krone und das Wappen der Bourbonen. Die Medaillons in den Arkadenzwickeln zeigen den Bourbonenkönig Philipp V. und seine Frau Isabella Farnese. Der französisch-italienische Horizont dieses Königspaars und vor allem die frische Lebensart der selbstbewussten und lebenslustigen Königin aus Italien haben Kastilien – auch durch diesen Platz – etwas von der bedrückenden Last des spanischen Katholizismus und der Habsburger Schwere genommen. In den übrigen Arkaden erscheinen in Medaillons der Ostseite Könige, angefangen vom kastilischen König Alfons XI., der in Salamanca geboren wurde, bis Juan Carlos und Sofia, dem heutigen Königspaar (östliche Nordseite); selbst Franco ist verewigt. Die Südseite ist den Helden und Eroberern gewidmet und die Westseite den großen Autoren.

Die Fassade des Rathauses *(Casa Consistorial)* hebt sich als Mittelrisalit aus der gleichmäßigen Bebauung hervor. Hier sind im Un-

Plaza Mayor

Medaillons an den Arkaden der Plaza Mayor: Karl V. (links) Philipp II. (rechts)

terschied zu der sonst zurückhaltenden Gliederung die Rahmungen der Fenstertüren stark ausgebildet. Statuen bekrönen die Abschlussbalustrade. Sie allegorisieren die Landwirtschaft und das Gewerbe, Musik und Poesie. Sie passen zum Platz, der den Handel so gut wie den Müßiggang verträgt. Und Musik und Poesie sind in diesem Ambiente inbegriffen. Ein Schauspiel bietet der Platz von sich aus jeden Tag. Von den über den Platz tröpfelnden wenigen Frühaufstehern bis zu den Schülern und Studenten, diskutierenden Rentnergruppen, flanierenden Ehepaaren, Pulks von Jugendlichen, Musikanten, Artisten. Sie tauchen auf, verschwinden wieder, eine neue Besetzung belegt den Platz, an den Rändern von ruhig Sitzenden bestimmt, zur Mitte hin in alle Richtungen von Spaziergängern, Boten, Einkaufenden, Gemächlichen und Eiligen durchlaufen. Die ganze Stadt scheint sich hier über den Tag hinweg ein Stelldichein zu geben. Darüber hinaus trifft sich hier die Welt; Studenten aus allen Ländern lernen hier die spanische Sprache. Salamanca hat erneut einen legendären Ruf. Die alte Universität ist wieder eine der international begehrtesten unserer Zeit geworden. Scheint die Sonne, wechseln je nach ihrem Stand die frequentierten Plätze draußen vor den Cafés und die Farben des Gesteins. Sie geben das Licht der Sonne nahezu unmittelbar wieder, vom lichten Aufgang bis zum tiefroten Abendlicht. Eine Steigerung dieser Farbe gibt es nicht. Nur noch die Nacht. Auch sie ein Ereignis, dank der Beleuchtung durch Laternenschein. Besonders im Sommer, wenn die stechende Sonne den Platz über Mittag leerfegt, erwacht zum Ausgleich das Leben auf dem Platz in der Nacht. Und dann wirken die Bauten tatsächlich wie beleuchtete Kulissen für ein Theater des Lebens. Der gesamte Platz wird zur Bühne, alle sind Akteure und Publikum zugleich. Ein Schauspiel, das sich täglich wiederholt und dennoch immer anders ist.

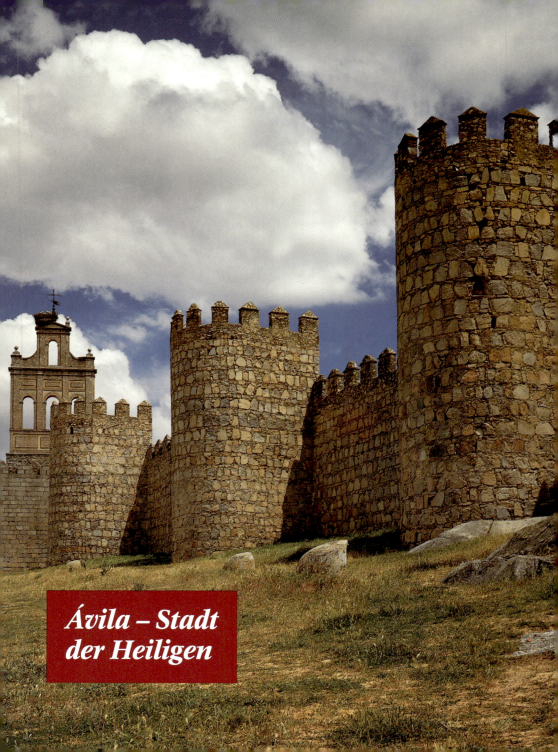

Ávila – Stadt der Heiligen

Zur Geschichte der Stadt

Ávila ist die höchstgelegene Stadt Spaniens. Die Rauheit und Sprödeheit kastilischen Lebens wird hier am deutlichsten spürbar. Das Licht ist scharf, von gläserner Härte und Helligkeit, die Luft von kühler Frische und herbem Aroma. Der Himmel liegt tief und schwer über der 1127 m hohen Ebene, wo, wie es heißt, »nur Steine und Heilige wachsen«. In der Ferne erheben sich die bis in den Frühsommer hinein schneebedeckten Gipfel der Sierra de Gredos.

Die Mauern von Ávila, die die gesamte Altstadt in 2500 m Länge umgeben, sind nicht nur das spektakuläre Wahrzeichen der Stadt, sie wirken in dieser unwirtlichen Umgebung wie ein Monument existentiellen Widerstands, aber auch der Geborgenheit städtischen Lebens inmitten kahler Weiten, über die der Wind fegt.

In ihrer ausgeprägten Wehrhaftigkeit ist Ávila ein Produkt der Reconquista. Im elften Jahrhundert entstanden jene Mauern, die noch heute die Stadt umgrenzen. Aber der Ort selbst ist noch älter. Hier bestand schon eine kelto-iberische Siedlung, die zum römischen Avela wurde, bevor diese zum westgotischen Bischofssitz avancierte. Aus jener Zeit ist nichts erhalten geblieben, bis auf die aus der Römerzeit stammenden Steine, die in die Stadtmauer eingefügt wurden.

Dies geschah auf Veranlassung des kastilischen Königs Alfons VI., der Toledo 1085 erobert hatte und nun dafür Sorge trug, dass das menschenleere und über die Jahrhunderte durch Kämpfe zerstörte Zentralspanien besiedelt wurde, um gegen die Mauren verteidigt und zum Ausgangspunkt weiterer Eroberungen werden zu können. Seine Tochter Urraca und sein Schwiegersohn Conde Raimundo de Borgoña sorgten für den Bau der Stadtmauer von Ávila mit Hilfe von 22 französischen Bauleuten und zwölf Statikern. Baumeister waren der Italiener Casandor Colonio und der Franzose Florin de Pituenga. Es entstand unter Beteiligung von 2000 Handwerkern in zehnjähriger Arbeit ein Trapezoid von 2500 m Umfang, 12 m Höhe, mit 88 Halbrundtürmen und 9 Toren. Es ist, bis auf wenige Restaurationen, original erhalten geblieben und bildet eines der eindrucksvollsten Bauensembles der Ritterzeit in Europa. Der gesamte Altstadtkomplex einschließlich vier romanischer Kirchen außerhalb der Stadtmauern wurde 1985 von der UNESCO zum unverzichtbaren Weltkulturerbe erklärt.

Die Ritter von Ávila gehörten zu den angesehensten Kämpfern Kastiliens, die an vorderster Front an der Eroberung der nahen Extremadura und schließlich Andalusiens mitwirkten. Das befestigte Stadtgebiet nutzten sie als ihre Wohnburg, die sie mit maurischen Handwerkern und jüdischen Händlern teilten. Der Hochadel Ávilas trat durch besondere Tapferkeit im Krieg um Granada (1482–1492) hervor. Der Generalstabschef Philipps II. stammte ebenfalls von hier. Im Comunero-Aufstand von 1520 war neben Segovia und Toledo auch Ávila führend vertreten; Juli 1520 versammelte sich hier die *comuneros*.

Der Aussichtspunkt Cuatro Postes

Ávila ☆

Besonders sehenswert:
Stadtmauer
Kathedrale
San Vicente
Convento Santo Tomas

◁ *Die Stadtmauern von Ávila*

Ávila – Stadt der Heiligen

Ávila

1 Kathedrale
2 San Vicente
3 San Andrés
4 San Pedro
5 Statue der Teresa von Ávila
6 Convento de la Santa
7 San Secundo
8 Santo Tomás

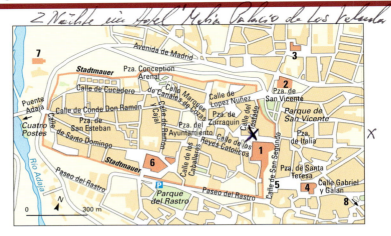

Schon im Mittelalter wurde Ávila ein Zentrum der Viehzucht. Die günstige Lage nahe der Weidewege der Schafherden, die im Sommer von der Extremadura in den Norden Kastiliens geführt und im Winter wieder zurückgebracht wurden, gab dem wollverarbeitenden Gewerbe Auftrieb.

Der allgemeine wirtschaftliche Niedergang Kastiliens im 17. Jahrhundert, durch die Vertreibung der Mauren 1609 noch verstärkt, ließ die wehrhafte Provinzstadt in Bedeutungslosigkeit versinken. Wem es nach Ruhm und Ehre verlangt hatte, war zur Eroberung und Kolonisierung Amerikas ausgewandert. Ávila selbst, im Mittelalter von immerhin 10 000 Bürgern bewohnt, verlor seine Bevölkerung weitgehend. Noch im 19. Jahrhundert gab es nicht mehr als 4000 Einwohner. Inzwischen hat die 45 000 Einwohner zählende Provinzhauptstadt nördlich der alten Stadtmauern die ehemals einzeln gelegenen Kirchen und Klöster mit modernen Gebäuden umringt.

Im Westen der Stadt, an der Straße nach Salamanca, gibt es einen Aussichtspunkt, Cuatro Postes genannt. Von hier aus sehen wir die nach Osten hin ansteigende mittelalterliche Stadt mit der gesamten Festungsmauer. Am höchsten Punkt erhebt sich in granitenem Grau die Kathedrale von Ávila.

Die Kathedrale

Mitte des 12. Jahrhunderts begann der Bau der neuen Bischofskirche. Die Kathedrale San Salvador (1) ist die älteste gotische Kirche Spaniens. Schon 30 Jahre nach dem Beginn der in Frankreich entstandenen Gotik, wahrscheinlich 1172, entwarf ein von Alfons VIII.

Kathedrale

von dort berufener Baumeister, der legendäre Meister Fruchel (gest. vor 1192), das frühgotische Bauwerk. Es erinnert in der Verbindung eines Kapellenkranzes mit einem doppelten Chorumgang an den Ursprungsbau der Gotik, die Abteikirche von St-Denis bei Paris. Den Chor baute man in einen der Stadttürme aus dem elften Jahrhundert direkt hinein. Die Apsis der Kathedrale wölbt sich sichtbar aus der Stadtmauer als Teil der Befestigung heraus. Mitte des 14. Jahrhunderts war das Langhaus vollendet. Ursprünglich waren zwei Türme geplant; nur einer wurde schließlich 1500 vollendet. Charakteristisch für diese Zeit ist das kastilische Ballmotiv als Dekorationselement, mit dem die Turmkanten gegliedert werden (siehe auch Santo Tomás). Das *Stufenportal (a)* wurde von Juan Guas (gest. 1496) entworfen; der Figurenschmuck, bestehend aus Christus und einer Galerie von Stadtheiligen, darunter, an den Seiten, zwei ›Wilde Männer‹, wurde jedoch erst 1779 hinzugesetzt. Das *Nordportal (b)* aus dem 13. Jahrhundert zeigt mit seinen Apostelfiguren, die den Spitz-

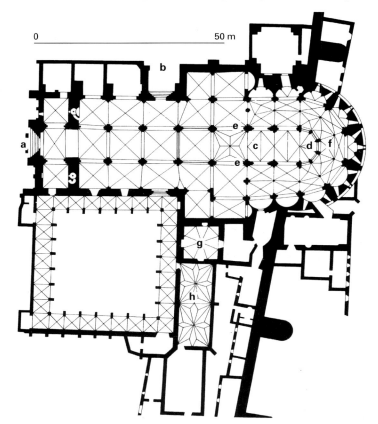

Kathedrale

a *Hauptportal*
b *Nordportal*
c *Chor*
d *Hauptaltar*
e *Predigerkanzeln*
f *›El Tostado‹*
g *Sakristei*
h *Capilla del Cardenal*

Ávila – Stadt der Heiligen

bogen tragen, eine vollständige Darstellung des Weltgerichts. Zwischen den Bögen eingefügt sind Christus in der Mandorla und eine Marienkrönung. Der fialenbekrönte Baldachin und der Korbbogen über dem Eingang sind (wahrscheinlich von Juan Guas) Ende des 15. Jahrhunderts hinzugefügt worden.

Treten wir ins Innere, erkennen wir schon am unterschiedlichen Steinmaterial zwei verschiedene Baustufen: die älteren Teile im Osten in rot-weiß-geflammtem Granit aus dem 12.–13. Jahrhundert, den jüngeren Westteil aus dem 14. Jahrhundert in grauem Granit mit Blendtriforien im Mittelschiff und hohen Kreuzrippengewölben, die

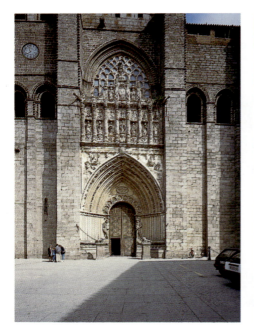 

*Kathedrale
Portal der Hauptfassade (links),
der Lettner (rechts)*

von Bündelpfeilern getragen werden. Vorbild hierfür war die Kathedrale von Toledo. Das steile Mittelschiff von 28 m Höhe und 10 m Breite erhebt sich neben relativ niedrigen, der ursprünglichen Planung entsprechenden Seitenschiffen. Um die extrem hohen Wände des Mittelschiffs zu stützen, war ein massives System von Strebebögen und -pfeilern von außen nötig. Die Glasfenster der Seitenwände fielen dem Erdbeben von 1755 zum Opfer.

Der Chorumgang entfaltet seinen eigenen Zauber. Durch Oxidation der metallhaltigen Steine entstanden die rosa Verfärbungen. Über den Arkaden sieht man schmale Zwillingsfenster mit maurischen Hufeisenbögen. Der *Chorraum (c)*, ein originales Werk des Meister Fruchel, ist von erlesener Schönheit. Elegante Dienstbündel

Kathedrale

steigen bis zu den Gewölberippen empor, um sich dort im Höhenrund zusammenzuschließen. Romanisches Formgefühl und gotische Innovation greifen ineinander. Die Bildwerke des *Hauptaltars (d)* zeigen Szenen aus der Heilsgeschichte und zählen zu den Meisterwerken kastilischer Malerei des Mittelalters, insbesondere der ›Ölberg‹ und die ›Geißelung Christi‹ (oben links) von Pedro Berruguete, sowie von Juan de Borgoña die Bilder der ›Verkündigung‹, ›Geburt‹, ›Verklärung‹, ›Tempelszene‹ und ›Abstieg zur Hölle‹. Die übrigen Bilder der Altarwand sind von unbekannten Meistern. Von Vasco de la Zarza (gest. 1524) stammt das Tabernakel aus Alabaster.

Zwei *Predigerkanzeln (e)* sind sehenswert, die neben den Vierungspfeilern des Altarraums stehen. Die eine im flamboyanten gotischen Stil, die andere im plateresken Stil der spanischen Renaissance. Hinter dem Hauptaltar befindet sich das bedeutendste Kunstwerk der Kathedrale: das Alabaster-Grabmal des scharfsinnigen Kardinals, Philosophen und Schriftstellers Alonso de Madrigal. Der in Italien geschulte und seit 1499 in Ávila ansässige Vasco de la Zarza schuf die eindringliche Skulptur von ›El Tostado‹*(f)*. Der Kardinal-Bischof, der ein überaus fleißiger Leser und Schreiber war – 54 Bücher stammen aus seiner Feder –, wurde wegen seiner dunklen Haut so genannt. Kerzenlicht soll ihm beim nächtlichen Schreiben Verbrennungen zugefügt haben. Der 1455 gestorbene ›El Tostado‹

Kathedrale
Grabmal des Alonso de Madrigal ›El Tostado‹ (links),
Blick ins Mittelschiff (rechts)

wird beim hingebungsvollen Schreiben gezeigt, in vollem Ornat, in dem reliefartig Blumenmuster und Passionszenen eingetragen sind. 1520 entstand dieses Meisterwerk spanischer Bildhauerkunst.

Etwas später (1537–1547) wurde der *Coro (c)* eingerichtet, dessen Reliefs an der Rückseite von Juan Rodriguez (gest. 1544) und Lucas Giraldo (erste Hälfte 16. Jahrhundert) stammen. Sie erzählen auf lebendige Weise von der Kindheit Jesu. Das sehenswerte zweigeschossige, holzgeschnitzte Chorgestühl enthält ebenfalls fesselnd erzählende Reliefs in der unteren Ebene und Heiligendarstellungen im oberen Teil, im mittleren Teil findet sich ein sinnenfrohes Dekor aus Grotesken. Das gesamte Schnitzwerk entstand als Gemeinschaftsarbeit von Cornelis de Holanda (16. Jahrhundert) und einem Schüler Alonso de Berruguetes, Isidro de Villoldo (16. Jahrhundert).

Im Querschiff und in seinen Nebenkapellen befinden sich zahlreiche gotische Gräber hoher Geistlicher und Adliger der Stadt, teilweise mit Knappenfiguren am Fußende und Wappenhalterungen an der Sarkophagfront. In der *Sakristei (g)*, in Verbindung mit der *Capilla del Cardenal (h,* Zugang vom Chorumgang aus), liegt das Kathedralmuseum mit einer Alabaster-Altarwand im platereskern Stil von Isidro de Villoldo, entstanden 1549–53. Die ebenfalls plateresk von Vasco de la Zarza gestaltete Tür führt zur ehemaligen Capilla del Cardenal, die den eigentlichen Museumsraum bildet.

Sehenswert ist das Fragment eines romanischen Bildes mit der Darstellung des Petrus aus dem 12. Jahrhundert und Tafelmalerei des 15. Jahrhunderts. Im letzten Raum befindet sich eine 1,70 m hohe Silber-Custodie aus dem Jahr 1571, geschaffen von Juan de Arfe (1535–1603). Die sechsfach gestaffelten und sich nach oben hin verjüngenden offenen Rundtempel zeigen im unteren Teil die Opferung Isaaks, im darüberliegenden die Versammlung der Apostel; der dritte ist die Bühne für die Verklärung Christi.

San Vicente

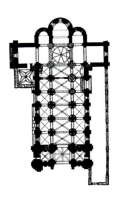

San Vicente (2), außerhalb der mittelalterlichen Stadt, aber unmittelbar vor dem gleichnamigen Stadttor gelegen, ist die älteste und die bedeutendste romanische Kirche Ávilas. Die Kirche wurde um 1100 gebaut und strahlt bis heute mit ihrem rötlichen Gestein leuchtende Frische und Harmonie aus. Besonders die Ostseite ist eindrucksvoll mit den dreigestuften Apsiden, eingelegten Rundfenstern und bis zum Dachansatz verlaufenden vertikal gliedernden Säulenvorlagen. Es ist in der Anlage eine romanische Kirche, aber vom Geist der Gotik schon berührt, und im Vierungsgewölbe (13. Jahrhundert) im gotischen Stil gestaltet. Sie wurde zu Ehren der frühchristlichen Heiligen Vicente, Sabina und Cristeta errichtet, angeblich am Ort ihres Martyriums im Jahr 306 unter dem römischen Konsul Dacian.

San Vicente

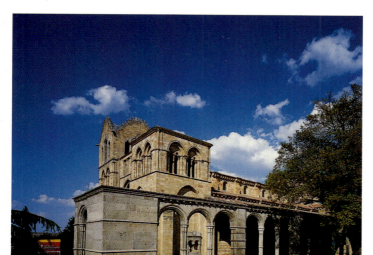

San Vicente

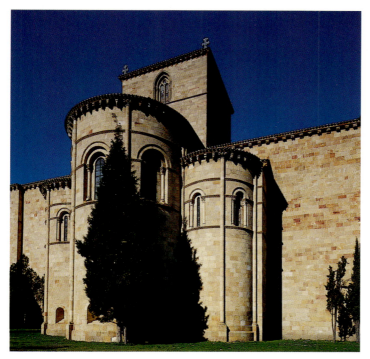

San Vicente, Apsis

Ávila – Stadt der Heiligen

San Vicente, Blick ins Mittelschiff

San Vicente

Der Südportikus reicht bis über die Westflucht des Baus hinaus und soll als Gerichtsstätte gedient haben. Das Dachgesims der Südwand schmückt den kultischen Raum mit kleinen Ungeheuern, Fratzen, Kobolden und Bestien, die in kleinen Nischen hocken. Der älteste Skulpturenschmuck befindet sich am Südportal. Links eine Verkündigungsgruppe (Maria und der Engel) in ungewöhnlich bewegter Darstellung. Der sitzende König David wird als Alfons VI. identifiziert, die beiden weiteren Figuren als Santa Sabina und San Vicente. Auch hier sollen die individuellen Gesichtszüge ein zeitgenössisches Vorbild gehabt haben: Urraca, die Tochter Alfons VI.

San Vicente, Schrein der heiligen Geschwister Vicente, Sabina und Cristeta

Die beiden Westtürme wurden nie vollendet. Zwischen ihren Untergeschossen befindet sich eine Vorhalle mit hohen Kreuzrippengewölben, die zum westlichen Stufenportal führt. Dies enthält – neben den Skulpturen der Kathedrale von Santiago de Compostela – die bedeutendsten Werke romanischer Bildhauerkunst des 12. Jahrhunderts auf spanischem Boden. Die Apostelfiguren, jede auf eine Säule gestellt, sind nicht nur als Individuen charakterisiert, sie kommunizieren auch lebhaft miteinander. Sie stehen Christus zur Seite, der die Mitte einnimmt, umrahmt von zwei Stierköpfen. Gewände und Archivolten sind üppig geschmückt und zum Teil mit lebhaften menschlichen Figuren in Miniaturform gefüllt.

Im Innern bildet der 1190 entstandene Schrein der heiligen Geschwister Vicente, Sabina und Cristeta einen weiteren Höhepunkt romanischen Skulpturenschmucks. Er steht unter einem platteresk verzierten Baldachin aus dem 16. Jahrhundert. Der Schrein besteht aus zwei Teilen. Ein unteres offenes Arkadengeschoss trägt einen zweiten Hausschrein, der mit Reliefszenen geschmückt ist: auf der nördlichen Längsseite wird das Leben des heiligen Vicente geschildert (vor dem Konsul, im Kerker, Befreiung durch die Schwestern Sabina und Cristeta, Befehl der Gefangennahme, Verfolgung und Einritt nach Ávila); auf der Südseite wird auf drastische Weise das Martyrium veranschaulicht: Entkleidung; Räderung, während der Henker die Köpfe zerquetscht, fahren die Seelen gen Himmel; ein Jude, von einer Schlange umwunden, die aus dem Märtyrerleichnam steigt, wird bekehrt; im letzten Bild wird der Steinmetz beziehungsweise der Jude während der Steinmetzarbeit an den drei Sarkophagen gezeigt. Die Botschaft dieser Bilder: der Schmerz des Opfers führt zu Umkehr, zu Erkenntnis und Glaube, dies wiederum drängt zur Erinnerung in verehrender Absicht und zur Kunst, die der Verewigung dient.

An der östlichen Schmalseite ist eine vollplastische Darstellung der Anbetung der Könige zu sehen, an der gegenüberliegenden Seite Christus als Herrscher mit den Symbolen der Evangelisten.

Sehenswert sind zwei weitere romanische Kirchen, die sich in der Nähe von San Vicente befinden. **San Andrés** (3) aus dem elften Jahrhundert in der Calle Valesca ist jüngst restauriert worden und zeigt reichen Dekor um das Portal sowie Figurenschmuck an den Kapitellen im Innern.

Ávila – Stadt der Heiligen

San Pedro

San Pedro (4) liegt an der zentralen und belebten Plaza de Santa Teresa gegenüber der Puerta del Alcázar. Hier ist auch ein geeigneter Ort für eine Ruhepause mit Blick auf den schön gegliederten Kirchenbau. Er wurde ebenfalls im elften Jahrhundert begonnen. Der Ostteil wurde, wie üblich, zuerst errichtet, die Westfassade mit der großen Fensterrose entstand im 13. Jahrhundert.

Direkt an der Stadtmauer am Ende der Plaza de Santa Teresa sehen wir eine moderne Skulptur der Schutzpatronin Spaniens: **Teresa von Ávila** (5). Gehen wir den Paseo del Rastro an der Mauer entlang bis zur Puerta de la Santa, treffen wir dort auf ihre Geburtsstätte, an der in der ersten Hälfte des 17. Jahrhunderts der **Convento de la Santa** (6) erbaut worden ist. Für Pilger ist dieser strenge Bau im Herrera-Stil das wichtigste Ziel eines Ávila-Besuchs.

Teresa von Ávila

Teresa von Ávila war eine leidenschaftliche und zugleich pragmatische, gefühlvolle und willensstarke Frau. In jungen Jahren den schönen Dingen des irdischen Lebens zugetan, beschritt sie, immer wieder von Zweifeln und heftiger Selbstkritik befallen, im reifen Alter einen dornigen Weg des Kampfes um den reinen Glauben und die Gründung von Klöstern des Karmeliterordens, in denen ein gottesnahes, asketisch mönchisches Leben verwirklicht werden sollte. Häufig von Krankheiten niedergeworfen, erfuhr sie Läuterung durch Schmerz und Erkenntnis durch Ekstase. Bildhafte Visionen standen ihr plastisch vor Augen, über die sie detailliert und kritisch schrieb. Die von ihr verfassten brieflichen Zeugnisse gehören durch ihre Spannung von Realitätssinn und visionärer Kraft zur spanischen Literatur des *siglo de oro*. Ihre Mystik war nicht verschwommen, sondern vom Drang nach Klarheit beseelt. Die barocke Kircheneinrichtung des Konvents hat davon wenig übernommen. Das Bildrelief des Hauptaltars von Gregorio Fernandez (um 1576–1636) zeigt unter der Heiligen Dreifaltigkeit die heilige Teresa zwischen Maria und Joseph, ganz entsprechend der von ihr in ihrer Autobiographie in Kapitel 33 beschriebenen Vision.

Im südlichen Seitenschiff befindet sich eine Statue aus dem 18. Jahrhundert, die Johannes vom Kreuz darstellt, den Schüler, Freund und Mitstreiter der heiligen Teresa und einen der bedeutendsten Schöpfer zarter spanischer Poesie im 16. Jahrhundert. Vom linken Kirchenschiff führt eine Tür zur Capilla de Santa Teresa, errichtet an Stelle des Geburtszimmers der Heiligen. Eine reich geschmückte Statue von Gregorio Fernandez zeigt die bedeutendste historische Figur Ávilas im Zustand der *unio mystica* im Angesicht des Kreuzes. Diese Statue wird bei Prozessionen durch die Straßen von Ávila getragen.

Die zahlreichen Adelspaläste Ávilas waren ursprünglich burgförmige Wohnstätten, deren Türme man seit dem 15. Jahrhundert abriss und durch Reliefs um die Portale und plateresk geschmückte Innenhöfe zu Palästen umgestaltete. Wir finden sie in großer Zahl innerhalb des Mauerrings, einige wenige auch außerhalb. Der Parador

Statue der heiligen Teresa im Convento de la Santa

*Nada te turbe,
Nada te espante,
Todo se pasa,
Dios no se muda
La paciencie
Todo lo encanza
Quien a Dios tiene
Nada le falta
Solo Dios basta*

*Nichts verwirre dich,
Nichts beirre dich,
alles vergeht,
Gott ändert sich nicht,
Geduld erreicht alles
Wer Gott hat
dem wird nichts fehlen
Allein Gott besteht
Teresa von Ávila
(1515–1582)*

Convento de la Santa

von Ávila, ›Raimondo de Borgoña‹, ist in einem solchen Adelspalast (Palacio de Benavites) an der Nordseite nahe der Stadtmauer eingerichtet.

Von hier führt ein Weg außerhalb der Mauern zur dritten sehenswerten romanischen Kirche Ávilas: **San Segundo** (7, falls geschlossen, den Schlüssel im Haus an der Chorseite holen). Sie stammt aus dem 12. Jahrhundert. Das Langhaus wurde später mit einer über weit gespannte Arkaden sich erstreckenden Mudéjar-Decke versehen. Man fand hier im 16. Jahrhundert die Gebeine des heiligen Secundus, des ersten Bischofs von Ávila aus dem ersten Jahrhundert. Nach ihm wurde die Kirche fortan benannt. Und eine subtil gearbeitete Alabasterfigur zeigt ihn im Gebet, vor einem Buch kniend im Prunk jener Zeit, als die Statue entstand. Sie ist ein Spätwerk des neben Alonso Berruguete bedeutendsten spanischen Bildhauers Juan de Juni, der sie in Valladolid schuf und 1572 hier aufstellte.

Convento Santo Tomás

Convento Santo Tomás

Am anderen Ende der Stadt, weitab vom Mauerring, aber durchaus leicht in einem viertelstündigen Spaziergang erreichbar, befindet sich das Dominikanerkloster **Santo Tomás** (8, Plaza de Granada). Es weckt zwiespältige Gefühle. Der gesamte Gebäudekomplex, zu dem neben der Kirche und dem Kloster drei Innenhöfe und die Räume für die Katholischen Könige gehören, die das Kloster als Palast nutzten, entstand zwischen 1483 und 1493. In dieser Zeit standen die Katholischen Könige im Krieg gegen das Königreich Granada, und es wirkte seit 1478 der *Consejo de la Suprema y General Inquisicion*, der 1483 vom Papst als Instrument zur Reinhaltung des Glaubens anerkannt wurde. Der erste Großinquisitor war Tomás de Torquemada. Er war gemeinsam mit der Witwe des Schatzmeisters und den Katholischen Königen Isabella und Ferdinand selbst der Auftraggeber für dieses Bauwerk, das ungewöhnlich zügig errichtet wurde. Bezahlt wurde es von Verfolgten der Inquisition. Das konfiszierte Vermögen gehörte in der Mehrzahl konvertierten Juden, denen die Inquisition durch Folter das Geständnis erpresst hatte, doch noch insgeheim dem mosaischen Glauben ihrer Väter anzuhängen.

Über dem Eingang zur Kirche spannt sich ein Korbbogen; dahinter hängen Baldachinstatuen an der Wand. Das Portal, von Archivolten in Kielbogenform umrankt, wird von Granatapfel-Girlanden geschmückt – eine unmittelbare Erinnerung an den zur Bauzeit stattfindenden Krieg und den Sieg über Granada. Die Wappenzeichen der Katholischen Könige, Ochsenjoch und ein Bündel Pfeile, sind neben dem Ballmotiv, das die einzelnen Architekturglieder akzentuiert, als Schmuckdekoration im gesamten Gebäudekomplex zu sehen, vor allem im Claustro del Silencio.

Convento Santo Tomás

Convento Santo Tomás

Der einschiffige Innenraum wirkt durch den grauen Granit düster; ein strenger Stil bestimmt den Raum. Unterhalb des Hochaltars, der nur für die Mönche zugänglich ist, befindet sich das Grabmal des Infanten Juan, der 1497 als einziger Sohn der Katholischen Könige Isabella und Ferdinand im Alter von 19 Jahren als Student in Salamanca starb. Sein früher Tod brachte Spanien unter die Herrschaft der Habsburger in Gestalt des Neffen Karls V. und machte das gerade geeinte Spanien zum Weltreich, das an seinem Besitz zugrunde ging. Das Grabmal ist ein Werk des in Rom ausgebildeten Florentiners Domenico Fancelli (1469–1519), ein Meisterstück italienischer Renaissancekunst. Durch dieses reich gestaltete Grabmal, das 1510 in Genua entstand und 1513 vom Künstler in Ávila aufgestellt wurde, wirkte der spezifische Realitäts- und Kunstsinn Italiens auch für Spanien vorbildlich. Fancelli bekam sofort den weiteren Auftrag für die Grabmäler der Katholischen Könige in Granada. Die Altarbilder auf der Hochempore aus dem Jahr 1499, zugänglich nur für die Mönche, sind leider nicht von nahem zu besichtigen (Lichtschalter am südwestlichen Vierungspfeiler). Sie schildern das Leben des heiligen Thomas von Aquin und stammen von Pedro Berruguete (um 1450–1504?).

Der Zugang zu den drei Kreuzgängen befindet sich rechts neben dem Kirchenportal. Der Besucher stößt als erstes auf einen kleinen schlichten Kreuzgang der Novizen. Es folgt ein größerer, schmuckreicherer und lichterer Kreuzgang, der meditative Ruhe ausstrahlt: der Kreuzgang des Schweigens. Den Abschluss bildet das riesige Viereck des Kreuzgangs der Könige. In einem Teil der ehemaligen Wohnräume der Könige Isabella und Ferdinand ist heute ein Missionsmuseum eingerichtet. Die Sammlung zeigt sehenswerte Exponate aus asiatischen Ländern. Über eine Treppe des *Claustro del Silencio* erreicht man den Hochchor der Kirche. Auf den schön geschnitzten Stühlen und vor dem Hintergrund feiner gotisch-flamboyanter Schnitzwerke von Martín Sánchez (tätig 1486–93) versammelten sich die Vertreter der spanischen Inquisition in ihrer Anfangszeit.

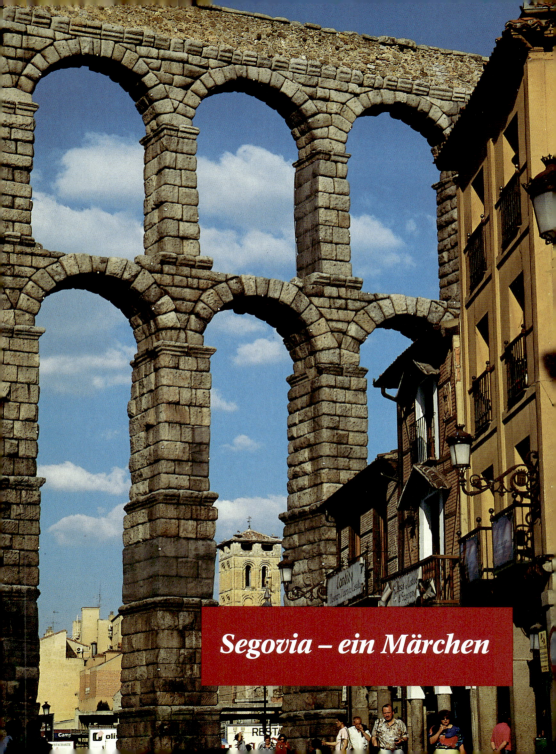

Segovia – ein Märchen

Annäherung an das Stadtbild Segovias

Nach Segovia fährt man wie in eine schöne Landschaft. Es lockt nicht ein einzelner Höhepunkt, sondern eher das Ambiente des Ganzen: die würzige Gebirgsluft der Umgebung, die pittoreske Lage, und natürlich die in der Gesamtheit des Stadtbilds miteinander verknüpften Besonderheiten aus römischer und ritterlicher Zeit. Es sind die wechselvollen Ansichten von dieser Stadt auf dem Berg, die märchenhafte Ausformung ihrer Türme, der Zauber des Lichts, was den tiefsten Eindruck hinterlässt. Die stillen romanischen Kirchen, das triumphale Prunkstück des Alcázars, das elegante römische Aquädukt und die feine ›Dame unter den spanischen Kathedralen‹ heben sich in ihrer baulichen Einmaligkeit innerhalb des imposant gestaffelten Ensembles deutlich hervor. Es ist der auf kleinem Raum wie inszeniert erscheinende, über 2000 Jahre hin gewachsene Zusammenhang von ästhetischer Abstimmung und dramatisch-theatralischen Effekten, der den besonderen Charme von Segovia ausmacht. Segovia ist wie eine Bühne, die alle ihre Kulissen gleichzeitig vorweist.

Im maurisch-mittelalterlichen Toledo konnte man den Reibungen der Religionen nicht ausweichen; sie blieben in der verwinkelten Stadt wie ineinandergeschichtet präsent, umschlossen vom grünen Tajo und düsteren steinernen Erhebungen. Auf diesem kreisförmig eingegrenzten Felsenaltar arbeitete der Schmelztiegel der Kulturen. In ihm brütete ein alles verbindender, vermittelnder und vereinnahmender totalitärer Geist. Hier entstanden El Grecos Figuren christlicher Erlösung. Aber das meiste glänzte im Verborgenen.

Im vornehmen Salamanca stand neben den erhabenen Zeugnissen des Glaubens die geordnete Institution des Wissens. Harmonisch geformter Stein bot Visionen des Himmlischen wie dem Licht der Vernunft eine gemeinsame Stätte. Und das reflektierte Sonnenlicht strömte in einem einzigen warmen Farbton den Frieden zivilen Lebens aus.

Das wehrhafte Ávila, nur 60 km von Segovia entfernt und am ehesten damit vergleichbar, bildet zugleich den stärksten Kontrast. Dort waren militante Härte im Granitgrau der ummauerten Stadt spürbar und im schneidend hellen Licht der kargen Unwirtlichkeit der Hang zu Mystik und Askese, aus der heraus sich ein unbeugsamer Wille zur Selbstbehauptung entwickelte.

Segovia dagegen stimmt weder ein Heldenlied an noch eine düstere Ballade, es hält auch keinen geistreichen Vortrag – es bietet ein märchenhaftes Schauspiel, in dem ständig die Szenerie wechselt: das mit der wunderbaren Erscheinung des römischen Aquädukts über den Dächern der Stadt beginnt und am Ende mit der Einkehr ins Wirtshaus endet.

Segovia verkörpert ein anderes Kastilien, von prägnanter poetischer Bildkraft, aber auch betriebsam und genussfroh, mit Kochen,

Segovia ☆☆

Besonders sehenswert
Römisches Aquädukt
San Millán
Kathedrale
Alcázar
San Esteban
Santa Cruz
El Parral

◁ *Das Aquädukt von Segovia*

Segovia – ein Märchen

Essen und Trinken beschäftigt. Manche der traditionellen Gasthäuser sind in ihrer Ausstattung und durch die signierten Fotos derer, die hier schon zu Gast waren, selbst kleine Museen. Nach Segovia fährt man auch, um dort zu speisen: Lamm, Wild, Spanferkel, am liebsten in flachen geziegelten Öfen auf Buchenscheiten geröstet. Also keine gediegene Küche darf man erwarten, keine feinen Soßen, aber meisterhaft zubereitete Fleisch- und Fischgerichte. Alle Welt sucht diesen Ort auf. Im Gasthof von El Candido unterhalb des Aquädukts speist, wer Rang und Namen hat und auch, wer das nicht hat. Folgen wir also der altehrwürdigen und für alle Kulturen elementaren Zeremonie gemeinsamen Essens und erinnern uns daran, dass eine der sinnreichsten und unmittelbar wirkungsvollsten Künste eben die Kochkunst ist. Sie fordert mehr als nur Betrachtung. Madrid ist und bleibt das Mekka der anspruchsvollen Feinschmecker. Aber nach Segovia zu fahren, ohne dort in ein Restaurant einzukehren, würde den Sinnenzauber dieser Stadt nicht zur Gänze ausschöpfen.

Segovia liegt am Fuß des kastilischen Scheidegebirges, dessen Höhen sich in sanftem Schwung im Osten der Stadt erheben. Zu den anderen Seiten erstrecken sich die menschenleeren weiten Fluchten der kastilischen Hochebene. Die Stadt liegt auf 1000 m Höhe. Die

Segovia

1. röm. Aquädukt
2. San Millán
3. Casa de los Picos
4. Casa del Conde de Alpuente
5. San Martin
6. Corpus Christi
7. Kathedrale
8. Palacio del Arco
9. San Andrés
10. Alcázar
11. San Esteban
12. ehem. Erzbischöflicher Palast
13. Wohnhaus Antonio Machado
14. San Juan de los Caballeros
15. Santa Cruz la Real
16. El Parral
17. Vera Cruz
18. Convento de Carmelitas Descalzos
19. Santuario da la Virgen de la Fuencisla

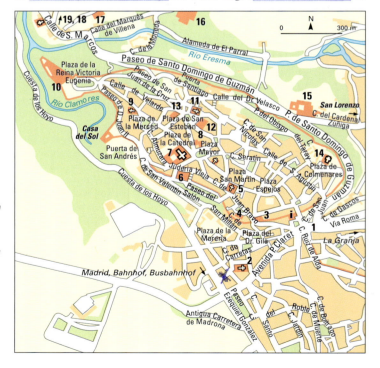

Temperaturschwankungen sind groß; in Segovia kann es kühl und heiß werden. Die Luft ist klar und frisch. Und das Stadtbild wirkt schon von weitem märchenhaft. Allein Alcázar und Kathedrale strecken ihre Türme aus dem vermeintlichen Nichts in den Himmel, ehe die Altstadt sich unvermittelt erst kurz vor Eintritt in das nähere Stadtgebiet mit ihren Wohnsiedlungen und Gewerbebauten in Szene setzt.

Die Oberstadt liegt auf einem 100 m hohen, langen Felshügel, der sich zwischen zwei Flüssen erstreckt. Große Teile der 2500 m langen mittelalterlichen Ummauerung sind erhalten geblieben; manche Wohngebäude sind Teil der Mauerwälle geworden. Vier der ehemaligen Stadttore stehen noch. Eine Straße führt unterhalb der Stadt um sie herum und bietet eindrucksvolle Perspektiven auf die im warmen Ockerton gehaltenen Steinwälle, Häuser, Kirchtürme und rotbraunen Ziegeldächer. Am äußersten, schmal zugespitzten Rand der Stadt erhebt sich wie ein riesiges Schiff der Alcázar in steil abfallender Höhe.

Von hier aus führt der Weg an der anderen Steilseite der Oberstadt entlang zurück. Schließlich gelangen wir zum Oberstadt und Unterstadt verbindenden ältesten und berühmtesten Monument Segovias, von dem aus unser Weg zu Fuß hoch in die Innenstadt führt. Ein zweigeschossiges, bis zu 29 m hohes **römisches Aquädukt** (1) überquert die Talsenke über eine Strecke von 726 m. Das im ersten Jahrhundert mörtellos, wie bei der kunstvollen Steinmetzarbeit der Römer üblich, errichtete Bauwerk aus Granitquadern führte bis 1906 das kanalisierte Gebirgswasser aus 16 km Entfernung in die Oberstadt Segovias. Es ist in der Verknüpfung von Funktionalität und Eleganz eines der schönsten römischen Monumente Spaniens.

Zur Geschichte der Stadt

Besiedelt war dieser günstig liegende Höhenrücken zwischen zwei Flussläufen schon im ersten Jahrtausend v. Chr. durch die Vakkäer. Plinius berichtet von deren Widerstand gegen die Römer, der bis 80 v. Chr. andauerte. Dann begann der Ausbau Segovias zur bedeutenden römischen Stadt, die bis heute ihren römischen Namen behalten hat. Sie war ein wichtiger Heeresstützpunkt im Zentrum Iberiens an einer der zentralen Straßen, die von der Nord-Süd-Route im Westen, der Ruta de la Plata, ins Zentrum Hispanias abzweigte und nordostwärts bis zu den Übergängen der Pyrenäen führte. Aus westgotischer und maurischer Zeit ist aufgrund der zahlreichen Kämpfe und Zerstörungen in dieser Grenzregion nichts erhalten geblieben. Bis zur Eroberung Toledos lag Segovia an der Nordgrenze des *taifas* von Toledo, spielte aber als Stadt keine nennenswerte Rolle mehr, nur noch als befestigter Vorposten.

Segovia – ein Märchen

Alcázar und Kathedrale

Alcázar und Kathedrale

Segovia – ein Märchen

Als Toledo 1085 an die Christen fiel, wurde Segovia auf den Trümmern der alten Besiedlung völlig neu wieder errichtet. Aus allen Teilen des Königreichs Kastilien/Leon kamen die neuen Stadtbürger, darunter auch Mudéjaren und viele Juden. Sie errichteten unter Wiederverwendung römischen Mauerwerks die Stadtmauer in einer Länge von 2500 m neu, die zum großen Teil bis heute erhalten ist. Innerhalb weniger Jahrzehnte blühte die Stadt durch schwunghaften Handel und Gewerbefleiß auf. Segovia wurde zum Zentrum der kastilischen Tuchindustrie. Webereien und Manufakturen umgaben die Stadt, deren Einwohnerzahl damals höher als heute war. Ihre hochwertigen Produkte fanden Verbreitung bis hoch in den Norden und Osten Europas. Aus dieser Zeit des 12. und 13. Jahrhunderts stammen die vielen kleinen Kirchen im romanischen Stil, deren Grundform die neuen Bewohner aus Navarra und Kantabrien schon aus ihrer Heimat kannten. Die romanischen Kirchen Segovias sind dreischiffige Basiliken mit Vierung und drei Apsiden, wie ihre nördlichen Vorbilder aus dem elften Jahrhundert. Sie besitzen zusätzlich aber als Segovianer Eigenart Portikusanbauten an den Seitenschiffen, die als Versammlungsraum für die verschiedenen Landsmannschaften dienten und auch als Gerichtsraum genutzt wurden.

Im 15. Jahrhundert wurde die agile, von urbanem Leben erfüllte Stadt der Kaufleute und Arbeiter zur bevorzugten Residenz der letzten Dynastie kastilischer Könige, aus der Isabella die Katholische hervorging, die zusammen mit ihrem Ehemann, Ferdinand von Aragon, die Einheit Spaniens schuf. Dass es dazu kam, war nicht unbedingt voraussehbar. Am Anfang stand ein Mord, ein Bruder- und Meuchelmord. Ein unehelicher Sohn des kastilischen Königs Alfons XI. begann einen Krieg um den Thron und ermordete schließlich seinen Stiefbruder, den rechtmäßigen König Pedro I., meuchlings. Dann bestieg er 1369 den Thron. Da er aber dem kollaborierenden Hochadel tief verpflichtet war, der Interesse gehabt hatte, den für sie unbequemen König Pedro I. loszuwerden, stärkte er durch Privilegienvergabe und Verkauf seiner eigenen Ländereien den prinzipiell königfeindlichen Hochadel. Dessen willkürliches Gebaren nahm von nun an noch zu. Kastilien wurde von Bandenkriegen und offen ausgetragenen Familienfehden erschüttert, die Macht des kastilischen Königshauses nahm während der Trastámara-Dynastie drastisch ab. Bürgerkriegsähnlichen Zuständen sahen die Regenten tatenlos zu. Der vierte König der Trastámara-Dynastie, Enrique IV., besaß keine Nachkommen. Er hatte, widerwillig, seine Stiefschwester Isabella zur Nachfolgerin auf dem Thron bestimmt. Als er starb, wurde sie Königin. Als die Siebzehnjährige im Alcázar von Segovia vom Tod ihres Bruders erfuhr, war ihr Traum bereits ausgereift. Mit großer Energie, mit Ausdauer, Klugheit und Takt veränderte sie in ihrer Regierungszeit (1474–1504) das politische Leben Spaniens innerhalb eines Vierteljahrhunderts vollständig. Aus einem machtpolitisch zerrütteten Land wurde im Bündnis mit Aragon, dessen König Ferdinand sie heiratete, ein starkes befriedetes Kastilien, schließlich ein von Kastilien beherrschter spanischer Einheitsstaat und kurz danach stieg Spanien zur ersten Macht der Welt auf. Bis heute ist Isabella die Katholische als Gründerin und Herrscherin die große Königinnenfigur Spaniens geblieben, in deren Verehrung Staat und Kirche gleichermaßen einstimmen.

Die obere Altstadt

Ein Spaziergang von der Plaza del Azoguejo aus führt uns entlang der Calle Cervantes hoch in die obere Altstadt bis zum Alcázar, der ihren Abschluss bildet. Ein schöner Blick bietet sich links hinunter zur romanischen Kirche **San Millán** (2) in die Unterstadt, wo im Mit-

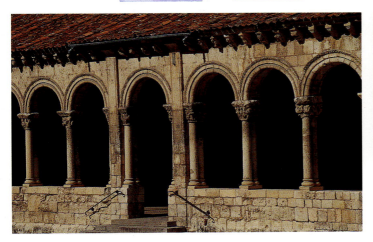

Arkaden des Seitenportikus und Kapitell von San Millán

telalter das Maurenviertel und die Siedlungen der christlichen Arbeiter lagen. Wir stoßen auf den spektakulärsten Adelspalast von Segovia, die um 1500 vom königlichen Schatzmeister für sich erbaute **Casa de los Picos** (3), benannt nach den dekorativen Steinspitzen, mit denen die Fassade überzogen ist. Bis 1883 stand daneben das städtische Haupttor. Wenige Schritte links hinunter befindet sich ein weiterer Stadtpalast aus dem 15. Jahrhundert, die **Casa del Conde de Alpuente** (4, heute: Amt für öffentliche Arbeiten). Wir sehen spätgotische Maßwerkfenster und eine gänzlich von flechtwerkartigem Stuck überzogene Wandfassade. Die sogenannte Esgrafiado-Kunst der Fassadengestaltung dieser Art ist in Segovia in zahlreichen Varianten seit Beginn des 15. Jahrhunderts bis heute weitverbreitet und verleiht dem Bau-Ensemble dieser Stadt seinen besonderen Reiz. Die Herkunft liegt im Dunkeln; sicherlich wird die Mudéjar-Traditi-

Casa de los Picos

Segovia – ein Märchen

on der ornamentalen Gestaltung im multi-kulturellen Leben Segovias den entscheidenden Anstoß gegeben haben; auch die Trastámara-Könige ließen sich mit Mudéjar-Dekoration ihre repräsentativen Räume schmücken – in erster Linie im Innern, wie es islamischer Tradition entspricht, dann aber zunehmend die vom Kontext der Religion völlig losgelösten, vegetabilen und geometrischen Schmuckelemente auch nach außen wendend. Daneben befindet sich der alte Getreidemarkt (heute Stadtarchiv), ebenfalls mit einem Esgrafiado-Fries versehen.

Weiter die Straße entlanggehend, kommen wir zur erhöht gelegenen Plaza de San Martin, mit ihrem Ensemble aus Adelshäusern, ihrer romanischen Kirche und der weiterlaufenden Geschäftszeile der schönste Platz der Stadt, der einen eigenen theatralischen Zauber entfaltet. Von der Straße unten sieht man die schön gebaute Kulisse mit den architektonischen Zeugen der Vergangenheit, einem mittelalterlichen Turm aus dem 14. Jahrhundert und Renaissancepalästen aus dem 15. und 16. Jahrhundert. Vom Platz herab wiederum blickt man auf das Schauspiel des Straßentreibens wie von höherer Warte. 1921, zum 400. Todestag, errichteten die Stadtväter dem Comunero-Helden Juan Bravo ein Denkmal. Der adlige Anführer des Aufstands gegen Karl V. wurde im Haus gegenüber in der Straße, die seinen Namen trägt, geboren. In seiner einladend-präsentierenden und schwungvollen Gestik passt das Denkmal gut zur theatralischen Szenerie dieses Platzes und zum ausgeprägten, auf Unabhängigkeit pochenden Selbstbewusstsein der Bürger Segovias.

Die Kirche **San Martin** (5) stammt aus dem 12. Jahrhundert. Sie ist die nach außen hin am reichsten ausgestattete romanische Kirche der Stadt und ursprünglich von Arkadenportiken umsäumt; die Nordseite wurde allerdings mit Kapellen zugebaut. Die Doppelsäulen der Südseite tragen variationsreiche Pflanzen- und Figurenkapi-

Plaza Martin mit dem Denkmal des Comunero-Helden Juan Bravo

San Martin

San Martin (links), Apostel vom Stufenportal (rechts)

telle. An der Vorhalle zur Westseite – eine damals aus Burgund bekannte Bauform – ist das Stufenportal mit Säulenfiguren geschmückt. Vier überlange Heilige (Apostel) tragen die Bogenläufe des Portals. Das Innere ist im wenig überzeugenden barocken Stil des 17. und 18. Jahrhunderts gehalten.

Gegenüber der Seitengalerie von San Martin verläuft ein Treppenweg, der einen auf halber Höhe am Südrand der Stadt, direkt unterhalb der alten Stadtmauer, entlangführt und schöne Aussichten bietet (Paseo del Salón). Wir gehen die Straße weiter am alten Stadtgefängnis vorüber, das heute Sitz der Stadtbibliothek ist, und stoßen linker Hand auf die Kirche **Corpus Christi** (6). Hier stand einst die im 13. Jahrhundert errichtete Synagoge, die 1410 zur christlichen Kirche umgewandelt und nach einem verheerenden Brand im Jahr 1899 in ihrer alten Form, sehr schlicht und wirkungsvoll im Stil von Santa María la Blanca von Toledo, rekonstruiert wurde. Wir befinden uns am Eingang zum Judenviertel Segovias, das sich über einen Großteil der mittleren südlichen Oberstadt ausdehnte. Es erstreckte sich auf dem Gelände, das heute von der Plaza Mayor und der Kathedrale eingenommen wird. Die Alte Kathedrale aus dem 13. Jahrhundert befand sich gegenüber vom Alcázar am Ende der Stadt. Während die Kaisertreuen 1520 den Alcázar besetzt hielten, standen die *comuneros* auf dem Turm der Kathedrale. Sie wurde während der Gefechte zur Ruine. Nach der Niederschlagung des Aufstands bestimmte Karl V. 1523 per Dekret einen Neubau. 1525 wurde der Grundstein gelegt, diesmal in der inzwischen (1492) von den Juden verlassenen Stadtmitte.

Die Kathedrale

Während im übrigen Europa und auch in Spanien selbst die Renaissance den gotischen Stil abgelöst hatte, entschied sich das Domkapitel ähnlich wie in Salamanca für ein gotisches Gotteshaus (7). Sie holten für die Planung aus Salamanca den dortigen Kathedralbaumeister Juan Gil de Hontañon (um 1480–1526). Nach seinem Tod führte, wie in Salamanca, sein Sohn Rodrigo (um 1500–1577) die Arbeiten weiter. Bis ins 17. Jahrhundert hielt man sich an den ursprünglichen Plan; nur der Nachfolger Rodrigos, Juan de Mugaguren (erste Hälfte 17. Jahrhundert), krönte den Bau 1615 zum Abschluss mit einer Kuppel im Herrera-Stil, als Zugeständnis an den spanischen Architekturstil seiner Zeit. Ebenfalls im Herrera-Stil entstand 1616 das Eingangsportal der *Puerta de San Frutos (a)*.

Im Innern gab es keine einschneidenden Kompromisse. Der dreischiffige Bau erhielt sogar – anders als in Salamanca – den traditionellen polygonalen Chorumgang mit Kapellenkranz. Man pflegte bewusst den Isabellinischen Stil in dieser der Königin Isabella so nahe stehenden Stadt. Die Zwischenwände der gleichmäßig umlaufenden Seitenkapellen übernehmen den Gewölbedruck weitgehend, so dass auf die Stützfunktion von äußeren Strebebögen verzichtet werden konnte. Das erforderte massive Wände und breite Abstützung an den Seiten. Das Mittelschiff ist 33 m hoch. Bündelpfeiler und profilierte, in die Wand gesetzte Pfeilerstützen tragen das Gewölbe und steigen

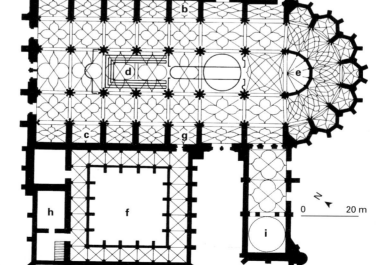

Kathedrale

a *Puerta de San Frutos*
b *Capilla de la Piedad*
c *Christus-Kapelle*
d *Chorgestühl*
e *Hauptaltar*
f *Kreuzgang*
g *Eingangsportal zum Kreuzgang*
h *Kapitelsaal*
i *Capilla del Santisimo Sacramento*

Die Kathedrale

Blick von Südwesten auf die Kathedrale

mit ihren Diensten direkt in das kurvig verzweigte Netzgewölbe auf. Die ausgeprägte Vertikalrichtung wird behutsam durch kleine Kapitelle (oder Zierringe) unterbrochen und von einer als durchgängig erscheinenden Maßwerkbrüstung aufgefangen, die zwischen Scheidbögen und Fensterzone die hohe Wand horizontal aufgliedert.

Die ›Dame unter den Kathedralen‹ Spaniens ist wahrhaft elegant, weitgehend frei von zusätzlichem Schmuck, ein Werk reiner Architektur. Im Innern bietet die Kathedrale folgende Kostbarkeiten: Die *Capilla de la Piedad (b)*, die fünfte Kapelle des nordöstlichen Seitenschiffs, zeigt hinter dem gotischen Gitter, das noch aus der Alten Kathedrale stammt, den Beweinungsaltar von Juan de Juni von 1571. Es handelt sich um ein Hauptwerk des neben Alonso de Berruguete zweiten großen spanischen Bildhauers des 16. Jahrhunderts. Das Beweinungsrelief wird vor dem gemalten Hintergrund der Stadt Jerusalem gezeigt. Die von manieristischer Ausdrucksfreiheit inspirierten Figuren scheinen den ihnen zugeordneten Rahmen zu sprengen; selbst die Statisten der Szene unterstehen dem alle ergreifenden Schmerz.

In der zweiten Kapelle des südwestlichen Seitenschiffs, der *Christus-Kapelle (c)*, befindet sich eine realistisch gearbeitete liegende Figur des toten Christus von Gregorio Fernández, die vom Beginn des 17. Jahrhunderts stammt.

Sehenswert ist das *Chorgestühl (d)* vom Ende des 15. Jahrhunderts, von spätgotisch-flamboyantem Maßwerkdekor überzogen. Es wurde der Alten Kathedrale entnommen und steht stilistisch im Zusammenhang mit der Gestaltung des Kreuzgangs. Der *Hauptaltar (e)* wurde von Francisco Sabatini (1722–97) 1768 entworfen; er enthält eine sogenannte Friedensmadonna aus dem 14. Jahrhundert. Die Glasfenster stammen von flämischen Künstlern und entstanden Mitte des 16. Jahrhunderts, der Zyklus in den Kapellen des Chorumgangs ist erst 1916 dazugekommen.

Der *Kreuzgang (f)* der Kathedrale ist zu Beginn des Neubaus vollständig von der Alten Kathedrale hierher versetzt worden. Juan Guas, der in Brüssel ausgebildete Bretone und erste Schöpfer des Isabellinischen Stils in Spanien, hat ihn ganz in der flämisch-flamboyanten Tradition entworfen. Die Umgänge des quadratischen Hofs sind von Kreuzrippengewölben umschlossen, die spitzen Bögen der Arkaden von geschwungenem Maßwerk gefüllt. Schlichte Raumordnung und filigrane Verkleidung schaffen eine stimmungsvolle, mit Licht und Schatten spielende Atmosphäre; bewegte Ruhe stellt sich ein. Auch das *Eingangsportal (g)* zum Kreuzgang stammt von Guas. Es ist sein erstes bekanntes eigenes Werk in Spanien. Er war im übrigen bereits seit Mitte des 15. Jahrhunderts als Gehilfe des Brüsseler Meisters Hannequin (Hanequín de Bruselas, gest. um 1495) an der Gestaltung der Kathedrale von Toledo tätig. Der Kreuzgang entstand zwischen 1472 und 1491.

In den nördlich gelegenen Nebenräumen des Kreuzgangs befindet sich das Kathedralmuseum. Neben Gemälden, u.a. von Pedro Berruguente und Luis Morales, sind liturgische Geräte und flämische Wandteppiche ausgestellt. Anrührend ist die liegende Figur auf dem Sarg des Infanten Pedro, ein unehelicher Sohns des kastilischen Königs Enrique II., der als Kind aus dem Fenster des Alcázar stürzte.

Der *Kapitelsaal (h)* zeigt neben einer vergoldeten Artesonado-Decke aus dem 17. Jahrhundert eine fast vollständige Serie mit flämischen Wandteppichen von Gerard Peemans (17. Jahrhundert) nach Bildvorlagen aus Rubens' Werkstatt. Thema der acht prachtvollen Bildwerke ist das Leben der Königin Zenobia von Palmyra, die sich der Römerherrschaft verweigerte, woraufhin Kaiser Aurelian ihr Reich mit Krieg überzog und sie 272 gefangennahm.

Gegenüber dem Ausgang der Kathedrale (Puerta de San Frutos) steht der Renaissancepalast des Marqués de Arco, ursprünglich ein Geschenk Philipps II. an einen Kardinal aus Segovia. Der **Palacio del Arco (8)**, im 16. Jahrhundert gebaut, enthält den schönsten Patio von Segovia. Mit dem Ausgang aus der Kathedrale haben wir zugleich das alte Judenviertel verlassen und das Viertel der Kanoniker betreten, die hier für sich wohnten, durch Mauern abgegrenzt und nur durch Tore mit den Nachbarvierteln verbunden. Auf dem Weg zum Alcázar gehen wir durch das ehemalige Kanonikerviertel aus dem 13.–14. Jahrhundert hindurch. Wir passieren San José, eine Klostergründung der heiligen Teresa von Ávila aus dem 16. Jahrhundert, und kommen an der Casa del Dean vorbei mit dem Wappen eines Bischofs aus dem 17. Jahrhundert.

Der Alcázar

Die Kirche **San Andrés** (9) mit ihrem noch erhaltenen Mudéjar-Turm liegt an der Plaza de la Merced. Auch hier bietet sich die Möglichkeit, außen an der alten Stadtmauer weiterzugehen und zu einem der alten Stadtportale, Puerta de San Andrés, zu gelangen. Die Calle Daoiz führt direkt zur Plaza de la Reina Viktoria Eugenia, wo sich bis zu Beginn des 16. Jahrhunderts die Alte Kathedrale befand. Dort, wo die *comuneros* 1520 gegen die Kaiserlichen in der Burg antraten, hat man ein Denkmal für die Aufständischen des 2. Mai 1808 errichtet, als die Madrider Bevölkerung den Aufstand gegen die französische Besatzung begann.

Der Alcázar

Gegenüber, am Endpunkt des schmalen Berggrats, den wir hinaufgewandert sind, zeigt sich der **Alcázar** (10) mit flacher Stuckornamentierung an den Wänden, spitzen Turmgiebeln und runden Erkertürmen auf dem Wehrturm. Von der Stadt trennt ihn ein tiefer Burggraben. Eine Brücke führt uns hinüber.

Alcázar, im Hintergrund die Kathedrale

Alcázar

a *Sala del Trono*
b *Schloßkapelle*
c *Sala de la Galera*
d *Sala de Reyes*
e *Museo de Armas*

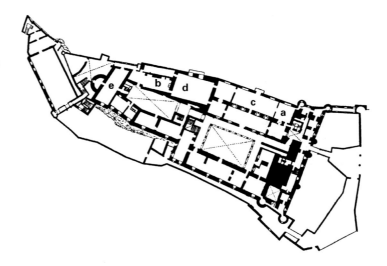

Seit frühester Besiedlungszeit gab es an dieser Stelle befestigte Anlagen. Der im elften Jahrhundert nach Ende der Reconquista erneuerte Alcázar wurde im 13. Jahrhundert zum königlichen Wohnsitz ausgebaut. Anfang des 15. Jahrhunderts wurde der nordöstliche Trakt für repräsentative Zwecke erweitert. Philipp II. feierte 1570 hier Hochzeit mit seiner vierten Frau Anna von Österreich; aus diesem Anlass fanden die letzten Umbauten statt: die Schieferdächer wurden aufgesetzt und ab 1587 der Innenhof nach den Plänen von Herrera umgestaltet. Die gesamte Burg hat man nach dem verheerenden Brand von 1862 nach Zeichnungen, die vor dem Brand angefertigt worden waren, im Innern vollständig erneuert. Die königlichen Prachträume wurden im Stil der kastilischen Könige des 15. Jahrhunderts seit Ende des 19. Jahrhunderts, verstärkt nach dem Bürgerkrieg ab 1939, neu eingerichtet. Hierbei bemühte man sich, das Verlorene durch Originale aus anderen Orten zu ersetzen. Dies waren vor allem Ausstattungsstücke im Mudéjar-Stil: Yeseria- und Azulejo-Wanddekor und geschnitzte hölzerne Artesonado-Decken, aber auch Türen und Mobiliar.

Neben dem Alcázar von Toledo galt der Alcázar von Segovia als wichtigstes Monument der spanischen Nationalgeschichte und spielte insbesondere in der Schulerziehung eine herausragende Rolle. Der im 15. Jahrhundert ausgestattete *Thronsaal (a, Sala del Trono)* bekam eine Decke aus der Kirche Urones de Castroponce (Provinz Valladolid). Die *Schlosskapelle (b)* erhielt eine Artesonado-Decke aus Cedillo de la Torre (Provinz Segovia). Die *Sala de la Galera (c)* ist nach der einer Schiffskonstruktion verwandten Decke so genannt und in neuerer Zeit rekonstruiert worden; von hier aus führt ein schöner Blick in das Tal des Eresma. Der *Königssaal (d, Sala de*

Reyes) mit dem bemalten Wandfries der kastilischen Herrscher geht auf eine Restaurierung des 19. Jahrhunderts zurück. Er beginnt mit dem westgotischen Fürsten Pelayo, der nach dem Maureneinfall in Nordspanien die Reconquista zu organisieren begann, und endet mit einer Königin, die nie auf dem Thron saß: Johanna die Wahnsinnige, Tochter Isabellas und Ferdinands, Frau des Habsburgers Philipp des Schönen und Mutter Karls V., der statt seiner Mutter, die in Tordesillas im Kloster lebte, auf den spanischen Thron kam. Auf der gesamten Westseite befindet sich der *Museumstrakt (e)*, in dem Exponate der Militärgeschichte ausgestellt sind, vor allem Messgeräte.

Der Rückweg führt uns durch die Calle Velarde. Wir gehen durch ein Tor hindurch, Puerta de la Claustra, wo in früheren Zeiten das geschlossene Kanonikerviertel überging in die Bürgerstadt. Auf der Plaza de San Esteban treffen wir auf die romanische Kirche **San Esteban** (11) aus dem frühen 13. Jahrhundert mit dem – neben dem Turm der Kathedrale – das Stadtbild bestimmenden Kirchturm, der besondere Eleganz besitzt. Er hat sechs Stockwerke, durchlaufende Ecksäulen und Arkaturen, die die Baumasse plastisch und zugleich wie ein geometrisches Muster gliedern. Der Volksmund nennt dieses so schlichte wie schmuckvolle Bauwerk ›Königin der spanischen Türme‹.

Wuchtig erstreckt sich schräg gegenüber der **ehemalige Erzbischöfliche Palast** (12), in dem heute ein Museum eingerichtet ist.

San Esteban (links),
San Juan de los
Caballeros (rechts)

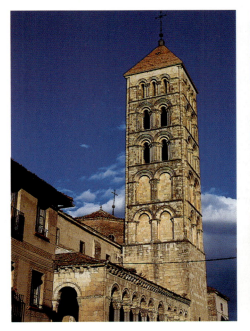

Segovia – ein Märchen

In der Nebenstraße Calle Desamparados liegt idyllisch hinter einem Vorgarten das ehemalige Wohnhaus des Dichters **Antonio Machado** (13). Er gehörte zur 98er Generation, die den Geist und die Landschaft Kastiliens beschwor. Segovia war ein ideales Quartier für den Poeten, umgeben vom Zauber der Stadt und von der strengen kastilischen Landschaft. In Segovia arbeitete Machado von 1919 bis 1932 als Französischlehrer am Gymnasium. Sein Haus ist als Museum eingerichtet und zeigt seine Wirkungsstätte unverändert.

Wir kommen an Klöstern, Adelspalästen und weiteren romanischen Kirchen vorbei, bevor wir am Rand der Stadt auf die Plaza del Conde de Cheste treffen, eine Ansammlung von Stadtpalästen aus dem 15. und 16. Jahrhundert. Ein paar Schritte entfernt liegt an einem steilen Hang die älteste romanische Kirche Segovias, **San Juan de los Caballeros** (14), die bereits um 1100 gebaut wurde. Die Galerien im Westen und Süden bieten reichen Skulpturenschmuck. Sie wurde 1905 von dem Keramik-Künstler Daniel Zuloaga (1852 bis 1921) gekauft, dadurch vor dem Verfall bewahrt und als Werkstatt benutzt. Heute beherbergt die – inzwischen in Restauration begriffene – Kirche das *Museo de Zuloaga*. Auf der anderen Straßenseite liegt hinter dem Adelspalast Casa del Marqués de Quintanan aus dem 15. Jahrhundert die romanische Kirche San Sebastian. Nur wenige Schritte sind es von hier bis zu einer Aussichtsplattform auf der Höhe des Aquädukts. Wir überblicken die Plaza del Azoguejo, was auf arabisch soviel wie ›kleiner Marktplatz‹ heißt. In früherer Zeit war der Platz unterhalb des Aquädukts dicht mit Buden, Läden und Marktständen bedeckt.

Ein Spaziergang um die Stadt

Segovias Altstadt kann man sowohl bequem umlaufen wie umfahren. Für einen Spaziergang besonders geeignet ist die Nordseite. Wir können die Straße verlassen und durch einen stillen Park wandern, der sich am Nordufer des Flusses Eresma befindet. Am schönsten ist es, im Außenbezirk mit **San Lorenzo** zu beginnen. Die romanische Kirche mit schönen kapitellgeschmückten Seitengalerien steht inmitten eines stimmungsvollen mittelalterlichen Platzes mit Fachwerkhäusern.

Nur wenige Fußminuten entfernt liegt das zu Beginn des 16. Jahrhunderts errichtete Dominikanerkloster **Santa Cruz la Real** (15). Das von den Katholischen Königen gegründete Bauwerk ersetzte ein älteres Dominikanerkloster. Es stand an jener Stelle, wo sich einst eine Eremitenhöhle befunden hatte, in der Santo Domingo de Guzmán (1170–1221), der Gründer des Dominikanerordens, einige Jahre verbracht hatte. Die Höhle selbst wurde zur Kapelle ausgebaut. Das Gebäude harrt einer gründlichen Restauration. Wir sehen einen

Santa Cruz la Real

Santa Cruz la Real

Wandfries auf der Südseite, der das Motto der Katholischen Könige wiederholt: *Tanto monta – monta tanto*. Dass »jeder so hoch reite wie der andere« drückte die Rangleichheit beider aus. Das tief liegende, über eine Treppe erreichbare Isabellinische Portal der Kirche ist ein Werk von Juan Guas. Im königlichen Wappen ist auch ein Granatapfel als Zeichen der Inbesitznahme Granadas im Jahr 1492 untergebracht.

Der Weg führt uns von der Straße weg zu einer Brücke über den Fluß. Am Ende des Paseo de Alameda liegt rechter Hand das Hieronymitenkloster **El Parral** (16). Es wurde 1447 gegründet und

El Parral

Segovia – ein Märchen

gilt als erster im Isabellinischen Stil errichteter Bau. Es verfiel nach der Säkularisation 1838, in der auch die gesamte, ehemals prachtvolle Inneneinrichtung verschwand. Seit 1925 wird es wieder von Hieronymiten bewohnt und ist seitdem weitgehend restauriert worden. Ein freundlicher Mönch (Klingel am Portal) führt durch den kleinen Kreuzgang – der große Kreuzgang bleibt der Gemeinschaft der 14 hier lebenden Mönche vorbehalten – und schließt die Kirche auf. Sehenswert sind der geschnitzte mehrgeschossige Hauptaltar (Marienaltar) von Juan Rodriguez, einem Schüler Vasco de la Zarzas, und die kunstvoll geschmückte Tür zur Sakristei (südliches Querhaus), von Juan Guas geschaffen. Wir können die normale Straße entlanggehen, wieder den Fluss überqueren und dabei einen Blick auf die ehemalige Münze werfen. Sie entstand 1589 und produzierte, die Wasserenergie des Flusses nutzend, bis 1869. Danach wurde sie zur Mühle umgebaut. Wenn einem aber nach Improvisation und Geländegang zumute ist, lohnt es sich, auch um der schönen Aussicht willen, direkt gegenüber vom Klostereingang den Hügel zu besteigen und auf der Höhe entlangzuwandern bis zur kleinen Templerkirche **Vera Cruz** (17).

Die romanische Kirche wurde 1208 geweiht und gilt als besondere Kostbarkeit. Denn die Stätten des Templerordens wurden weitgehend zerstört. Ursprünglich nannte man die Kirche ›Heiliges Grab‹ nach Jerusalemer Vorbild. Als der Papst 1226 der Kirche einen Teil des authentischen Kreuzes schenkte, wurde sie danach genannt: Vera Cruz. (Das Kreuzesteil selbst ist in der nahen Pfarrkirche von Zamarramala zu sehen.)

Zu Beginn des 14. Jahrhunderts wurde der geheimnisvolle mächtige und in ganz Europa agierende Templerorden auf Betreiben des französischen Königs von der Inquisition angeklagt und verurteilt. Seine Mitglieder wurden ausgerottet. Die Kirche kam in den Besitz der Johanniter bis zum 17. Jahrhundert, blieb verlassen bis 1949 und wurde schließlich vom Malteserorden übernommen. Der Name ›Templer‹ stammt vom Gründungsplatz des Ordens, des ehemaligen salomonischen Tempels in Jerusalem, der an der Stelle der heutigen Omar-Moschee stand. Entsprechend polygonal – der Bedeutung der Zahl 12 für den Orden entsprechend – ist Vera Cruz konstruiert. Sie war ausschließlich für die Ritter des Ordens und ihre geheimen Zeremonien gebaut. Das Innere bildet eine Rotunde, durch zwölf Bögen geteilt. In der Mitte befindet sich ein Miniaturtempel in zwei Etagen, wiederum mit zwölfseitigem Grundriss. Im unteren Teil bilden vier kleine Tore den Zugang, den Himmelsrichtungen entsprechend. Eine Doppeltreppe führt zum schlichten Altarraum für die besondere Weihe der Waffen und der neu aufgenommenen Mitglieder des Ordens im Angesicht des dort aufbewahrten Teils des Heiligen Kreuzes. Bei Restaurierungsarbeiten der letzten Jahre sind einige Fresken an den Seitenwänden unter dem Putz entdeckt und ans Tageslicht gebracht worden. Einem restaurierten gotischen Altar hat man eine romanische Christusfigur hinzugefügt.

Für Pilger, weniger für Kunstinteressierte, gibt es zwei weitere Adressen in Segovia. Der Konvent der Barfüßigen Karmeliter, **Convento de Carmelitas Descalzos** (18) wurde von Johannes vom Kreuz gegründet. 1588–91 war er hier Prior. In der Klosterkirche liegt er begraben.

Das vielbesuchte **Santuario de la Virgen de la Fuencisla** (19) erinnert an ein Marienwunder aus dem 13. Jahrhundert. Eine Jüdin, der unerlaubten Beziehung zu einem Christen angeklagt, wurde von den Klippen der Stadt heruntergestürzt. Sie aber hatte zuvor in der Kathedrale Maria um Beistand gebeten. Diese sorgte für die Unversehrtheit der Gestürzten, aus der nun eine überzeugte Christin wurde. Zwischen 1597 und 1613 errichtete man zu Ehren der Muttergottes die Kirche. 1764 entstand der Hochaltar mit ihrem Bildnis.

Die Templerkirche Vera Cruz

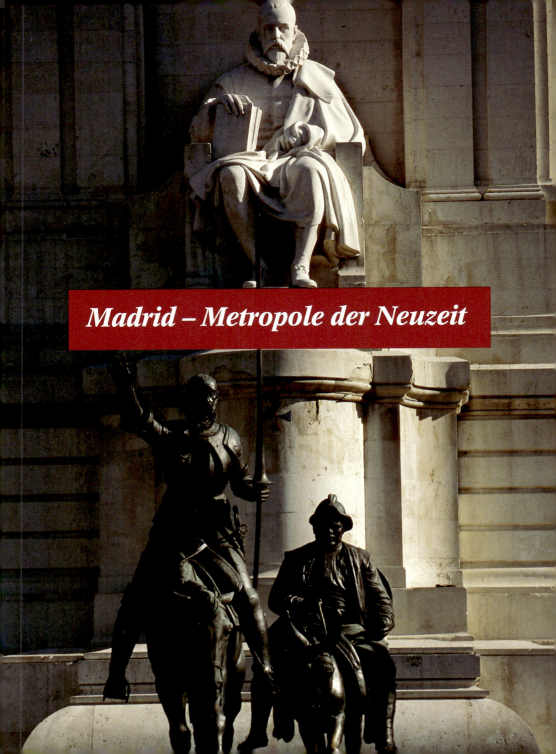

Madrid – Metropole der Neuzeit

Madrid ist heute nicht nur Sitz der spanischen Regierung und somit Hauptstadt des spanischen Staats, sie ist die größte Stadt Spaniens, liegt in dessen Zentrum und ist zugleich eine international ausstrahlende Metropole, eine der bedeutenden europäischen Hauptstädte und neben Paris und London wichtigster Brückenkopf zu den nichteuropäischen Kontinenten, in erster Linie nach Lateinamerika.

Madrid ist vor allem eine Stadt der Moderne, weil ihr städtischer Raum und ihre Architektur in erster Linie geprägt sind durch die jüngere Vergangenheit. Aber auch der Lebensstil ist in Madrid weniger vergangenen Traditionen verhaftet als in anderen spanischen Städten. Es ist eine Stadt des Tempos geworden, der Jugend, der *movida*, des nächtlichen Vergnügens. Und Madrid ist heute noch mehr als vor 400 Jahren, als sie zur Hauptstadt Spaniens proklamiert wurde, eine Metropole der Kunst, eine Kunsthauptstadt der Welt, die dem Besucher unvergleichliche Kunstschätze zu bieten hat.

Madrid ☆☆

Besonders sehenswert:
Museo del Prado
Museo Thyssen-Bornemisza
Centro de Arte Reina Sofia
Academia de San Fernando
San Antonio de la Florida
Museo Arqueológico
Monasterio de la Encarnación
Monasterio de las Descalzas Reales

Zur Geschichte der Hauptstadt Spaniens

Madrid liegt im geographischen Zentrum Spaniens an den letzten Ausläufern der Sierra de Guadarrama zwischen den Flüssen Manzanares und Jarama in einer Höhe von 600 m über dem Meeresspiegel.

In dieser klimatisch bevorzugten, ehemals wald- und wasserreichen Gegend – die arabische Übersetzung von ›Madschrit‹ bedeutet ›Gesunde Hügel‹ – gab es schon in vorgeschichtlichen Zeiten Besiedlungen. Als befestigter Ort wurde Madrid im neunten Jahrhundert erstmals erwähnt. Der Emir von Córdoba, Muhammad I., ließ dort einen Alcázar zur Verteidigung seines Reichs gegen die Christen im Norden bauen. Um die Festung herum bildete sich der erste Siedlungskern, von dem nur wenige Unterbauten des Mauerrings erhalten geblieben sind. Sie befinden sich in der Nähe der Puerta de la Vega, also an erhöhtem Standpunkt, wo heute der Königspalast aus dem 18. Jahrhundert und die erst 1993 fertiggestellte neugotische Kathedrale Madrids stehen, von deren Vorplatz man einen schönen Blick auf das Guadarrama-Gebirge und die königlichen Gärten unterhalb der Altstadt werfen kann. Das alte Madrid lag auf dem höchsten Hügel und erlaubte eine weite Sicht vor allem in westliche wie in nördliche Richtung, von wo die christlichen Eroberer zu erwarten waren. Mit der Eroberung Toledos 1085 geriet auch das in der Nähe liegende kleine Madrid in den christlichen Herrschaftsbereich. In einer Nische der Stadtmauer erschien den christlichen Eroberern unter Alfons VI. eine Sieg verheißende Madonna. Diese *Virgen de la Almudena* wurde die erste Schutzpatronin des nunmehr christlichen Madrid und gibt heute der Kathedrale den Namen, die an der Stelle errichtet wurde, wo der Legende nach die Heilige Jungfrau den

◁ *Cervantes-Denkmal, Don Quijote und Sancho Panza auf der Plaza de España*

155

Madrid – Metropole der Neuzeit

Im Park von Buen Retiro

christlichen Rittern erschienen war. Vor allem seit dem 12. Jahrhundert wuchs die Anzahl der Bevölkerung stetig an, so dass eine zweite Stadtmauer gebaut werden musste. 1202 wurden der Stadt von König Alfons VIII. Sonderrechte verliehen. Man lebte von Handel und Handwerk. Repräsentative Gebäude gab es nicht. Nach der Heiligen Jungfrau waren es ein einfacher Landarbeiter und seine Frau, die zu Schutzpatronen des Orts wurden.

Die Katholischen Könige ließen ein Kloster außerhalb der Stadt ausbauen; manche Fassaden wurden plateresk geschmückt, aber Madrid blieb architektonisch ohne Bedeutung. Karl V. hielt sich einige Zeit dort auf, vor allem das Klima genießend und den gebührlichen Abstand zu Toledo. 1537 sorgte er dafür, dem Alcázar eine neue Fassade zu geben; in den Jagdgründen nordwestlich der Stadt ließ er das Schloss El Pardo errichten. Während seiner Regierungszeit wuchs die Einwohnerzahl der Stadt von 3000 auf ca. 25 000 Einwohner. 1561 machte Philipp II. diesen zwar aufstrebenden, aber

Zur Geschichte der Hauptstadt Spaniens

unbedeutenden Ort zur ersten festen Hauptstadt des spanischen Königreichs und schaltete damit die wechselnd bevorzugten Residenzen Toledo und Valladolid aus. Verwaltungszentrum des Weltreichs wurde Madrid, die neue Hauptstadt Spaniens, von keiner Vergangenheit belastet und eingeschränkt. Der Alcázar wurde ausgebaut und zugleich weit außerhalb der Stadt ein königlicher Wohnbezirk *(Buen Retiro)* dem von den Katholischen Königen errichteten Kloster San Jeronimo el Real beigefügt. Der seit dem 19. Jahrhundert öffentlich zugängliche Park von Buen Retiro, heute die grüne Lunge inmitten der Großstadt Madrid, befindet sich an der Stelle dieser ehemals königlichen Gärten.

Philipp II. hatte Madrid zwar als Residenz und als Verwaltungszentrum ausgewählt, weniger aber als einen prosperierenden städtischen Raum vorgesehen. Es war *villa* und *corte*, aber keine freie Stadt mit entsprechender öffentlicher und formaler Anerkennung; so wurde Madrid auch nicht Bischofssitz (zumindest nicht vor 1883).

Madrid – Metropole der Neuzeit

Und dies ist auch einer der Gründe, weshalb der Klerus seine Hauptstadt Toledo nicht verließ und es wenig repräsentative Kirchenbauten in Madrid zu besichtigen gibt. Eine Kathedrale zu bauen stand nur Bischofssitzen und ›Städten‹ zu. Selbst der repräsentative private Baueifer wurde gebremst: in mehrstöckigen Häusern mussten dem König beziehungsweise den Hofbeamten die oberen Stockwerke zur Verfügung gestellt werden.

Die baulichen Vorhaben unterstanden strenger Kontrolle und wurden von beamteten Hofarchitekten vorangetrieben, die direkt dem König unterstanden. So bildete Madrid im 16. Jahrhundert ein krasses Spannungsfeld aus gewachsener maurisch-mittelalterlicher *villa* und den Hofbezirken, in denen, begonnen mit den Sammlungen der Katholischen Könige, die europäischen Kunstschätze vor allem aus Italien und aus den Niederlanden ihren repräsentativen Platz fanden. Vom Hof und seinen Inspirationen vernachlässigt wurde Madrid aber vor allem, weil Philipp II. in der zweiten Hälfte des 16. Jahrhunderts den Escorial bauen ließ: das spanische Ideal einer Verbindung von Kloster und Königsresidenz. Dieses ambitionierte Projekt zog nicht nur die Aufmerksamkeit, sondern auch die finanziellen Mittel auf sich.

Dennoch wuchs die Stadt zur Zeit Philipps II. innerhalb weniger Jahrzehnte von 25 000 auf 60 000 Einwohner an. Aus den großen Straßen, die das damalige Madrid in west-östlicher Richtung durchzogen, sind die heutigen Hauptverkehrsadern hervorgegangen. Die Calle Mayor trifft auf die Puerta del Sol, von wo aus sternförmig die Wege weiter nach Osten (Calle de Alcalá) oder zu den Ausfallstraßen nach Süden und Norden führen. Zwischen den Straßen entstanden geschlossene Wohnblocks. Anfang des 17. Jahrhunderts wurde das alte Zentrum um die Calle Mayor erstmals im königlichen Auftrag gezielt ausgebaut. Die Plaza Mayor, der repräsentative Hauptplatz Madrids, entstand zwischen 1617 und 1619 und bildete fortan als Schauplatz von Versammlungen und als Treffpunkt der Bürger den urbanen Mittelpunkt Madrids für Jahrhunderte.

In der ersten Hälfte des 17. Jahrhunderts war Madrid Hauptstadt des *siglo de oro*. Die großen spanischen Dramatiker Lope de Vega und Calderón de la Barca, der Lyriker Quevedo und der Schöpfer des Don Quijote, Miguel de Cervantes, lebten in dieser auf Zukunft hin ausgerichteten, pulsierend anregenden Stadt und machten sie, jenseits staatlicher Programme, zu einem kommunikativen Wirkungsfeld, in dem die spanische Sprache auf den Theaterbühnen und in Büchern zu blühen begann und stilbildend auf ganz Europa ausstrahlte.

Die spanische Malerei kam zu ihrer vollendetsten Form. Diego Rodrígez de Silva y Velázquez wirkte als Hofmaler im Alcázar von Madrid.

Aus den Gärten der klösterlichen Königsresidenz im Buen Retiro wurde ein weiträumiger Park mit Wasserspielen, Grotten, Aussichtstürmen und einem großen, stillen See. Es ist die Szenerie eines Welttheaters, wie es den großen spanischen Dramatikern jener Zeit vor-

Zur Geschichte der Hauptstadt Spaniens

Blick auf Madrid mit der belebten Gran Via

Madrid – Metropole der Neuzeit

Plaza de la Cibeles: Hauptpostamt und Kybele-Brunnen (links); Plaza Mayor: Casa de la Panaderia (rechts)

schwebte. Zugleich wurde Madrid eine Stadt der Klöster, die sich dem weltlichen Geist und dem öffentlichen Raum entzogen.

Mit der Bourbonenzeit seit Anfang des 18. Jahrhunderts herrschte ein neuer Geist. Der Hof schloss sich nicht mehr rigoros vom städtischen Leben ab wie unter den Habsburgern, sondern suchte auch architektonisch nach städtebaulichen Initiativen und auflockernden Verbindungen. Die Niederungen des Manzanares unterhalb des königlichen Schlosses wurden zum Arkadien sowohl der Hofbeamten wie der einfachen Bürger und zur lichtvoll-beschaulichen Rokokoszenerie, wie sie Francisco Goya Ende des 18. Jahrhunderts in seinen Entwürfen für die Teppichmanufaktur eingefangen hat.

Nachdem der alte Alcázar 1734 abgebrannt war, wurde 1764 die neue Schlossanlage von Karl III. bezogen, in der bis heute der spanische König repräsentative Empfänge gibt. Die Puerta del Sol wurde als städtischer Verkehrsknotenpunkt weiter ausgebaut, ein botanischer Garten entstand, und 1785 kam im Geist der Aufklärung ein Naturwissenschaftliches Museum hinzu. Es ist das Gebäude des Prado, das, entgegen seiner ursprünglichen Bestimmung, seit Beginn des 19. Jahrhunderts den größten Teil der königlichen Gemäldesammlungen beherbergt.

1836 wurde Madrid durch die Überführung der Universidad Complutense aus Alcalá de Henares Universitätsstadt, 1860 fuhren die ersten Eisenbahnen nach Aranjuez und Barcelona, und man begann mit der Ersetzung der Stadtmauern durch den Bau von Ringstraßen. Neue Wohnviertel entstanden in den Randbezirken; alte Viertel wurden für bestimmte Bevölkerungsgruppen eingerichtet: für das Proletariat und die Landleute, für die Handwerker und das Großbürgertum (auf Initiative des Marqués de Salamanca den heutigen Barrio Salamanca). Bis 1874 herrschte ein relativ einheitlicher klassizistischer Stil in der Architektur vor, dann bediente man sich zunehmend eines spätromantisch übersteigerten Historismus, der Verkleidungen und dramatisch-barocke Überhöhungen liebte (Ban-

Ein Zentrum europäischer Kunst

Moderne Architektur in Madrid

co de España, 1882; Palacio de Comunicaciones, 1905–17). Er wurde abgelöst vom funktionalen europäischen Architekturstil der 30er Jahre, der bis in die Franco-Zeit weiterwirkte, wenn auch ideologisch durchsetzt mit imperialen und antikisierenden Grundmustern.

Der Ausbau der Prachtstraße Paseo de la Castellana seit den 60er Jahren mit Hotels, Bank-, Versicherungs- und Regierungsgebäuden bedeutete für Madrid den Anschluss an die Internationale Moderne der Architektur und zeigt heute zugleich eine großzügige, ideenreiche und faszinierende spanische Variante zeitgenössischer Architektur von hohem Niveau.

Annäherung an ein Zentrum europäischer Kunst

Seit Madrid in der Mitte des 16. Jahrhunderts zur Hauptstadt Spaniens wurde, war sie auch eine Hauptstadt der Kunst. Sie war es nie durch den Reiz ihrer Architektur, sondern in erster Linie durch die Wahl als Königsresidenz und die Tatsache, dass sich die spanischen Könige von Beginn an als Sammler und Auftraggeber von Kunstwerken betätigten. Die königlichen Gemäldesammlungen bilden bis heute die Hauptattraktion Madrids für Kunstinteressierte aus aller Welt.

Bereits die Katholischen Könige, die Ende des 15. Jahrhunderts die Grundlegung für die Bildung des spanischen Staats schufen, sammelten Gemälde von Meistern ihrer Zeit, vor allem aus den Niederlanden und aus Italien. Mit Carlos I. weitete sich in mehrfacher Hinsicht der Horizont. Der spanische König, der als Karl V. zugleich deutscher Kaiser war, unterhielt ein respektvolles Verhältnis zu Tizian, dem in Venedig residierenden größten Maler seiner Zeit.

Madrid – Metropole der Neuzeit

Süditalien wurde von einem spanischen Vizekönig in Neapel regiert. Ein intensiver Austausch vor allem zwischen Italien und Spanien sorgte für Anregung und schließlich auch für die Ausprägung einer spanischen Malerei eigener Größe. Im goldenen Jahrhundert spanischer Kultur war der Königshof von Madrid nicht nur der Arbeitsplatz bedeutender spanischer Maler, sondern auch ein vielbesuchter Ort anerkannter Künstler aus ganz Europa wie Rubens und später Tiepolo. Die spanischen Hofmaler Velázquez und Zurbarán indes wurden zwar im eigenen Land geschätzt, im restlichen Europa zu ihrer Zeit jedoch kaum oder gar nicht wahrgenommen, denn ihre Auftraggeber kamen fast ausschließlich aus den Kreisen des spanischen Adels und des Klerus (was besonders für Zurbarán galt). Gegenüber der ausländischen Konkurrenz hatten es die spanischen Maler im eigenen Land vergleichsweise schwer. Jedenfalls blieben die meisten ihrer Werke im Land und am Ort ihres Wirkens in Madrid. So kann man heute zwar Rubens und Tintoretto auch in Paris, Amsterdam, Wien, München und in St. Petersburg bewundern, die großen Spanier aber fast nur in Spanien, vorzugsweise in Madrid, dem Ort der königlichen Kunstsammlungen, im Prado. Nirgendwo sonst gibt es diesen Reichtum an Präsentation spanischer Malerei. Sie bildet daher gewiß den Kern des Kunstinteresses, das einen nach Madrid reisen läßt. Aber die europäische Metropole bietet noch andere Höhepunkte der Malerei.

Angefangen von den phantastischen Bildern des Hieronymus Bosch und Pieter Brueghel d. Ä. über Dürer, Memling, Rubens, Tizian und Tintoretto zeigt allein der Prado Großartiges, Unvergleichliches. Dem Prado gebührt mit seiner Dichte, Geschlossenheit und in der durchgehenden Qualität seiner Exponate ein besonderer Rang unter den Museen der Welt.

Hinzugekommen ist im Oktober 1992 die Sammlung ThyssenBornemisza, die mit ihrem Schwerpunkt auf Porträt- und Landschaftsmalerei einschließlich der Kunst des 19. und der klassischen Moderne des 20. Jahrhunderts ein überaus reizvolles Gegenüber bildet: durchaus als Komplementierung des Prado, aber vor allem als Fortführung und Fortsetzung durch den Gang der Geschichte bis in unsere Zeit. Die Sammlung des Prado endet mit dem Eintritt in die Moderne, mit einem singulären Künstler, der zwischen den Epochen steht, diese einzigartig in sich verkörpert und zugleich die drei Jahrhunderte umfassende Prado-Sammlung mit originär spanischer Kunst abschließt: mit Francisco de Goya y Lucientes. Auf seine Werke antworten die Modernen der Thyssen-Bornemisza-Sammlung, und da, wo diese endet, kann man die Fortsetzung im ebenfalls nahen Kunstzentrum Reina Sofía betrachten. Aber auch hier ist nicht nur die Entwicklung der Kunst von der Auflösung des Tafelbilds hin zum Environment und zur Objektkunst zu verfolgen. Noch einmal sind es die spanischen Klassiker der Moderne, die hier zu faszinieren vermögen: Salvador Dalí, Joan Miró, Juan Gris und Pablo Picasso. An herausgehobenem Platz – geschützt vor Anschlägen und in Distanz vor möglicher Berührung – wird ein Hauptwerk des 20. Jahrhunderts aufbewahrt, ein spannungsvolles Werk des Widerstands gegen Krieg und Zerstörung: Picassos ›Guernica‹. Es wurde für die Pariser Weltausstellung 1937 als Beitrag des republikanischen Spanien während des Spanischen Bürgerkriegs geschaffen und konnte erst 1981 aus dem New Yorker Exil im Museum of Modern Art in die Hauptstadt des neuen demokratischen Spanien gebracht werden.

Museo Nacional del Prado

Überlegungen zur Auswahl

Der Prado stellt Werke vom 12. bis 18. Jahrhundert in einer solchen Fülle aus, dass eine Auswahl, so schwer sie auch fällt, notwendig ist. Man kann die verschiedenen künstlerischen Entwicklungen nach Ländern gesondert betrachten. Die Kataloge gehen in der Regel nach diesem Prinzip vor. Und der Prado selbst hat seine Sammlung in diesem Sinn eingerichtet. So sei hier vorgeschlagen, bevor man sich der

Besucher im Prado

Madrid – Metropole der Neuzeit

Besäße Spanien nichts weiter als seine Geschichte, würde sich niemand seiner erinnern. Aber Spanien hat sein Museum, und dank diesem bleibt es lebendig im Bewußtsein der Welt.

José María Salaverría, Phantasmen vom Prado-Museum (19. Jahrhundert)

spanischen Malerei nähert, zunächst (unter Vernachlässigung der stilprägenden italienischen Renaissance mit Werken von Botticelli und Raffael) einige flämische und deutsche Meisterwerke zu betrachten: Werke von Rogier van der Weyden, Hieronymus Bosch, Pieter Brueghel d. Ä. und Albrecht Dürer – bevor man in der Chronologie weitergeht, die ja nicht wegen der Jahreszahlen wichtig ist, sondern um die Entwicklung des europäischen Geistes anhand seiner Bildschöpfungen zu verfolgen, wozu der Prado in besonderer Weise einlädt. Die engen Verbindungen zwischen den kulturellen Zentren in West-, Mittel- und Südeuropa erlauben diese europäische Perspektive. Und es kann sehr reizvoll sein, während eines Rundgangs im Prado innerhalb von Stunden nachzuvollziehen, was Jahrhunderte währte: die Entstehung eines neuen Menschenbilds, die Verzahnung zwischen christlichem Glauben und einem auf antiken Idealen fußenden Humanismus, die Entdeckung der Natur und des menschlichen Individuums, angefangen mit den Tiefen psychischer Verstrickung und einem Kosmos der Verfallenheit bis hin zum Gestus menschlicher Anmut und Würde. Im Werk Goyas kann man diesen Weg innerhalb einer Lebensspanne wieder zurückverfolgen: von der hellfarbigen Galanterie des Rokoko zu den düsteren Visionen menschlicher Abgründigkeit.

Die Geschichte des Tafelbilds wird hierbei en passant erzählt: beginnend bei den Darstellungen höchster göttlicher Erscheinungen in der sakralen Kunst, die das Menschliche immer intensiver einarbeitet, bis hin zur Wiedergabe des Unmenschlichen und der Auflösung der illusionistischen Bildform, die nicht nur Ausschnitt sein sollte, sondern eine Welt zu fassen suchte. Dass es nicht nur um himmlische Sphären und phantastische Gaukeleien geht, ist in erster Linie dem Ernst und Kunstsinn der königlichen Sammler geschuldet, aber auch den spanischen Künstlern und ihrem unerschütterlichen Sinn für Realismus. So ist der Gang durch diese Bilderwelt auch ein Gang durch die Geschichte Europas. Wir sehen wie in einem Bilderbogen, wie der europäische Mensch geformt wurde. Widersprüche sind in die Bilder eingearbeitet, Spannungen werden in ihnen ausgetragen und Ambivalenzen erkundet. Die Bilder erzählen auf stumme und doch beredte Weise nicht nur vom Objekt, das auf die Leinwand gebannt wurde, sondern auch durch Licht, Farbe und Pinselstrich von ihrem Schöpfer und seinem Bild der Welt: getragen von dem Selbstbewusstsein, nicht im Abbild das Höchste zu sehen, sondern in der Kreation, in der Poetik, in der Erschaffung.

So wie die Weltlichkeit für die Maler ins Blickfeld rückt, so beginnt mit der Renaissance auch der Rang des einzelnen Künstlers, sein Selbstbewusstsein als Schöpfer zu wachsen. Ein utopischer Ort war diesen Künstlern bei aller Abhängigkeit von Hof und jeweiliger Gunst der Mächtigen zu Eigen: ein Ort der Transzendenz im Weltlich-Anschaulichen, im Bereich der Kunst, die entgegen den Trennungszeremonien des aufkommenden rationalen Denkens im Akt der Schöpfung Vernunft und Natur, ideelle Konzeption und stoffliche Materie,

Museo Nacional del Prado

Geist und Sinnlichkeit im einzelnen Werk miteinander verband und somit als ästhetisches Subjekt etwas Ganzes zu schaffen verstand, was sich als Besonderes heraushob gegenüber einer zerspaltenen Welt. Die Künstler pflegten einen Universalismus, der sich nicht in reinen Ideen verflüchtigte, sondern in konkreter Anschauung sichtbar gemacht wurde. Was würdig erschien, auf Leinwand übertragen zu werden, war es wert, festgehalten zu werden in einer Welt des Vergänglichen: zur vorläufigen Ewigkeit verholfen wurde somit nicht nur dem Herrscher und seinen großen Aktionen, sondern auch einfachen Menschen und schlichten Dingen. Göttlich zu sein war nicht mehr nur ein von kirchlicher oder weltlicher Macht zugewiesenes Privileg. Schließlich wurde der Maler zum kritischen Darsteller menschlicher Hohlheit, Eitelkeit und Grausamkeit, ein Verfechter der Wahrheit gegenüber der Lüge, des wahren Gesichts gegenüber den Masken. Zu-

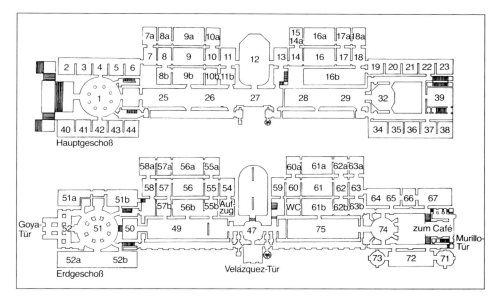

Museo Nacional del Prado (ausgewählte Hinweise):

Erdgeschoss: Eingang durch die Goya-Tür (52)   Saal 49, 50 Spanische Malerei des 14.–16. Jh.   54 Altdeutsche Malerei (Dürer, Baldung Grien u. a.)   55–58a Altniederländische Malerei (Campin, Weyden, Bosch, Brueghel) und Span. Malerei (Berruguete u.a.)   47 Velázquez-Tür 75 Rubens 59–63 Flämische Malerei des 16.–17. Jh. (Rubens, Dyck, Jordaens)   64–65 Holländische Malerei des 16.–17. Jh.   66–67 Goya, Pinturas Negras
Hauptgeschoss: Saal 1 Spanische Malerei des 17. Jh., Skulpturen von Pompeo Leoni   2–6 Italienische Malerei des 15.–16. Jh. (Mantegna, Corregio, Raffael u. a.)   7–10, 7a–10a Venezianische Malerei des 16. Jh. (Tizian, Veronese, Tintoretto, u. a.)   8b–10b El Greco   12, 13–16 Velázquez   16a–18a, 24, 25–27 Spanische Malerei des 17. Jh. (Zurbarán, Cano u. a.)   19–23, 34–38 Goya   40–44 Flämische Malerei des 15.–16. Jh., Deutsche Malerei (Weyden, Bosch, Patinir, Brueghel, Dürer)

gleich wurde er aber auch der Bildschöpfer des Traums, der Vision, der Wünsche, die vom Leib ausgehen und sich im Leiblichen wiederfinden, und er nimmt die Stelle eines der Gesellschaft gegenüber Stehenden ein, der in den Kunstwerken Spiegel schuf, in denen die Menschen sich erkennen konnten.

Nach der flämischen und deutschen Malerei sollte der Rundgang den Besucher, nun wieder dem Ablauf der Kunstgeschichte folgend, als weiteren Schwerpunkt nach Italien und hier zur Venezianischen Schule der Hochrenaissance führen, die nirgendwo so reich vertreten ist wie im Prado, was den engen Verbindungen zwischen dem spanischen Herrscherhaus und Venedig zu verdanken ist. Hier sollte nur der – neben Tintoretto und Veronese – wichtigste Maler hervortreten: Tizian, der Favorit Karls V. wie seines Sohns Philipp II.

Mit einem Griechen, der aus dem venezianisch beherrschten Kreta stammte und kurzzeitig auch zu Tizians Schülern gehörte, beginnt dann die spanische Malerei des *siglo de oro*: El Greco. Ihm folgen Ribera, Zurbarán und Murillo. Eine besonders ausführliche Betrachtung sei dem Werk von Velázquez gewidmet, dem herausragenden spanischen Maler des 17. Jahrhunderts.

In reizvollem Kontrast zu den vergleichsweise ruhigen Bildern von Velázquez stehen die dynamischen Szenen seines Freunds und Kollegen Peter Paul Rubens, dessen Werk nach den Bildern Goyas am häufigsten vertreten ist (zum Vergleich: 165 Werke besitzt der Prado von Goya , 83 von Rubens, 50 von Velázquez, 33 von El Greco, 40 von Brueghel und 36 Werke von Tizian).

Die vorliegende Auswahl für einen ersten Rundgang konzentriert sich schwerpunktmäßig auf die spanische Malerei. Mit Goya, dem repräsentativsten und zugleich eigenwilligsten Maler des Zeitalters der Aufklärung und der bürgerlichen Revolution, schließt der Rundgang durch den Prado ab; zugleich öffnen seine Bilder auf neue und beunruhigende Weise den Blick. Er verklammert das 18. und das 19. Jahrhundert, und weist zugleich mit seinem revolutionären Werk weit ins 20. Jahrhundert. Mit Goya endet das Zeitalter einer Kunst der Könige, und mit ihm beginnt die Moderne mit verschärftem Eigen-Sinn der Kunst.

Die Anordnung der Bilder im Prado wechselt von Zeit zu Zeit. Geplant ist eine Auslagerung beziehungsweise Erweiterung der Ausstellungskapazität. Wie auch immer die aktuelle Präsentation gestaltet sein mag, die große Übersicht wird bestehen bleiben, zumal der Prado durch seine Sammlung klare Schwerpunkte setzt. Ein Lageplan oder auch ein kurzer Führer durch die Galerie ist auf jeden Fall nützlich. So wird man sich verhältnismäßig leicht zurechtfinden und auch jene Werke kommentiert bekommen, die hier aus Platzgründen nicht berücksichtigt werden konnten.

Zumindest für den ersten Besuch erscheint eine gezielte Auswahl sinnvoller, sofern man sich nicht prinzipiell von eher zufälligen Begegnungen bestimmen und durch die Bilderwelt treiben lassen will.

Altniederländische Malerei

**Rogier van der Weyden (1399/1400 –1464)
Die Kreuzabnahme, vor 1443**

Von Maria von Ungarn, der Schwester Karls V. und Statthalterin der Niederlande, in Löwen für ihren Neffen Philipp II. von Spanien erworben, hing das Bild lange Zeit im Escorial. Es steht am Übergang vom Mittelalter zur Neuzeit, zwischen Spätgotik und Renaissance, ist eines der stilbildenden Werke der europäischen Kunstgeschichte und hat noch heute durch den lebendigen Ausdruck seiner Figuren und die frische Leuchtkraft seiner Farben eine starke unmittelbare Wirkung. Der gestorbene Gottessohn wird vom Kreuz genommen. Der die Schuld und das Leid der Menschen auf sich geladen hat, verbindet die Menschen im Schmerz über seinen Tod miteinander. Die Kreuzform wird im Bildformat wiederholt. Es ist das religiöse Repräsentationsbild seiner Zeit, das die Monumentalität des Vorgangs als bewusste Bildkomposition in den Vordergrund rückt und auf alle

Rogier van der Weyden, Die Kreuzabnahme, vor 1443

Nebensächlichkeiten sowie auf sinnliche Wirkungen eines natürlichen Raums und des Lichts verzichtet. Die lebensgroßen Figuren stehen wie Skulpturen in einem Schrein. Die menschliche Gestalt wird erhöht, um berechtigt zu werden, Heiliges darzustellen. Maria ist in Ohnmacht zusammengesunken, Johannes, mit verweinten Augen, hilft ihr auf, er soll nach Jesu Worten nun der Sohn Marias sein. Maria Cleophas' Mitleid gilt dem Schmerz der Mutter. Maria Magdalena am rechten Bildrand verschränkt verzweifelt die Hände und gibt sich dem Schmerz und der Trauer hin. Joseph von Arimathäa und Nikodemus sowie dessen Diener (mit dem Salbgefäß) bilden das Grabgefolge. Sie sind auf den Leichnam Christi konzentriert. Die Bekleidung entspricht den Figuren: einfarbige Gewänder für die Marienfiguren links, reiche Farben für Maria Magdalena, als Anspielung auf ihren früheren Lebenswandel, und den vermögenden Nikodemus, der nach dem Johannesevangelium eine größere Summe zum Begräbnis beisteuerte.

Gezeigt wird das dramatische Geschehen bei allem farbigen und kompositorischen Reichtum in gleichsam emblematischer Klarheit und Ausgewogenheit. Das Artifizielle der Komposition steht der physischen Präsenz gleichwertig gegenüber, die im Halbrund angeordneten Figuren werden durch die in paralleler Bewegung zu Boden sinkenden Heiligen gebunden. Es entsteht der Eindruck des Schwebens und Niedersinkens, das alle Beteiligten ergreift. Dies bewirkt eine Geschlossenheit der Figurengruppe, die durch die Individualität der Gesichter mit den verschiedenen Ausdrucksformen des Schmerzes und der Anteilnahme wieder aufgelöst wird, so weit, dass jeder, befangen im eigenen Schmerz, isoliert zu existieren scheint. Das in den Gesichtern sichtbar gemachte Unsichtbare des gemeinsamen Leids, welches individuell erlebt wird, ist die menschlich überzeugende Kraft, die von dem Bild ausgeht, das man auch als ›Apotheose des Schmerzes‹ bezeichnet hat. Die menschliche Teilhabe, das ungeheure Geschehen, das der gestorbene Gottessohn von den Menschen aufgehoben wird, hat die Menschen immer wieder den Schmerz aus Mitleid als die existentielle Mitte christlicher Existenz erfahren und interpretieren lassen. Darin bewiesen sich die Menschen, die zu Heiligen wurden; hierin überschritten sie die menschliche Grenze. Aber darin lag auch ihre menschliche Würde. Das heilige Geschehen war unmittelbar bei den Menschen. Gott wurde Mensch dadurch, dass er sterblich wurde. Die Menschen wurden zu gotteswürdigen Menschen, weil Gott zu ihnen als Mensch kam. Wenn Gott im Schmerz zu den Menschen kam, so erhielten sie durch Gott auch ihre menschliche Würde.

Die Bilder des christlichen Westens erzählen jahrhundertelang diese Geschichten. Nicht die Ikone, das Bild des Heiligen, steht im Zentrum, wie in der orthodoxen Welt des Ostens, sondern die Erzählungen von Gottes Geburt, vom göttlichen Kind als Neubeginn des Lebens, von Kreuzigung, Tod und Auferstehung. Nicht das Bild ist heilig, es stellt das Heilige dar und erzählt davon. Die Menschwerdung Christi wird in den Bildern sichtbar gemacht. Es ist die Geschichte von Wandlungen, deren Muster gleich bleiben und die einen Schlüssel zum Geheimnis von Leben und Tod zu geben versuchen. Die Bilder sollen festhalten, was zu vergehen und vergessen zu werden droht: die Gegenwärtigkeit des Göttlichen im Menschlichen. Der im Tod menschlich werdende Christus erhöht zugleich die Menschen, die um ihn leiden. Die Marienfigur als Muttergottes, seit dem späten Mittelalter verstärkt in die Ikonographie und damit auch als Ausgleich in eine von Geschlechterspannungen durchwalteten patriarchalischen Welt eingefügt, die die alten autochthonen und antiken Muttergottheiten an den Rand gedrängt hatte, wird zur schönen mütterlichen Frau; diese wiederum wird als Inbegriff einer von sich aus schöpferischen Natur zu Modell und Muse, zur Inspiration der Künstler. Schließlich wird sie, nachdem die antiken Göttinnen in den europäischen Bilderkosmos neu eingeführt wurden, als Mutter Erde zur paradiesischen Naturlandschaft schlechthin.

Hieronymus Bosch (um 1450–1516)
Der Garten der Lüste, um 1510

Das Lieblingsbild Philipps II., der es mit anderen Werken von Bosch in seinen Privatgemächern unterbrachte, zählt zu den gewaltigsten, aber auch zu den bedrückendsten und geheimnisvollsten Gemälden der Kunstgeschichte. Es kam 1593 in den Escorial als »una pintura de la variedad del mundo«.

Hieronymus Bosch stammte aus einer in der niederländischen Handelsstadt 's-Hertogenbosch ansässigen Malerfamilie. Durch eine vorteilhafte Heirat materiell unabhängig, war er nicht auf kirchliche Aufträge angewiesen. Er war vertraut mit den kirchenkritischen Bewegungen und Sekten seiner Zeit, und so sehen manche Interpreten den ›Garten der Lüste‹ als Umsetzung vorgegebener Heils- und Vernichtungsvorstellungen einer bestimmten Geheimsekte. Offensichtlich ist zumindest die Unabhängigkeit dieses ›Welt-Bildes‹, das nach dem Inhalt der Mitteltafel benannt ist, vom Kanon der Kirche: Eine Kritik am Klerus wird miteinbezogen, rechts unten ist beispielsweise eine geschwätzige, im Reliquienhandel tätige Äbtissin als Schwein dargestellt.

Links die Paradies-Darstellung: Entgegen der üblichen Lesart entnimmt Gottvater Eva nicht einer Rippe des Adam, sondern führt Eva Adam vor. Das Paradies ist bei Bosch, genau besehen, nicht die reine Harmonie; Frösche werden von Vögeln gefressen, eine Wildkatze schleppt ein Nagetier im Maul; im Hintergrund hat ein Löwe ein Reh erlegt. Überhaupt gibt es bei Bosch das Paradies auf Erden wie die irdische Hölle, aber keine strikte Trennung der drei Welten. Das gesamte Gemälde ergibt ein Bild der menschlichen Psyche, wie es so

Madrid – Metropole der Neuzeit

*Hieronymus Bosch,
Der Garten der Lüste,
um 1510*

Hieronymus Bosch

Hieronymus Bosch,
Der Heuwagen, um
1485–90

Hieronymus Bosch

erstmals mit visionärer Kraft nach außen getragen wurde. Den Mittelteil bildet eine in diagonalen Bewegungen und Halbrunden komponierte wimmelnde Menschenschar, umgeben von Vögeln, Früchten und Meerestieren – ein geschichtenreiches komisch-kauziges, berührendes und verwirrendes Bild menschlicher Lust. Es wird ein Panorama entfaltet, das eher von Unschuld und Anmut zeugt als von Sünde; das Lichtvolle, Heitere angestrebter Vereinigung, die zarten Formen der Annäherung, die vorsichtigen und spielerischen Varianten fleischlichen Verlangens werden gezeigt. Man sitzt und steht beisammen, in kleinen oder großen Gruppen. Nur wenige, mit Vögeln oder Früchten beschäftigt, bleiben allein. Im Garten der Lüste wird vor allem kommuniziert. Die Früchte stehen symbolhaft für geschlechtliche Lust. Zahlreiche phallische oder vaginale Formen variieren die Grundformen des menschlichen Geschlechts. Die Menschen sind nackt und jung, baden oder reiten auf Tieren. Die Verwobenheit menschlicher Lust mit animalischen Trieben, ihre fleischliche Verbundenheit mit den Elementen Wasser, Luft und Erde wird in einer direkten und zugleich verschlüsselten Traumsprache gezeigt. Das Bild des Glücks ist aber nie eindeutig. Die Menschen, alle einander ähnlich, wirken nie ausgelassen, eher vorsichtig abwartend, probierend. Die Vergänglichkeit der Früchte steht für die Vergänglichkeit ihrer eigenen Existenz. Alles scheint zerbrechlich wie Glas, wie das leicht zerspringende, perlmutterne Material, aus dem nach mittelalterlichen Vorstellungen Träume gemacht sind.

Was Dante mit seiner Göttlichen Komödie für die Literatur gestaltete, ist Bosch mit seiner Bildfindung in der Malerei gelungen. Dies gilt insbesondere für die rechte Seite, wo der Höllensturz der Erde dargestellt und endgültig aus dem Wunschtraum ein Alptraum wird. Die Musikinstrumente, die ehemals göttliche Harmonien zum Leben brachten, sind nun Folterinstrumente geworden. Lärm ist eine der Höllenqualen. Die Pauke wird geschlagen, während der Mensch darin sitzt. Das Messer zwischen den riesigen Ohren im Hintergrund symbolisiert noch einmal wie ein Echo diese Art des Schmerzes. Eisige Kälte im Mittelteil und lodernde Hitze im Hintergrund bestimmen die Temperatur der Hölle. Im braungetönten Vordergrund verspeist ein blauer vogelähnlicher Teufel die Seelen der Menschen, die durch ihn hindurch müssen, um unterwärts in ein Loch mit Exkrementen zu gleiten – wohinein auch goldene Dukaten fallen. Eine merkwürdige vegetative weißlich-fahle Figur mit einem Leib wie ein zerbrochenes Ei und menschlichem Gesicht, sich auf zwei Kähne auf dem bleiernen Eis stützend, bestimmt die Mitte der apokalyptischen Landschaft. Es wird ein verstörendes, nie zuvor gesehenes Bild der Verlorenheit und Zerbrechlichkeit gezeichnet, von Todesfäule und Melancholie durchweht. Das Motiv des riesigen aufgebrochenen Windeis mit einer männlichen Gestalt (ein uraltes Symbol des Eros) wirkt nur noch irritierend. An seinem Bein verdeckt ein Tuch das syphilitische Geschwür nur unzureichend. In seinem Innern ist eine Taverne erkennbar und am geborstenen Rand ein Beobachter der Szene, den Arm aufgestützt (angeblich ein Porträt des Malers), uns betrachtend und das Elend der Welt, während im Hintergrund eine grausige Feuersbrunst die Verdunklung der Welt und ihre Zerstörung verheißt. Die Erde selbst ist zur Hölle geworden.

Hieronymus Bosch
Der Heuwagen, um 1485–90

Auch dieses Werk – es kam 1573 in den Escorial – ist ein Welt-Bild, das im linken Teil des Triptychons von oben nach unten die Erschaffung der Welt bis zur Vertreibung aus dem Paradies schildert; zudem die Verwandlung von gefallenen Engeln in Vögel. Im Mittelteil wird ein Heuwagen von links nach rechts geschoben: von der Vertreibung aus dem Paradies bis zur Apokalypse auf der rechten Seite folgt er dem Weg des irdischen Daseins der Menschheit. Der riesige Heuwagen ist eine Metapher für die Leere der menschlichen Existenz, das Heu ist Symbol der Vergänglichkeit, der Eitelkeit und der Gier nach unbeständigem irdischem Reichtum. Der Wagen wird gezogen und geschoben. Mancher gerät unter die Räder. Am Rand werden Menschen umgebracht, bestohlen und betrogen. Hinter dem Heuwagen Papst und König zu Pferde, gefolgt vom Tross der Gesellschaft. Alle sind mit sich und ihrer Gier beschäftigt. Nur auf dem Heuwagen sieht es anders aus. Ein Mann spielt Laute, eine Frau hält und liest die Noten, im Hintergrund küsst sich ein Liebespaar. So erhöht werden von Bosch Musik und Liebe gesehen, die im Streben nach Vereinigung einander verschwistert sind, der Gier nach Heu entronnen in eine eigene kultivierte Welt, dem Himmel näher, aber auch sie nicht gänzlich fern dem möglichen Verderben, umstanden vom himmelwärts flehenden Engel und einer obszönen flöteblasenden Höllenfigur. Sowenig sie der Heuwagen kümmert, sie sitzen auf ihm und werden die Richtung nicht ändern. Jesus Christus betrachtet das gesamte Treiben von einer Wolke aus, aufmerksam, aber ratlos. Die Menschen machen ihre Geschichte selbst.

Pieter Brueghel d. Ä. (1525/30–69)
Der Triumph des Todes, um 1562

Deutlich in der Nachfolge von Bosch gemalt, ist dieses Bild eine beklemmende Darstellung der Allmacht des Todes über das Leben. Es vereint die bildnerische Tradition vom Triumph des Todes mit der des Totentanzes. Ein Sensenreiter treibt die Menschen in einen aufgesperrten Kasten, auf dem sich Wasser befindet, das die Eingepferchten ertränken wird. Darüber werden die Trommeln geschla-

Madrid – Metropole der Neuzeit

Pieter Brueghel d. Ä., Der Triumph des Todes, um 1562

gen. Die Menschen werden von Skeletten in Netzen gefangen, erschlagen, erstochen, erhängt und ersäuft. Selbst der König links unten im Bild mit seinem prachtvollen Ornat ist machtlos. Ihm wird das Stundenglas verfließender Zeit vor Augen gehalten. Alle irdischen Schätze, wie die umgestürzten Tonnen von Münzen zeigen, sind wertlos angesichts des Todes. Das Spiel kennt keinen Gewinner mehr; der Tisch der Vergnügungen ist leer. Allein rechts unten, ähnlich wie auf dem Heuwagen von Bosch, hat die Musik den Tod eines Liebespaars noch aufgehalten. Dieser aber schaut ihm schon mit seiner eigenen Leier über die Schulter. Keiner entgeht dem großen Fürsten der Vernichtung.

Der Tod, in solcher Drastik gezeigt, hat insbesondere die Spanier beschäftigt, sie waren ihm immer schon zu Lebzeiten verfallen, kamen nicht von ihm los, lebten auf ihn hin. Und das Thema des Todes ist – obwohl der Sensenmann als Verkörperung von Pest und Krieg ein verbreitetes Bild war – ein besonderes spanisches Thema geblieben, von den Todesbildern eines Juan de Valdés Leal (1622–90) im Hospital de la Caridad in Sevilla bis hin zur schwarzen Poesie des 20. Jahrhunderts. Dem Tod ins Auge zu schauen ist zur spanischen Haltung geworden. Die andauernde Faszination eines ›Theaters des Todes‹, wie Federico Garcia Lorca den Stierkampf nannte, gibt davon bis heute Zeugnis.

Deutsche Malerei

Albrecht Dürer (1471–1528)
Selbstbildnis von 1498

Es ist das Bild stolzen Selbstbewusstseins nicht nur durch die Tatsache, dass der Künstler sich selbst porträtiert. Er tut dies nicht als Handwerker, sondern als Künstler, d. h. in erster Linie als Gelehrter, als jemand, der das Wissen über die Welt voranbringt und der als Erschaffer geistiger Welten einen hohen Rang genießt. Diese künstlerische Haltung setzt erstmals mit der Renaissance und vor allem in Italien ein.

Aus diesem Italien war der junge Dürer gerade gekommen, der Blick durch das Fenster auf die Alpen signalisiert die Richtung. Es ist das erste Selbstbildnis, das unabhängig ausgeführt wurde und damit mit den Zunfttraditionen, wie sie in Deutschland herrschten, brach. Betont wird die schöne, nahezu athletische Körperlichkeit, in der Vornehmheit und Eleganz der Kleidung zugleich der soziale Rang des ›Handwerkers‹, der mit Aristokraten verkehrte. Die Hände, die die Spuren des Handwerks tragen, sind in Handschuhen verborgen und ineinander gelegt, eine Handhaltung, die den Eindruck der geistigen Sammlung verstärkt, den das Bild vermittelt: das Miteinander von Weisheit und Handwerk, von Kunst und Geist, Poesie und Wissenschaft. Es ist der Anbruch einer neuen Zeit in der Jugend eines großen Künstlers, der sich, wie das Bild zeigt, sowohl als weltlichen Herrn wie als Erlöser der Welt stilisieren kann – der Ausbruch aus dem Mittelalter und der Beginn des Zeitalters der Individuen. Stolz signiert er das Bild eines neuen Seins: »1498 / Das malt Ich nach meiner gestalt / Ich war sex und zwanzig jor alt / Albrecht Dürer.«

Albrecht Dürer, Adam und Eva, 1507

Es sind die ersten lebensgroßen Aktdarstellungen der deutschen Malerei, entstanden im Anschluß an Dürers zweite Venedigreise. Sie sind groß, frisch und von gelöstem Ausdruck, Beweis von Dürers wissenschaftlichen anatomischen Forschungen, und vor allem die Figur des Adam in ihrer Bewegtheit ist das Bild eines Menschen des neuen Zeitalters, der neuen Boden betritt und ohne Stütze stehen kann. Eva, von seidig-hellerer Hautfarbe, weiblich gerundet, aber ebenfalls von stattlicher Länge, steht unabhängig von Adam, allerdings, durch die anmutige Verschränkung ihrer Beine bedingt und den Apfel von der Schlange entgegennehmend, sucht sie mit ihrem rechten Arm einen Halt. Am Ast hängt ein Schild, auf dem der Schöpfer lateinisch signiert: »Albertus Dürer alemanus faciebat post virginis partum 1507 A. D.« (Albrecht Dürer der Deutsche malte dies

Madrid – Metropole der Neuzeit

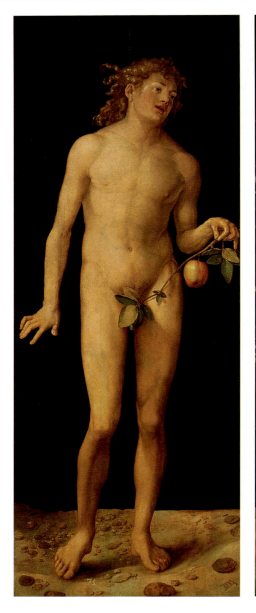

Albrecht Dürer, Adam und Eva, 1507

nach Mariä Geburt im Jahre des Herrn 1507). Die ersten Menschen, Adam und Eva, malte Dürer als selbständige Bildnisse von eigener Schönheit. Nur die Gleichheit des dunklen Hintergrunds und der unwirtlichen Erde sowie die sachte Neigung ihrer Körper und die Drehung ihrer Köpfe zeugen von der Zugehörigkeit. Die dunkle Schlichtheit des Hintergrunds lässt ihre Körperlichkeit geradezu aufleuchten, so als kämen die Gestalten nicht aus dem Paradies, sondern aus dem Dunkeln ins Helle und als würde der Apfel vom Baum der Erkenntnis nicht den Sündenfall mit all seinen Folgen bedeuten, sondern Befreiung und den Beginn des aufrechten Gangs im Licht der Aufklärung.

Albrecht Dürer
Bildnis eines Unbekannten, 1524

Dieses eindrucksvolle Porträt eines Menschen der Renaissance, gemalt vier Jahre vor Dürers Tod, zeigt einen Mann der Tat, entschlossen seine Ziele verfolgend, sich durchsetzend, Verantwortung tragend, willensstark, kraftvoll – ausgedrückt in dem Papier, das er eingerollt in der Hand trägt: ein Vertrag oder ein bindendes Dokument, das ihn verpflichtet. Im bohrenden Blick, in den zusammengezogenen Augenbrauen und in der Mundpartie mit den zusammengepressten Lippen zeigt sich deutlich seine Entschlusskraft. Ein Bürger, kein windiger Aristokrat, kein Anhänger wohligen Lebens. Der vornehme Pelz deutet an, dass es sich um eine hoch gestellte Persönlichkeit handelt, die sich zwischen den konkurrierenden Mächten in der Kälte der Welt behaupten muss – und sei es durch eigene Kälte.

Italienische Malerei

Tizian (1488/90–1576)
Das Bacchanal, 1521/22

Für den Herzog von Ferrara gemalt, kam das Bild als eine Schenkung an Philipp IV. 1639 nach Madrid, wo Velázquez es 1652 in den Tizian-Saal des Alcázar hängen ließ. Es ist eine Apotheose der Lust, die die harmonische Einheit einer glückverheißenden lichten Natur mit dem Zusammenspiel menschlicher Körper zum Ausdruck bringt. Es ist der Wein, der zum Gott des Rausches gehört und das Leben festlich macht. Die ausgewogene Komposition zwischen bewegten und ruhenden Körpern zeigt den dionysisch-bacchantischen Taumel zwischen ausgelassener Ekstase, munterer Unterhaltung und müder Verzückung. Die nackte Ariadne am rechten Bildrand gibt sich dem

Traum hin, während getanzt und getrunken wird. Man verbindet sich und löst sich wieder unbeschwert voneinander. Der Lorbeerkranz in der rechten Hand des Tänzers und die Flöten in den Händen der liegenden Frauen bedeuten, dass aus dem dionysischen Kult Kunst und Musik erwachsen sind. Ein Schiff, das sich mit vollen weißen Segeln entfernt, gibt der Szenerie einen melancholischen Akzent. Die Dame mit dem rötlichen Haar und einem Veilchen hinter dem Ohr, ihrer Freundin zugewandt, während sie sich auf riskante Weise nachschenken lässt, gilt als Tizians Geliebte Violante. In ihren Ausschnitt hinein hat er das Bild signiert und die Signatur mit einem zusätzlichen Veilchen versehen.

Tizian, Karl V. zu Pferd, 1548

Abbildung Seite 28

Es handelt sich um eines der glänzendsten Reiterbilder, die je gemalt wurden. Es zeigt den Kaiser des Römischen Reichs Deutscher Nation und spanischen König nach der geschlagenen Schlacht auf dem Mühlberg. Das spielerisch-dynamische Pferd verheißt Vitalität. Der ruhig-sichere Reiter, der es mit den Schenkeln ›versammelt‹ und ihm seinen Willen aufzwingt, symbolisiert die gefestigte Macht. Die glänzende Rüstung zeigt den obersten Repräsentanten zugleich als wehrhaften Mann. ›Tizianrote‹ Farben bestimmen Landschaft, Pferdedecke und Federschmuck des Kaisers. Der Herrscherfarbe entspricht die Rötung des Himmels und der Erde im Abendlicht, ebenso wie die gelbfahlen Töne, die sich im Gesicht widerspiegeln, das nicht nur steife Entschlossenheit zeigt, sondern auch eine tief sitzende Melancholie. Tizian kannte den Kaiser gut. Ihm ist ein meisterhaftes Porträt gelungen, in dem Karl V. sich gern wiedererkennen mochte. Er hatte seine Truppen persönlich und unter Einsatz seines Lebens gegen die protestantischen deutschen Fürsten angeführt; er war durch entschlossenes Eingreifen siegreich gewesen, auf dem Höhepunkt seiner Macht und zu einem Zeitpunkt persönlichen Triumphs, wenn auch schon gezeichnet von Krankheit und der bitteren Ahnung, dass all sein Streben um die Einheit seines katholischen Reichs nicht von Erfolg gekrönt sein würde. Tizian malte ihn ein Jahr nach der Schlacht. Rüstung, Panzerung des Pferds, Zaumzeug und Sattel sind authentisch getroffen; man kann sie in der Waffenkammer des Palacio Real in Madrid besichtigen.

Karl V. schätzte Tizian als den größten Maler seiner Zeit; überliefert ist, dass er ihm selbst den Pinsel in seinem Atelier aufhob. Es war dieser Maler, von dem er wusste, dass er ihm, dem weltlichen Herrscher, ein Stück Ewigkeit verleihen würde: durch ein idealisiertes Bild, das dauern würde, weil ihm die Kraft innewohnt, das Geheimnis seiner Persönlichkeit zu zeigen und durch die Zeiten zu tragen – und als künstlerische Schöpfung ein eigenes, von ihm unabhängiges Leben mit eigener Ausstrahlung zu entfalten.

Tizian, Venus mit dem Orgelspieler, 1547

Der unverhüllte nackte Körper der Liebesgöttin beherrscht dieses Bild der Allegorie auf den Zusammenhang von Kunst und Liebe. Die Wärme und Weichheit des weiblichen Körpers liegt unverstellt im Vordergrund und bildet eine eigene Quelle des Lichts. Die Göttin wendet ihr Gesicht verträumt ab, während der Orgelspieler, deren Muse sie ist – denn die Allegorie der Inspiration ist immer weiblich dargestellt –, das unverhüllte Geschlecht betrachtet. Ob dies seinem Spiel förderlich ist oder aber ihn davon abhält, harmonische Klänge mittels der Orgelpfeifen zu produzieren, bleibt offen. Die Distanz zwischen den Geschlechtern wird als Spannung zwischen zielgerichteter Wahrnehmung und einem verträumten Insichruhen dargestellt, zwischen nackter, wirkender Natur, die die Antriebe freisetzt, einerseits und verhüllter, kultivierter Instrumentalisierung andererseits; zugleich wird ein seit der Antike gepflegtes Bild von männlicher Form (repräsentiert in den aufragenden Orgelpfeifen) und einer passiven, liegenden Materie (mater) in ein Bild gesetzt. Die Vertikalen der Orgelpfeifen werden mittels Zentralperspektive durch die Reihe der Bäume fortgesetzt. Und am Ende des Horizonts schimmert wieder jenes lebensvolle, glühende Gelb, auf das ein umschlungenes Liebespaar hinwandert und das zum Sonnengelb der Liebesgöttin

Tizian, Venus mit dem Orgelspieler, 1547

gehört. Die Spitzen der Bäume brennen im tizianischen Rot ebenso wie die Decke und die schweren Vorhänge; auch Gesicht und Kleidung des Orgelspielers sind von ihm umflossen. Der junge Mann ist wie gebannt von der träumerischen Existenz der Weiblichkeit, die ihn beflügelt. Die Landschaft im Hintergrund wirkt ebenfalls traumartig, wie ein Bild oder eine Bühne, die das Bild des Paradieses freigibt. Der plätschernde Brunnen mit einem tanzenden Satyr ist Inbegriff prickelnder Lust und natürlich ungeordneter Musikalität. Sehen und Hören sind auf dem Bild ebenso in ein Gleichgewicht gebracht wie die sich in der Horizontale erstreckende Weiblichkeit und die vertikal sich aufrichtende Männlichkeit, wie physische Präsenz und traumhafte Vorstellung.

Tizian, Danae, 1553/54

Philipp II. hatte zwar nicht das freundschaftliche Verhältnis zu Tizian wie sein Vater Karl V., dem das Bild in Augsburg übergeben wurde, aber auch für ihn blieb er der Maler erster Wahl. Für Tizian waren die Aufträge des spanischen Hofs die Haupteinnahmequelle, und er bot Philipp II. immer wieder eine Reihe von religiösen Motiven

Tizian, Danae, 1553/54

an. Philipp II., in frühen Jahren keineswegs der Asket, für den viele ihn hielten und der er im Alter tatsächlich wurde, bevorzugte Schöpfungen, die sich von antiken Erzählungen im Sinn der Renaissance inspirieren ließen und erotische Anspielungen enthielten. Tizian nannte diese Bilder, die sich meist auf Themen aus Ovids Metamorphosen bezogen, in seinen Briefen selbst ›poesia‹.

Das erste dieser Bilder war ›Danae‹. Es war für ein erotisches Kabinett gedacht, zu dem ein weiteres Bild mit einem weiblichen Rückenakt gehörte, wie Tizian den König in einem Brief wissen ließ, das ebenfalls nach Madrid geschickt wurde und im Prado zu sehen ist: ›Venus und Adonis‹. Beide Bilder wurden 1553/54 gemalt.

Tizian hat mehrere verschiedene Fassungen von ›Danae‹ gemalt. Diese ist die freizügigste. Dem griechischen Mythos zufolge hatte der König von Argos seine Tochter Danae eingeschlossen, weil ein Orakel ihm vorausgesagt hatte, ihr Sohn werde ihn eines Tages töten. Zeus besuchte sie in ihrem Gemach in Gestalt eines goldenen Regens; sie gebar Perseus, und das Orakel erfüllte sich. Auf dem Bild erscheint Zeus als ekstatisch aufleuchtendes Licht, aus dem sich Golddukaten lösen, die von einer Dienerin aufgefangen werden, so als handele es sich bei der begehrten Dame um eine Kurtisane, die man bezahlen müsse, bevor man sich ihr nähern dürfe. Sie selbst, mit ihren lasziven Bewegungen, dem erwartungsvollen nackten Körper, der Hingebung, dem Aufschlag der Augen, zeigt unumwunden ihr Vorbereitetsein für gemeinsame göttliche Lust. Die Dienerin, die die Dukaten auffängt, gehört in Farbe, Gestik und Ausdruck in eine andere Welt, auch wenn sie auf der Bettkante sitzt. Sie unterstreicht durch den Kontrast der Dunkelheit die Weiße des nackten Körpers neben ihr. Danae verkörpert die Hingabe an den einmaligen Augenblick der Lust, während die Dienerin in Besitz zu bringen sucht, was in der Form des Geldes ein dauerndes sinnliches Versprechen birgt.

Tizian, Venus und Adonis, 1553/54

Auch vom Motiv ›Venus und Adonis‹ nach Ovids Metamorphosen hat Tizian verschiedene Fassungen gemalt (weitere in Washington und New York). Es bildet nicht nur durch den formalen Kontrast des Rückenakts ein Gegenstück zum Danae-Bild. Hier ist das bestimmende Motiv das aktiv vorgetragene Verlangen der Frau und die Ablehnung des Mannes, der sich nicht von ihr halten lässt. Auch hier bildet die nackte Körperlichkeit der Frau in ihrer seidig-warmen Helligkeit und mit kunstvoll austarierten Schattierungen den Mittelpunkt des Bildes, demgegenüber der männliche Körper geradezu ungestalt erscheint. Aus der in rötlich-gelbes Licht getauchten Szenerie strahlt der weibliche Rücken wie eine eigene Quelle des Lichts und schwellende Körperlandschaft hervor. Dem Mythos nach war Adonis der Sohn eines kyprischen Königs und dessen Tochter, die in einen Myrrhenbaum verwandelt worden war. Der schöne Jüngling wird der Geliebte der Venus. Das Bild zeigt den Aufbruch zu seiner letzten Jagd, auf der er von einem Eber getötet werden wird. Der für die immerwährende Wachsamkeit der Liebe zuständige Cupido schläft auf diesem Bild; so kann selbst die verführerische Venus den Jagdbesessenen nicht zurückhalten. Sie lässt aus seinem Blut die Adonisröschen sprießen und vermag ihn aber jeweils für die Hälfte des Jahres aus der Unterwelt zu befreien.

Tizian, Die Grablegung Christi, 1566

Im hohen Alter von 76 Jahren malt Tizian dieses Bild im Auftrag Philipps II. Zwei Jahre vor seinem Tod, 1572, überarbeitet er es noch einmal; es wird eines seiner bedeutendsten und eindrucksvollsten Werke. Der Prado besitzt noch eine weitere Fassung dieses Themas von Tizian, und im Louvre gibt es eine frühe ›Grablegung‹ von seiner Hand – eine ausgewogene Komposition, in der einzelne Figuren sich zu einer Gruppe ordnen und jede ihre Funktion ausübt. Das Altersbild im Prado sprengt diese Form durch eine ausdrucksbetonte Bewegtheit und wird zur vergeistigten Malerei. Die Konturen werden aufgelöst, Dunkel und Helligkeit vereinen sich zu einem Farbenstrom. Die Menschen sind von ihren Gefühlen überwältigt. Nicht ihr Tun steht im Vordergrund, nicht um eine Schilderung ist es zu tun, sondern die Gesten der Trauer setzen das gesamte Bildwerk in der Beugung der Rücken und im Fließen der Farbe in Bewegung. Die Figurengruppe, vereint in ihrer emotionalen Hinwendung, scheint sich wie eine Traube von Menschen über den Sarkophag zu wälzen. Die Farben sind von solcher Kraft, dass sie sich von den Figuren abzulösen scheinen. Es ist der Tote, der die Lebenden verlassen hat, dessen körperliche Schwere fühlbar wird, der gehalten und getragen wird von der gemeinsamen Trauer, Anteilnahme und Zuwendung: andächtig und still in der Figur des Alten (Joseph von Arimathäa, in dem man ein Selbstporträt Tizians zu erkennen glaubt), der mit schweren Farben aus dem Dunkel hervorglimmt, nahezu durchsichtig in der hellen Erregung Maria Magdalenas, die sich, die Arme ausgebreitet, in ihrem Schmerz aufzulösen scheint. Der expressiven Kraft dieses Bildes, mit schnellem Pinsel gemalt und mit den bloßen Händen, wie es heißt, ist nur vergleichbar Tizians ›Dornenkrönung‹ aus der Alten Pinakothek in München.

Das kleinformatige **Selbstbildnis Tizians** ist im selben Jahr wie die ›Grablegung‹ entstanden. Von äußerster Schlichtheit, ist es doch eines jener Gemälde, in denen die Würde des Alters Bild geworden ist. Auch hier lösen sich die Konturen auf. Aus der Schwärze des Umhangs heraus, selbst der Hinterkopf ist in einer schwarzen Kappe verborgen, zeigt der Maler sein eigenes Gesicht im Halbprofil, er-

Tizian, Selbstbildnis, 1566

leuchtet im Dunkel. Der Körper ist ungebeugt, die Augen sind wachsam geblieben. Was sie sehen, weiß der Betrachter nicht, aber er könnte es zu sehen bekommen, denn noch hält der greise Künstler den Pinsel in der Hand. Er malt zur Zeit dieses Selbstporträts die anrührendsten Bilder seines Lebens von nie vorher gesehener geistiger und sinnlicher Intensität. Und er zeigt nun auch sich selbst inmitten dieses Prozesses der Vergeistigung. Es ist das Porträt eines Bauernsohns, der, obgleich zu Ruhm gelangt, ohne Ornat, Orden und andere Zeichen gesellschaftlichen Rangs auskommt, weil er seinen Wert und andere Werte kennt.

Spanische Malerei des *siglo de oro*

El Greco (1541–1614)

Das goldene Jahrhundert spanischer Malerei begann mit dem gebürtigen Kreter Domenikos Theotokopoulos, genannt ›El Greco‹, der als 36-jähriger zum Wahlspanier wurde (s. S. 48ff.).

El Greco steht außerhalb jeder Schule nicht nur kraft seiner Persönlichkeit: von großem Selbstbewusstsein erfüllt, ein gebildeter Humanist, ein Mann mit weitem Horizont, keineswegs ein Asket oder Mystiker, wie es seine Bilder suggerieren könnten. Er versammelt in sich verschiedene kulturelle Einflüsse, mit denen er souverän umzugehen versteht und aus deren origineller Verbindung er einen höchst eigenwilligen und unvergleichlichen Stil entwickelt: die byzantinische Tradition der Ikonenmalerei, die die Farbe selbst als heiliges Material aufzufassen gewohnt und bestrebt war, dasselbe Heilige immer wieder neu zu malen, sowie die italienische ›westliche‹ Erzählfreudigkeit – allerdings ohne den hierfür längst entdeckten und eroberten Tiefenraum. Während die westliche Malerei sozusagen die Bühne des Erzähltheaters anfüllt, bleibt El Greco der Maler des flächigen Bühnenbilds, dessen Richtung nicht in die Tiefe des Raums führt, sondern in die Höhe einer anderen Welt. Während der Rationalismus des Westens die Welt mitsamt der Glaubenswelt aufzuteilen beginnt, bleibt El Greco dem Irrationalismus des Ostens treu, jedenfalls wenn es um Glaubensdinge geht.

Aus der Venezianischen Schule vor allem Tizians stammt zudem der Vorrang der Farbe gegenüber Zeichnung und Plastizität, was den früh von sich überzeugten El Greco zu der Bemerkung veranlasste, Michelangelo sei zwar ein guter Mann, aber kein Maler gewesen. Die glühenden, expressiven Farben Tizians wurden von El Greco noch gesteigert, vom Verhaltenen ins Dramatische, vom sanften Schimmer in abstrahierende Färbung und Kontrastierung. Vom Manierismus übernahm er die figürliche Streckung in Form geschraubter Körperhaltungen und die jede klassische Proportionslehre sprengenden

Körperdehnungen als ausdruckssteigerndes Element, und zeitgleich mit Caravaggio nutzte er die Dramatisierungseffekte durch Lichtkontraste bis hin zur kalten, verzehrenden Ausleuchtung. Von Michelangelos Ausmalung der Sixtinischen Kapelle, besonders von seiner Darstellung des Jüngsten Gerichts, beeinflusst sind die Dynamisierung der Szenerie und die voluminösen, monumental wirkenden Schwellungen nackter Körperteile. Das Moment kompositorischer und malerischer Bewegung führt El Greco gänzlich vom maßvollen Streben der Renaissance weg. Über den Manierismus hinaus bereiten seine bewegten Bilder die Barockmalerei eines Rubens vor.

Die neuen glühenden Farben, zuweilen verbunden mit ungewöhnlichen Kompositionen und Figurendarstellungen, werden zu visionären Bildern gefügt, die jenseits pragmatischer Berichterstattung oder einfacher Erzählung das Ereignis selbst als lebendiges Moment zu schildern wissen. Sie versetzen den Gläubigen in die Lage, die traumhafte Unwirklichkeit der Szenerie mit der Authentizität des Glaubenserlebnisses in einer intensiven, das Gefühl ansprechenden Weise zu erleben. Nicht die mehr oder weniger behagliche Tiefe des Erzählraums mit ihrer Entfernung des Geschehens vom Betrachter kommt bei El Greco zur Geltung. Insofern bricht er mit der seit der frühen Renaissance vorherrschenden Kunstentwicklung. El Greco knüpft dagegen an die byzantinische Farbenmagie und an die mittelalterliche Suggestivität flächiger Bildhaftigkeit an. Seine großen Bilder heiligen Geschehens lassen den Betrachter weder außen vor noch sich geruhsam in einen illusionären Raum hineinbewegen, sondern nehmen ihn direkt in die spiralförmigen Bewegungen auf und scheinen ihn kraft magisch wirkender, aufflammender, fiebrig-visionärer Farben, die in sich schon Seelenzustände abzubilden scheinen, geradezu anzuspringen wie lodernde Fackeln in der Dunkelheit. Seine religiösen Bilder, von den Einzelporträts abgesehen, bewirken auf diese Weise das Gegenteil dessen, was Ikonen an sanfter Ausstrahlung zu geben vermögen: nämlich Unruhe, Angespanntsein und ein ekstatisches, mystisch-verzücktes Welterleben. Sie reißen den Betrachter mit und konfrontieren ihn geradezu und unvermittelt mit einer Welt des Heiligen, einer sichtbar anderen Welt, vor der er alle Vernunft und prosaische Alltäglichkeit fahren lassen muss. Das Wunder des Heiligen wird hier nicht einfach nur dargestellt oder gleichmütig zelebriert, sondern als ›fremdes‹ und dennoch gegenwärtiges alles veränderndes Ereignis schockartig vor Augen geführt. Die Menschen sollen nicht gerührt davorstehen, sondern umfallen oder auf die Knie sinken, wie der Maler es in seinen Bildern von den Betrachtern des heiligen Geschehens selbst zeigt.

El Greco steht mit seiner sowohl rhetorischen wie dramatisch dichten Malerei zwischen den Zeiten wie zwischen Osten und Westen und zudem zwischen den künstlerischen Entwicklungen seiner Zeit innerhalb Westeuropas. Er macht auch keine Schule und wird von der Nachwelt über Jahrhunderte weitgehend vergessen. Erst die deutschen Expressionisten, von Julius Meier-Graefes literarischer

El Greco

El Greco, Die Anbetung der Hirten, 1612

Madrid – Metropole der Neuzeit

Begeisterung über El Greco angesteckt, erkennen in ihm ihren bedeutendsten Ahnen, den großen Antipoden der Klassizisten und aller akademischen Malerei. Die Expressionisten machen konsequenterweise Schluss mit der Zentralperspektive und entdecken die Farbe als Ausdrucksmittel innerer Zustände.

El Greco ist ein Meister der Ausdruckssteigerung, wie sie im Zeitalter der Gegenreformation zur Mobilisierung und Vergegenwärtigung des Glaubens in aller Breite und besonders in Spanien durch aufwendige Prozessionen und gezielt dafür geschaffene Skulpturengruppen dramaturgisch wirkungsvoll neu in Szene gesetzt wurde, um die Menschen zu ergreifen und ihnen neue Bilder ihres überlieferten Glaubens zu geben, in denen sie ihren wahren Glauben als mitreißend gegenwärtiges Ereignis wiederfinden und auf neue Weise le-

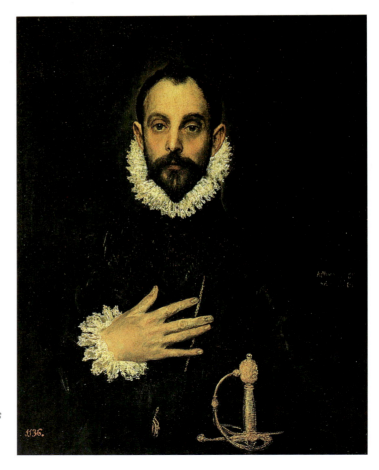

El Greco, Bildnis eines Edelmanns mit der Hand auf der Brust, um 1580

bendig sehen konnten. Die auf Überredung und illusionäre Wirkung zielende Rhetorik der Gegenreformation, an ihrer Spitze geführt durch den in Spanien von Ignatius von Loyola gegründeten Jesuitenorden, förderte in diesem Sinn auf großzügige Weise die bildende Kunst als Waffe im Dienst der katholischen Kirche, die sich in Konkurrenz zu und im Krieg mit den großenteils bilderfeindlichen protestantischen Bewegungen West- und Mitteleuropas befand.

Vier der im Prado ausgestellten religiösen Gemälde sind besonders sehenswert: ›**Die Taufe Christi**‹ mit ihrer für El Greco charakteristischen Zweiteilung des Bildes innerhalb eines Hochformats, durch die er irdische und himmlische Welt zugleich zusammengehörig und auf zwei Ebenen in eigenständigen Kompositionen darstellt (siehe auch ›Das Begräbnis des Grafen Orgaz‹, S. 77ff.); ›**Die Kreuzigung**‹ mit kalt leuchtenden, harten Lichtkontrasten, die erhaben-pathetische Wirkungen hervorbringen; ›**Die Auferstehung**‹ mit einem schwebenden Christus und in geschraubter Haltung niederfallenden und umgefallenen Figuren, die die mögliche Betroffenheit des Betrachters durch die Figurenkomposition stark in das Geschehen miteinbezieht, und ›**Die Anbetung der Hirten**‹ aus dem Jahr 1612 mit einer besonders eindrucksvollen Farbkomposition aus – trotz der bleichen Gesichter und unverhüllten Glieder – vergleichsweise warm leuchtenden Rot-, Gelb- und Grüntönen in jeweils farblich nuancenreichen Schattierungen. Das angebetete Christuskind in nahezu reinem Weiß bildet die Lichtquelle, die nicht nur das Dunkel erhellt, sondern auch das Licht der Farben hervorbringt. In der Höhe halten die Engel ein Schriftband, auf dem Gott gepriesen und Friede auf Erden beschworen wird.

El Greco
Bildnis eines Edelmanns mit der Hand auf der Brust, um 1580

El Greco ist nicht nur ein Schöpfer mystisch-verzückter Heiligenbildnisse, sondern auch ein vornehm zurückhaltender Porträtist, zumal wenn es um weltliche Herren geht. Von ihm, dem Griechen, stammen die überzeugendsten Darstellungen des spanischen *caballero* während jener Zeit, als Spanien in Europa den Ton angab. Auch hier mag die ›fremde‹ Tradition der Ikonenmalerei ein guter Hintergrund dafür gewesen sein, die besondere Aura zu entfalten, die von diesen Gestalten ausging. Mit ihren schmalen Gesichtern sahen alle einander und Christus ähnlich. Ihr vom Glauben durchdrungener weltlicher Auftrag verlieh ihnen Stolz. Zugleich waren die Herren der Welt in ihrer selbstgewählten Vorrangstellung überall Fremde und von eigener Körperlichkeit distanzierte einsame Krieger.

Eines der frühen Gemälde El Grecos in Spanien ist das ›Bildnis eines Edelmanns mit der Hand auf der Brust‹; angeblich stellt es den Edelmann Juan de Silva beim Schwur seines Rittereids dar – daher die Handhaltung mit den gespreizten Fingern über der Brust, die Fingerspitzen am Herzen, und das Schwert an der linken Seite. Dieser verhältnismäßig junge *caballero* ist vor schwarzem Hintergrund ganz in Schwarz gekleidet, nur die Gewandöffnungen für Kopf und Hand kontrastieren mit blütenkelchartigen weißen Spitzen. Das Bild des Porträtierten mit den regelmäßigen Zügen ist ein Inbegriff des Maßvollen. Dem in die Stirnmitte einrückenden Haaransatz entspricht der spitz zulaufende Bart in der ovalen Halskrause; der von der runden weißen Handkrause umschlossenen Waagerechten der Hand auf der Brust korrespondiert das nach unten abgestufte Gegengewicht des Schwerts auf der anderen Seite. Der Schwertgriff als Ganzes wird verbunden durch einen eleganten Halbbogen, der im Gegensatz zur Öffnung der Hand auf der Brust, die das offensichtliche und doch auch geheime Zentrum in der zarten, sich öffnenden Bewegung innerhalb einer insgesamt erstarrten Haltung bildet, doch noch einmal die Geschlossenheit zum Ausdruck bringt, die die ganze Figur zumindest in Gestus und Kleidung vorstellen soll: zu sein und zu dienen wie der Griff eines Schwerts. ›Hierauf verpflichte ich mich‹, so lautet die Botschaft des Bildes. Wachsam zu sein, zielgerichtet zu handeln: die Weltmacht Spanien zu erhalten, für die Durchsetzung des katholischen Christentums und auf diese Weise für die Erlösung der Menschheit zu kämpfen.

Aber es zeigt noch mehr: die traurige Verlorenheit des Menschen hinter dieser gegebenen Verpflichtung gibt das Rätsel des hier porträtierten einzelnen Menschen auf. Ob Fixierung der Leere oder erfüllter Ernst, der Blick dieser dunklen Augen eines aufrechten Mannes ist das erste, was wir wahrnehmen und wovon wir uns erst am Ende der Betrachtung lösen können, so als ob hinter der in Gesicht und Körper gewahrten Form nur die Augen die Wahrheit sagen; und auch dies nur, so weit sie auch geöffnet sind, mit dem Ausdruck disziplinierter Verschlossenheit.

In dem lakonisch ›**Ein Edelmann**‹ benannten Bildnis, um 1600, wird ein ähnlich würdevoller Spanier vom Typus derer gezeigt, die im mörderischen Krieg gegen die abgefallenen Niederlande standen und ein Weltreich beherrschten. Aber dieser *caballero* ist ein erfahrener, ein gezeichneter Mann. Die Form des Gesichts ist leicht asymmetrisch, die Haut fleckig, das schüttere Barthaar ergraut. Sein Blick, aus ungewöhnlich hellen und unterschiedlich beleuchteten Augen, verheißt nicht unschuldsvollen Beginn, sondern in ihm sammelt sich die Erfahrung eines Zusammenbrechens des nicht zu haltenden Weltreichs mitsamt der Last für die, die sich ihrem Dienst daran weiterhin verpflichtet fühlen.

Auch der Maler Greco ist inzwischen gereift und vermag in strikter Konzentration auf das Gesicht in nur wenigen Andeutungen die Vielschichtigkeit einer Person darzustellen, die mehr ist als eine

Maske der Gesellschaft und eine Rolle im Spiel der Macht. Auffällig sind der lockere Pinselstrich, die Verwendung verhalten glühender Rot- und Gelbtöne und ein Mund und Ohren bedeckendes kaltes Violett. Die Farben auf der wie durchsichtig wirkenden Gesichtsfläche sind getupft und von grauen Schatten gedämpft. Wärme und Kälte, kränkliche Schwachheit und herrische Überlegenheit liegen in diesem Porträt gleichermaßen verborgen. Der Reichtum farblicher Nuancen und die gezielte expressive Verwendung der Farbe macht dieses vergeistigte Gesicht eines Edelmanns zu einem der sprechendsten Porträts des 16. Jahrhunderts.

José de Ribera (Lo Spagnoletto, 1591–1652)

Für die spanischen Künstler des *siglo de oro* war er einer der einflussreichsten Maler, und die reiche Sammlung seiner Gemälde im Prado erlaubt es, ihn als einen der großen Porträtisten des 17. Jahrhunderts zu entdecken. Ribera ging schon als junger Mann nach Süditalien, das von Neapel aus von einem spanischen Vizekönig regiert wurde. Sein Spitzname ›Lo Spagnoletto‹ (der kleine Spanier) weist darauf hin, dass er, der sein gesamtes Malerleben in Italien verbrachte, sich ausdrücklich als Spanier verstand und als solcher in Italien gesehen wurde. Seine ausschließlich in Italien geschaffenen Werke, die den starken Einfluss Caravaggios spüren lassen und am Hof Neapels geschätzt waren, wurden vielfach nach Spanien geschickt, wo sie ihrerseits die spanischen Malerkollegen in Sevilla und Madrid inspirierten und mit den ›Entdeckungen‹ Caravaggios vertraut machten: der starken Hell-Dunkel-Kontrastierung, der Beschränkung, der Meidung alles Überflüssigen und dem unsentimentalen naturalistischen Gestus.

Als Modelle für Heilige und Märtyrer dienten Ribera in erster Linie Bettler und Hafenarbeiter. Vor allem seine Darstellung von Armut und Alter, vom Verfall des Lebens, das an verwelkender Haut sichtbar wird, ist meisterhaft und ohne Beispiel. Erdige, schmutzige Farbtöne charakterisieren seine Malerei, dick aufgetragen in einer spröden, fast reliefartig hervortretenden Textur, die ein verhaltenes, in sich schimmerndes Leuchten hervorbringt. Mit seinen dichten, aufbauenden Pinselstrichen versteht er die bis in die Oberflächenstruktur der Haut wirkende Materie des Leiblichen malerisch offenzulegen und zugleich das Entbehrungsreiche und Mühselige asketischen, arbeitsreichen und schmerzvollen Daseins im ruhigen, gefassten Ausdruck seiner Figuren einzufangen. Seine runzligen Greise, geschundenen Märtyrer und heiligen Einsiedler treten zumeist meditierend, auf sich selbst bezogen und mit würdevollem Ernst hervor. Eine Ausnahme in dieser eindrucksvollen Galerie alter Männer, die der Prado zu bieten hat, bildet ›**Die heilige Magdalena**‹ (1641). Auch dies ist ein Bild der Buße, aber zugleich ein Porträt lebensvol-

Madrid – Metropole der Neuzeit

José de Ribera, Dreifaltigkeit, 1635/36

ler, anrührender Schönheit, für das angeblich die Tochter des Malers Modell gestanden hat.

Berühmt ist die im Kolorit an venezianischen Vorbildern geschulte ›**Dreifaltigkeit**‹ (1635/36) mit der für Ribera typischen geschwungenen (oder gekrümmten) Diagonalkomposition, die er hier doppelt anwendet. Christus mit ausgebreiteten Armen ist noch der leichenblasse Gekreuzigte, und der Maler zeigt einen schmerzlich bedrückten, sorgenvoll nachdenklichen Gottvater, der ihn aufnimmt.

Alonso Cano (1601–1667)

Cano war ein vielbegabter Mann, als Bildhauer, Architekt und Maler tätig. Ein wilder, unberechenbarer, universaler Renaissance-Mensch, in Mord und leidenschaftliche Affären verwickelt, gab er seiner Kunst einen anderen, subtileren Teil seiner Persönlichkeit. Seine Malerei, geschult an den Venezianern Tizian und Veronese, die er in den königlichen Sammlungen in Madrid studieren konnte, ist von großer Feinheit und Klarheit, in der Spätzeit von silberfarbenen Schleiern überzogen. Treten erdhaft verkrustete Strukturen leibhaftig aus den Gemälden Riberas hervor, so gibt Cano der Physis die Leichtigkeit der Luft und seinen Figuren eine kühle Eleganz, die an Porträts von van Dyck erinnert. Sein Bild ›**Der tote Christus, von einem Engel gestützt**‹, wohl auf Stiche nach Michelangelo zurückgehend, gehört zu seinen schönsten und am häufigsten wiederholten Kompositionen.

Francisco de Zurbarán (1598–1664)

Ein weiterer Maler dieser Generation mit eigenem unverwechselbarem Stil ist Francisco de Zurbarán, 1598 in Fuente de Cantos in der Extremadura geboren, 1664 in Madrid gestorben. Er war ebenso wie Cano zeitweilig am Hof von Madrid beschäftigt, wo Philipp IV. ihn anerkennend den ›König der Maler‹ nannte, kam aber mit den geforderten historischen und mythologischen Themen nicht zurecht. Nach längerem Aufenthalt in Llerena ging er 1629 nach Sevilla. Er erhielt Aufträge des Hieronymitenordens von Guadalupe, Mönche zu porträtieren. Noch zu seinen Lebzeiten vergaß man seine Meisterschaft. Er starb in sehr ärmlichen Verhältnissen. Als Maler der Mönche ist dieser strenge, formbewusste Künstler schließlich erst in unserem Jahrhundert berühmt geworden.

Auch für ihn gilt wie für alle Maler dieser Generation der anfänglich starke Einfluss Caravaggios. Aber Zurbarán hält sich von jeder zuspitzenden Dramatik fern; weder erzählt er mit seinen Bildern, noch übt er den Nuancenreichtum der Farben in ihren Mischformen oder

Madrid – Metropole der Neuzeit

Zurbarán, Stilleben

forscht ihren atmosphärischen Wirkungen nach. Er liebt die Schlichtheit und entfaltet Reichtum und Ausdruck aus äußerster Reduktion. Er gibt den Dingen ihre eigene Dignität. Seine Darstellung der Gegenstände scheint deren existentielle Eigenschaften fühlbar zu machen. Man meint die Beschaffenheit der Stoffe zu spüren, die er malerisch zu einer zweiten monumentalisierten und transzendenten Präsenz erhebt. In der Academia de San Fernando in Madrid (besonders aber im Kloster von Guadalupe) kann man seine berühmten Mönchsbilder besichtigen, die in all ihrer Schlichtheit, mit der Nichtfarbe Weiß im koloristischen Zentrum, das Gewicht von Monumenten besitzen. Im Prado gibt es vergleichsweise wenig von ihm zu sehen. Eines seiner **Stilleben**, die die einfache Würde alltäglicher Gegenstände zum Thema haben, gehört zu den Kostbarkeiten spanischer Malerei, in der das Stilleben als Bildthema relativ wenig gepflegt wurde. Für Zurbaráns Kompositions- und Malstil liegt das Stilleben als Genre nahe; selbst seine kunstvoll umkleideten Personen erinnern zuweilen in der Präsentation an die starre Natur von Gefäßen. Die dargestellten Gefäße des Stillebens wiederum mit ihren Henkeln, Verjüngungen, Verzierungen und Öffnungen stehen da wie einzelne Charaktere. Die in Form gebrachte Materie erhält durch Licht und Schatten eine eigene körperhafte Physiognomie und stilles, in sich unterschiedenes Eigenleben, das in der schlichten Reihung innerhalb der gesamten Bildfläche die Aura würdevoller Existenz verbreitet.

Auch für das Bild der ›**Heiligen Casilda**‹ gilt, was die meisten von Zubaráns Frauenbildern auszeichnet. Es handelt sich um scheue und zugleich herausfordernde Personen. Sie wirken zuweilen leblos wie Puppen, und dennoch spürt man in ihnen ein geheimes, durch die strikte Form sowohl gehaltenes wie gebrochenes und durch sie hindurchblickendes Leben.

Die heilige Casilda war die Tochter eines Maurenkönigs in Toledo, die den schmachtenden christlichen Gefangenen Brot brachte. Als sie eines Tages bei ihrem heimlichen Tun überrascht wurde, verwandelte sich das Brot in Rosen. Während der in Sevilla üblichen Prozessionen, besonders aufwendig seit Anfang des 17. Jahrhunderts und als gesellschaftliches Ereignis für alle Schichten der Bevölkerung begangen bis in unsere Tage, verkleideten sich zuweilen junge Damen als Heilige; eine von ihnen scheint Zurbarán porträtiert zu haben. Statuenhaft steht sie dem Maler Modell, der nichts als diese puppenhaft anmutende Figur darstellt, umgeben vom reichen Tuch ihrer Kleidung. Zurbarán lässt die Schwere und Härte dieser kostbaren gerafften Stofflichkeit, die die Figur wie ein Gehäuse umschließt, auf plastische Weise hervortreten; zugleich leuchtet der warme Zauber der braunroten Farben auf, der sich zu einer delikaten Komposition mit dem kühlen, abweisenden Grünblau fügt, das an eine Rüstung erinnert. Aus vermeintlicher Starre lässt er im Zentrum des Gemäldes den in schlichtem, aber auch verwegen feurigem Rot bekleideten Unterarm mit einer weichen weißen Hand hervorschauen; sie rafft den Umhang und trägt zugleich die Rosen, die den braunroten Farbton der Stoffe fortsetzen und die strenge Form auflösen. Lebendigkeit und Unmittelbarkeit hinter der Verkleidung und der steifen zeremoniellen Haltung wird durch die Geste und den farblichen Rotakzent spürbar, der immer stärker und selbständiger zu werden scheint, je länger man ihn betrachtet.

Bartolomé Esteban Murillo (1618–82)

Bartolomé Esteban Murillo aus Sevilla ist eine Generation jünger als die anderen spanischen Meister des *siglo de oro*. So wie diese in den königlichen Sammlungen in Madrid in erster Linie von den venezianischen Meistern lernen konnten, hat er bereits die Spanier Cano, Velázquez, Ribera und Zurbarán als Vorbilder, von denen er sich zunächst leiten ließ, um sich später mit einer eigenen Sicht der Dinge und mit eigenem Stil abzugrenzen.

Er beginnt mit stark modellierenden Lichteffekten und Elementen des Stillebens, aber das Heilige wird bei Murillo nicht streng aufgerichtet, sondern in die Idylle familiären Lebens und in alltägliche Handlungen übertragen. ›**Die Heilige Familie mit dem Vogel**‹ (um 1650) ist hierfür ein gutes Beispiel. In seinen Spätwerken mildert er nicht nur die Hell-Dunkel-Kontrastierung, sondern löst die Formen fast gänzlich auf und schildert das himmlische Geschehen in rein malerischen Visionen von Licht und Farbe, in einer kunstvoll beherrschten leichten Technik, die einen pastosen und ›dunstigen‹ Effekt erzielt und uns erst im 19. Jahrhundert im Kontext freier Landschaftsmalerei eines Turner oder Monet wieder begegnet.

Madrid – Metropole der Neuzeit

Murillo besucht zwar Madrid, geht aber zurück nach Sevilla, Metropole des Südens und Tor zur Neuen Welt, wo er ununterbrochen tätig bleibt und ein geruhsames, von privatem Glück und künstlerischen Erfolgen erfülltes Leben führt, bis er während seiner Arbeit von einem Gerüst fällt und stirbt.

Im Gegensatz zum spröden Monumentalstil des Zurbarán, der ihm als Anreger wichtig war, sucht Murillo zunehmend zarte Anmut und Kindlichkeit, die Süße des buchstäblich goldenen Traums, die Unschuld des Kindes und die lebensvolle weibliche Schönheit, auch die Behaglichkeit bürgerlichen familiären Lebens. Andalusische Landschaft und Lebenskunst vermitteln andere Stimmungen als die strenge kastilische Hochebene und dort geborene Verpflichtungen. Die innere Angespanntheit, den hohen Anspruch und die trotzige Überbietung, wie sie aus den Heiligen- und Märtyrerbildern Riberas oder den Mönchs- und Frauenbildern Zurbaráns herauszulesen sind, entsprechen Murillos Lebensgefühl ebenso wenig wie den Wünschen der kirchlichen Auftraggeber. Besonders in Sevilla ist diese Klientel nicht mehr an dem dramatischen Aufruf, an der fordernden Erhebung interessiert, sondern propagiert eine umfassende Versöhnung, appelliert an das Gefühl harmonischer Geborgenheit und süßer Verheißung, womit sie den Erwartungen südspanischer Volks-

Bartolomé Esteban Murillo, Die Heilige Familie mit dem Vogel, um 1650

frömmigkeit entspricht und deren Bedürfnis nach sinnlicher Anschauung zunehmend in das kirchliche Zeremoniell einbindet. Murillo malt Bilder des Trostes, nicht der Erweckung, Bilder, die auf mütterliche – oder großzügig milde väterliche – Weise das Kindliche im Menschen gelten lassen, die nicht anklagen und fordern, sondern Sehnsüchte zu stillen versuchen. Bildnisse der Maria, deren Kult im 17. Jahrhundert in ganz Spanien, vor allem aber in Sevilla, auf Druck der Bevölkerung stark auflebt, zeigen das weibliche Schönheitsideal seiner Zeit, vor allem Andalusiens, und wirken ihrerseits als Ideal für andalusische Frauen aller sozialen Schichten.

Das Verstehen des Göttlichen nicht nur als strenges väterliches Regiment, sondern auch als weibliche Kraft und schützend-liebevolle Macht hat Murillo auch als Maler inspiriert. Er umgibt alles, was er malt, mit einem warmen Hauch des Wohlwollens, so als gäbe es gar keine spanische Inquisition. Keine Spur von Misstrauen, Schuld und Bitterkeit findet man in seinen Bildern, die jenseits von jeglichem hysterischen Fanatismus der heiligen Unschuld auf der Spur zu sein scheinen. Es ist kaum ein größerer Gegensatz zu den einsamen Alten Riberas oder den in sich gekehrten Mönchen Zurbaráns denkbar. Besonders seine Kinderporträts sind mit Recht berühmt; es ist die mitfühlend begeisterte Art – eine Art weiblicher Blick –, wohl auch die Seelenverwandtschaft, mit der er sogar abgerissene Gassenjungen malt, die Murillos Bilder so anrührend machen. Selbst die Darstellung von Armut und Elend, die er durchaus nicht ausspart, macht seine Bilder nicht zur Anklage, sondern – allen Umständen zum Trotz – zur Feier des augenblicklichen Lebens. Murillo ist nicht der Künstler, der einen strengen Maßstab setzt, die Welt deuten und Erkenntnis über sie verbreiten will; er ist kein Abkömmling kastilischer Konquistadoren, sondern ein andalusischer Zivilist mit eigenen Ansprüchen. Er sucht die körperlich und atmosphärisch nahe liegende Schönheit seiner Welt mit dem frommen Glauben an Erlösung zu verschmelzen und kommt dabei ohne das Gegenbild der Hölle aus. Seine angstlose, auf Lebensvertrauen beruhende Vision ist das Paradies sphärischer Vermischung, in der Menschenliebe und Gottesliebe zusammenkommen und wirbelnde Auflösung und ruhige Geborgenheit, alltägliches Glück und religiöse Verheißung keine Gegensätze mehr bilden – jenseits von Politik und Geschichte.

Höhepunkt des *siglo de oro*: Diego Velázquez de Silva (1599–1660)

Auch der bedeutendste spanische Maler des 17. Jahrhunderts, Diego Velázquez de Silva, stammt wie Murillo aus Sevilla (s. S. 50 ff.). Er führt ein ruhiges, von Kunst und Künstlern umgebenes Leben am Hof des Königs, unterbrochen von zwei mehrjährigen Italienreisen.

Zuweilen begleitet er den König und bekommt im Madrider Atelier Besuch von großen Künstlerkollegen: Zurbarán, Cano oder Rubens.

Seine eigene Werkstatt ist klein; er arbeitet mit nur wenigen Gehilfen, die ihm die Leinwand spannen und die Farbe reiben. Er sinnt lange über die ›Idee‹ eines Bildes nach, macht dann Kompositionsstudien, fertigt Zeichnungen an, bevor er direkt, ohne Entwurf auf der Leinwand, an die Ausführung des Gemäldes geht. Der Eindruck der Spontaneität, den seine Bilder erwecken, hat somit durchaus etwas mit seiner Arbeitsweise zu tun. Gleichzeitig ist dieser Eindruck auch das Ergebnis langer vorausgegangener, immer wieder neu ansetzender korrigierender Eingriffe; nicht selten verbessert er noch nachträglich; manchmal malt er das gesamte Bild oder einzelne Teile neu und produziert ›Eigenfälschungen‹, wie Goya es nannte. Unter manchen seiner Gemälde sind völlig andere verborgen.

Dieser ausgeglichene, sowohl langsam und stockend wie auch immer wieder spontan mit langen Pinselstrichen seine Bildidee ausführende Maler wird mit den verhältnismäßig wenigen Werken, die er schuf, zum Revolutionär der Malkunst und seit Mitte des 19. Jahrhunderts als ›Maler der Maler‹ (Edouard Manet) bis weit in unser Jahrhundert hinein einer der meistbewunderten und zum Vorbild gewählten Maler der europäischen Kunstgeschichte.

Bacchus, 1628/29

›Bacchus‹, auch unter dem Titel ›Der Triumph des Bacchus‹ oder ›Bacchus und die Zecher‹ bekannt, ist eines der wenigen Werke der spanischen Kunst mit einem mythologischen Thema. In der Regel war der Themenkanon durch die katholische Kirche und die Repräsentationsbedürfnisse der Herrschenden bestimmt; und für den antiken Mythos bevorzugte man italienische oder flämische Spezialisten. Velázquez vereint auf diesem Gemälde die allegorisierende Kunst Italiens mit dem Realismus der spanischen Malerei. Sein lichter, feinhäutiger Bacchus erinnert in seiner gleißenden Helligkeit an die von Caravaggio geschaffene Göttergestalt, seine Bauern mit ihren ausdrucksstarken, von Wind und Wetter gegerbten Gesichtern verraten den Einfluss der Porträtkunst Riberas. Deutlich wird Velázquez' ›Idee‹, den ewigen Mythos des Rausches mit dem unmittelbaren Lebensausdruck wirklicher Menschen zu verknüpfen und das Verhältnis zwischen der Sphäre des Göttlichen auf der linken Seite und des Irdischen auf der rechten Seite im Gestus einer Krönung zu ironisieren. So wirkt das Bild lebhaft und auf den Betrachter auf unmittelbare Weise, da nicht nur eine in sich geschlossene Handlung gezeigt wird, in der sich die dargestellten Personen aufeinander so lustvoll wie gelassen beziehen, sondern manche auch aus dem Bild herausschauen. Witz und Leichtigkeit ergeben sich aus der offen kommunikativen Situation, in der das lichte Göttliche und die Erdenschwere der bäurischen Figuren einen gemeinsamen künstlerischen Raum erhalten, der sie verbindet und zugleich den Bezug zum Betrachter offenhält. Die gezeigte Situation ist somit nicht erstarrt, sondern fortsetzungsfähig. Der unmittelbare Augenblick wirkt im Betrachter fort.

Lebendigkeit ist auf diese Weise nicht auf die perfekte Abbildung bezogen, sondern auf einen Wirkungsraum, der von der Bildfläche ausgehend nicht nur einen Gestaltungsraum durch die Tiefendimension in der Fläche illusionär herstellt. Er ist auch von der Fläche aus nach vorn hin geöffnet und lädt den Betrachter ein, dem Geschehen beizuwohnen. Eine Ausweitung und Aktivierung des Sehens ist die Folge. So macht die bildende Kunst nicht nur Unsichtbares sichtbar, sie bildet ein Gegenüber, das bewusst und von sich aus eine dialogische Situation eingeht. Das Bild stellt nun nicht nur eine neue Wirklichkeit dar, es wirkt aus sich heraus, stellt eigene Wirklichkeit her. Es weitet den Raum, während es gleichzeitig die subjektive Wahrnehmung bündelt. Auch hier hilft Velázquez in seiner Maltechnik nach. Nur was ihm wichtig ist, wird genau gemalt; an den Rändern verschwimmt das Bild zuweilen, ganz so wie es das alltägliche Sehen vormacht.

Die Übergabe von Breda (Die Lanzen), 1634/35

Im Gemälde ›Die Übergabe von Breda‹ wird im Genre des Historienbilds eine ganz ähnliche Komposition gezeigt. Standen im vorigen Bild mythischer und irdischer Frohsinn nebeneinander und wurden durch den symbolischen Akt der Krönung miteinander verbunden, sind es hier zwei feindliche Armeen, die im Bild zusammengeschlossen werden. Es wird auch kein Lorbeerkranz vergeben, dafür ein bedeutungsvoller Schlüssel.

Velázquez hatte den Auftrag bekommen, ein am 2. Juni 1625 stattgefundenes Ereignis zu verewigen: die Einnahme der holländischen Festung Breda durch spanische Truppen. Verbürgt ist, dass drei Tage nach der Kapitulation der holländische Statthalter Justin von Nassau dem Befehlshaber der spanischen Truppen, General Ambrosio de Spinola, den Schlüssel der Stadt übergab. Velázquez hatte Spinola, der Italiener war – ein Mann von Ehre, kein grausamer Herzog Alba, sondern ein Mann, auf den die Spanier Grund hatten, durchaus stolz zu sein –, auf seiner Italienreise persönlich kennengelernt und sich ein Bild von ihm machen können. General Nassau und die holländische Landschaft malte er nach Kupferstichen. Velázquez deutet nur diskret an, wer die Sieger sind – durch die aufrecht stehenden Lanzen – und nutzt in seinem großräumigen Landschaftsbild die Ansammlung der Soldaten für Charakterstudien, wobei sich die Gewichtung der Personen in etwa die Waage hält: von den Spaniern gibt es mehr Einzelporträts, die Holländer stehen weiter im Vorder-

Madrid – Metropole der Neuzeit

Diego Velázquez de Silva, Die Übergabe von Breda (Die Lanzen), 1634/35

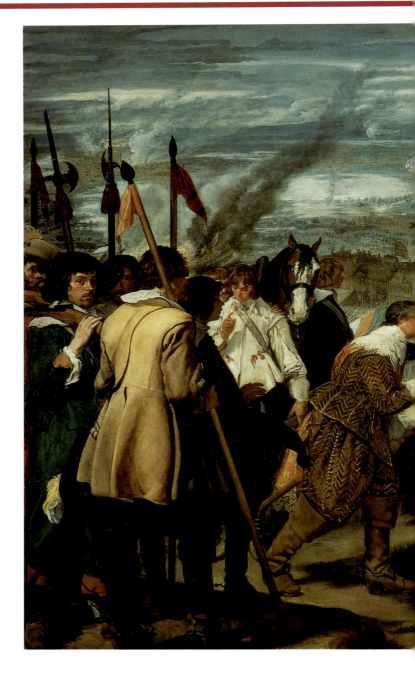

Diego Velázquez de Silva

grund. Im Zentrum des Bildes findet der symbolische Akt der Schlüsselübergabe statt, betont durch die Verhaltenssymbolik der sie überformenden Geste. Denn durch die Großmut des Siegers Spinola wird dies kein Akt der Unterwerfung. Spinola hindert den Besiegten, sich zu erniedrigen und auf die Knie zu fallen, indem er ihn mit dem Arm davor zurückhält. Diese Bewegung wird zur Geste ritterlicher Menschlichkeit, die sich auch im Gesichtsausdruck Spinolas findet. Das ist die Botschaft des Bildes, nicht die Schlüsselübergabe, nicht die Tatsache des militärischen Siegs. Der eigentliche Sieg liegt darin, die eigene Macht gegenüber den Besiegten nicht zu deren Erniedrigung auszunutzen. Der eigentliche Sieg ist, menschlich zu bleiben.

Bei einem kompositorisch so heiklen Motiv wie einer Gegenüberstellung zweier Lager mit zentraler Begegnung in einer symbolischen Handlung erweist Velázquez seine Kunst auch darin, dass er in seiner Bildidee die Gefahr feierlicher Sterilität und steifer Formation souverän gemeistert hat. Die Soldatengesichter, von unterschiedlichsten Interessen geleitet, bieten ihm den Stoff für individuelle Charakterstudien. Auch hier verwendet Velázquez den Kunstgriff, aus dem geschilderten Geschehen heraus den Bildbetrachter durch Augenpaare zu fixieren, so als käme er spontan hinzu, was ja der Fall ist. Auf den ersten Blick provozierend ist die Darstellung des gewaltigen Pferdehinterteils im Bildvordergrund, vor der ›Nase‹ des Betrachters. Dadurch wirkt das gesamte Bild wie eine Momentaufnahme, der es zwar gelingt, die wichtige Geste festzuhalten, aber alle anderen zufälligen Konstellationen, wie sie nun einmal in der Wirklichkeit jederzeit geschehen, nicht aus der Welt schaffen kann. Damit macht Velázquez nicht nur die Szene lebendig und realistisch, sondern verstärkt die Glaubwürdigkeit der Geste, auf die es ihm ankommt: nicht durch Bedeutungsaufladung oder die Überfrachtung durch eine feierliche Zeremonie, sondern weil er sie auf diese Weise in den Kontext spontaner Ereignisse bringt. Die meisten der Beteiligten auf dem Bild bekommen sie gar nicht mit. Nur der distanzierte Bildbetrachter hat den Überblick, wenn er auch nur zufällig dabei ist, denn sonst hätte man ihm nicht das Pferd vor die ›Nase‹ gesetzt.

Die kleine, in Wirklichkeit so große Geste ist nur in einem bestimmten Sinn das Wichtigste, weil nicht alles andere sich darauf richtet. Sie bildet das Zentrum des Bildes, auch wenn dies natürlich nur der Bildbetrachter sieht; damit ist der gestellten Forderung, Zeremonie und Ereignis zu schildern, Genüge getan. Innerhalb des Bildzusammenhangs geht das Geschehen geradezu unter. Und auch der Bildbetrachter wandert mit seinen Augen zu anderen Augenpaaren. Velázquez gibt ihm die Freiheit, außerhalb der Zeremonie anderes zu erkennen und mit anderen zu kommunizieren. Würde alles nur hinweisen auf die kleine menschliche Geste, würde sie unangemessen monumentalisiert und hohl werden. Die befreiende Menschlichkeit spontaner Handlung soll nicht nur gezeigt werden, sondern zugleich durch die Komposition des gesamten Bildes wirken. In gewisser Weise komponiert Velázquez Momente der Unterbrechung ein, die jenseits des offiziellen Ereignisses die Kommunikation erst ins Werk setzen, ganz so als würde der Inhalt der Geste Spinolas in verschiedene Formen übertragen, die den Betrachter hindern, sich auf das formalisierte Geschehen der Schlüsselübergabe zu fixieren. Stattdessen wird eigenständiger und unmittelbarer Kontakt vom Bild aus aufgenommen. Im Nichtoffiziellen, im Durchbrechen formaler Geschlossenheit, im Mut, den vorgezeichneten Rahmen zu überschreiten – wozu selbst das Ausbrechen der Blicke gehört – zeigt sich die Menschlichkeit, die Velázquez vor Augen gestanden haben mag und die er schließlich im Zentrum seines Bildes auch schildert. Er breitet diesen humanen Gehalt durch seine Komposition nicht nur über das gesamte Bild aus, sondern bezieht abermals den Betrachter mit ein und vermeidet so, dass dieser sich einer durch Aufbau, Struktur, Lichtführung und Ausdruck des Bildes vorgezeichneten ›zeremoniellen‹ Weise der Betrachtung unterwirft.

Die stumme Botschaft des Bildes ist im übrigen im kollektiven Gedächtnis der Spanier bis in unser Jahrhundert wirksam. Als eine spanische Zeitung während der Franco-Diktatur einmal kommentarlos auf der ersten Seite dieses Bild abdruckte, wogegen die Zensur schlecht einschreiten konnte, verstand die gesamte Nation, was gefordert wurde, als Franco nicht nachließ, die Besiegten des Spanischen Bürgerkriegs grausam zu verfolgen und zu erniedrigen.

Las Meninas, 1656/57

Meninas heißt auf Portugiesisch ›kleine Mädchen‹, was soviel wie Hoffräulein bedeutet, womit hier die Spielgefährtinnen der Prinzessinnen gemeint sind.

Dieses Bild, schon zu Lebzeiten von Velázquez als sein Meisterwerk angesehen, ist eines der bedeutendsten Gemälde der europäischen Kunstgeschichte. Es zeigt den Künstler auf der Höhe seiner Meisterschaft und beeindruckt durch die Verbindung von kompliziertem Aufbau und großer Schlichtheit.

Es hat unmittelbare Wirkungen und eine Reihe von Vermittlungsstufen, die sich erst durch die genaue, immer wieder neu kombinierende Betrachtung erschließen und das Gemälde letztendlich als eine Art Ereignisraum entstehen und verstehen lassen, der durch eine komplizierte Bildordnung geschaffen, rational erfassbar, aber durch die Darstellung eines bestimmten unwiederholbaren Augenblicks auch immer wieder fühlbar das Rätsel von Sein und Erscheinung neu stellt.

In dem Gemälde sind die Gattungen des höfischen Bildnisses, des genrehaften Gruppenbildnisses und des Malerselbstbildnisses zusammengefasst. In der Mitte steht die Prinzessin Margarita, umgeben von zwei Hoffräulein *(meninas)*, rechts im Vordergrund eine Zwer-

Der italienische Malerkollege Luca Giordano, zehn Jahre lang in Madrid am Hof tätig, nannte ›Las Meninas‹ die »Theologie der Malerei«.

Madrid – Metropole der Neuzeit

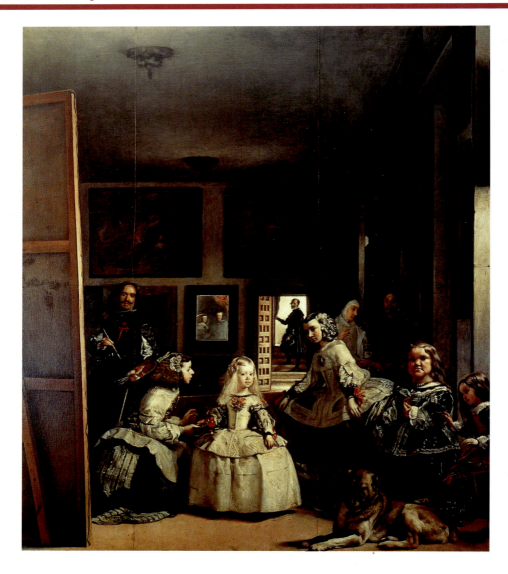

Diego Velázquez de Silva, Las Meninas, 1656/57

gin und ein eher wie ein Kind erscheinender Zwerg mit einem Hund, dahinter eine Anstandsdame und eine Wache zur Begleitung der Hofdamen. In der offenen Tür des Hintergrunds steht der Hofmarschall der Königin. Der Raum ist das Atelier des Hofmalers Velázquez, der mit Pinsel und Farbpalette vor der Leinwand steht. An den Wänden im Hintergrund hängen Kopien nach Rubens. Am Ende des

Atelier-Raums wird in dem Spiegel an der Wand das königliche Paar sichtbar.

Zur aufrechten Figur des Malers am linken Bildrand bildet auf der rechten Seite der waagerecht vorgelagerte Hund ein Gegengewicht. Beide bleiben auf unterschiedliche Weise in sich vertieft und äußerlich unabhängig von dem, was die übrigen Figuren auf dem Bild bewegt.

Das Licht dringt von vorn ein und fällt auf die Gesichter der Figuren (vollständig nur auf das der Infantin). Für den eigentlichen Eindruck von Raumtiefe sorgen vier weitere indirekte Lichtquellen: Helligkeit dringt durch zwei Fenster rechts und durch die Tür hinten, wo der Fußboden des angrenzenden Raums erleuchtet wird, so dass das Licht in das Atelier reflektiert. Ganz am Ende hinter den Stufen, die der Hofmarschall herunterkommt, wirkt eine weitere starke Lichtquelle inmitten des Bildes, auch sie, wie alle übrigen, von außen nach innen scheinend. Die mehrfach gestuften Lichteinfälle und die das Licht im Raum verteilende Farbgebung bewirken über die Darstellung des Raums in seiner Größe und Begrenzung hinaus zugleich die Offenheit des gesamten Bildraums. Der gezeigte Innenraum wird durch das in ihm reflektierte Licht von außen geschaffen und nicht durch optische Wirkungen wie sich verjüngende Bodenfliesen oder andere perspektivische Mittel. Vor allem diese von Velázquez gefundene Luft- oder Lichtperspektive hat die Bewunderung der Künstlerkollegen hervorgerufen.

Die dargestellte Szene, teils repräsentativ, teils spontan, ist ebenfalls von außen mitbestimmt. Die Hoffräulein sind um die Infantin bemüht; man sieht die bewegten, tatsächlich als flatternd gemalten Hände des knicksenden Mädchens, das der Infantin ein Glas Wasser reicht. Sie sind gekommen, um das Atelier des Malers zu besuchen. Die Situation selbst ist aber durch etwas anderes bestimmt. Die aufblickenden Augen weisen darauf hin, dass plötzlich von vorn, von außerhalb des Bildes, wo wir, die Betrachter, stehen, jemand erschienen ist. Der Spiegel im Bildhintergrund, links neben der offenen Tür, zeigt das königliche Paar, beleuchtet vom selben Licht, das auf den Bildvordergrund von rechts einfällt. Anstelle des gespiegelten königlichen Paars stehen aber tatsächlich wir, die Bildbetrachter. Wir betrachten jenes Bild, das Velázquez gemalt hat, so als seien wir die Könige, während er sein Bild malt, das nur er sieht und dessen Rückwand wir sehen – innehaltend, den Pinsel in der Hand und in Betrachtung versunken. So zeigt er sich selbst als Ideenschöpfer und das Handwerk ausübender Maler im Verlauf des Schöpfungsprozesses.

Velázquez demonstriert damit nicht nur den königlichen Rang der Kunst als Werk, sondern vor allem den hohen Rang künstlerischen Tuns. Indem er dem höfischen Bildnis – immerhin nicht nur das Porträt der Infantin, sondern auch die Widerspiegelung des Eintritts des königlichen Paars in die Werkstatt – am linken Rand unübersehbar die spröde Rückseite vorhält, deutet er an, wie hoch er die Eigenwelt der Kunst schätzt. Sie kann Unsichtbares sichtbar und Ungesehenes

Für den französischen Philosophen Michel Foucault war ›Las Meninas‹ die »…bedeutendste Darstellung des Darstellens…«.

bildhaft machen, aber auch Rätsel und Geheimnisse durch neue Kreationen und neues Unsichtbares durch Sichtbarmachung schaffen. Wie in diesem Bild: Während das den Raum schaffende und die Farben zum Leuchten bringende Licht das Bild von rechts ›einrahmt‹, wird die Leinwand ein vom Künstler geschaffenes Ereignis festhalten, das wir nur ahnen können.

Der Erfolg des Bildes gab den Ausschlag dafür, dass Velázquez schließlich Mitglied des Santiago-Ordens und damit Angehöriger des spanischen Hochadels wurde. Darauf hatte er lange hingewirkt. ›Las Meninas‹ hatte ja den König geradezu aufgefordert, die Ranghöhe dieses Künstlers auch gesellschaftlich beglaubigt anzuerkennen. Es geschah zwei Jahre später, und Velázquez ließ es sich nicht nehmen, nachträglich das Zeichen des Santiago-Ordens auf die Brust seines Selbstbildnisses innerhalb dieses Gemäldes zu malen.

Die Spinnerinnen, 1657 (1644–48?)

Der Velázquez-Biograph Carl Justi sah in diesem Bild das älteste »Arbeiter- und Fabrikstück«. Es ist natürlich möglich, sich mit dieser Sichtweise zu begnügen. Im Vordergrund wird gearbeitet, im hinteren Raum die produzierte Ware vorgestellt und verkauft. Der Versuch einer mehrschichtigen Sichtweise wird dem Bild aber gerechter. Innerhalb des geschaffenen illusionären Raums schildert der Maler einen thematischen Zusammenhang auf drei verschiedenen Bildebenen. Sein Thema ist die Reflexion über Kunst und Wirklichkeit und die Beziehung zwischen Mythos und Realität, auf die sich die Kunst ihrerseits bezieht. Und er geht noch einen Schritt weiter. Es geht um nicht weniger als um das elementare Thema der in Erzählungen festgehaltenen Zeit, die – illusionären – Raum gewinnt.

Geschildert wird die Geschichte der Arachne aus Ovids Metamorphosen. Arachne war eine überaus kunstfertige Spinnerin und Weberin. Sie behauptete, geschickter zu sein als Athena. Diese nahm die Herausforderung an und trat mit ihr in einen Wettstreit, wer den schönsten Wandteppich weben könne. Die mythische Erzählung kündet nicht von irgendeinem Handwerk. Im Wort ›spinnen‹ klingt heute noch die Bedeutung von (lügnerischem) ›erzählen‹ nach, was soviel wie die Rettung der verlorenen Zeit und das Erfassen einer Lebenstextur meint. Es waren die weiblichen Gottheiten, die die Schicksalsfäden knüpften und dafür sorgten, dass sie nicht abrissen. Das Weben bedeutet seit alters mehr als nur die Herstellung von materiellen Stoffen. Nicht nur als Erzählfluss neben dem Handwerk als dessen Begleitung, sondern in der mythischen Dimension des handwerklichen Tuns selbst, im Spinnen und Weben, war die Herstellung von ›Geschichte‹ durch das Erzählen von Geschichten symbolisiert. Zugleich ist auch dieses Bild eine Reflexion über den Zusammenhang von künstlerischer Inspiration, für die die Göttin steht, und menschlichem Handwerk, von Arachne repräsentiert.

Athena – so Ovid – wob sechs Bildteppiche, die das Schicksal der Sterblichen darstellten, die Götter herausgefordert hatten, Arachne stellte die bedenklichsten Liebesabenteuer der Götter dar. Im Bildhintergrund von Velázquez' ›Die Spinnerinnen‹ ist ein Teppich zu sehen, der der Motivik nach aus Arachnes Zyklus stammt: »Europa, berückt von des Stieres Trugbild«, wie es bei Ovids Beschreibung des Bildteppichs heißt, der all die Verwandlungen der Verführer und ihre Opfer kunstreich ineinander verwoben hatte. Hier ist es ein Wandteppich nach Tizians Gemälde ›Raub der Europa‹, das zu Lebzeiten Velázquez' im königlichen Palast in Madrid hing. Davor stehen Arachne und Athena, die Kontrahentinnen. Der Mythos erzählt, dass die Göttin ob des Könnens und Selbstbewusstseins der Arachne so erbost war, dass sie die Sterbliche schlug. Diese, zutiefst in ihrem Stolz verletzt, versuchte, sich zu erhängen, aber Athena, halb mitleidig, verwandelte sie in eine Spinne, die immer noch ihre Fäden zieht und Gewebe produziert. Diesen Ausgang der Metamorphose berührt das Bild nicht. Es zeigt nur den Wettstreit selbst: das menschliche gegen das göttliche Können. Und dies auch nur in Andeutungen. Velázquez kommt es weniger darauf an, den Mythos nachzuerzählen, als ihn zum Anlass zu nehmen, um bildnerisch über das Erzählen zu reflektieren. Sein Werk selbst ist ein Gewebe von Anspielungen und Verweisen.

Inspiriert durch die spanische Übersetzung des Ovid-Textes, der das Arachne-Motiv mit einer Rahmenhandlung um eine weitere mythologische Weberin verknüpft, setzt Velázquez eine zweite Zeitebene ein. Die Minyas-Tochter Alkitoe, mit dem Rücken zum Betrachter, erzählt während der Arbeit am Webstuhl ihren Schwestern die Metamorphose, deren Imagination gleichsam die mythische Bildwelt des Hintergrunds erst erschafft. Die reale Ebene des Erzählens und die imaginäre Bühne des Erzählten teilt Velázquez in Vorder- und Hintergrund.

Mit dem rasenden Spinnrad im Vordergrund stellt er zugleich das Fließen der Zeit dar. Die Speichen des Spinnrads verschmelzen in der Drehbewegung. Das Spinnrad bildet die Nahtstelle im sichtbar gewordenen Zeit-Verlauf. Vor unseren Augen wird die Geschichte gesponnen und der Erzählfaden in die Bildtiefe geführt, wo er als zitiertes Kunstwerk seinen geheimnisvollen eigenen Raum beansprucht. Aber er steht nicht für sich. Er bleibt mit der Realgeschichte und der erzählten Geschichte durch vielfache Übersetzungen und Übertragungen untrennbar verbunden.

Der imaginäre Charakter der Hintergrundszene wird durch die bühnenartige Erhöhung unterstrichen, die sich aus eigenen Lichtquellen speist, und zwar dramatisch ins Lichtvollere und zugleich Rätselhaft-Flimmernde gesteigert. Der Betrachter des Bildes sieht selbst die im Vordergrund dargestellte Erzählzeit als vorgeführte Zeit. Die junge Frau links im Bild lüftet den Vorhang gleich einer Ku-

Madrid – Metropole der Neuzeit

Diego Velázquez de Silva, Die Spinnerinnen, 1657 (1644–48?)

Diego Velázquez de Silva

lissenschieberin, die die Bühne freimacht und den Zugang zur bühnenartigen Bildwelt von Velázquez erst eröffnet. Sie prononciert das Spiel mit den Realitätsebenen noch einmal im Sinn der Literatur seiner Zeit: die Welt als Bühne und das Leben als Traum.

Die beschriebenen Gemälde bilden gewissermaßen den kompositorischen Höhepunkt der Velázquez-Sammlung des Prado. Zwei Aspekte seines Werks sollen aber nicht unerwähnt bleiben: seine große Bedeutung als Porträtist und – eher marginal, aber bemerkenswert – der Landschafts- und Architekturmaler Velázquez. Vermutlich sind die beiden Ansichten der ›**Villa Medici in Rom**‹ auf seinem ersten Italienaufenthalt entstanden (bisher glaubte man, sie stammten von der zweiten Reise 1650–51), als er im Sommer 1630 zwei Monate in der Villa Medici verbrachte. Sie nehmen sich in ihrer meisterhaften Behandlung des natürlichen Lichts und in der leichten Pinselführung nahezu impressionistisch aus.

Nicht dem König, dem die meisten Porträts gelten, weist Velázquez die stärkste Ausstrahlung zu, sondern dem Bildnis **Äsops**, des Geschichtenerzählers und Erfinders der hintergründigen Fabel, in dessen nachdenklichem Antlitz die Melancholie der ganzen Welt versammelt zu sein scheint. Ausdrucksstark sind auch die Bildnisse der **Zwerge** des Hofs, die Velázquez zu Monumenten individueller Menschenwürde geraten sind. Er malt sie nicht als exotische Typen des Zwergenstands, sondern in ihrer menschlichen Eigenart: den still-debilen Francisco Lezcano mit den Karten in der Hand, die für Müßiggang stehen, den intelligenten und pflichtbewussten Sekretär in der königlichen Administration ›El Primo‹ neben einem dicken Folianten und den willensstarken, trotzig-rebellischen Sebastián de Morra mit nach vorn gestreckten Beinen und zu Fäusten geballten, den Gürtel umklammernden Händen.

Beginn der Moderne: Francisco de Goya y Lucientes (1746–1828)

Goya ist die große spanische Künstlerfigur der Epochenwende. Eine singuläre Gestalt von wahrhaft europäischem Ausmaß, vergleichbar mit der Bedeutung Beethovens für die Musik und Goethes für die Literatur. Was die Beschäftigung mit ihm auf besondere Weise faszinierend macht, ist die im Verlauf seines Lebens zu beobachtende wachsende Intensität seines unabhängigen Ausdruckswillens, der zu bahnbrechenden künstlerischen Entwicklungen führte. Nicht der einheitliche Stil, sondern der Wechsel der Zugriffsweise, die breite Palette in der Schilderung sowohl gesellschaftlicher wie seelischer Zustände verleiht ihm jenen überragenden und bis heute unmittelbar ausstrahlenden Rang, der ihn als die zentrale europäische Malerpersönlichkeit an der Schwelle zur Moderne erscheinen lässt, manchen sogar als den ersten Künstler der Moderne (s. S. 52f.).

Der Prado besitzt 165 Werke von Goya. Wir lernen in seiner Person ganz verschiedene Maler kennen. So widerspruchsvoll und derart die Gegensätze seiner Zeit in sich verklammernd ist sonst niemand gewesen. Wir begegnen dem Rokokomaler, der anmutige Genreszenen als Entwürfe für Wandteppiche herstellt, dem Hofmaler, der die Herrschenden nicht mehr als Repräsentanten von Gottes Gnaden darstellt, sondern in ihrer maskenhaften Hohlheit mit all ihren menschlichen Schwächen. Wir sehen den Porträtisten, der die ihm Nahestehenden mit Wärme und Zuneigung zu zeigen versteht, schließlich den revolutionären Maler des historischen Augenblicks der Gewalt. Und am Ende begegnet uns der Visionär des Grauens, der Maler des Schreckens, der die Abgründe menschlicher Psyche in ›schwarzen Bildern‹ auslotet. Nicht mehr Diener der Herrschenden ist dieser Maler; wenn er auch zeit seines Lebens immer wechselnden Herrschern diente, um sein materielles Auskommen zu sichern. Seine Kunst ist zur kritischen Instanz der gesamten Gesellschaft gegenüber geworden, zur subversiven künstlerischen Kraft, die verzweifelt zu formen versucht, was an Glaubensgewissheiten und gesellschaftlich Haltbarem entgleitet.

Francisco Goya, Selbstbildnis, Titelblatt zu den Caprichos, 1797/98

Gesellschaftliche Ordnung und künstlerische Form gehen seit Goya in der Malerei nicht mehr in eins. Der Bruch mit der Welt erschüttert das gesamte traditionelle gedankliche und formale Instrumentarium. Es setzt den weltlosen Künstler frei und befreit ihn zugleich, sich in bislang ungesehener Weise als leidendes und leidenschaftliches Subjekt in diese verstörende Welt einzumischen. Was an Widerstandsmöglichkeit den Künsten immer schon eigen war, weil sie dem Schrecken der Sprachlosigkeit und der Drohung des Nichts, letztlich des Todes, ihre anschaulichen Verkörperungen entgegensetzten, kommt auf bisher ungekannte, gleichsam ›nackte‹ Weise zu sich selbst. Mit Goya stehen die Künstler sowohl mitten in ihrer Zeit wie gegen sie: reagierend und protestierend, die Widersprüche in sich austragend und davon mit aller Leidenschaft Zeugnis gebend; nicht mehr unter dem alles überwölbenden Schirm göttlicher Verheißung geborgen; nicht mehr vom tief verankerten Glauben an den Sinn irdischen Daseins getragen und also auch nicht mehr dem Ideal göttlicher Schönheit dienend, sondern der unmittelbaren Wahrhaftigkeit in einer Welt zerbrechender Ordnungen.

Der Prado zeigt eine reiche Sammlung von Goyas Bildvorlagen für die Madrider Teppichmanufaktur. Auch hier sind seine bildnerischen Mittel breit gefächert. Es gibt liebliche und bezaubernde Genreszenen – schönstes Beispiel ist sicher: ›Der Sonnenschirm‹ (1777) –, die den Liebhaber des einfachen Volks zeigen, dem Goya durch Neigung und eigene Herkunft nahe stand. Zehn Jahre später zeigt er in einem lichtvollen, die Jahreszeiten schildernden Zyklus aber auch die Härte des Winters. Er zeigt den ›verletzten Maurer‹

Madrid – Metropole der Neuzeit

Francisco Goya, Die nackte Maja, 1797–1800

(1786/87) und die Hässlichkeit der herrschenden Gesellschaft anlässlich eines Hochzeitszugs: ›Die Hochzeit‹ (1791/92). Da waren schon die Nachrichten von der Französischen Revolution in aller Munde gewesen. Goya war kein genialer Maler von Anfang an, eher ein Künstler der langen mühsamen Entwicklung, der bis ins hohe Alter immer wieder neu zu suchen begann. Zum großen Porträtisten wurde er erst in den 90er Jahren, als er selbst schon weit über 40 Jahre alt war.

Zwei Porträts ihm nahe stehender Personen aus dieser Zeit sind besonders sehenswert: ›**Francisco Bayeu**‹ (1795), das Bild seines zwölf Jahre älteren Schwagers, durch dessen Vermittlung er von Zaragoza an die königliche Teppichmanufaktur nach Madrid kam. Man spürt die steife Strenge, die von ihm ausging und die sein Verhältnis zu Goya zeit seines Lebens belastet hat. Zwischen Francisco Bayeu y Subias (1734–95) und Goya gab es nicht nur privat Spannungen, sondern auch künstlerisch: Bayeu vertrat einen eher akademischen, an Anton Raphael Mengs (1728–79) orientierten kühlen Malstil, Goya hingegen favorisierte die koloristische Expressivität, wie sie ihm durch die Venezianische Schule vorbildhaft vor Augen stand. Kurz vor dem Tod Bayeus versöhnten sich beide. Das Bildnis ist ein letztes Zeugnis ihrer Verbindung.

Das Porträt des Ministers ›**Gaspar Melchor de Jovellanos**‹ (1798) zeigt den großen und einsamen spanischen Aufklärer und Sozialreformer (1744–1811), der ein Freund Goyas war, kurz vor seinem politischen Sturz als Justizminister. Durch Jovellanos wurde Goya mit den Gedanken der Liberalen vertraut, und durch ihn strömte ein befreiender Geist der Literatur und Philosophie in die Welt des Provinzlers Goya, der den Horizont des Malers entscheidend prägte. Goya zeigt den sozial engagierten und weltläufig-ele-

Francisco de Goya y Lucientes

Francisco Goya,
Die bekleidete Maja,
1800–1805

ganten Freund als *homme de lettres* an einem mit Manuskripten übersäten Schreibtisch, auf den er seinen Arm stützt. Er hält den Kopf, scheinbar müde von der Aussichtslosigkeit der Kämpfe in der Madrider Öffentlichkeit. Der Blick aber ist wach, der Denker jederzeit zum Disput bereit. Eine Minerva-Skulptur steht wie ein Schutzengel im Hintergrund. Trotz des Ausdrucks der Melancholie, ja der Enttäuschung und der Schwere des Kopfes, der eine zusätzliche Stütze braucht, vermittelt Goya doch auch etwas von dem geistigen Schwung dieses aufgeklärten Mannes. In beiden Männerporträts erweist sich Goya als ein Meister der Grautöne, die häufig ins Rosafarbene aufgehellt werden. Auch für seine großen Frauenporträts, überhaupt immer, wenn ein spürbar freundschaftliches Verhältnis zwischen Maler und Modell waltet, bevorzugt er die zartesten Töne dieser Farben.

Die nackte Maja, um 1797–1800
Die bekleidete Maja, um 1800–1805

Diese beiden Gemälde gehören zu den berühmtesten und geheimnisvollsten Werken Goyas. Ein bis heute ungelöstes Rätsel ist geblieben, wer nun eigentlich das Modell war. Tatsache ist, dass Goya, der für die Darstellung der nackten Maja 1815 vor das Inquisitionstribunal gerufen wurde, nach Angaben eines Zeugen selbst gesagt haben soll, dass es die Herzogin von Alba darstellte, mit der ihn ein Liebesverhältnis verbunden hatte. Andererseits waren die Gemälde zum Teil wohl erst nach dem Tod der Herzogin vollendet. Was wiederum nicht viel zu sagen hat, denn Goya hatte während eines längeren gemeinsamen Aufenthalts in ihrem Landhaus in Andalusien zahlreiche Porträtstudien von ihr angefertigt. In der Sammlung des Ministers Manuel Godoy wurden die Bilder als ›Nackte Zigeunerin‹ (schon 1800) und als ›Bekleidete Zigeunerin‹ inventarisiert; schließlich verschwanden sie nach dem Sturz Godoys 1808 in der Academia de San Fernando, wurden 1813 von der Inquisition konfisziert, 1836 wieder zurück in einen der Öffentlichkeit nicht zugänglichen Raum der Akademie geschafft, wo sie erst im letzten Drittel des 19. Jahrhunderts wieder zu sehen waren. Seit 1901 hängen sie im Prado. Die Gemälde laden zum unmittelbaren Vergleich ein, aber auch zum Vergleich mit der Tradition der Venus-Darstellungen von Tizian und Veronese. In der spanischen Malerei gab es vor Goya nur eine Darstellung eines weiblichen Akts: ›Venus mit dem Spiegel‹ von Velázquez.

Nicht mehr die Sanftmut einer in sich gekehrten göttlichen Muse geht von der liegenden Frau aus, sondern eine deutliche Verlockung, ein starkes weibliches Selbstbewusstsein, das offen und herausfordernd mit dem erotischen Reiz des weiblichen Körpers spielt. Dies ist weder eine Göttin noch eine Muse, sondern schlicht das unverstellte Modell einer verführerischen Frau. Nicht die Allegorie der Liebe, sondern die elementare Spannung des Geschlechts kommt zum Ausdruck. Der physische Reiz ist auf beiden Bildern gleichsam bloßgestellt und ohne jeden allegorischen Hintergrund gezeigt.

Goya hat zwei unterschiedliche, konkurrierende Stile verwendet: den die Farbe betonenden Malstil der Venezianischen Schule von Tizian bis Tiepolo und den akademisch-klassischen Stil, in dem Zeichnung und Plastizität dominieren, wie ihn in der italienischen Renaissance besonders Raffael vertrat und der bis Anton Raphael Mengs wirkte, den einflussreichen Hofmaler zur Zeit des jungen Goya. Die bekleidete Maja hat Goya mit großzügigerer Pinselführung in einem ›impressionistischen‹ Stil gemalt, wie er ihn seit Beginn des 19. Jahrhunderts entwickelt hat; der Ausdruck ihres flächig gemalten Gesichts ist offener. In der Darstellung der nackten Maja sind die Formen klassischer ausgefallen; die Umgrenzungen sind klarer; ihr Blick ist weniger schmeichelnd, sondern leicht in sich gekehrt und verhangen. Bei näherer Betrachtung erscheint der Kopf wie nachträglich angesetzt.

Die Familie Karls IV., 1800/01

Das Gruppenporträt der königlichen Familie schuf der zum Ersten Hofmaler avancierte Goya nach Einzelporträts. Das Selbstporträt vor der Leinwand am linken Bildrand ist eine direkte Anspielung auf ›Las Meninas‹ von Velázquez. Aber Goya reiht die königliche Familie mehr oder weniger beziehungslos nebeneinander, ohne Raum und Tiefe zu schaffen. Nur die Oberfläche funkelt im Farben sprühenden Feuerwerk der Stofflichkeit der Gewänder. Menschen in ihren Schwächen werden gezeigt, als würden sie selbst jene Marionetten sein, die nicht mehr sind, was sie vertreten, sondern nur mehr Rolleninhaber. Der Spiegel aus Velázquez' Bild fehlt zwar – aber es ist nun, als schauten sie alle selbst in den Spiegel.

Goya zeigt die leere Hülle der Macht, hinter der das Leben zerrinnt. Nicht Licht, sondern Schatten modelliert den Raum – in der Tat eine realistische Auffassung. Denn die Herrscher sehen nur sich selbst in einem Kokon von falschem Glanz; nichts, was in ihrer Zeit an Umbrüchen geschah, hat sie wirklich beschäftigt. Der König ging zur Jagd, die Königin spann Intrigen, wachte eifersüchtig über den Hofstaat und empfing ihren Geliebten Godoy. Den gutmütigen, tumben Karl IV. machte sie dabei zum Gespött der europäischen Aristokratie. Den Anforderungen ihrer Zeit waren sie in keiner Weise gewachsen: weder in der Außenpolitik, hier hatte die Französische Revolution ganz Europa erschüttert, noch in der Innenpolitik. Beides hatten sie dem intriganten Emporkömmling Manuel Godoy überlassen.

Francisco Goya, Die Familie Karls IV., 1800/01

Wieviel Geheimnis, wieviel Würde auch der einfachsten der dargestellten Personen, wieviel schöpferischen Gestaltungsraum gab es noch bei Velázquez – Goya zeigt dagegen eine Ansammlung von Masken mit dumpfen Mienen vor flachem Hintergrund. Nur die Königin sticht hervor durch ihren eitlen und hochfahrenden Gesichtsausdruck; außerdem hebt sich das schöne Porträt des kleinen Prinzen an ihrer Hand heraus, dessen kindliche Befangenheit Goya mit Liebe und Meisterschaft bildnerisch festgehalten hat. Die Maltechnik wechselt von einem weichen, pastosen zu einem sehr freien und schwungvollen Farbauftrag in breitflächiger ›impressionistischer‹ Manier, besonders in den Gewändern der Frauen und im roten Anzug des Prinzen.

Vom Hofmaler, der – sicher aus unserer Sicht – in ihren Repräsentanten zugleich das Ende der Monarchie porträtiert, zum Chronisten der Gewalt auf der Straße und zum Maler des Volks als neuem historischem Akteur ist es nur ein kleiner Schritt. Man muss wissen, dass Goya während der Zeit des Unabhängigkeitskriegs der Spanier gegen die französischen Besatzer – die napoleonischen Truppen waren 1807/8 in Spanien eingefallen – an der Radierungsfolge ›Los Desastres de la Guerra‹ (1810–20) gearbeitet hatte. Er hatte damit nicht nur seinen situativen Blick für die Wirklichkeit der Gewalt geschärft, sondern auch seine Darstellungsweise durch rigorose Vereinfachung und bewusste Roheit dem abgebildeten Schrecken angenähert. Nicht Schönheit war das Ziel, sondern Wahrheit. Nicht einer Überhöhung sichtbarer Wirklichkeit galt das Bestreben, sondern sie selbst begreifbar zu machen.

El Dos de Mayo de 1808 / El Tres de Mayo de 1808, 1814

Mit seinen beiden Gemälden zu den Ereignissen des 2. bzw. 3. Mai 1808 gibt Goya Auskunft über eine historisch gesellschaftliche Zäsur. Zugleich leitet er damit eine neue Epoche der Kunstgeschichte ein. Beide Bilder stehen nicht nur in engem inhaltlichem Zusammenhang. Sie sind auch beide 1814 gemalt – ironischerweise im Auftrag der Regierung anlässlich der Thronbesteigung Ferdinands VII., der als erste Amtshandlung Inquisition und Zensur wieder einführte. Daher verschwanden die Bilder sofort für 40 Jahre in den Archiven des Prado und wurden erst 1868 der Öffentlichkeit zugänglich gemacht.

In ›El Dos de Mayo de 1808 en Madrid: La lucha con los mamelucos‹ schildert Goya den Beginn des Aufstands gegen die Franzosen auf der Puerta del Sol im Zentrum Madrids. Der Künstler, der im Haus Nr. 9 wohnte, kann Augenzeuge des Geschehens gewesen sein, so wie er überhaupt in erster Linie Augenzeuge war. Sein künstlerischer Impuls war nicht mehr, etwas zu verherrlichen, sondern Zeugnis zu geben. Er sympathisierte mit den einfachen Leuten, mit denen, die sich von anderen nichts vorschreiben lassen wollten, mit ihrem anarchischen Willen. Aber er sympathisierte auch mit den Franzosen. Sie wollten Spanien Vernunft beibringen; sie hatten den ›Code Napoléon‹ – das heute noch geltende Zivilgesetzbuch – mit im Gepäck. Sie vertraten das Ende kirchlicher Vormundschaft – und sie kamen doch als fremde Eroberer. Goya empfand zutiefst dieses tragische Dilemma. So ergriff er nicht Partei für oder wider. Er nahm auf menschliche Weise Anteil an der Rebellion von unten. Er malte den Kampf und das menschliche Leiden ohne jede Erhöhung. Nicht als Erlösung, nicht allegorisierend als heroischen Akt, sondern als grausames Gemetzel. Die Komposition hat nichts von der Ordnung vergleichbarer Repräsentationsgemälde. Hier wird nichts Weltliches in den Kontext einer Heilsgeschichte eingebunden; auch nicht in der säkularisierten Form einer Mythologisierung von Nationalgeschichte. Die einfachen Bauern aus der Umgebung Madrids, die empört waren über den Versuch der Franzosen, den spanischen Prinzen gefangen zu nehmen und nach Frankreich zu entführen, versammelten sich mit den armen Leuten Madrids, um dagegen zu protestieren. Berittene Mamelucken und französische Gardekavallerie verfolgten sie nach einer Kanonade auf dem Platz. Auf dem Gemälde drängen die nur mit Messern Bewaffneten von links heran. Was in der traditionellen Ikonographie in der Mitte das dem Herrscher zukommende Reiterporträt hätte sein können – in der klassischen Pose auf sich aufbäumendem Pferd –, wird ins Gegenteil verkehrt. Das leuchtende Rot der Hosen im Zentrum des Bildes gehört einem bereits massakrierten Mamelucken. Der blutig zerstochene Reiter fällt nach hinten herab ins Nichts. Das unschuldsvolle weiße Pferd – als Zugtier des Sonnenwagens und apokalyptischer Siegesbote auch ein lange tradiertes Herrschaftszeichen – wird brutal attackiert. Pferde- und Menschenleiber bilden ein einziges Gemenge, aufgerührt von rasendem Hieben und Stechen.

Francisco Goya, El Dos de Mayo de 1808, Detail von Abbildung Seite 37

Haben wir bei diesem Bild geradezu das Toben und Schreien während des Gemetzels im Ohr, so konfrontiert uns das zweite Gemälde mit der atemlosen Stille unmittelbar vor den Gewehrsalven des Erschießungskommandos. Geht im vorigen Bild alles drunter und drüber, so wird hier in einer emblematisch dichten und konzentrierten Zuspitzung von dramatischer Wucht die Tötung der einen durch die anderen gezeigt.

Es handelt sich um das Geschehen am frühen Morgen nach Ausbruch des Aufstands. Die Franzosen hatten sämtliche Männer festgenommen, die im Besitz von Messern angetroffen wurden (und nahezu jeder Bauer besaß eins). Die Bauern, die in die Stadt gekommen waren, konnten nicht wieder hinaus, denn die Stadttore waren geschlossen worden. Innerhalb der Spanne eines kurzen Augenblicks schildert Goya in einem Bild den Tod, die unmittelbare Konfrontation mit dem Tod und die Erwartung des Todes. Er zeigt das schon Geschehene, was unmittelbar geschieht und was geschehen

Madrid – Metropole der Neuzeit

Francisco Goya,
El tres de Mayo de
1808, 1814

Francisco de Goya y Lucientes

wird innerhalb einer packenden Szene. Das Bild zeigt die schon Erschossenen links im Vordergrund, vom Licht einer Laterne hell erleuchtet diejenigen, die kurz vor der Erschießung stehen, und im mittleren Hintergrund jene Gruppe, die dasselbe Schicksal bang erwartet. Gegenüber stehen auf der rechten Seite, mit dem Rücken zum Betrachter, die französischen Füsiliere wie eine Wand. Während die Opfer mit ihren menschlichen Gefühlen, in ihrer Angst, Wut und Verzweiflung gezeigt werden, geduckt, gebeugt oder aufrecht mit ausgebreiteten Armen, stehen die uniformierten Täter gleichförmig in einer Reihe – als von Menschen gebildete kollektive Vernichtungsmaschinerie ohne Gesichter. Sie sind allein den todbringenden Gewehren zugerichtet, die sie ›blind‹ bedienen und deren blinkende Spitzen die Schattengrenze in der Mitte des Bildes und die Gesichter der wartenden Opfer ›durchstechen‹. Der Schein der Laterne teilt die Szene in zwei Hälften. Die Opfer stehen im Licht, die Täter im Schatten, dessen Grenze parallel zur Anordnung der Schützen bis zum Vordergrund in der Mitte des Gemäldes verläuft. So steht der Bildbetrachter als Augenzeuge unausweichlich auf der Schattenseite der Henker, der Schuldigen, der Überlebenden, der Verantwortlichen, während ihm gegenüber die Menschen im Licht zum Tod verdammt sind – was die entsetzliche Wirkung noch steigert.

Im hellsten Licht kniet ein dunkelhäutiger Mann in weißem Hemd und gelber Hose. Er sieht als einziger dem Tod ins Auge, streckt die Arme aus, um seine Wehrlosigkeit zu bezeugen und die Bereitschaft zu zeigen, die Todesschüsse zu empfangen. Er gibt damit auch ein Bild des Gekreuzigten als Mann des Volkes, mit den Wundmalen Christi an den Händen. Aber dieser Menschensohn wird nicht auferstehen. Die Lichtmetaphorik, mit der Entstehung des Lebens bis hin zur Aufklärung verknüpft, wird in ihr Gegenteil verkehrt. Das Licht erhellt das Dunkel der Nacht nur, um den Tod zu bringen. Dieses Golgatha trifft keinen Einzelnen, sondern viele Einzelne. Ob aus diesem Tod eine neue Hoffnung erwächst, bleibt offen. Das Bild bietet keine Perspektive der Erlösung – weder in religiöser noch in weltlicher Sicht. Das stumme Beten des Mönchs wird nicht erhört werden, der himmelwärts gerichtete Blick der dritten Hauptfigur keine Antwort erhalten. Den Hintergrund bildet nichts als ein stumpfer Wall, der von der Sinnlosigkeit der Geschichte kündet.

Goya stilisiert die Opfer nicht zu Heroen, er instrumentalisiert sie auch nicht für irgendeinen angeblich höheren Sinn. Er malt ein Bild der Banalität und Fatalität des Grauens. Im Verzicht auf Allegorisierung gibt er ein Bild der wirklichen Opfer des einfachen Volks im Freiheitskampf. So etwas hatte es in der Kunstgeschichte bislang nicht gegeben. Es gehört zu den eindrucksvollsten künstlerischen Zeugnissen der Geschichte überhaupt – und zu den einflussreichsten Werken in der Geschichte der Malerei. Konzentriert auf diesen einen Augenblick des Schreckens angesichts des Todes, von Menschen an Menschen gewaltsam verübt, verzichtet Goya bewusst auf eine naturalistische Darstellung. Seine anteilnehmende Malweise ist roh, teilweise skizzenhaft, unausgeführt und verschwommen wie am linken Bildrand, wo man schattenhaft umrissen eine Mutter mit Kind erkennen kann. Die Reihe der Schützen ist nicht sorgfältig nach den Gesetzen der Perspektive angeordnet. Das Gemälde ist gleichsam ›kunstlos‹ gemalt, das brutal zerfetzte Gesicht des im Bildvordergrund liegenden Erschossenen auf malerisch grobe Weise dargestellt. Die Körper haben kein Volumen, sind kaum modelliert und in manchen Proportionen, etwa an den Armen der zentralen Figur, verkürzt; hingegen bleibt das Malmaterial sichtbar und ungeglättet. Nichts wird geschönt, alles dient der Eindringlichkeit des Gezeigten.

Die Pinturas negras der Quinta del Sordo

Noch weiter als auf diesem Gemälde ging Goya mit seinen ›Schwarzen Bildern‹, die er in seinem Privathaus malte, das er 1819 am Río Manzanares außerhalb von Madrid einrichtete. Innerhalb von drei Jahren entstanden die Ölbilder als Wandgemälde zweier Räume. Als der deutsche Bankier Erlanger das Haus 1873 erwarb, ließ er die Gemälde ablösen und auf Leinwand übertragen; später schenkte er sie dem Prado. Dort werden sie getrennt von den anderen Werken Goyas im ersten Stockwerk in einem eigens reservierten Raum im Parterre gezeigt.

Sie entstanden in der Zeit politischer Restauration und schwerer persönlicher Enttäuschungen. Für sich hat Goya diese Bilder gemalt, als makabre Dekoration seiner Wohnstätte, nur um sich selbst künstlerisch auszudrücken. Es sind Gegenbilder zu der lichten Welt des 18. Jahrhunderts, Gegenbilder auch zu der Verheißung des Fortschritts im 19. Jahrhundert. Als Ausdruck des Wahnsinns wurden sie interpretiert. Sie konfrontieren den Betrachter mit den Abgründen menschlicher Ängste. Sie bannen den Alptraum. Und dies war vielleicht ihr Sinn. Um dem Wahnsinnigwerden zu entkommen, um den quälenden Dämonen des eigenen Selbst zu entfliehen, hat Goya sie verkörpert. So wie seit alters die Menschen immer schon auch das Böse darstellten, um es zu bannen, damit es nicht von einem Besitz ergreift: Sobald es Gestalt annimmt, kann es überwunden werden, kann man daran vorüber gehen. Aber hier wird das von Traumbildern bevölkerte innere Selbst ausgestellt. Was die Vernunft der Aufklärung ins Abseits stellte, wird für Goya zum Zentrum seiner Obsession: die dämonische Welt als Fratze, als abscheuliche Hässlichkeit und bedrohliche elementare Gewalt. ›**Saturn verschlingt eines seiner Kinder**‹ heißt eines der grauenhaftesten Bilder. Der Gott der Zeit, so die antike Sage, verzehrt seine Kinder, die Tage und Jahre. Aber aus dem Gott ist ein Ungeheuer geworden, die verschlingende Zeit ist ein monströses Wesen, das leibhaftige Menschen frisst. Die Heilserwartung der Zeitenwende erweist sich als furchtbarer Irrtum.

Madrid – Metropole der Neuzeit

Francisco Goya, Hexensabbat (oben) und der Hund (unten) von den Pinturas negras der Quinta del Sordo

›**Hexensabbat**‹ heißt ein anderes riesiges Gemälde, in dem Goya den Wahn und den Fanatismus schildert. Vor einem nur als Silhouette im Vordergrund predigenden Ziegenbock stellt er eine ineinander verklumpte Menschenmasse dar, angstvoll geduckt zu einem Haufen, einer Horde, dem Irrsinn gehorchend. Niemals zuvor hat ein Maler die Bedrohung des einzelnen Menschen durch kollektiven Wahn und demagogische Verführung derart drastisch geschildert. Und es ist nicht nur eine Männerwelt. Aus den zu Liebe und Kunst verführenden Musen sind Hexen geworden, in deren Gesichtern Dummheit, Ignoranz und Aberglaube zutage tritt. Nur eine geheimnisvolle Dame in Schwarz am rechten Bildrand hält gebührlichen Abstand. Die Prozessionen zeigen eine wurmartig dahinziehende Menge mit düster entstellten Gesichtern, die sich im Vordergrund zu einem kollektiven Kopf auftürmen. Wo der Leben und Tod umspannende und das gesamte Universum umfassende Glaube kein Obdach mehr bietet, werden kollektive Zeremonien zu Veranstaltungen bedrückenden Wahns, die Gemeinschaft nur totalitär als Masse bilden und zum inquisitorischen Hass auf alles Menschenwürdige ansetzen lässt. Wenn derart Gott aus der Welt ist, dann setzt sich dumpfes Menschenmaß götzenhaft als absolut und fällt über seinesgleichen her. Nur wenige der Werke bieten Lichtblicke in der Düsternis. ›Die beiden Alten‹ zeigt einen Greis, der taub bleibt gegenüber den bösen Einflüsterungen seines Gefährten. ›Die Lektüre‹ zeigt Männer um ein Buch versammelt, das ihre Gesichter erhellt.

Menschen fliegen durch die Luft wie Gespenster. Und eines der bedrückendsten Bilder dieser Sammlung, die von einer angsterfüll-

Francisco de Goya y Lucientes

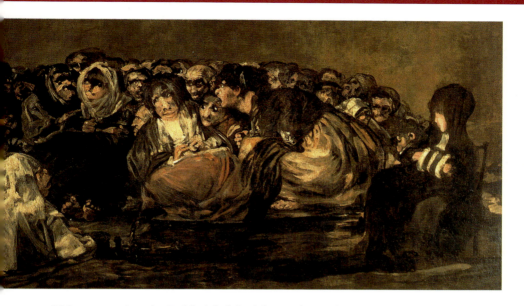

ten Welt transzendentaler Haltlosigkeit berichtet, zeigt zwei Männer, bis zum Knie in die Erde eingegraben oder eingesunken, die gnadenlos aufeinander einschlagen, ein beklemmendes Bild menschlicher Selbstzerstörung im Zustand der Bewegungslosigkeit. Ein einziges Bild dieser Serie kommt ohne schwarze Farbe aus. Es ist das rätselhafteste von allen und zeigt in den zwar verschmutzten, aber dennoch goldenen Himmelsfarben Murillos nichts als eine große Fläche, darunter in ansteigender Bewegung eine Fläche im braunen Farbton der Erde. Über der Scheidelinie blickt der Kopf eines Hundes hervor. Ein Schatten, kaum wahrnehmbar, verbindet irdische und himmlische Sphäre. Die fast versunkene oder wie hinter einem Vorhang verborgene Kreatur blickt nach oben. Die Malerei gibt keine universelle gestaltende Antwort mehr. Sie verkörpert das Rätsel selbst und stellt sich im Geheimnis ihrer Farben dar. Diese Bilder nehmen vieles vorweg, was erst im 20. Jahrhundert die Künstler beschäftigen wird. Ob Surrealisten oder Abstrakte Expressionisten – sie haben sich alle durch Goyas Bilder verstören und inspirieren lassen.

Zurück in der ersten Etage, mag eines der letzten von Goya gemalten Bilder als geeigneter Abschluss unseres Rundgangs dienen: ›**Das Milchmädchen von Bordeaux**‹ schuf er in seinem letzten Lebensjahr, 1827, im Alter von 81 Jahren. Es nimmt, noch einmal ganz neu die Farbpalette seines künstlerischen Beginns aufgreifend, im Farbauftrag und in der Behandlung des Lichts den Impressionismus vorweg – eine in ihrer Schlichtheit unübertroffene Ode an die Schönheit und das geheimnisvoll blühende Leben in Gestalt einer jungen Frau.

Ein zweiter Rundgang durch den Prado

Die Auswahl für einen zweiten, unbedingt empfehlenswerten Rundgang kann hier nicht mehr Bild für Bild vorgestellt werden. Im Folgenden nur einige Hinweise, was dabei keinesfalls fehlen sollte.

Italienische Malerei
Fra Angelico, Verkündigung, 1430–32
Andrea Mantegna, Marientod, um 1460
Raffael, Bildnis eines Kardinals, um 1510; Kreuztragung, um 1516; Madonna mit dem Fisch, um 1513/14
Caravaggio, David besiegt Goliath, um 1600
Guido Reni, Hippomenes und Atalanta, um 1612
Tintoretto, Dame mit entblößter Brust; Edelmann mit der Goldkette, um 1550; Fußwaschung, 1547

Französische Malerei
Claude Lorrain, Einschiffung der heiligen Paula in Ostia, 1639/40
Antoine Watteau, Heiratsvertrag, 1710–12; Versammlung beim Neptunbrunnen (Fest im Park), 1710–12

Flämische Malerei
Joachim Patinier, Überfahrt über den Styx
Peter Paul Rubens, Anbetung der Könige, 1608 u. 1628/29; Apostel-Serie; Raub der Deidaneia; Raub der Proserpina, 1636/37; Die drei Grazien, um 1636–38
Anton van Dyck, Gefangennahme Christi, um 1620; Selbstbildnis mit Endymion Porter, um 1633

Niederländische Malerei
Rembrandt, Artemisia, 1634

Museo Thyssen-Bornemisza

Der Rundgang durch den Prado war wie die vielfach durch Bilder reflektierte europäische Bewusstseinsgeschichte: von den am Gottessohn orientierten Menschenbildern über die Kunst der Könige bis hin zu den auflösenden Darstellungen und dem neuen künstlerischen Selbstbewusstsein Goyas an der Schwelle zur Moderne.

Das Museo Thyssen-Bornemisza lässt uns noch einmal bei den frühen italienischen Meistern des 14. Jahrhunderts beginnen, führt uns dann aber weiter hinaus bis in die Mitte des 20. Jahrhunderts. Insofern ist der Besuch dieses Museums im ersten Teil eine Ergänzung, im zweiten ermöglicht er uns, den Fortgang der Kunstgeschichte seit Goya zu verfolgen.

Die Thyssen-Sammlung hat ihren eigenen, vom Prado unterschiedenen Reiz darin, dass es sich hier eben nicht um eine königliche Sammlung handelt. Es gibt zwar auch eine Paradies-Darstellung Tintorettos und eine Verkündigung El Grecos, aber charakteristisch für das Museum und darin überaus beeindruckend ist die Sammlung von Porträts sowie italienischen und niederländischen Landschaften für einen eher bürgerlichen denn höfischen Geschmack. Die spanische Malerei ist vergleichsweise wenig vertreten, dafür die deutsche stärker als im Prado, und eine reizvolle, in Europa kaum zu sehende Besonderheit stellt die nordamerikanische Malerei des 19. Jahrhunderts dar.

Wir sehen noch einmal den goldfarbenen Himmel der mittelalterlichen Malerei, wo das Bild selbst am Heiligen Anteil hatte (Duccio di Buoninsegna und Vitale da Bologna in Saal 1). Langsam öffnet sich der Illusionsraum der Bildfläche durch Anwendung der Zentralperspektive und einer farbrealistischen Darstellung (Dieric Bouts, Jan van Eyck und Rogier van der Weyden in Saal 3; Bramantino und Ucello in Saal 4). Die Gesichter werden individueller, die Sujets weltlicher (Porträts von Antonello da Messina, Domenico Ghirlandaio, Juan de Flandes, Hans Holbein, Hans Memling und Piero della Francesca in Saal 5). Die Malerei erobert die wirkliche Welt und versöhnt das Himmlische mit dem Irdischen, das Geistige mit dem Sinnlichen (Bellini, Lotto und Tizian in Saal 7; Altdorfer, Hans Baldung Grien, Holbein und Cranach in Saal 9).

Juan de Flandes, Bildnis einer Infantin von Kastilien (Johanna die Wahnsinnige ?), um 1496, Detail der Abbildung von Seite 27

Saal 10 zeigt niederländische Malerei des 16. Jahrhunderts, und Saal 11 vereinigt Vertreter der Venezianischen Schule, darunter auch sehr gute mittelgroße Bilder von El Greco, daneben Tintoretto und Tizian und eine dramatische Abendmahl-Darstellung von einem anonym gebliebenen Meister.

Saal 12 präsentiert Caravaggio und vor allem eine koloristisch meisterhafte ›Beweinung Christi‹ von José de Ribera, Saal 14 eine idyllische Landschaft Claude Lorrains. In Saal 15 begegnen wir Murillo und in den Sälen 16, 17 und 18, der italienischen Malerei des 18. Jahrhunderts gewidmet, einem neuen Sujet der Malerei: Stadtar-

◁ *Michel-Ange Houasse (1680 bis 1730), Der Escorial (Detail), Madrid Prado*

Madrid – Metropole der Neuzeit

chitektur als Landschaft in den Venedig-Veduten Canalettos. Außerdem sehen wir Gemälde des letzten großen venezianischen Meisters: Giovanni Battista Tiepolo. Saal 19 führt uns zeitlich wieder etwas zurück. Flämische Malerei des 17. Jahrhunderts ist hier versammelt, herausragend: Anton van Dyck mit dem ›Bildnis des Jacques Le Roy‹ und Peter Paul Rubens mit dem Porträt einer energischen jungen Frau sowie mit einer heftig bewegten skizzenhaften Holzbemalung, die Samsons Blendung zeigt (im Gang gegenüber von Saal 20).

Die Säle 20 bis 26 beherbergen ausschließlich holländische Porträts, Interieurs, Genreszenen und Landschaften, darunter besonders viele Seestücke mit Segelschiffen. In dieser reichen Sammlung befinden sich auch ein Bildnis Rembrandts aus seiner Werkstatt oder aus seinem Umfeld (Saal 21) und zwei Werke von Frans Hals: ein ironisch-freches Familienbild und die Darstellung eines geigenden Fischers (Saal 22). Im protestantisch-calvinistischen Holland war die bildnerische Veranschaulichung religiöser Themen verpönt. Die Darstellung produktiver Tätigkeit war dagegen ausdrücklich von der Religion legitimiert. Entsprechend fielen die Bildaufträge aus; sie waren für Rathäuser, Handelshäuser, Börsen und Wohnstuben gedacht.

Saal 27 wirkt wie eine kleine Zäsur, eine thematische Pause, ein Innehalten. Er ist den Stilleben des 17. Jahrhunderts gewidmet mit Werken von Jean-Baptiste Siméon Chardin, Willem van Aelst und Willem Kalf. Vielfach würdigt das Stilleben die einfachen Dinge des Alltags, es ist Ausdruck einer stillen Eroberung bürgerlichen Lebens, die in der Aufmerksamkeit für die Gegenständlichkeit liegt. Auch wenn sie meditative Wirkung haben können und wie Altäre erscheinen, wird in ihnen doch nichts Heiliges oder Ewiges dargestellt: im Gegenteil – sie erinnern durch das zerbrochene Glas (Willem Claesz. Heda) oder die aufgesprungene Uhr (Willem Kalf) vordergründig an prosaischen Gebrauch; aber sie sind Zeichen der Vergänglichkeit oder sogar Vorboten des Todes. Sie relativieren auf sanfte Weise den Übermut lebendiger Diesseitigkeit.

Im folgenden Saal 28 finden sich neben weiteren Beispielen der Melancholie gegenüber dem Leben in erster Linie Bilder, die von einer Verfeinerung sinnlicher Ausstrahlung zeugen. François Bouchers ›La Toilette‹ und Jean-Honoré Fragonards ›Die Schaukel‹ feiern die Freuden des Sinnenrausches. Noch einmal begegnen wir den großartig-kleinen Stilleben Chardins. Mit einem sich eher unwohl fühlenden ›Glücklichen Pierrot‹ deutet Jean-Antoine Watteau (1684 bis 1721) die Ambivalenz dieses sinnenfrohen Zeitalters an, in dem der französische Hof von Versailles im Zeitalter des Rokoko in Europa den Ton angab. Außerdem sind zwei Gemälde der bedeutendsten englischen Maler des 18. Jahrhunderts zu sehen, beide in einem kühlen, vornehm klassizistischen Stil: von Thomas Gainsborough das ›Bildnis der Sarah Buxton‹ und von Sir Joshua Reynolds ›Bildnis von Frances, Gräfin von Dartmouth‹.

Die Säle 29 und 30 bilden innerhalb des Rundgangs eine Art Exkurs, den man sich auch für einen späteren Besuch aufheben oder im

Museo Thyssen-Bornemisza

Museo Thyssen-Bornemisza, Außenansicht

Anschluss an den Rundgang absolvieren könnte. Sie zeigen eine reiche Sammlung nordamerikanischer Malerei aus dem 19. und dem frühen 20. Jahrhundert: Porträts, Stilleben, vor allem aber pathetisch-romantische Landschaften eines Wilden Westens, der den europäischen Eroberern und Kolonisten wie ein neues Gelobtes Land erschien.

Bis hierher war unser Rundgang durch das Museo Thyssen-Bornemisza ein Gang durch die Kunstgeschichte, der etwa zeitlich parallel zu jenem des Prado-Besuchs verlief. Wir konnten eine Art zeitlicher Wiederholung vom 14. bis zum frühen 19. Jahrhundert und die inhaltliche Ergänzung durch andere Schwerpunkte erleben. Nun aber folgt die Erweiterung, die Fortsetzung der Geschichte der Malerei seit Goya. Und hier zeigt die Sammlung nicht nur Außerordentliches in einzelnen Exponaten, sie bietet einen knapp gefassten und gut nachvollziehbaren Überblick über die Kunstströmungen der Moderne bis in die Mitte des 20. Jahrhunderts. Sahen wir im Prado in erster Linie die Kunst der Hofmaler der spanischen Könige und war darin europäische Geschichte aufs engste thematisch und formal mit der Kunstgeschichte verknüpft, so erleben wir hier eher die Kunst einer bürgerlichen Welt und von (mit der Moderne) selbstbewusst gewordenen Künstlergenerationen, die sich gegen die Gesellschaft stellten. Goya hatte den Eigen-Sinn der Kunst vorgegeben. Die Entwicklung der Malerei vollzog sich seitdem in einer Spannung zwischen der durch den romantischen Geniekult beflügelten Aufwertung der Künstler als Schöpfer eines ganzheitlichen Kunstwerks, oft mit dem Anspruch des Gesamtkunstwerks, und einer zersplitterten gesellschaftlichen Wirklichkeit, der sie gegenüberstanden. Aus dem Gefühl der Entfremdung von der Natur und vom natürlichen Leben entwickelte sich eine bewusste Annäherung an die reine Natur durch Kunst. Die Künstler dienten nicht mehr der Religion oder einer weltlichen Macht, sondern nur noch der Kunst selbst. Allerdings mussten auch sie sich nun innerhalb eines anonymen Markts behaupten, was ihnen selten gelang. Viele Künstler wurden erst nach ihrem Tod berühmt; sobald sie als Märtyrer der Kunst galten, stiegen in der Regel die Preise für ihre Bilder.

Zahlreiche Künstler versagten sich in ihrem Streben nach absoluter Selbständigkeit auch dem Dienst der Abbildung von Wirklichkeit, um mit ihrem Werk eine eigene Wirklichkeit zu erschaffen. Jenseits einer entheiligten Geschichte und einer Gesellschaft, deren Mechanismen durch die wachsende Macht des Geldes nicht mehr anschaulich waren, suchten sie festzuhalten, was real auseinanderzufallen schien. Sie versuchten, beseelte Natur und sinnlich erfahrbare Vernunft stellvertretend im Kunstwerk wieder als Ganzes darzustellen. Nur der Kunst verpflichtet, pflegten sie als Bohemiens einen eigenen Lebenswandel. Manche drohten zu Parias der Gesellschaft zu werden. Die Gründe hierzu waren vielfältig. Nur einer sei genannt: die Erfindung der Fotografie. Es gab seit Mitte des 19. Jahrhunderts in vermehrtem Maß industriell gefertigte Abbildungen. Die Künstler des bürgerlichen Zeitalters verlagerten ihr Terrain inspirierter Schöpfung. Ihnen schwebte weiterhin eine ästhetische Vernunft vor, die sich nicht gegen die Natur richtete, sondern sich mit innerer und äußerer Natur schöpferisch zu verbinden suchte. Keine Form mehr konnte Verbindlichkeit beanspruchen, kein Vorbild galt es nachzuahmen. Der eigenen inneren Natur zu gehorchen, darin lag das Geheimnis auch der Form und Farbe findenden Inspiration. Die Künstler schmiegten sich der Eigendynamik jener Materialien an, mit denen sie umgingen. Es war ein heroisches Zeitalter, was die Künstler betrifft. Sie waren Besessene. Und sie lebten nicht nur, sie gaben ihr wirkliches Leben für die Kunst, für die originäre Entdeckung neuer Wirklichkeiten. In permanenter Rebellion gegen eine instrumentelle Rationalität, der alle Werte zu austauschbaren Waren und wechselnden Kurswerten verkamen, und gegen das Lügenspiel einer Gesellschaft, die sich mit Kitsch verkleidete, bestanden sie auf jener stummen und rätselhaften Wahrheit, die an ihre schöpferische Persönlichkeit gebunden war und die aus ihren Bildern spricht, unverwechselbar, einmalig und authentisch. Die Kunst der Moderne zeigt stärker als jemals zuvor eine Geschichte immer neuer Bildfindungen bis hin zu ihrer Auflösung und Neudefinition als Kunstobjekt oder auch Installation – sie spiegelt aber dennoch im Verlauf fortschreitender Abstraktion und Reduktion, was gesellschaftlich geschieht. Aus dem Prozess gesellschaftlicher Verständigung und Selbstdarstellung zunehmend ausgeschlossen, wurde sie sich schließlich selbst zum Thema.

In Saal 31 begegnen uns sowohl Romantiker wie Realisten und damit Künstlerpersönlichkeiten von großer Unterschiedlichkeit. Die Romantik war eine Art Flucht aus der Prosa des Alltags. Aber sie versicherte sich aus dem Gefühl des Verlusts heraus der Schönheit einer für sich existierenden erhabenen Natur oder war dem phantastischen Zauber des Märchens auf der Spur. Von Caspar David Friedrich sehen wir den zur Meditation anregenden ›Ostermorgen‹, von Arnold Böcklin eine ›Nymphe in einem Springbrunnen‹. Nicht mehr die Kirche ist das Haus Gottes, sondern die reine Natur mit ihrer auferstandenen Sonne. Die Kunst wird zum Gottesdienst, zur Ausübung von Religion. In den Gemälden John Constables, vor allem aber Camille Corots und Gustave Courbets sehen wir großartige und zu ihrer Zeit als wegweisend empfundene Beispiele für die Beschwörung einer lebendig quellenden, von sich aus als schöpferisch begriffenen Natur, der sich die Künstler durch die Art ihres beseelenden Farbauftrags gleichsam zu vergeschwistern suchen. Eugène Delacroix' Gemälde zeugen auch von Exotismus, von der Flucht aus der Wirklichkeit in einen fiktiven Orient, der den verflogenen Zauber ursprünglichen Lebens bewahrt hat. Und wir treffen noch einmal auf Goya in seiner Vielschichtigkeit: neben dem Porträt Ferdinands VII. hängt eins seiner Schwarzen Bilder: ›El Tío Paquete‹. Das schöne ›Bildnis einer Dame als Vestalin‹ stammt von Angelika Kauffmann, einer der wenigen Frauen, denen im 19. Jahrhundert die Karriere als Malerin gelang.

Von Corot und Courbet ist es tatsächlich nur ein kleiner Schritt zur revolutionären Bewegung der Impressionisten (in den Sälen 32 und 33). Edouard Manet (1832–1883) gehörte zu ihren unmittelbaren Anregern – wenngleich es Manet war, der seine skandalträchtigen Bilder ganz bewusst in Anknüpfung an die große europäische Kunsttradition schuf. Wie für keinen anderen einflussreichen Maler des 19. Jahrhunderts waren für ihn die Spanier vorbildlich, allen voran Velázquez und Goya. Die Ausstellung ihrer bis dahin nahezu unbekannt gebliebenen Werke in der ›Galerie espagnole de Louis-Philippe‹ im Pariser Louvre war schon 1838–48 eine Sensation gewesen, aber erst in den 60er Jahren des 19. Jahrhunderts kommt es in Frankreich zu einer intensiven Auseinandersetzung mit der Kunst Spaniens, die die französische Kunstwelt nachhaltig inspirierte.

Die Impressionisten wagten den Schritt ins Freie. Ihre Themen lagen buchstäblich auf der Straße und in der freien Natur. Es war in erster Linie das Licht, wie es vom menschlichen Auge empfangen wird, das sie in ihren Bildern wiederzugeben suchten und dem ihr forschendes Entdecken galt. Nicht mehr Religion, Mythologie und große Staatsaktionen waren ihre Themen, sondern banale Wirklichkeit und die Ewigkeit des Augenblicks im irdischen Paradies, das sie festzuhalten suchten – und zwar in jener unmittelbaren Ausschnitthaftigkeit, wie sie dem Künstler vor Augen stand. Sie lösten die illusionäre Räumlichkeit des Bildes auf und gaben mit ihrem neuartigen Auftrag von nebeneinander getupften, kontrastierenden Farben die schillernde und flimmernde Bewegung des Lichts auf der Fläche der Leinwand wieder. Sie feierten das entspannte Leben und die freie Natur in ihrer vibrierenden Schönheit – nicht wie sie dem fixierenden, beherrschenden und konstruierenden, sondern wie sie dem die

Schöpfung aufnehmenden menschlichen Auge erscheint. Empfindungsvolle menschliche Wahrnehmung und das Licht der universellen Natur scheinen auf ihren Bildern wie versöhnt. Dies gilt vor allem für die Landschaftsmalerei Camille Pissarros, Alfred Sisleys, Claude Monets und Auguste Renoirs. Ihre Bilder sind das große, aber vielfach umstrittene malerische Ereignis der zweiten Hälfte des 19. Jahrhunderts gewesen.

Saal 33 zeigt Gemälde jener großen Meister, die endgültig die Epochenwende der modernen Kunst vorbereiteten: Paul Cézanne (1839–1906) mit seinen nur noch aus der Farbe heraus gestalteten Bildern und einer neuen, gegenüber der lockeren impressionistischen Malweise verfestigten Bildform, die Picasso und Braque zum Ausgangspunkt für den von ihnen entwickelten Kubismus nehmen werden; Edgar Dégas (1834–1917) konzentriert sich anders als die Landschaftsmaler mit seinen feineren zeichnerischen Mitteln stärker auf ausschnitthafte Handlungen und Szenen, so die ›Schwebende Tänzerin‹ oder ›Bei der Putzmacherin‹. In Paul Gauguins (1848 bis 1903) exotischer Malerei, der vermeintlich ursprünglichen Natur und Kultur Polynesiens auf der Spur, werden die Farben, flächig aufgetragen, als reine Gefühlswerte mit eigenem magischem Ausdruck behandelt. Vincent van Gogh (1853–1890) schließlich überträgt in seinem Spätstil mit seinem nervösen Pinselstrich subjektive Erregungszustände in flackernde Landschaften mit visionären leuchtenden Farben, die wie zu eigenen vitalen Organismen anzuschwellen scheinen.

Damit sind die künstlerischen Wege bereitet für die dynamische Malerei der Fauvisten in Frankreich, Saal 34, und die auf innere Zustände gerichtete Malerei der Expressionisten, deren Werke in breit gefächerter Auswahl mit dem Schwerpunkt der deutschen Expressionisten (Dresden, Berlin und München) die Säle 35 bis 40 füllen. Saal 35 zeigt auch Arbeiten von Edvard Munch, Henri Matisse und James Ensor, die für den deutschen Expressionismus einflussreich waren. Es folgt eine ungewöhnlich reiche und farbige Sammlung von Werken Erich Heckels, Ernst Ludwig Kirchners, Max Pechsteins, Karl Schmidt-Rottluffs und Emil Noldes in den Sälen 36 und 37. Saal 38 zeigt neben den Bildern August Mackes und Lyonel Feiningers auch das eindrucksvolle Gemälde Franz Marcs (1880–1916) **›Der Traum‹** von 1912. Saal 39 wird von den Bildern Max Beckmanns beherrscht. In Saal 40 treten die Großstadtbilder von George Grosz hervor.

Der experimentellen Avantgarde Frankreichs, Russlands und der Niederlande sind die folgenden Ausstellungssäle gewidmet. Die Entdeckung einer völlig vom Gegenstand und seinem Abbild befreiten Form- und Farbfindung in der sogenannten abstrakten Kunst steht hierbei im Vordergrund. Sie wird ergänzt durch Bildwerke, die im Anfügen von Gegenständen den neuen Objektcharakter des Kunstwerks betonen; als Beispiele seien Arbeiten von Kurt Schwitters angeführt (Saal 43). Die Abstraktion bedeutete zum einen die Möglichkeit einer im Farbrausch sich darstellenden ungebremsten Subjekti-

Franz Marc, Der Traum, 1912

vität, zum anderen die Reduktion auf objektive Strukturen. Von ihr wird eine eigene Gestaltungslehre entwickelt, die sich als vom Material losgelöstes Formprinzip gleichwohl auf die Gestaltung von Gebrauchsgegenständen, Möbeln und Architektur niederschlagen wird. In diesem Zusammenhang sind vor allem die Werke von Theo van Doesburg und Piet Mondrian in Saal 43 zu nennen. Saal 44 zeigt eine auf den französischen und spanischen Kubismus konzentrierte Sammlung mit Arbeiten von Georges Braque, Juan Gris, Fernand Léger und Pablo Picasso. Die Vielschichtigkeit des Gegenstands, die Gleichzeitigkeit unterschiedlicher Blickwinkel ist Thema in einer Zeit, wo die Selbstverständlichkeit menschlicher Wahrnehmung in Frage gestellt und experimentell erforscht wird.

Eine eher poetische Richtung bildnerischer Imagination, bei aller Unterschiedlichkeit, verfolgen jene Maler, die in Saal 45 ausgestellt sind: Marc Chagall, Max Ernst, Paul Klee, Joan Miró, außerdem Picasso, Kandinsky, Léger und Braque.

Nachvollziehbar wird im Saal 46 vor allem, wie die expressive Linie der Kunstentwicklung bis hin zum Action Painting, der unmittelbaren Aktion des Abstrakten Expressionismus führt (Jackson Pollock, 1912–56, ›Braun und Silber I‹, um 1951), während daneben das auf reinen Farbflächen basierende Bildwerk ein nahezu magi-

Madrid – Metropole der Neuzeit

Salvador Dalí, Traum, verursacht durch den Flug einer Biene um einen Granatapfel, eine Sekunde vor dem Aufwachen, 1944

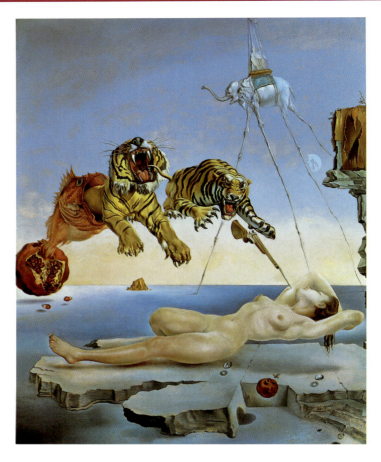

sches Eigenleben erhält: Mark Rothko (1903–70), ›Grün auf Violett‹, 1961. Der impulsive Akt künstlerischer Subjektivität wird zum letzten zählenden künstlerischen Wert, während auf der anderen Seite das meditative Bild, das nichts mehr als sich selbst zeigt, Kultcharakter erhält.

Die beiden letzten Säle des Museo Thyssen-Bornemisza zeigen aber auch, dass das Figurative in der Moderne nie ganz verschwunden war. Besonders die Entdeckungen der Psychoanalyse Sigmund Freuds (und hier in erster Linie die Traumdeutung) revolutionierten das Weltbild vieler Künstler, insbesondere der Surrealisten. Das Unbewusste wurde ihnen zum unverbildeten Schatz der Kreativität, aus dem heraus sich die Wahrheit der Kunst erschließen ließe, wenn man denn den Zugang fände. Wir sehen im Saal 47 Werke von Salvador Dalí, René Magritte, Max Ernst und Yves Tanguy; daneben eindringliche figurative Bilder menschlicher Einsamkeit in einer modernen Welt von Edward Hopper.

Im Saal 48 schließlich wird mit den Bildern von Roy Lichtenstein, Robert Rauschenberg und Tom Wesselmann die Bilderwelt der modernen großstädtischen Industrie- und Medienkultur als wichtiger Bestandteil menschlicher Wirklichkeit zum neuen Gegenstand der Kunst erhoben. Die Künstler entdecken den ästhetischen Reiz banaler Konsumobjekte. Die Warenwelt wird in der Pop-Art zitiert, und als Zitat der Werbung tritt sie ein in den Tempel der Kunst: ein Akt der Tabuverletzung auch dies. Aber die große Rebellion ist damit zu Ende, wenn auch diese Entwicklung nicht eindimensional verläuft. Dafür zeugt allein schon das Werk Francis Bacons (1909–92) mit der Darstellung einer Subjektivität, die sich entgleitet: ›Bildnis des George Dyer in einem Spiegel‹, 1968.

Centro de Arte Reina Sofía

Nach dem Prado und dem Museo Thyssen-Bornemisza ist das Centro de Arte Reina Sofía das dritte und letzte Museum jener überragenden Madrider Museumsmeile. Auch hier begegnet uns manches wieder, was wir schon in den letzten Sälen des Museo Thyssen-Bornemisza sehen konnten. Aber wie jenes die im Prado bei Goya abgebrochene Linie bis zur Kunst der 70er Jahre des 20. Jahrhunderts fortführte, so zeigt das Centro de Arte, was sich seit den 60er Jahren künstlerisch bewegte, und gibt darüber hinaus neben der permanenten Ausstellung im zweiten und vierten Stock auch noch Raum für jeweils wechselnde große Ausstellungen zeitgenössischer Kunst in den übrigen Räumen des großzügigen Gebäudes. Das ehemalige Königliche Hospital aus dem 18. Jahrhundert wurde 1992 vom spanischen Königspaar eröffnet.

Noch immer steht in der ständigen Ausstellung das Tafelbild im Vordergrund, vor allem die spanische Moderne seit dem Beginn des 20. Jahrhunderts. Die Großen der spanischen Malerei werden hier gewürdigt: Salvador Dalí (1904–1989), Joan Miró (1893–1983), Juan Gris (1887–1927) und natürlich Pablo Picasso (1881–1973), dessen ›Guernica‹ einen besonderen Platz beansprucht. Das berühmteste Bild Picassos vereinigt Abstraktion und Engagement, Politik und Kunst, spanische Geschichte und Weltkultur wie kein anderes. Es zeigt den Schrecken des Krieges, ohne ihn abzubilden. ›Guernica‹ war der Beitrag des republikanischen Spanien zur Pariser Weltausstellung von 1937. Kurz zuvor hatte die ›Legion Condor‹ der Luftwaffe des nationalsozialistischen Deutschland, die Franco im Bürgerkrieg unterstützte, das erste Mal in der Geschichte mit einem Flächenbombardement auf die Zivilbevölkerung die Strategie der Vernichtung demonstriert. Opfer waren die Bewohner des kleinen

Städtchens Guernica im Baskenland (baskisch: Gernika). Picasso sah Fotos von diesem Verbrechen in der französischen Zeitung L'Humanité. Dann machte er sich eine Woche lang ans Werk, um Vorstudien zu treiben. Schließlich schuf er eines der zentralen Bildwerke des 20. Jahrhunderts, das zutiefst mit dem demokratischen Geist Spaniens verbunden war. Lange Jahre blieb es im Besitz des Museum of Modern Art in New York, weil Picasso es erst nach Spanien gelangen lassen wollte, wenn dort wieder demokratische Verhältnisse herrschten. Nach Francos Tod kam es zunächst in ein Nebengebäude des Prado, schließlich erhielt es seinen – umstrittenen – Ehrenplatz inmitten der Sammlung zeitgenössischer Kunst. Picassos ›**Guernica**‹ und den gemeinsam damit ausgestellten Vorstudien, die für den Nachvollzug der Bildfindung und -gestaltung so interessant sind, sollte unser erster Besuch gelten (Raum 7).

Picasso zeigt die Zerstörung, zugleich verbindet er in seinen künstlerischen Darstellungsmitteln Tradition und Moderne. Im dreiteiligen Bildaufbau knüpft er an die Form des religiösen Triptychons an, mit dem pyramidalen Mittelteil an archaische Repräsentation, die in das bewegte Panorama des Schreckens eingebunden wird. Die traditionelle Lichtmetapher, die für Aufklärung steht, wird mitten ins tödliche Geschehen getragen, um das ans Licht Gebrachte gegen das Dunkel des Vergessens zu wenden. Pferd und Stier sind nicht nur tiefverwurzelte zeichenhafte Bilder in spanischer Kultur und Geschichte, sondern stehen auch für elementare mythische Kräfte, die durch eine kubistische Darstellungsweise in ihrer Vielschichtigkeit formal hervorgehoben werden. Zugleich führt die im Entstehungsprozess des Bildes immer weitergeführte Abstraktion ins Symbolhafte, ohne den figurativen Darstellungszusammenhang von Schmerz und Verzweiflung, Aufschrei und Anklage zu verflachen. Vorder- und Hintergrund, Innen- und Außenräume sind ineinander verschachtelt und verweisen darauf, dass es in der Katastrophe keine rettenden Nischen und möglichen Fluchtwege mehr gibt. Die farbliche Beschränkung ausschließlich auf Schwarz, Weiß und Grautöne verstärkt den zeichenhaften Charakter und signalisiert, dass es nicht nur um die Darstellung eines konkreten Ereignisses geht, sondern auch um die Suche nach einer universellen Formensprache, deren rohe Schlichtheit nicht Schönheit, sondern Wahrheit im Sinn hat.

»Die Körper waren nackt, zusammengeschlagen und deformiert von den Kräften, die auf sie einbrachen. Aus Flammenzacken ragten steil die Arme hervor, der überlange Hals, das aufgebäumte Kinn, im Entsetzen verdreht die Gesichtszüge, der Leib zu einem Bolzen geschrumpft, verkohlt, emporgeschleudert von der Hitze des Feuerofens. Schräg von rechts unten stieß sich die gebeugte Frau aus der Schwärze in den Lichtkeil hinein, ihre Füße, ihre Beine, erdschwere Brocken, trugen sie noch, die Hände flogen ohnmächtig, wie unter starkem Luftzug, zurück, ihr Gesicht aber war hoch erhoben, ihr Blick in den Schein des Leuchters gerichtet, der von verknoteter Faust an schwelendem Arm in den Raum gestreckt wurde. Links die

Frau war ein kauerndes Bündel, ihre Hand hing gedunsen, in ihrem Arm das Kind, mit den kleinen erbärmlichen Zehen, den ausgewalzten Handlappen, war so tot wie es nur sein konnte. Dicht über ihrem schreienden Profil, mit der spitz aus dem Mund stechenden Zunge, wachte der gewendete Kopf des Stiers, unter dem sie Schutz gesucht hatte, massiv, schnaubend stand er da, sein Schwanz peitschte in heftiger Bewegung nach oben, seine menschlichen Augen starrten nach vorn. Über der gefällten Statue des Kriegers, gipsern, doch mit schrecklich lebendigen Händen, die eine ihre Linien öffnend, die andre um den Griff des zerborstnen Schwerts geklammert, breitete, aufgeteilt zu Muskelwülsten, das Pferd sich aus, mit riesiger klaffender Wunde, durchbohrt von der Lanze, ins Knie gegangen, doch immer noch stampfend, gefährlich, röhrend aus bösem Maul. Der wehenden Mähne entgegen streckte sich dieser Handklumpen am wolkenähnlichen Arm, tragend den ärmlichen Petroleumleuchter, wie er in Bauernstuben zu finden war, und es hatte was besondres auf sich mit diesem altertümlichen Licht, das mit solch ausholender Gebärde durch die enge Luke hineingestoßen wurde von einer Nike, deren andre Hand in der Form eines Sterns zwischen den Brüsten ruhte. Ihr aus dem Unendlichen kommendes dominierendes Gesicht drängte sich fließend aus dem Innern eines Bauwerks, unter Dachziegeln, nach draußen, an einem weißgetünchten Mauerstück vorbei, doch in dieser Bewegung gelangte es wieder nach innen, in den langgestreckten kargen Raum, in dem das apokalyptische Geschehn sich abspielte, erhellt von der elektrischen Sonne der Küchenlampe, neben deren kalten Strahlen die Flamme der Ölfunzel mild und unberührt in ihrem Glasschirm stand. Dies waren andeutungsweise die ersten Züge des Bilds, die sich erkennen ließen, gleich aber wieder anders ausgelegt werden konnten, jede Einzelheit war vieldeutig, wie die Bausteine der Poesie. War die Geste der zur Mitte geneigten Frau nicht eher demütig, fragten wir uns, drückten die flatternden Hände in ihrer Leere nicht aus, daß sie eben einen Toten hingelegt hatten, und erinnerten die ausgebreiteten abgehackten Arme des vor ihr Liegenden nicht an die Haltung dessen, der vom Kreuz gehoben worden war. Da wuchs, dünn und verwischt, aus der ums Schwert verkrampften Hand ein Blumenstengel auf, da flatterte auf dem dunklen, nur mit Konturen gekennzeichneten Tisch im Hintergrund ein Vogel, vielleicht eine Taube, unförmig, mit großem aufgestülptem Schnabel, und die Linien im Innern der Hand des Gefallnen kehrten als Muster wieder in den Händen der Frauen und des Kinds, und auch zwischen dem Huf auf der Fußsohle des Pferds, alles stand zueinander in Beziehung, war miteinander verbunden, der gleichen Bestimmung unterworfen auf der Bühne dieser Scheune, dieser Küche, dieser Alltäglichkeit, die vom Außergewöhnlichen beherrscht war. Die Skizzen in der Zeitschrift, die Zeichnungen, die ersten Fassungen des Bilds gaben zu erkennen, daß der Stier und die vorschnellende Hand mit dem Notlicht von Anfang an die Vision überragten, und da der Stier immer menschlicher wurde, und das Pferd immer bestien-

Pablo Picasso, Guernica, 1937

hafter, meinten wir, im Taurus die Dauerhaftigkeit des spanischen Volks dargestellt zu sehn, und im engäugigen, starr schraffierten Hengst den verhaßten, vom Faschismus aufgezwungnen Krieg. Und zeigte sich auch in einer Serie von Gravüren, die das Thema des Wandbilds vorbereiteten, das Pferd als ein ekelerregendes Ungetüm, mit Gesichtszügen, die an den Generalissimo erinnerten, und der Stier als eine überlegne Kraft, und war in Bleistiftzeichnungen der Gaul auch immer wieder frenetisch zerbeult und niedergewürgt worden, während der Stier erhalten blieb in seinem Triumph, so ließ sich doch, beim Studium des Hefts, aus ein paar Entwürfen der Hinweis auf eine andre Sinngebung entnehmen. Denn da entflog einmal der in den Pferdeleib geschlagnen Wunde ein kleines geflügeltes Roß, das dann wiederzufinden war, zierlich sitzend auf dem gezähmten

Picassos Guernica

gesattelten Bullen. In der gemalten Fassung war es nicht vorhanden, oder zur Taube transformiert, so übergroß, fast störend aber war die schwarze rhombische Wunde, daß die Aufmerksamkeit immer wieder darauf gelenkt wurde. Mit solchem Loch im Rumpf konnte das Tier sich eigentlich gar nicht mehr aufrecht halten, die Seele mußte ihm schon entwichen sein. An die eindringlichen Zeichnungen des Pegasus denkend, fragten wir uns, ob nicht grade durch das Fehlende, durch die erschreckende Aushöhlung, auf ein Hauptmotiv des Gemäldes hingewiesen werden sollte.«

Werke des spanischen Jahrhundertgenies Pablo Picasso bilden das Zentrum der Sammlung, die in erster Linie die spanische Avantgarde zeigt. Ein jahrzehntelang verschollenes Frühwerk Picassos aus dem Jahr 1901, ›Mujer en azul‹, steht am Beginn der kleinen, aber

Peter Weiss, Die Ästhetik des Widerstands

Madrid – Metropole der Neuzeit

Aufzugsturm des Centro de Arte Reina Sofia

Centro de Arte Reina Sofía

gewichtigen Picasso-Sammlung in drei Sektionen von Raum 6 des 2. Stockwerks. Es folgen Vorstudien zu ›Guernica‹, und in der Mitte von Raum 7 hängt - räumlich und chronologisch – ›Guernica‹ (1937) Den Abschluss bilden drei Studien zu Picassos ›Der Maler und sein Modell‹ aus dem Jahr 1963.

Die Ausstellung beginnt im Raum 1 mit spanischen Werken der Jahrhundertwende, insbesondere aus dem Baskenland und Katalonien. Dem Maler des Dunkels und des Todes, José Gutierrenz Solana (1886–1945) hat man einen eigenen Raum zugestanden (Raum 2). Der dritte Raum zeigt verschiedene Schulen der Moderne, darunter kubistische Gemälde von María Blanchard. All dies führt schon auf Picasso, den Begründer des Kubismus hin. Angeregt durch eine große Cézanne-Ausstellung 1907 in Paris, begann er gemeinsam mit Georges Braque auf der Leinwand Gegenstände in ihre Elemente zu zerlegen. Der analytische Kubismus wurde geboren, die Vielseitigkeit der Wahrnehmung einer Sache zum Programm erhoben. Die Abstraktion steigerte sich bis zur Unerkennbarkeit des ursprünglich gemeinten Gegenstands. Dem analytischen folgte der sogenannte synthetische Kubismus. Dem zerlegten Gegenstand wurden fremde, von außen herangetragene Elemente hinzugefügt, zugleich die vorher vernachlässigte Farbgebung intensiviert. Dieser Phase entstammen eindrucksvolle Werke von Picasso, Juan Gris und María Blanchard. Die Werke von Juan Gris, dessen Kompositionen zu den reifsten kubistischen Werken überhaupt gehören, hängen im Raum 4.

Es folgt die Picasso-Galerie (Raum 6) und parallel dazu eine Sammlung mit Gemälden von Joan Miró (Raum 7), dessen späte Skulpturen gesondert in Raum 16 ausgestellt sind. Raum 8 ist dem vielseitigen Maler und Kunstschmied Julio Gonzalez (1876–1942) gewidmet. Die Galerie endet mit Raum 9, in dem Werke von Hans Arp, André Massón und Wassily Kandinsky augestellt sind.

In Raum 10 wird diese Entwicklung am Beispiel des Früh-Werks von Salvador Dalís gezeigt. In ihm findet der Surrealismus seinen großen Meister. In Raum 11 hängen einige seiner skurrilen Bildfantasien, ausgeführt in virtuos, akademischer Technik. Außerdem hängen dort Werke seiner Weggefährten Max Ernst, Yves Tanguy und René Magritte.

Raum 12 ist dem Spanier Luis Buñuel (1900–1983) gewidmet, der zusammen mit Dalí 1928 und 1930 die berühmten surrealistischen Filme „Ein andalusischer Hund" sowie das „Goldene Zeitalter" drehte. Buñuel blieb bis zu seinem Tod einer der eigenwilligsten Filmkünstler Europas.

Die folgenden Räume des 2. Stockwerks geben einen Überblick über die Avantgarde-Kunst bis in die 40er Jahre des 20. Jahrhunderts. Die Sammlung spanischer Moderne wird im 4. Stockwerk chronologisch fortgesetzt bis in die frühen 80er Jahre. Werke der europäischen Moderne von Francis Bacon, Henry Moore und Asger Jorn (Raum 24), von Lucio Fontana (Raum 26), Yves Klein (Raum 25, 30) ergänzen die Sammlung.

Real Academia de San Fernando

In einem riesigen ehemaligen Privatpalast mitten im Zentrum von Madrid, in der Calle de Alcalá, ist dieses vielseitige und reich bestückte Museum eingerichtet, das Exponate sehr unterschiedlicher Qualität präsentiert. Darunter lassen sich ganz außerordentliche Schätze entdecken. In erster Linie handelt es sich dabei um Gemälde spanischer Maler, besonders um Werke von Zurbarán und Goya. In der Akademie befinden sich auch die kritischen druckgraphischen Arbeiten Goyas.

In Saal 2 stoßen wir auf eine Reihe fesselnder Gemälde Goyas, darunter das berühmte Karnevalsbild öffentlicher Maskerade und Ausgelassenheit ›**El entierro de sardina**‹ (1812–19, Das Begräbnis der Sardine) sowie Porträts und Selbstporträts; ebenfalls hier ausgestellt sind eindrücklich-düstere Bilder einer Prozession der Bedrückten und Flagellanten, die eine gesichtslose Muttergottes mit sich führen, eine Angst und Schrecken, Heuchelei und Dummheit einfangende Szene vor dem Inquisitionsgericht, und ›**Das Irrenhaus**‹. Von stumpfem Licht nur unzureichend beschienen, wird das nackte Elend in einer menschenunwürdigen Kasernierung gezeigt. Animalische Triebhaftigkeit und wahnhafte Überheblichkeit erscheinen als tragisch-groteskes Sinnbild des Schreckens menschlicher Existenz. Zugleich gibt Goya ein unbestechliches Zeugnis ab von der realen, nicht fiktionalen Abgründigkeit menschlicher Wirklichkeit.

Saal 3 enthält hochwertige Gemälde von Ribera, Cano und Murillo. Die monumentale Strenge einer Reihe von Mönchsbildern Francisco de Zurbaráns hinterlässt den stärksten Eindruck, zumal dieser Künstler im Prado nur mit vergleichsweise wenigen repräsentativen Exponaten vertreten ist.

Saal 4 zeigt zwei Porträts von Velázquez, die allerdings nicht zu seinen besten Bildern zählen. In Saal 7 befindet sich ein Frühlingsbild von Giuseppe Arcimboldo. Saal 8 beherbergt neben einem Gemälde van Dycks (›Die heiligen Johannes‹) auch drei Werke von Rubens. Saal 9 zeigt von Bellini ein schlichtes Erlöserbild und von Tintoretto ›Das letzte Abendmahl‹.

Besonders beeindruckend in ihrer glanzvoll kolorierten manieristischen Ausdrucksfreiheit sind die beiden Gemälde von Luis de Morales, dem bedeutendsten spanischen Maler aus der ersten Hälfte des 16. Jahrhunderts. Wir sehen von ihm ›Christus vor Pilatus‹ und ›La Piedad‹ mit einem messingfarbenen Christus und einer metallisch-grünen Marienfigur.

Unbedingt empfehlenswert ist der Besuch des Goya-Kabinetts, das Blätter aus seinen berühmten Radierungszyklen ›Caprichos‹, ›Los Desastres de la Guerra‹, ›Tauromaquia‹ und ›Disparates‹ (›Proverbios‹) sowie Vorzeichnungen dazu zeigt.

Im ersten Stock befindet sich eine Sammlung mit Zeichnungen Picassos, die das Thema ›Maler und Modell‹ behandeln. Mit diesen so puristischen wie sinnlichen, altersmilden und selbstironisch-verspielten Skizzen mag der Besuch ausklingen.

Die Fresken Goyas in San Antonio de la Florida

Als Abschluss der Betrachtung von Werken Goyas in Madrid sollte man sich den Besuch der kleinen Kirche San Antonio de la Florida aufheben, die ein Juwel der Wandmalerei enthält. Seit 1919 liegt hier der 1828 in Bordeaux gestorbene Künstler begraben.

Goya malte 1798, nach langer Krankheit zwar genesen, aber völlig taub geworden, die Gewölbe der Kirche mit Fresken aus. Sie zeigen ihn auf der Höhe seines Könnens und fesseln den Betrachter durch den Schwung und die Leichtigkeit des Farbauftrags.

Er versetzt buchstäblich das einfache Volk in den Himmel. Die Rotunde der Kuppel bemalt er nicht, wie es üblich war, als Raum himmlischer Heerscharen, sondern als irdische Welt mit Blick in eine abstrakte Landschaft und in den leeren blauen Himmel. Die Engel in den Seitenfeldern, kleine Mädchen wie reife Frauen, genießen schläfrig oder verträumt ihr unstoffliches Dasein oder schauen dem Geschehen zu. Was geschieht dort oben entlang der gemalten Brüstung? Der heilige Antonius von Padua, ein Franziskanermönch des 13. Jahrhunderts, erweckt einen Ermordeten, um von ihm zu erfahren, dass sein beschuldigter Vater nicht der Mörder sei. Das Volk auf der himmlischen Bühne entlang der Balustrade zeigt alle möglichen Formen der Reaktion, vor allem aber Abwehr, Zweifel, Gleichgültigkeit. Das Wunder wirkt. Der Tote gibt Auskunft. Aber das Volk steht keiner höheren Macht, sondern sich selbst gegenüber. Die visionäre Überhöhung ist durch die realistische Schilderung gebrochen, so dass keine pathetische Wirkung erzielt wird. Das Geschehen zentriert sich nicht auf das Hauptmotiv der Legende, sondern verteilt sich rundum. Das Wunder findet statt. Aber es folgen ihm nur wenige. Der Gedanke einer Pluralität des Geschehens und die Eigenwilligkeit des Einzelnen in der Menschengemeinschaft wird künstlerisch umgesetzt. Es fällt einem nicht die Formel von Freiheit, Gleichheit und Brüderlichkeit als erstes ein, aber es gibt kaum ein Bildwerk, das den demokratischen Gedanken so prätentiös und so überzeugend umgesetzt hätte. Denn durch die Bandbreite der Reaktionen bis hin zur offenen Opposition in der rebellischen Gestalt gegenüber dem heiligen Antonius wird jeder totalitär zusammenschließende und auf ein Ziel oder auf eine zugespitzte Form hin laufende Gestus vermieden. Dennoch ist die dort oben versammelte

Die Fresken Goyas ▷ in San Antonio de la Florida

Madrid – Metropole der Neuzeit

San Antonio de la Florida

243

Gesellschaft in einer kreisförmig angelegten Gemeinschaft miteinander verbunden. Aber sie duldet den Widerspruch. Sie vollzieht keinen kollektiven Akt der Unterwerfung, sondern demonstriert durch ihre Vielgestaltigkeit menschliche Unabhängigkeit. Die Tugend des Zweifels findet viele Anhänger. Das bunte Volk bildet eine Gemeinschaft aus Individuen mit unterschiedlichen Bestrebungen. Das wird von Goya auf realistische Weise anschaulich und zugleich in symbolischer Weise bildhaft gemacht. Denn die Umkehrung der Hierarchie in der Bildposition deutet nur auf die eine Seite einer Werteverschiebung. Die andere besteht in der generellen Verneinung aller Hierarchie durch die Darstellung des Volks als Souverän. Insofern tritt das Volk zwar an die höchste Stelle. Aber die allerhöchste Stelle ist nicht mehr besetzt.

Palacio Real

Der königliche Palast steht an der Stelle des alten Alcázar auf der Anhöhe mit Blick auf die Sierra de Guadarrama. Daneben befindet sich die 1993 vollendete Kathedrale von Madrid. Zwischen beiden liegt der Waffenplatz, Ort für repräsentative Empfangsinszenierungen und Wachablösungen. Der spanische König empfängt nach wie vor im Schloss seine Gäste. (Er wohnt allerdings in einem kleinen Schlösschen außerhalb der Stadt). Als Zeichen seiner Anwesenheit weht die spanische Fahne über dem Dach. Die Besichtigung der Innenräume ist dann nicht möglich.

Nachdem der alte Alcázar durch einen Brand 1734 völlig verwüstet worden war, beauftragte Philipp V. italienische Architekten mit der Planung eines Neubaus. Der Piemonteser Giovanni Battista Sacchetti (1700–64) übernahm die Ausführung. 1737 wurde der Grundstein gelegt, 1764 zog Karl III. mit dem Hofgefolge ein. Das Bourbonenschloss erinnert mit seinem Wechsel von grauen und weißen Steinen, mit der Akzentuierung des Baukörpers durch Basiszone und aufliegenden Hauptkörper, durch rhythmisch gliedernde Pilaster und Brüstungen nur noch in wenigen Ansätzen an die Tradition spanischer Alcázares. Der internationale Baustil für Repräsentationsgebäude im europäischen 18. Jahrhundert wurde von St. Petersburg bis Madrid von italienischen Spezialisten realisiert.

Die Besichtigung von 90 Räumen unter palasteigener Führung verläuft in rascher Folge. Zu intensiver Betrachtung der angehäuften Pracht des Bourbonenschlosses, zumeist in der Einrichtung der spanischen Könige aus dem 19. und 20. Jahrhundert, in der Franco-Zeit restauriert, bleibt wenig Zeit.

Am eindrucksvollsten sind die beiden Deckenfresken Tiepolos, die der fast 70-jährige Venezianer als sowohl durchsichtige wie körperhaft-farbige Lichtmalerei zwischen 1764 und 1766 erschuf. Au-

Palacio Real

Palacio Real

Palacio Real (ausgewählte Hinweise):
1 Treppenhaus   2 Sala de Alabarderos   4 Saleta de Gasparini   5 Antecamera de Gasparini   10 Galaspeisesaal   15–39 Bourbonen-Residenz nach Karl III.   41 Vorzimmer   42 Kleiner Audienzsaal   43 Thronsaal   44–55 Neue Museen   56–64 Wandteppichmuseum

ßerdem kann das Porzellanzimmer besonderes Interesse beanspruchen, das 1765–70 unter der Leitung des Neapolitaners Giuseppe Gricci (gest. 1770) entstand. Die Ausmalungen und Skulpturen variieren zwei Hauptthemen, die zumeist allegorisierend vorgeführt werden: die spanische Monarchie als Nachfolgerin römischer Herrschaft und die Verherrlichung der Größe Spaniens in der Verteidigung und Ausbreitung der katholischen Lehre.

245

Madrid – Metropole der Neuzeit

Palacio Real, Fassade und Dachschmuck

Die Statue Karls III. in der Hofdurchfahrt zeigt ihn als römischen Kaiser, im Innenhof stehen Skulpturen der in Spanien geborenen römischen Kaiser Theodosius, Honorius und Trajan.

Das Gewölbe des *Treppenhauses* (1) zeigt das von Corrado Giaquinto (1703–65) gemalte figurenreiche Fresko ›Der Triumph der Religion und Kirche‹; von hier aus geht es in die *Sala de Alabarderos* (2), wo wir auf das letzte von Tiepolo in Madrid geschaffene Fresko stoßen: ›Äneas zum Tempel der Unsterblichkeit aufsteigend‹. Der legendäre Gründer Roms wird bereits von der Liebesgöttin Venus erwartet.

Drei Räume sind nach dem neapolitanischen Maler und Stukkateur Matías Gasparini (gest. 1774) benannt. Die *Saleta de Gasparini* (4), der ehemalige Speisesaal Karls III., enthält ein Hauptwerk in der Freskotechnik von Anton Raphael Mengs: ›Apotheose des Kaisers Trajan‹, der im spanischen Italica (bei Sevilla) geboren wurde.

Der sowohl künstlerisch wie kulturpolitisch überaus einflussreiche deutsche Maler Anton Raphael Mengs (1728–79) war nach seinem Aufenthalt in Rom bereits 1762 als Hofmaler nach Madrid gekommen. Über ihn vermittelt erhielten später Bayeu wie Goya ihre Ämter bei Hof.

Die Antecamara de Gasparini (5) zeigt ein weiteres Fresko von Mengs: ›Die Apotheose des Herkules‹. Von Goya stammen die beiden psychologisch meisterhaften ganzfigurigen Porträts von Karl IV. und María Luisa.

Der *Galaspeisesaal* (10) vereinigt drei ursprünglich einzelne Räume. Die Deckenfresken im ersten Teil zeigen von Mengs eine ›Aurora‹, den mittleren Teil gestaltete Antonio González Velázquez (1723–93) zum Thema ›Kolumbus vor den Katholischen Königen‹, den dritten Raumteil stattete Francisco Bayeu mit der ›Übergabe von Granada‹ aus. Die Fresken entstanden in den 70er Jahren des 18. Jahrhunderts.

Im Ostteil des Palasts gelangen wir zum ehemaligen *Wohntrakt* Karls IV. und seiner Frau María Luisa. Einzelne herausragende Dekorationen sind: Wandteppiche nach Vorlagen von Goya (16 g); ›Die Zeit deckt die Wahrheit auf‹, Fresken von Mariano Salvador Maella (1739–1819; Raum 15); ›Apoll und Minerva zeichnen das Talent aus‹ von Antonio González Velázquez (17); ›Sturz der Giganten‹ (18), ›Herkules im Olymp‹ (19), ›Die Orden der spanischen Monarchie‹ (20), alle drei von Francisco Bayeu; ›Herkules am Scheideweg‹ (21) von Maella.

In den großen Repräsentationsräumen des Südflügels stoßen wir zunächst (Raum 41) auf das Fresko des ›Goldenen Vlieses‹ von Giovanni Domenico (1727–1804), dem Sohn des Giovanni Battista Tiepolo, der die anschließenden beiden Räume mit Fresken ausmalte. Im *Kleinen Audienzsaal* (42) sieht man die ›Apotheose der spanischen Monarchie‹, im folgenden *Thronsaal* (43) ›Die Verherrlichung der spanischen Monarchie‹ aus dem Jahr 1764. Es war das erste in Madrid angefertigte Werk des großen Meisters. Während am unteren Rand die realen Vertreter der spanischen Provinzen zu sehen sind, erscheinen die Tugenden des Monarchen, auf Karl III. bezogen, als Allegorien in himmlischen Welten. Tiepolos geniale Komposition bezieht den Betrachterstandpunkt aus allen Richtungen mit ein.

Die *Neuen Museen* (44–55) in den nordwestlichen Eckräumen des Palasts enthalten Werke vom 15. bis zum 19. Jahrhundert – es ist, von wenigen Ausnahmen abgesehen, keine besonders überragende Sammlung.

Im daran angeschlossenen Wandteppichmuseum (56–64) trifft man dagegen auf die Meisterwerke flämischer Produktion, die mit den großen Brüsseler Namen Pieter van Aelst (15./16. Jahrhundert) und der Familie Pannemaker (16.–18. Jahrhundert) verbunden sind. In der Sammlung lässt sich die komplizierter werdende Technik der Umsetzung vom Bildentwurf in die Teppichwirkerei gut nachvollziehen. In die immer reicher gefärbte Wolle mit bis zu 80 Zwischentönen werden für besondere Glanzeffekte Gold- und Silberfäden eingearbeitet.

Als Abschluss bietet sich der Besuch der Königlichen Bibliothek an, die von einer Münz- und einer Musikinstrumentensammlung komplementiert wird. Unter den Arkaden an der Calle de Bailen befindet sich der Eingang zur Königlichen Apotheke mit Geräten aus dem 17. bis 19. Jahrhundert. Gegenüber an der Längsseite des Waffenhofs liegt die Königliche Waffensammlung *(Armería Real)*, die eine der bedeutendsten ihrer Art ist. Vor allem die von Karl V. und Philipp II. in Auftrag gegebenen Rüstungen aus zumeist deutschen und italienischen Werkstätten zeugen von erstklassiger Handwerkskunst.

Museo Arqueológico Nacional und Museo de América

Beide Museen gehören zwar nicht unmittelbar zueinander, ergänzen sich jedoch. Sie sind beide übersichtlich geordnet und erlauben eine Wanderung durch die Zeiten und die Kulturen in wenigen Stunden. Das Museo Arqueológico Nacional bietet eine reiche Sammlung von vorgeschichtlichen iberischen Zeugnissen über die Kunst der Kelto-Iberer, Römer, Westgoten, Mauren und Christen im Lauf der letzten 3000 Jahre.

Das Museo de América lässt einesteils die altamerikanischen Kulturen, auf die die spanischen Eroberer stießen, anschaulich werden und macht zum anderen die Verschmelzung jener Welt mit der Spaniens in großen Teilen Lateinamerikas deutlich. Beide Museen zeichnen sich durch eine gezielte Auswahl und ein sinnvolles Arrangement ihrer Exponate aus, die sie – insbesondere das Museo de América – auch für Kinder und Jugendliche fassbar werden lässt.

Im Untergeschoss des **Museo Arqueológico Nacional** ist die reiche Sammlung an Funden aus der spanischen Vor- und Frühgeschichte ausgestellt, die durch eine Sammlung griechischer Vasen und eine ägyptische Abteilung angemessen ergänzt wird. Das Obergeschoss ist dem spanischen Kunsthandwerk vom 16. bis 19. Jahrhundert gewidmet. Dazwischen, im Erdgeschoss, befindet sich der vielleicht interessanteste Teil. Er zeigt die Entwicklung der spanischen Kunst vom neunten vorchristlichen Jahrhundert bis ins Mittelalter, darunter so herausragende Exponate wie die berühmte ›Dame von Elche‹ und den westgotischen Königsschmuck aus Toledo.

Ein interessanter Einstieg in den kurzweiligen Gang durch die Jahrtausende bildet die unterirdisch links vor dem Eingang zum Museum eingerichtete Nachbildung der Höhle von Altamira. Sie zeigt maßstabsgetreu die berühmten über 10 000 Jahre alten Felsmalereien im Norden Spaniens (Provinz Santander); ausgeführt wurde die Kopie 1964 vom Deutschen Museum in München.

Der Rundgang durch das Erdgeschoss des Museums beginnt mit den Schätzen, die – in chronologischer Reihenfolge – phönizischen, griechischen und punischen Einfluss verraten. Die Schmuckwerke stammen zumeist aus Kultstätten oder waren Grabbeigaben.

Eine spezifisch iberische Kultur identifiziert man mit dem ›Monument aus Pozo Moro‹ aus dem fünften vorchristlichen Jahrhundert, auch wenn durch die Phönizier vermittelte Einflüsse aus der hethitisch-syrischen Tradition nahe liegen. Seit dem dritten vorchristlichen Jahrhundert hatte sich bereits in der iberischen Keramik ein erkennbar eigener dynamischer Stil der szenischen Darstellung entwickelt.

Als berühmtes Beispiel für die frühe iberische Kunst des fünften vorchristlichen Jahrhunderts erwartet uns im nächsten Saal (20)

die ›Dame von Elche‹. Besonders der Ausdruck strenger Unbewegtheit, verbunden mit einer durch leichte Asymmetrien von Augen- und Mundpartie vermittelten Lebensnähe (manche Kunsthistoriker sprechen hier bereits von einer Art ›spanischem Realismus‹), hat dieses Porträt einer schönen Frau seit seiner Entdeckung 1897 zum Symbol des antiken Spanien gemacht. Die Aushöhlung im Rücken deutet darauf hin, dass die Skulptur wahrscheinlich die Aschenurne einer hoch gestellten Frau aufgenommen hat. Wie die sitzende ›Dame aus Baza‹ aus dem vierten vorchristlichen Jahrhundert, die ebenfalls als Bewacherin einer Totenurne aufgefasst wird, weist die Figur auf den einstmals hohen Rang der Frau in einer noch nicht von patriarchalischer Weltsicht vollständig durchformten Kultur.

Die Säle 21, 22 und 23 sind der römischen Kaiserzeit gewidmet. Sie zeigen, ohne dass stilistische Unterschiede erkennbar wären, Exponate sowohl aus Italien wie aus Spanien: Mosaiken, Porträtbüsten, Statuen, Geräte aus Glas, Keramik und Bronze. In Saal 22 sind bronzene Gesetzestafeln aus dem ersten und zweiten Jahrhundert ausgestellt, darunter jene, die Marc Aurel verfassen ließ, um dem Übermaß der Grausamkeiten während der Gladiatorenkämpfe und Tierhatzen im Amphitheater von Italica (bei Sevilla) Einhalt zu ge-

Große Opfernde aus Cerro de los Santos (Provinz Albacete; links)

Dame aus Baza (rechts)

Dame von Elche, Abbildung Seite 41

bieten. Saal 23 präsentiert Schmuck und Werkzeuge, darunter chirurgische Bestecke.

In den Sälen 27 und 28 sind Architekturfragmente der Westgoten zusammengetragen. Saal 29 zeigt die einzigartigen westgotischen Weihekronen aus dem siebten Jahrhundert, die vor der Eroberung Toledos durch die Mauren versteckt worden waren und 1859 in Guarrazar bei Toledo gefunden wurden. Sie dienten als Votivgaben. Mit einem darunter hängenden Kreuz versehen, wurden sie in den Kirchen aufgehängt. Es sind nahezu die einzigen erhaltenen Anschauungsstücke westgotischer Hofkunst.

Die Säle 30 bis 31 zeigen Exponate der islamischen Kunst in Spanien zwischen dem zehnten und 15. Jahrhundert, darunter auch Portalbögen und Elfenbeinschnitzereien. Besonders sehenswert ist ein Elfenbeinkreuz in Raum 31 a aus dem christlichen Spanien des elften Jahrhunderts mit reicher erzählerischer Schmuckdekoration. Es stammt aus dem Besitz Ferdinands I.

Die folgenden Räume zeigen u. a. romanische Plastik aus Santiago und Palencia sowie Mudéjar-Dekoration. Besonders eindrucksvoll ist in Saal 35 das Kuppelgewölbe eines Herzogspalasts aus dem 15. Jahrhundert in Torrijos bei Toledo.

Im Archäologischen Museum folgt man der Chronologie, man durchschreitet gleichsam die Zeit. Im **Museo de América** wird man dagegen im jeweiligen thematischen Kontext durch komplexe Beziehungsräume geleitet. Die Kunst ist Teil des Kults, die Kultur ist verankert in der Welt des Profanen wie des Sakralen. Am spektakulärsten sind die goldenen Statuen des ›Tesoro de los Quimbayas‹ aus Kolumbien (4. Abteilung: Religion) und die piktographischen Schriften der Mayas und der Azteken (5. Abteilung: Kommunikation).

Der Rundgang beginnt im ersten Stockwerk mit der Geschichte der Kenntnisnahme Amerikas durch die Spanier. Amerika wird als Fiktion vorgestellt, von Glaube und Wissenschaft mit europäischen Augen betrachtet. Mittels audiovisueller Medien wird über die geographische Eigenart des Kontinents und den Ursprung der amerikanischen Bevölkerung und ihrer Gesellschaft informiert. Am Ende des Rundgangs im ersten Stock treffen wir auf Zeugnisse vergleichsweise einfacher Stammesorganisationen. Im zweiten Stock begegnen wir, den Rundgang fortsetzend, Zeugnissen altamerikanischer Reiche, die sich zu komplexen staatlichen Gebilden herausgeformt hatten, besonders in Peru (Inka) und Mexiko (Azteken).

Im Themenbereich ›Religion‹ wird der für das Selbstverständnis zentrale Bereich magischer Kulte und transzendentaler Lebenshaltung anschaulich zu machen versucht, um schließlich die Formen der ›Kommunikation‹, hier in erster Linie die Symbole, die Sprache und die Schrift Lateinamerikas, in eindrucksvollen Zeugnissen vor Augen zu stellen, vor allem die geheimnisvolle Sprachkunst der Mayas in Mittelamerika.

Weitere Kunstmuseen

Sehenswert ist die Gemäldesammlung der **Casa Alba** im Palacio de Liria. Für einen Besuch mit Führung in dem von Ventura Rodríguez 1762–83 erbauten, von Gärten umgebenen Palast der Herzöge von Alba bedarf es vorheriger telefonischer Anmeldung.

Die berühmteste und reichste Adelsfamilie Spaniens zeigt nicht nur die Porträts ihrer Familie über die Jahrhunderte, angefangen bei Tizians Porträt des berüchtigten Herzog von Alba, der in der zweiten Hälfte des 16. Jahrhunderts so grausam über die Niederlande herzog, bis zu Goyas ›Herzogin von Alba‹, in der er seine angebliche Geliebte darstellt (s. S. 214). Die Casa Alba enthält auch eine Sammlung italienischer Malerei, darunter Fra Angelicos ›Madonna mit dem Kind‹ (1433); spanische Malerei mit Bildern von Ribera, Velázquez, Murillo und Zurbarán; Porträts Karls V. und Philipps II. von Rubens, eine ›Landschaft mit Kirche‹ von Rembrandt sowie englische Porträtkunst von Thomas Gainsborough und Joshua Reynolds.

Zwei weitere Privatsammlungen beziehen ihren Reiz weniger aus den dort ausgestellten Exponaten (deren Zuschreibungen zum großen Teil als nicht gesichert gelten) als vielmehr aus dem Ambiente großbürgerlichen oder aristokratischen Lebensstils im Madrid des ausgehenden 19. und beginnenden 20. Jahrhunderts, das man hier, von einer Fülle Artefakte umgeben, vor Augen geführt bekommt.

Das **Museo Cerralbo** ist in dem eigens für seine reiche Sammlung erbauten Privathaus des Marqués de Cerralbo (1845–1922) untergebracht. Der Privatgelehrte mit universellem Interessenhorizont war auch ein bedeutender Archäologe. Seine Sammlung reicht bis in die vorgeschichtliche Zeit zurück. Von den Großen der spanischen Malerei, El Greco, Zurbarán und Ribera, gibt es Gemälde zu sehen, die allerdings nicht zu ihren Spitzenstücken zählen. In der Fülle der willkürlich gehängten Exponate beeindruckt ein kleines Gemälde von Angelika Kauffmann, das Porträt einer unbekannten Frau. Den Höhepunkt der Besichtigung bildet der verspiegelte und mit Deckenfresken versehene Ballsaal von 1891/92 im neobarocken Stil.

Das **Museo Lázaro Galdiano** zeigt die umfangreiche Privatsammlung des Financiers José Lazaro Galdiano (1862–1947). Auf vier Etagen wird in 37 Sälen eine Überfülle von Objekten künstlerischen Interesses aller Art präsentiert. Im Folgenden sind nur Gemälde erwähnt, deren Zuschreibung als gesichert gilt.

Im Erdgeschoss hat Kleinkunst von der Antike bis zum 19. Jahrhundert und italienische Malerei der Renaissance Platz gefunden, im ersten Geschoss wird frühe niederländische und deutsche Malerei sowie englische und spanische Porträtkunst ausgestellt. Der zweite Stock bildet die eigentliche Pinakothek. Unter den Exponaten befinden sich von Hieronymus Bosch ›Johannes der Täufer in Meditation‹ (Saal 20), von El Greco eine frühe ›Anbetung der Könige‹ (1570)

und ein ›Heiliger Franziskus mit Totenkopf‹ (1577; Saal 23) sowie eine ›Heilige Rosa von Lima‹ von Murillo (Saal 24). Saal 25 zeigt eine Sammlung englischer Malerei, darunter Bilder von Thomas Gainsborough, Joshua Reynolds und John Constable, Saal 29 kann mit Aquarellen von William Turner aufwarten.

In Saal 30 sind zahlreiche Arbeiten von Goya zu sehen: aus dem Frühwerk eine große ›Kreuzabnahme‹ (1771) für eine Kirche in Zaragoza und eine Skizze für den Teppichkarton der ›Heuernte‹ (1786) für das Speisezimmer im Pardo-Palast. ›Die heilige Isabella von Portugal hilft Kranken‹ und ›Der heilige Hermengild im Gefängnis‹ entstanden um 1800 für Altarbilder einer Kirche von Monte Torero bei Zaragoza. Weitere Bilder sind zwei kleinformatige Hexenszenen (1797–98), ›Die ungleiche Hochzeit‹ und eine ›Flagellantenprozession‹ aus dem Jahr 1812/13.

Das dritte Stockwerk beherbergt ausschließlich Kunsthandwerk, von maurischen Textilien über Waffen und Essbestecke bis zu Medaillenporträts der italienischen Renaissance.

Das **Museo Sorolla** ist ein Kleinod in der großartigen Schmuckgalerie der Madrider Museen. Es ist nur einem Maler gewidmet und war überhaupt das erste monographische Museum Spaniens. Es wurde 1932 in der von dem Valencianer Maler Joaquín Sorolla (1863 bis 1923) selbst entworfenen Villa untergebracht und hat die private Atmosphäre eines Wohn- und Atelierhauses behalten. Die Bilder Sorollas stehen deutlich in der Tradition der spanischen Romantik, bringen aber mit ihrer mittelmeerischen lichtvollen Farbigkeit, insbesondere in den Strandszenen, einen ganz eigenen unbeschwerten Ton in die spanische Malerei.

Das **Instituto de Valencia de Don Juan** ist eine aus den Erbteilen zweier Familien zusammengetragene Privatsammlung, die in erster Linie wegen der Textilsammlung (neben den Königlichen Sammlungen im Palacio Real und im Escorial die vermutlich umfassendste Spaniens) sowie wegen der überwiegend maurischen Keramiken und Schmuckbjekte aufgesucht wird. Gemälde sind kaum ausgestellt: sehenswert bestenfalls von El Greco eine ›Allegorie des Kamaldulenserordens‹ (1597) und ein wahrscheinlich von Velázquez stammendes Porträt des spanischen Dichters Quevedo.

Das Madrid der Habsburger

Der Verkehrsknotenpunkt der heutigen Millionenstadt befindet sich am ehemaligen Osttor des mittelalterlichen Madrid. An diesem Teil der Stadtmauer ging die Sonne auf – der heutige Platz heißt immer noch **Puerta del Sol**. Im 16. Jahrhundert wurden die Mauern niedergerissen, die neue Hauptstadt expandierte. 1861 schuf man die heutige ovale Platzanlage. Nur die 1768 errichtete Casa de Correos blieb

Das Madrid der Habsburger

Blick auf die Puerta del Sol, Fotochrome, um 1900

bestehen (heute Sitz der Autonomen Region Madrid). Gegenüber dem Portal des alten Postgebäudes ist auf dem Straßenpflaster der Kilometer 0 eingetragen. Von hier aus werden die Kilometer sämtlicher spanischer Nationalstraßen bemessen.

Im 19. Jahrhundert und in der ersten Hälfte des 20. Jahrhunderts war die Puerta del Sol der wichtigste Platz der spanischen Öffentlichkeit mit zahlreichen Cafés zum Diskutieren und Raum für Demonstrationen und Kundgebungen. Am 2. Mai 1808 begann hier der Aufstand gegen die französische Besatzung. 1931 wurde an diesem Platz die Zweite Spanische Republik ausgerufen.

Die **Calle Mayor** war jahrhundertelang die Hauptstraße des alten Madrid, an der die Edelleute ihre Paläste errichteten und Gewerbe ihren Sitz nahmen, die in erster Linie für den königlichen Hof arbeiteten. Heute ist sie eine gutbürgerliche Geschäftsstraße mit Fassaden aus der Jahrhundertwende, die durch das ›alte‹ Madrid führt. Nicht weit von der Calle Mayor und der Puerta del Sol entfernt liegt hinter Arkaden versteckt die **Plaza Mayor**, der schönste Platz Madrids. Bereits im 12. Jahrhundert, damals außerhalb der Stadtmauern, befand sich hier ein offener Marktplatz. Von 1617 bis 1619 wurde unter der Leitung von Juan Gómez de Mora (1586–1648) nach Entwürfen des Escorial-Architekten Juan de Herrera ein geschlossener städtischer Platz von 120 m Länge und 100 m Breite nach dem flämischen Vorbild der Brüsseler Grand Place geschaffen. Aber die Plaza Mayor ist ein Hof von Königs Gnaden, nicht der städtebauliche Ausdruck bürgerlichen Reichtums und Gemeinwesens. Die gewollte Strenge des Escorial mit dem Ausdruck von Disziplin und Gefasstheit wirkte ebenso nach wie die Konkurrenz zur kurz zuvor erbauten Place des Vosges in Paris, die der französische König Heinrich IV.

Reiterstatue Philipps III. auf der Plaza Mayor

253

Madrid – Metropole der Neuzeit

Plaza de la Villa

anlegen ließ. Unter Philipp III. wurde das bereits seit 1581 von Philipp II. geplante Bauvorhaben schließlich realisiert. Es entstand ein eleganter Salon unter freiem Himmel, Bühne und Zuschauerraum zugleich für das *teatro del mundo* Madrids – aber ohne bürgerlichen Glanz oder die verspielte Pracht von Bürgerplätzen. Ein nüchternklassisches Werk, von Gleichmaß beherrscht. Und für den heutigen Besucher ist es immer wieder ein Erlebnis, inmitten der pulsierenden Großstadt plötzlich jenseits der Torbögen auf einen solchen Ruhe und Kühle ausströmenden Raum zu treffen. Nach einer Reihe zerstörerischer Brände wurde der Platz 1790 von Juan de Villanueva (1739 bis 1811; Architekt des Prado) renoviert, neu vereinheitlicht und mit weiteren Torpassagen versehen. Das älteste Gebäude des Ensembles ist die Casa de la Panadería (Bäckerhaus) aus dem Jahr 1672, deren spitze Türme mit denen der gegenüberliegenden Casa de Carniceria (die heute das Touristeninformationsbüro beherbergt) aus dem horizontalen Gleichmaß ausbrechen. In dem risalitartig vorspringenden Gebäudeteil befand sich die Loge des Königs. Der verblichene Freskenschmuck wurde 1992 grundlegend erneuert. Vom Balkon aus nahmen die Könige und Kardinäle an diversen öffentlichen Veranstaltungen teil, darunter Stierkämpfe, Heiligsprechungen, Hinrichtungen, Autodafés, Theateraufführungen (Calderón de la Barca, Lope de Vega) und Reitturniere für Zehntausende von Zuschauern. Inmitten des Platzes steht das Denkmal seines Erbauers: Philipp III. hoch zu Ross. Der Entwurf stammt von Giovanni da Bologna (1529–1608), den Guss leitete Pietro Tacca 1613 in Florenz. Kühl und unbewegt wie der Platz, erscheint Philipp auf einem in schreitender Pose innehaltenden Ross.

Die Plaza Mayor ist das spektakulärste Vermächtnis der spanischen Habsburger in der zivilen Architektur Madrids. Am reinsten stellt sich der von ihnen geschaffene Stil aber im kleineren Format des nahen Rathausplatzes (**Plaza de la Villa**) dar. An der linken Seite befinden sich Casa und Torre de los Lujanes, das älteste Wohnhaus Madrids, ein Stadtpalast spätmittelalterlichen Ursprungs, um 1500 mit einem Portal im Isabellinischen Stil versehen. Gegenüber steht das Rathaus, das erste repräsentative Verwaltungsgebäude Madrids. Es wurde vom Hofarchitekten Juan Gomez de Mora im Herzen des mittelalterlichen Madrid 1648 projektiert und begonnen und von seinem Nachfolger José de Villreal 1653 zu Ende gebaut. Die Portale und Turmobergeschosse mit Wappendekorationen stammen aus der Zeit um 1700.

Das dritte Gebäude, das diesen stillen Platz nach hinten begrenzt, ist die Casa de Cisneros, in der ersten Hälfte des 16. Jahrhunderts von einem Neffen des berühmten Kardinals erbaut. Es wurde zu Beginn des 20. Jahrhunderts bis zur Unkenntlichkeit restauriert. Zur Calle del Sacramento hin kann man noch das originale plateresk gestaltete Portal sehen. Die Statue auf dem Platz, 1891 von Mariano Benlliure Gil (1862–1947) geschaffen, zeigt Don Alvaro de Bazan, Marqués de Santa Cruz, einen berühmten Admiral Philipps II.

Wir durchqueren das stimmungsvolle ›alte‹ Madrid in nördlicher Richtung, um zum Schluss des Spaziergangs durch Madrid auf den Spuren der Habsburger zwei Klöster zu besichtigen, von denen es seit dem 16. Jahrhundert viele in dieser Stadt gab. Beide Klöster sind von Habsburger-Töchtern im 16. Jahrhundert gegründet worden und standen somit allein schon durch ihre Gründerinnen dem königlichen Hof nah. Auf der Plaza de la Encarnación stehen wir vor der stilbildenden Fassade des **Real Monasterio de la Encarnación** von Juan Gomez de Mora, die den Madrider Frühbarock einleitete. Dieser folgt hier zwar deutlich sichtbar dem Herrera-Stil des Escorial, wirkt aber durch den dreibogigen Portikus, die Anordnung der Fenster und die gefällige Proportionierung lockerer gegliedert und feiner abgestimmt. Das Innere wurde im 19. Jahrhundert im spätbarock-klassizistischen Stil der Bourbonen umgestaltet. Ein Teil des Augustinerinnenklosters, das nach wie vor von Nonnen bewohnt wird, ist der Öffentlichkeit seit 1965 zugänglich. Das Museum des Klosters enthält neben zahlreichen Habsburgerporträts u. a. ein bemerkenswertes Gemälde von José de Ribera: ›Johannes der Täufer‹. Berühmt ist die Schilderung der 1615 stattgefundenen Begegnung zweier Prinzessinnen aus französischem beziehungsweise spanischem Königshaus, die ihre Häuser wechselten, weil die Töchter der Könige zu Gattinnen des jeweils anderen Königs wurden; dargestellt auf einem Historienbild von Pieter van der Meulen (16./17. Jahrhundert).

Nach Brandschäden im 18. Jahrhundert hat man die Kirche erneuert. Das Gewölbe der Hauptkapelle wurde von Francisco Bayeu ausgemalt, die Fresken der Kuppel von den Brüdern González Velázquez.

Das nahe **Monasterio de las Descalzas Reales** stiftete 1554 Juana, die jüngste Tochter Karls V. Später zog sich auch ihre Schwester, die Kaiserin Maria von Österreich, in das Franziskanerinnenkloster zurück, um dort nach dem Tod Maximilians II. ihren Lebensabend zu beschließen. Die Königinnen mit ihren Kindern nahmen hier Wohnsitz, wenn der Monarch längere Zeit abwesend war. Für sie waren eigene Räume eingerichtet. Ein unterirdischer Gang zum Palast vereinfachte zudem die diskrete Kommunikation zwischen Hof und Kloster. Der ehemalige Renaissancepalast ist von Juan Bautista de Toledo (gest. 1567), dem ersten Architekten des Escorial, von 1556 bis 1564 umgebaut worden. 1960 wurde ein Teil des Gebäudes der Öffentlichkeit zugänglich gemacht, 1986 eine umfängliche Restaurierung abgeschlossen. Ein Jahr darauf hat man das Kloster zum Museum Europas erklärt. Sehenswert sind das von Claudio Coello (1642–93) und Francisco Ricci (1614–85) im 17. Jahrhundert ausgemalte prachtvolle Treppenhaus und die im Salon de Tapices ausgestellten Wandteppiche zum Thema der Eucharistie, nach Vorlagen von Peter Paul Rubens in der ersten Hälfte des 17. Jahrhunderts angefertigt. Die Gemäldesammlung mit zahlreichen Porträts der Königsfamilie enthält weitere Werke von Rubens sowie von Pieter Brueghel d. Ä., Tizian, Ribera, Zurbarán und Sanchez Coello.

Spaziergänge am Rand des Zentrums

Plaza Oriente mit dem Reiterdenkmal Philipps IV.

Zwischen der Madrider Oper (Teatro Real) aus der Mitte des 19. Jahrhunderts und dem Palacio Real aus dem 18. Jahrhundert liegt die **Plaza Oriente** mit dem Reiterdenkmal Philipps IV. von 1640. Velázquez hatte für seinen Gönner, den Herzog von Olivares, den Entwurf geliefert, der andalusische Bildhauer Juan Martínez Montañés (1568–1649) das Werk geschaffen. Es stand ursprünglich im Retiro-Park und wurde 1843 an diesen Platz versetzt – den Madrid wie so viele seiner kleineren Plätze Joseph Bonaparte verdankt, dem Bruder Napoleons, der in seiner kurzen Zeit als Regent Spaniens Anfang des 19. Jahrhunderts vor allem Klöster abreißen ließ. Zwischen dem Königspalast und der 1993 geweihten Madrider Kathedrale befindet sich, abzweigend von der Calle de Bailen, eine Aussichtsplattform, die einen weiten Blick bis zum Guadarrama-Gebirge erlaubt. Südlich der Kathedrale stoßen wir auf einige Reste der arabischen Stadtmauer.

Gehen wir die Calle de Bailen ein Stück weiter, treffen wir auf die **Basílica de San Francisco el Grande** aus dem Jahr 1774. In der ersten Kapelle links befindet sich das dem heiligen Bernhard von Siena gewidmete Gemälde, das Goya 1780 schuf und das ihm den ersten größeren Erfolg in Madrid einbrachte. Von der Calle de Bailen führen Spazierwege zu den Grünanlagen unterhalb des Königsschlosses. Folgen wir der Calle de Bailen nordwärts, am Königspalast vorbei, stoßen wir auf die Plaza de España mit dem berühmten 1915 errichteten Cervantes-Denkmal in der Mitte. Wir müssen nur

Am Rand des Zentrums

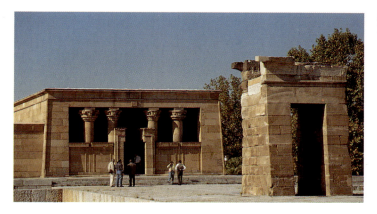

Der ägyptische Templo de Debod

die Straße überqueren, um im Parque de Oeste erneut zu ausgedehnten Grünanlagen zu gelangen. (Von hier führt auch ein schöner Fußweg zu San Antonio de la Florida, s. S. 241ff..) Auf einem Hügel – an seinem Fuß wurden die Aufständischen des 2. Mai 1808 erschossen (s. S. 217ff.) – steht der ägyptische **Templo de Debod**. Er wurde den Spaniern 1968 als Anerkennung für die Mühe spanischer Archäologen bei der Errettung ägyptischer Kulturzeugnisse geschenkt, die durch den Bau des Assuan-Staudamms in den Wassern des Nils versunken wären. Der Tempel aus Südägypten stammt aus dem zweiten vorchristlichen Jahrhundert und war dem Gott Ammon geweiht. Am Ende des Parque de Oeste gelangen wir zur Plaza de Moncloa, wo die Universitätsstadt beginnt und sich das Museo de America befindet. Das Luftwaffenministerium und der Arco de la Victoria aus dem Jahr 1955 gehören zum franquistischen Architekturerbe Madrids. Mit dem

Palacio de Cristal im Retiro-Park

Fahrstuhl gelangt man bequem auf den 92 m hohen Faro de Moncloa, von dessen Aussichtsterrasse sich ein schöner Rundblick bietet.

Das beliebteste sonntägliche Ausflugsziel der Madrileños befindet sich östlich des Zentrums. Der ausgedehnte **Retiro-Park** in der Nähe des Prado ist die grüne Lunge Madrids. Kann man ansonsten in Madrid unbesorgt auch nachts spazieren gehen, so sollte man sich hier aus Sicherheitsgründen nur tagsüber aufhalten. Man trifft auf Brunnen aus dem 19. Jahrhundert, künstliche Teiche, das Monument für Alfons XII. aus dem Jahr 1922 und den kachelgeschmückten Ausstellungspavillon Palacio de Velázquez sowie den märchenhaft schönen, aus Glas und Eisen errichteten **Palacio de Cristal** aus dem 19. Jahrhundert, in dem häufig Konzerte stattfinden. Beide Pavillons wurden von Ricardo Velázquez Bosco (1843–1923) erbaut.

Ein längerer Spaziergang führt uns eine einzige Straße entlang, die Madrid von Süden nach Norden durchzieht: als Paseo del Prado, Paseo de Recoletos und Paseo de la Castellana. Wir beginnen am Südrand des Retiro-Parks. Gegenüber vom Centro de Arte Reina Sofía befindet sich der jüngst vollständig umgebaute **Atocha-Bahnhof**. Seine Jugendstilfassade (1889/91) aus Eisen und Glas hat man erhalten und unter seinem Dach einen tropischen Garten angelegt.

Der **Neptun-Brunnen** der Plaza de Canovas del Castillo stammt aus dem 18. Jahrhundert, ebenso der nur wenige Schritte entfernte Apollo-Brunnen. An der verkehrsreichen Plaza de la Cibeles wird der zentrale **Kybele-Brunnen** mehrspurig umfahren. Die marmorne phrygische Fruchtbarkeitsgöttin Kybele mit ihrem Löwengespann (ebenfalls aus dem 18. Jahrhundert) ist wie das Cervantes-Denkmal auf der Plaza de España zu einem Wahrzeichen Madrids geworden. Nicht zu übersehen ist das riesige eklektizistische Bauwerk der Post

Kybele-Brunnen (links) Abbildung auch S. 160 Neptun-Brunnen (rechts)

Am Rand des Zenrums

Atocha-Bahnhof

(1904–17). Gegenüber, hinter Bäumen verborgen, steht der ehemalige **Palast der Herzogin von Alba**, der 1777 bezogen wurde. Nach deren Tod 1802 bezog Manuel Godoy, Minister Karls IV., das Anwesen und residierte dort einige Jahre bis zu seiner Vertreibung. Heute ist das Hauptquartier des Heers darin untergebracht, weshalb immer einige Bewaffnete dort postiert sind. Im Osten sehen wir die **Puerta de Alcalá**, eines der vier Haupttore der Stadt, von Francisco Sabatini unter Karl III. im 18. Jahrhundert errichtet. Im Westen führt die Calle de Alcalá zur Puerta del Sol und zur Prachtstraße **Gran Vía**, die 1910 wie eine Schneise durch das alte Madrid gelegt wurde und ihren Reiz als Boulevard und Kinomeile mit amerikanischen Anklängen bis heute nicht verloren hat. Sie führt in einem leichten Bogen vom Metropolis-Gebäude bis zur Plaza de España.

Am Paseo de Recoletos kommen wir am legendären **Literaten-Café Gijon** vorbei und an der Nationalbibliothek, deren Rückseite das Archäologische Museum einnimmt. Der Gebäudekomplex wurde zwischen 1866 und 1892 errichtet. Auf der **Plaza de Colón** mit ihren 70 m langen rauschenden Wasserkaskaden erhebt sich das Monument des Amerika-Entdeckers aus dem Jahr 1885. Unterhalb der Plattform mit drei riesigen Steinblöcken, die die drei Karavellen des Kolumbus symbolisieren sollen, befindet sich das städtische Kulturzentrum mit Ausstellungs-, Konzert- und Theatersälen. Am Paseo de la Castellana in der Umgebung der Metrostation Rubén Darío ist unter einer Überführung ein Freilichtmuseum abstrakter Skulpturen mit Werken spanischer Künstler eingerichtet, darunter Joan Miró, Pablo Serrano und Julio González. Weiter nördlich treffen wir auf einige der modernsten Großstadtarchitekturen Europas, den **Torre Picasso**, mit 150 m das höchste Gebäude Madrids (1988 erbaut), den Torre Europa und die schräggestellte Puerta de Europa.

In der Umgebung von Madrid

El Escorial

»Der Escorial hat nur ein Ornament, den Stein und seinen Umriss. Parallele Linien, rechte Winkel zeichnen sich über die Fläche; Kugeln schließen die Prismen und Pyramiden ab. Auf jeder Kugel thront das Kreuz. Aus unzähligen Steinen wurde ein einziger Block: das Bauwerk ist Fels wie der Berg, aber noch reiner, durchsichtiger, sinnbildlicher und irdischer zugleich. Bis auf das letzte Korn des Granits durchglüht die Form den Stoff. Über der starren Fläche schwebt das Rund auf Bogen, durch die Landschaft und Berge verwandelt schimmern; eine Sammlung ohnegleichen stürmt gegen das Tor der Stummheit irdischer Dinge und stößt es auf.

Auch der Schatten fällt klar, ohne Brechung und Übergänge; Lineal und Zirkel brächten das Bild hervor. Aber das Gewicht, die Lasten sammeln sich an, die Form ist gefüllt bis zum Rand. In den geraden Gängen, dem Geviert der Zimmer, unter der Wölbung der Hallen regiert eine fast dämonische Kraft. Der Bau ist nüchtern, er ist es bis zum Übermaß, und das Übermaß durchstößt den Damm für eine ungeheuere innerliche Gewalt. Der Mensch wird fühlbar, seine leidenschaftliche Sehnsucht fängt an zu verdichten, zu gestalten, von der Höhe der Gestalt hinüberzugreifen in das andere Reich. Auch das Licht kommt vom Stein, es ist das graue Licht des Granits: doch in der Weite, der Höhe, auf diesen Straßen und Wegen im Block vertieft sich das Grau. In sicheren Abständen münden von den Seiten neue Ströme herein, die ausgleichen, weitertreiben, die Flut vermehren. Wieder wird die Masse, die Häufung, der Anfang zum Übergang. Das Licht wird tief, die Tiefe rätselhaft.«

Der Escorial, zwischen 1572 und 1584 errichtet, ist ein gewaltiges steinernes Monument der spanischen Monarchie Philipps II.; ein Ausdruck der Weltmacht und der geistigen Disziplin, der sich der königliche Herrscher unterwarf. Schon die Auswahl des Standorts an den Hängen des Guadarrama-Gebirges im Zentrum Spaniens war Ausdruck gewollter Strenge. Nicht die Glorifizierung persönlicher Macht, sondern der von allem Beiwerk befreite entschlossene Dienst an nichts weniger als der Erlösung der Menschheit gab den Impuls für dieses Bauwerk.

Das Zentrum der Macht war nicht nur als Palast des Königs sein Wohn- und Arbeitsbezirk, sondern zugleich Mausoleum der spanischen Könige und Kloster. Die dort lebenden Hieronymitenmönche hatten ununterbrochen für das Heil der königlichen Familie zu beten. Zudem beherbergte es eine Schule und eine Bibliothek. Gewidmet ist der Bau dem heiligen Laurentius, an dessen Festtag Philipp II. 1557 den ersten militärischen Sieg über Heinrich II. von Frankreich errang. Der Märtyrer wurde bei lebendigem Leib über dem Feuer geröstet. Wie ein Rost, mit den Gebäudetrakten als Stangen und den Höfen als Zwischenräumen, ist die Anlage des Escorial entwickelt worden.

El Escorial ☆☆

Besonders sehenswert: Königsschloss

Reinhold Schneider, Philipp II. oder Religion und Macht

◁ *El Escorial*

In der Umgebung von Madrid

Das Werk stand unter persönlicher Aufsicht des Königs. Planender Architekt war Juan Bautista de Toledo (gest. 1567), der während der Errichtung des Vatikan Assistent von Michelangelo war; später kam Juan de Herrera (um 1530–97) als Mitplaner, Fassadengestalter und vor allem als Organisator hinzu. Der von ihm geprägte strenge Stil des Escorial wird heute auch als Herrera-Stil bezeichnet.

Im Lauf der Jahrhunderte wurde der Königssitz im Sinn seines Gründers genutzt und ausgebaut. Die Gruft entstand im 17. Jahrhundert unter Philipp III. und Philipp IV. Die Gemäldegalerie wurde erweitert. Karl IV. ließ im 18. Jahrhundert die Nordfassade von Juan de Villanueva (1739–1811) umgestalten; außerdem entstanden die prachtvoll geschmückten Räume des Bourbonenpalasts und die Nebengebäude für die Bediensteten, durch unterirdische Gänge mit dem Palast verbunden. Im Zuge der Säkularisation wurde das Hieronymitenkloster 1835 aufgelöst, 50 Jahre später zogen Augustinermönche ein.

Im Süden ist der massiv abgestützte Bau von einem Garten umgeben. Vor der Nordfassade befindet sich der **Eingang** (a) für die Besucher. Gehen wir den gepflasterten Vorplatz weiter, treffen wir auf die im Westen gelegene **Hauptfassade** (b). Das mittlere Portal, ein Werk Herreras, führt in den großen **Innenhof** (c) und auf die **Basilika** (d) zu. Das Hauptportal zeigt das königliche Wappen und den heiligen Laurentius (von Juan Bautista Monegro). Im Obergeschoss befindet sich die Bibliothek. Das linke Portal gehört zur Schule und das rech-

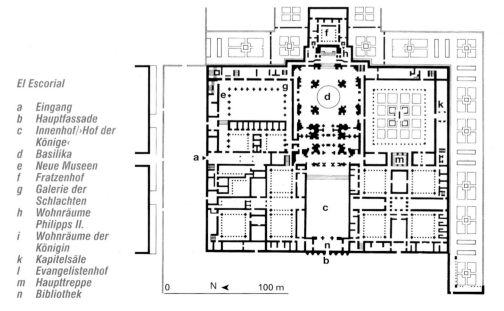

El Escorial

- a Eingang
- b Hauptfassade
- c Innenhof/›Hof der Könige‹
- d Basilika
- e Neue Museen
- f Fratzenhof
- g Galerie der Schlachten
- h Wohnräume Philipps II.
- i Wohnräume der Königin
- k Kapitelsäle
- l Evangelistenhof
- m Haupttreppe
- n Bibliothek

El Escorial

te zum Gebäudetrakt des Konvents; es führt allerdings zunächst zu den Vorratskammern (der Eingang zum Kloster liegt im Innenhof).

Zur Besichtigung der Innenräume treten wir durch das **Portal** (a) der Nordfassade. Wo sich nun Garderobe und Souvenirläden befinden und man die Eintrittskarten erwirbt, waren einst die Küchenräume eingerichtet. Man kann sich einem Führer anschließen; erlaubt und angebracht ist aber auch ein selbstbestimmter Gang durch die öffentlich zugänglichen Räume des Escorial. Das gesamte Bauwerk wirkt zwar im Innern labyrinthisch mit seinen vielen Trakten, Innenhöfen und Treppen über vier Stockwerke, aber die Kennzeichnungen sind unmissverständlich. Man wird sich hier nicht verlieren.

Als erstes betreten wir die neu eingerichteten Säle der **Neuen Museen** (e). Im Salon de honor treffen wir auf El Grecos ›Martyrium des heiligen Mauritius und der Thebäischen Legion‹, deren Anführer sich unter dem römischen Kaiser Diokletian weigerten, der christlichen Religion abzuschwören. Das Bild war ein von Philipp II. an den gerade nach Kastilien gelangten Kreter vergebener Auftrag für die Basilika. Aber es missfiel dem König und bedeutete auch schon das Ende einer möglichen Karriere an seinem Hof. Verständlich ist das schon, wenn man bedenkt, wie wichtig, bei aller Bescheidenheit im Persönlichen, für einen Vertreter der spanischen Weltmacht Repräsentation sein musste. Das fromme Thema erlaubte erst recht kei-

»Aus unzähligen Steinen wurde ein einziger Block: das Bauwerk ist Fels wie der Berg, aber noch reiner, durchsichtiger, sinnbildlicher und irdischer zugleich.«
Reinhold Schneider

In der Umgebung von Madrid

ne manieristische Verzierung. El Greco zeigt das Martyrium als Nebensache links unten im Bild. Im Hintergrund lässt er vollständig nackte Männer auftreten. Und im Zentrum zeigen sich geradezu provozierend gleichgültige römische Legionäre während eines Disputs. Sein eigenes Porträt (zweiter von rechts) in einer solch merkwürdigen Szene noch dazwischengezwängt zu finden, muss Philipp II. noch zusätzlich befremdet haben. Aus künstlerischer Sicht erweist das surreal anmutende Werk El Greco als Meister der Farbgebung, der die Stofflichkeit von Luft zu bannen und den Nuancenreichtum der Farbe Gelb auszuloten scheint.

Im Untergeschoss ist neuerdings ein **Architekturmuseum** eingerichtet worden, in dem man Baupläne, Werkzeuge und Modelle zum Escorial bewundern kann – von den ersten Ideenskizzen bis zu den technischen Geräten, mit denen der gewaltige Bau ins Werk gesetzt wurde.

Die Räume des ehemaligen Sommerpalasts im Stockwerk darüber bergen das **Gemäldemuseum**. Im ersten Saal stehen mit Veroneses ›Himmlischem Vater‹, Tintorettos ›Maria Magdalena‹ und Tizians ›Heiliger Margarete‹ die Venezianer im Mittelpunkt. Der zweite Saal zeigt u. a. von Rubens das ›Emmaus-Mahl‹ und von van Dyck ›Heilige Jungfrau‹ und ›Flucht nach Ägypten‹. In Saal 7 befinden sich zwei weitere Gemälde von Tintoretto (›Anbetung der Hirten‹ und ›Geburt Christi‹) sowie Veroneses ›Verkündigung‹. Rogier van der Weydens ›Kreuzabnahme‹ (s. S. 167 ff.) aus dem Prado ist als meisterhafte Kopie von Michiel Coxie (1499–1592) vertreten, ›Christus am Kreuz mit Maria und Johannes‹ (1454–64) dagegen ist Rogiers eigenhändige Arbeit (zusammen mit dem Original des Prado befinden sich damit zwei der drei für alle Zuschreibungen grundlegenden Bilder in beziehungsweise in der Umgebung von Madrid). Sehenswert ist an der Stirnseite des Raums ›Die Berufung der Apostel Petrus und Andreas‹ von Federico Barocci. In Saal 8 ragt aus einer Reihe von Gemälden Riberas besonders dessen ›Äsop‹ hervor, in Chiaroscuro-Manier mit extremen Helldunkelkontrasten modelliert. Der Saal 9, früher das Sommerschlafgemach Philipps II., zeigt Bilder des in Kastilien viel beschäftigten Luca Giordano sowie von Alonso Cano, u. a. eine ›Jungfrau mit dem Kind‹.

Vom italienisch anmutenden **Fratzenhof** (f; nach den Köpfen der beiden Brunnen so genannt) gelangen wir über eine Treppe zur **Galerie der Schlachten** (g), einem Empfangssaal von 55 m Länge, der vollständig mit Fresken ausgemalt ist. Sie zeigen Kriegsszenen von Higueruela, wo Johann II. von Kastilien 1431 das Heer des Königreichs Granada besiegte, Szenen aus der Schlacht von San Quintin, deren siegreicher Ausgang Philipp II. auf die Idee des Escorial gebracht hatte, sowie Kämpfe gegen Portugal und gegen die Engländer auf den Azoren. Die Maler waren allesamt Italiener: Orazio Cambiasso (16. Jahrhundert), Fabricio Castello (gest. 1617), Niccolò Granello (gest. 1593) und Lázaro Tavarone (1556–1641).

Wir gelangen zum Schloss des Königs mit den **Wohnräumen Philipps II.** (h). Es sind überaus schlichte Räume, allerdings in sorgsam gewählter exponierter Lage nahe der Basilika an der Hauptachse des gesamten Bauwerks mit Blick auf die weite Ebene. Die Gemächer bestehen aus zwei gleichförmigen Trakten: je einer für Königin und König. Die **Räume der Königin** (i) waren seit 1580, nachdem der viermal verheiratete Philipp erneut verwitwet war, für seine Lieblingstochter Isabel Clara Eugenia reserviert worden. Man betritt einen Vorsaal, dann den Schlafraum mit Blick zum Altar der Basilika. Auf dem Weg zu den Räumen des Königs sehen wir im Wandelgang den Tragestuhl, in dem der gichtkranke Monarch seine letzte Reise von Madrid zum Escorial antrat. Die kunstvoll gearbeiteten Intarsientüren und Verkleidungen stammen von Augsburger Künstlern und kamen 1567 als Geschenk Maximilians II. nach Spanien; dahinter liegen die Empfangsräume für besondere Gäste. In der Kammer starb Philipp II. 1598. Das Bett war wie das seines Vaters in Yuste (Extremadura) so ausgerichtet, dass er sowohl den Blick auf die Landschaft wie auf den Altar richten konnte. Über den Arbeitstisch in der Nähe des Bettes beugte sich der Monarch Tag für Tag, las und verfasste unzählige Schriften; Dokumente unterzeichnete er mit: Ich, der König. Von dieser schlichten Kammer aus wurde das spanische Weltreich regiert. Der Arbeitstag war lang und unterlag strenger Zeitdisziplin. Auf dem Tisch steht eine Tabernakeluhr des deutschen Hofuhrmachers Hans von Evalo aus dem Jahr 1583. In diesen Räumen befanden sich ursprünglich auch die Gemälde von Hieronymus Bosch, die heute im Prado zu sehen sind.

Erst nach dem Tod Philipps II. wurde die zuvor geplante Grablege der Könige erbaut. Man steigt eine enge Treppe hinab, von deren Absatz links die barocke Gruft der Könige (17. Jahrhundert) und rechts die weitläufige Gruft der Infanten abzweigt (19. Jahrhundert). Die kreisförmige, mit Marmor und Bronze verkleidete Gruft der Könige enthält die Überreste aller spanischen Könige von Carlos I. (Karl V.) bis zu Alfons XIII. Rechts stehen die Sarkophage der Könige, links die der Königinnen, sofern sie Mutter eines Thronfolgers waren. In der Gruft der Infanten mit zahlreichen Grabkammern ist in der fünften der Sarkophag von Juan de Austria beachtenswert. Es ist ein Werk aus dem 19. Jahrhundert und zeigt den legendären Sieger der Schlacht von Lepanto (1571) liegend, mit dem Schwert in der Hand. Der schöne Halbbruder Philipps II., ein unehelicher Sohn Karls V. und der Regensburger Bürgertochter Barbara Blomberg, war der strahlendste Held der spanischen Monarchie im 16. Jahrhundert; er starb bereits in jungen Jahren in Flandern am Fieber.

Wir gelangen in die großräumigen **Kapitelsäle** (k), wo sich einst mehr als 200 Mönche versammelten. Viele der Bilder, die ursprünglich hier die Wände schmückten, befinden sich heute im Prado, einige wichtige Werke kann man jedoch nach wie vor hier bewundern, darunter mehrere Gemälde Riberas. Von El Greco sehen wir eine ›Stigmatisation des Franz von Assisi‹ und einen ›Heiligen Petrus‹;

außerdem ›Die Anbetung des Namens Jesu‹, auch ›Der Traum Philipps II.‹ genannt, ein programmatisches Werk der Gegenreformation. Was mit den Nichtkatholiken geschieht, ist drastisch geschildert: ein Walfischmaul als Höllenschlund verschlingt sie; im Vordergrund, ganz in Schwarz gekleidet und mit spanischer Halskrause, ein Porträt Philipps II. Gegenüber hängt ein Gemälde von Velázquez: ›Jakob wird der blutige Rock Josephs gebracht‹. Velázquez, der dieses Bild wie die ›Schmiede des Vulkan‹ (Prado) 1630 während seines Romaufenthalts malte, zeigt hier, wie bravourös er die Darstellung eines männlichen Rückenakts zu bewältigen weiß. Zwei der Brüder sind im Schatten geblieben. Velázquez versteht es, das falsche Pathos und die Lüge im Gesicht der eifersüchtigen Brüder zu zeigen. An der Stirnseite des Raums sieht man ein malerisch großartiges Werk Tizians: ›Der heilige Hieronymus‹. Die Natur scheint durch Farbe beseelt zu sein, so als fühle sie das Leid des Heiligen mit. Der zweite Teil des Kapitelsaals zeigt Gemälde mit religiösen Motiven von Tintoretto und Veronese sowie ein weiteres großformatiges (leider oben und an den Seiten beschnittenes) Bild Tizians: ›Das letzte Abendmahl‹. Jesus, umgeben von Johannes und Petrus, zeigt als einziger der Gesellschaft ein unbewegtes Gesicht. Judas windet sich, dem Bildbetrachter den Rücken zugewandt. Den Beutel mit dem Judaslohn trägt er in der linken Hand. Ebenfalls von Tizian stammen die Gemälde ›Gebet im Garten‹ in äußerst dunklem Grundton und ›Jesus Christus von Pilatus dem Volk vorgeführt‹.

Der dritte Saal ist den flämischen Meistern gewidmet. Sehenswert sind Joachim Patiniers ›Vermehrung des Brots und der Fische‹ sowie eine ›Dornenkrönung‹ von Hieronymus Bosch, die den Triumph menschlicher Gemeinheit anschaulich vor Augen führt; ›Die Schöpfung‹ aus dem Triptychon ›Der Garten der Lüste‹ und ›Der Heuwagen‹ (s. S. 169ff.) sind Reproduktionen beziehungsweise Zweitfassungen der Bilder des Prado.

Wir gehen den Hauptkreuzgang entlang, der um den sogenannten **Evangelistenhof** (l) führt. Der große Innenhof mit einer toskanisch-dorischen Halbsäulenordnung römischer Prägung trägt seinen Namen nach den Statuen der Evangelisten am Brunnenhaus, geschaffen von Juan Bautista Monegro (um 1545/50–1621). Der Kreuzgang, 1726 durch Flügelfenster geschlossen, ist mit 46 Fresken geschmückt, die die Heilsgeschichte von der Geburt der Jungfrau Maria bis zum Jüngsten Gericht erzählen. Das monumentale, aber etwas lehrhaft-sterile Werk stammt von Pellegrino Tibaldi (1527–96) und seinen Mitarbeitern, die von 1587 bis 1590 daran arbeiteten. Zuvor hatte Tibaldi die Decke der Bibliothek mit Fresken geschmückt. Das Gewölbe über der **Haupttreppe** (m) wurde 1692 von Luca Giordano (1634–1705) ausgemalt. In ausladendem barockem Stil wird ›Die Glorie der spanischen Monarchie‹ zelebriert. Die Heiligen des Escorial, Laurentius und Hieronymus, legen gegenüber der Heiligen Dreifaltigkeit Fürbitten für Karl V. und Philipp II. ein.

El Escorial

Die Klosterkirche des Escorial

Die **Klosterkirche** (d) bildet das Zentrum des Escorial. Über zehn Jahre wurde unter Hinzuziehung der besten Architekten Italiens geplant und verworfen, bis Philipp II. schließlich eine Entscheidung traf. Juan Bautista de Toledo hatte sich an den Bauplänen von St. Peter in Rom orientiert, und Juan de Herrera erbaute die Kirche dann über einem quadratischen Grundriss als Zentralbau mit eingeschriebenem Kreuz und einer 90 m hohen Vierungskuppel. Man betritt zunächst eine Vorkirche, die in kleinem Format den Grundriss der Hauptkirche wiederholt. Sie war als Gemeindekirche für die Laien vorgesehen. Die Hauptkirche blieb den Mönchen und dem königlichen Hof vorbehalten. Selbst das Gotteshaus wird vom schmucklosen grauen Granit beherrscht. Nur der erhöhte Altarraum bildet eine Ausnahme. Herrera hatte das riesige Hochaltarretabel entworfen. Mailänder Goldschmiede und Steinmetze sorgten für die plastische Ausführung in Bronze und Marmor. Die Bildfelder im Format hoher Rechtecke sollten ursprünglich Gemälde von Tizian, Veronese und Tintoretto aufnehmen. Philipp II. entschied sich auch hier – im Alter die Vorlieben seiner Jugend verwerfend – gegen das Künstlerisch-Individuelle und gab den Vorzug Pellegrino Tibaldi (›Anbetung der Hirten und Könige‹, ›Marter des Laurentius‹) und Federico Zuccari (um 1540–1609; ›Geißelung‹, ›Kreuztragung‹, ›Auferstehung‹, ›Himmelfahrt Mariä‹, ›Pfingsten‹). Die bildhauerischen Arbeiten, 1586 in Auftrag gegeben, übernahmen die Mailänder Leone (1509–90) und Pompeo Leoni (um 1533–1608). Philipp folgte dem strengen Programm der Gegenreformation: monumentale Einfachheit und einprägsame Belehrung, der sich alles unterzuordnen hatte. In den linken und rechten Wandnischen, für den eintretenden Besucher fast verdeckt, befinden sich die Grabdenkmäler Philipps II. (auf der rechten Epistelseite) und Karls V. (auf der linken Evangelienseite). Die Bronzefiguren von Pompeo Leoni sind dem Tabernakel ›in ewigem Gebet‹ zugewandt. Sie stehen über den Gräbern der Gruft und nahe den königlichen Schlafgemächern, die durch eine Tür unterhalb der Denkmäler erreichbar sind, ganz so wie es Karl V. für sich in Yuste angeordnet hatte.

In bewusster Gegenreaktion zur reformatorischen Kritik des Heiligenkults hat Philipp II. dafür gesorgt, dass 44 Heiligenaltäre in den Nischen und Kapellen der Nebenräume des Hauptschiffs aufgestellt wurden. Die ursprünglich sparsamen Deckenfresken im Altarraum und im Mönchschor wurden 1693 durch ein großes Fresko von Luca Giordano in den Gewölbe der Kirche ergänzt.

Auf dem Rückweg aus diesem durch Strenge und Monumentalität beklemmenden Raum treffen wir in einer Kapelle im Nordwesten der Kirche auf eines der bildhauerischen Hauptwerke der italienischen Hochrenaissance. Benvenuto Cellini (1500–71) hat das Kruzifix zwischen 1556 und 1562 aus weißem Carrara-Marmor geschaffen (bis auf die ausgestreckten Arme aus einem Block). Es war ursprünglich für sein eigenes Grabmal bestimmt gewesen. Francesco I. de Medici, Großherzog der Toscana, konnte Cellini jedoch zum Verkauf überreden und schenkte das Kunstwerk 1576 Philipp II., der zeit seines weiteren Lebens für diese meisterhaft gearbeitete, so realistische wie seelenvolle Skulptur eine besondere Vorliebe besaß. Der Gekreuzigte ist ursprünglich völlig nackt dargestellt, deshalb haben die Augustinermönche des Escorial-Klosters dem marmornen Geschlecht einen Lendenschurz aus Tuch vorgehängt.

Wir treten in den ›**Hof der Könige**‹ (c). Gegenüber befindet sich die Fassade der Bibliothek, der letzten Station unseres Rundgangs. Von der Bibliotheksseite, zugleich der Haupteingang (und Ausgang) zum Escorial, blicken wir noch einmal zurück auf die Kirchenfassade Juan de Herreras. Die Statuen der sechs großen jüdischen Könige stammen von Juan Bautista Monegro.

Eine schmale Treppe bildet den Aufgang zum 55 m langen Hauptsaal der **Bibliothek** (n), die sich zwischen Schul- und Klostertrakt befindet. Sie ist eine der reichsten Büchersammlungen Europas mit 40 000 Texten, darunter vielen griechischen, arabischen, hebräischen und lateinischen Handschriften. Sie umfassen nahezu alle

El Escorial

Blick in die Bibliothek des Escorial

Wissensgebiete des 16. Jahrhunderts in europäischen und asiatischen Sprachen. Die Bücher des Saals sind mit der vergoldeten offenen Seite nach außen ausgestellt, damit sie ›atmen‹ können. Leider hat man vor einigen Jahren die zur Besichtigung freigegebenen Originalmanuskripte aus Sicherheitsgründen entfernt. Wir sehen einige Reproduktionen christlicher, jüdischer und arabischer Werke, darunter Briefe der Teresa von Ávila (s. S. 130 ff.) und Arbeiten aus der Übersetzerwerkstatt Alfons des Weisen (s. S. 59 ff.). Am Ende des Gangs steht das Modell des Sternensystems von Antonio Santurin aus dem Jahr 1582.

Das Rundgewölbe wurde mit Fresken von Pellegrino Tibaldi versehen, der zwischen 1586 und 1593 daran arbeitete. Sie verraten das Vorbild der Sixtinischen Decke von Michelangelo, können es aber nicht erreichen. Reich sind die ikonographischen Bezugspunkte einer humanistischen Weltsicht. In allegorischer Weise sollten die Fundamente allen Wissens anschaulich werden. Es beginnt mit Philosophie und Theologie, von denen aus sich die Wissenschaften entwickeln, nach mittelalterlicher Einteilung in die Sieben Freien Künste: Grammatik, Rethorik, Dialektik, Arithmetik, Geometrie, Musik, und Astronomie. Jeder Abschnitt des Gewölbes enthält eine Allegorie einer dieser Künste und in den halbkreisförmigen Flächen je zwei berühmte Personen, die sie vertraten. Auf den Friesen unterhalb des Gewölbes werden Szenen aus dem jeweiligen darüberstehenden Kontext dargestellt.

Der Bourbonenpalast mit den Wandteppichen nach Vorlagen Goyas kann nach Anfrage an Wochenenden besichtigt werden. Die Alte Kirche diente zwischen 1571 und 1586 als Provisorium und ist edn Mönchen des Klosters vorbehalten. Dort befindet sich das großartige Alterswerk Tizians: ›Martyrium des heiligen Laurentius‹.

In der Umgebung von Madrid

Valle de los Caídos

Leerer, monumentaler Gestus in Stein

Es steht auf dem Programm vieler Reisegruppen, liegt günstig in der Nähe des Escorial und wird geschätzt von Anhängern der Franco-Diktatur und dem rechten Lager der Nationalisten, die in Gedenkaufmärschen auf dem Vorplatz zur Basilika die vordemokratische Zeit heraufbeschwören.

Ein Jahr nach Ende des Spanischen Bürgerkriegs begann Franco mit der Planung für die monumentale, in den Felsen gesprengte Gedenkstätte. Bis 1958 arbeiteten vor allem republikanische Gefangene an der Fertigstellung der größten Felsenbasilika der Welt mit einer 22 m hohen Krypta und 41 m hohen Kuppel. Auf dem Berg steht ein 150 m hohes und weithin sichtbares steinernes Kreuz.

Grabanlage, Kloster und Kirche in einem sollte es sein – wie der nahe Escorial Philipps II. –, aber noch tiefer in der Erde verankert und noch höher hinauf in den Himmel ragend. Die Verbundenheit von spanischem Staat und katholischer Kirche sollte abermals demonstriert werden; zudem sollte dies der Ort des Gedenkens und der Versöhnung der beiden feindlichen Lager nach dem Bürgerkrieg sein, an dem die Toten dieses Kriegs gemeinsam begraben liegen. Allerdings gibt es nur zwei Gräber, die der namentlichen Ehrung für würdig befunden wurden. Sie liegen vor beziehungsweise hinter dem Hauptaltar: das Grab J. A. Primo de Riveras, des Gründers der Falange-Bewegung, und das Grab von Franco selbst. Als die Grabstätte Francos und zugleich des historischen Abschnitts seiner Herrschaft wird ›Valle de los Caídos‹ heute auch verstanden: als Pantheon des franquistischen Staats. Durch einen 260 m langen Tunnel muss der Besucher gehen, bis sich das goldene Mosaik der Kuppel über dem Altar weitet. Links und rechts des Altars liegen hinter der Vergitterung die Gräber der Bürgerkriegstoten.

Unverkennbar ist die Ähnlichkeit der Anlage mit nationalsozialistischer Monumentalarchitektur und anderen Bauwerken totalitärer Staaten im 20. Jahrhundert, auch wenn denen zumeist die christlichen Insignien fehlen. Der Gestus dieser Architektur lässt die Verachtung des Einzelnen erkennen. Er kann sich entweder mit der übergroßen Macht identifizieren oder sich als potentielles Opfer kollektiver Zurichtung fühlen. Die Botschaft ist: dem übermenschlichen gemeinsamen Heil soll gedient werden. Die triumphierende Macht wird durch Größe sichtbar und schüchtert die kleinen Menschen ein. Das Vorgefühl des drohenden Todes wird in erster Linie nicht durch dessen Thematisierung, sondern durch Ausdrucksleere erzeugt.

Dies alles trifft auch für Valle de los Caídos zu. Hinter den glatten Säulen und leeren Flächen, die vergeblich den ideellen Anschluss an das Vorbild des Escorial suchen, ahnt man die Verdrängung von Spannungen, die nicht mehr balanciert, und von Widersprüchen, die nicht mehr verarbeitet wurden. Das Kreuz über der Felsenbasilika, aus der

Ferne in seiner Schlichtheit durchaus eindrucksvoll, wird aus der Nähe betrachtet zum obszönen Siegeszeichen reiner Machtbehauptung. Insofern ist Valle de los Caídos tatsächlich das zentrale historische Monument für die Zeit der Franco-Diktatur von 1939 bis 1975.

Es offenbart, von welchem Geist sie beherrscht war. In seiner Verknüpfung von Staat und Kirche, von spanischer Nation und christlichem Kreuz bewahrt es den Schein nach außen. Angeblich soll dieser Ort alle Opfer des Bürgerkriegs, die sich gegenseitig töteten, im Geist der Versöhnung vereinen. Aber noch am Ehrenplatz der Toten der Nation lässt es nur seine nationalistischen Führer gelten, die einst mit Waffengewalt den Sturz der demokratischen Republik durch einen mörderischen Bürgerkrieg erzwangen. Das Monument offenbart sich damit nicht nur durch seine formale Selbstdarstellung. Die vorgetragene politische Instrumentalisierung der christlichen Religion, die in der spanischen Geschichte eine lange Tradition hat, markiert hier zugleich das Ende der Reconquista-Ideologie für Spanien im 20. Jahrhundert. Das Monument zeigt schamlos, was es ist: eine Lüge, die siegreich war. Valle de los Caídos – ein Denkmal, ja ein Mahnmal der Franco-Diktatur, das jede Nachfolge verbietet.

La Granja

La Granja (das ›Landgut‹) liegt auf dem Weg nach Segovia in fast 1200 m Höhe am Rand der Sierra Guadarrama. Es ist eines der schönsten Ausflugsziele Kastiliens: ein von Italienern erbautes Schloss, ein spanisches Versailles, für dessen groß angelegte Gärten und Wasserspiele französische Künstler tätig waren, von besonderem Reiz durch die herbe, ausgedehnte Gebirgslandschaft, in die sich dieses spätbarocke Schmuckstück einfügt.

La Granja ☆

**Besonders sehenswert
Königspalast mit
Gartenanlagen**

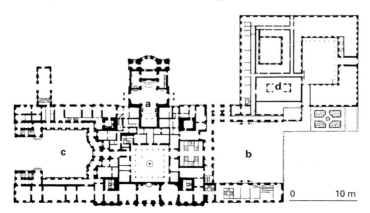

La Granja

a **Schlosskirche**
b **Kutschenhof**
c **Hufeisenhof**
d **Teppichmuseum**

In der Umgebung von Madrid

La Granja

1720 erwarb der erste Bourbonenkönig Philipp V. das Terrain eines ehemaligen Jagdhauses und eines Mönchshospizes. Um den ursprünglichen Innenhof herum ließ er sich in einer ersten Bauphase zwischen 1721 und 1723 von Teodoro Ardemans (1664–1726) ein Sommerschloss errichten. Seine endgültige Gestalt mit den beiden dreiflügeligen Anbauten erhielt das Gebäude in der zweiten Bauphase 1727–34 durch italienische Architekten. Entwurf und Ausführung des krönenden Abschlusses in Form eines repräsentativen Mittelteils der Gartenfassade oblagen 1736 Giovanni Battista Sacchetti (1700 bis 1764), dem Architekten des Palacio Real in Madrid.

Die Zufahrt führt durch die ›Hofstadt‹ mit Verwaltungsgebäuden und der berühmten *Real Fabrica de Cristales de la Granja*, einer Glasfabrik, die im letzten Drittel des 18. Jahrhunderts entstand (heute nicht mehr in Betrieb). Hinter den riesigen Bäumen, die die Zufahrt säumen, treffen wir nicht auf eine Einfahrt, sondern auf den Chor der **Schlosskirche** (a). Die frühere Einfahrt führte über den Nordflügel mit seinem **Kutschenhof** (b). Wir betreten das Schloss später im Südflügel. Vorerst wenden wir uns seiner schönsten Seite zu, indem wir an der Südseite den Park betreten. Linker Hand liegt der **Hufeisenhof** (c), auch ›Salon im Freien‹ genannt. Gegenüber das langgestreckte Rechteck eines französischen Gartens, eine Art Eröffnung für die verborgenen Reize der ausgedehnten Parkanlage, die mit 140 ha größer als die von Versailles geriet. Zwischen 1721 und 1728 haben französische Gartenarchitekten, Bildhauer und Ingenieure das gesamte Gelände nach symmetrischem Muster gestaltet. Es wirkt dennoch durch den hohen Baumbestand wie ein labyrinthischer Wald. Von einem gestauten See am Rand des Geländes aus wurde durch ein großenteils unterirdisch verlegtes Röhrensystem die Voraussetzung für aufwendige Wasserspiele geschaffen, die mit mythologischen und allegorischen Figuren bevölkert sind. Riesige Kaskaden ergießen sich den natürlichen Hang hinab in Richtung Schloss, dessen 155 m lange Gartenfassade mit seinem Wechselspiel aus rosa Kalkstein, grauem Granit und weißem Carrara-Marmor durch die rhythmische Gliederung von Fenstern, Pilastern, Doppelpilastern, Säulen und Risalit einen heiteren und anmutigen Charakter zeigt.

Die Gartenplastiken des Parks sind aus weißem Marmor, die Figurengruppen der Brunnen aus Bronze und Blei. Die elfstufige, auf die Mittelfront zugehende Große Kaskade beginnt mit dem Brunnen der ›Drei Grazien‹ (von René Frémin, 1672–1744). Parallel dazu auf der nördlichen Seite liegt eine Reihe verschiedener Bassins, ›Fontänenstraße der Pferderennbahn‹ genannt (nach dem Neptun-Brunnen in der Mitte mit zwei reitenden Knaben). Darüber befindet sich eine Apollo-Gruppe. Ein halbkreisförmiges Wasserbecken zeigt die Allegorien der spanischen Flüsse Ebro und Segre. (Alle Figuren stammen von Jean Thierry, 1669–1739.) Am höchsten Punkt, den Wasserstrom verteilend, stehen die Andromeda-Figuren von Frémin.

Den ›Platz der acht Wege‹ im Südteil des Parks umgeben acht Brunnen mit den Darstellungen von Saturn, Minerva, Herkules, Ceres, Neptun, Victoria, Mars und Kybele von Frémin. Der mittlere Brunnen zeigt Merkur und Psyche. Als letzter Brunnen entstand 1742 im äußersten Südteil des Parks in aufwendigem Rokoko, einer Theaterszene gleich, das Figuren-Ensemble ›Bad der Diana‹. Hat man sich genug vom stillen Rauschen verzaubern lassen und von der würzigen Luft gekostet, mag ein Besuch des Schlosses (mit Führung) sich anschließen. Die wenig interessante Innendekoration und das Mobiliar stammen zum großen Teil aus dem Beginn des 19. Jahrhunderts, der Zeit Ferdinands VII.

Von größerem Reiz ist das im Nordtrakt eingerichtete **Teppichmuseum** (d); es bietet – neben dem Palacio Real in Madrid – die größte

La Granja, Brunnen- und Gartenskulpturen

In der Umgebung von Madrid

und beeindruckendste Schau der königlichen Sammlung von Wandteppichen aus dem 16. Jahrhundert, vor allem aus den Brüsseler Werkstätten von Pieter van Aelst und Willem Pannemaker.

Die Bourbonen schätzten La Granja als angenehmen Rückzugsort, selbst für längere Aufenthalte, bis ins 20. Jahrhundert. 1918 zerstörte ein Brand Dächer und Decken des ersten Stockwerks (in den 20er Jahren restauriert). Im Spanischen Bürgerkrieg bildete die Gartenfassade die Frontlinie zwischen den Franco-Truppen im Schloss und den Republikanern im Gebirge, wo Ernest Hemingway die Handlung seines Romans ›Wem die Stunde schlägt‹ ansiedelte.

Nur wenige Kilometer von La Granja und Segovia entfernt liegt ein Jagdschloss, das nach Plänen Philipps V. und seiner Gattin Isabella Farnese am Río Frio 1752 errichtet wurde. Der Palast **Ríofrio**, von einem italienischen Architekten in streng klassizistischem Stil entworfen, ist in der Franco-Zeit restauriert und der Öffentlichkeit zugänglich gemacht worden. Im unteren Stockwerk befindet sich ein Jagdmuseum mit zahlreichen ausgestopften Tieren der Gegend. Im oberen Stockwerk wird man durch die königlichen Räume geführt, eingerichtet im Stil des 19. Jahrhunderts. Mobiliar und Kronleuchter stammen aus der Königlichen Fabrik von La Granja.

Aranjuez

Aranjuez

Besonders sehenswert
Königliches Schloss
Casa del Labrador

Ebenso reizvoll wie der Ausflug nach La Granja nördlich von Madrid ist eine Reise in südlicher Richtung nach Aranjuez (etwa mit dem ›Erdbeerzug‹ vom Bahnhof Atocha in Madrid) durch die schöne Umgebung einer in Gärten kultivierten Natur, zu der das königliche **Schloss** einen warmen und versöhnlichen steinernen Akzent setzt. Als Ausflugsziel der Madrileños ist Aranjuez vor allem an Sonntagen und besonders dann beliebt, wenn Spargel und Erdbeeren, die in den feuchten Niederungen rund um Aranjuez so gut gedeihen, das Besichtigungsprogramm aufs angenehmste abrunden. Seit die Hauptverkehrsstraße um den Ort herum geleitet worden ist, kann man die Ruhe und Beschaulichkeit dieser königlichen Residenz wieder ungestört genießen.

Bereits unter Karl V. wurde hier der erste große Park Spaniens angelegt. Man ließ dafür Bäume, wie zum Beispiel Ulmen, aus England importieren. Blumengärten umgaben das Schloss, alles weitere wurde zum waldähnlichen Park rund um den in Windungen dahinfließenden Tajo, der Aranjuez bis heute zu einem grünen Tal macht, das sich wie eine Oase aus der wüstenhaften Umgebung der Meseta hervorhebt. Aranjuez, nahe den politischen Zentren (48 km von Madrid und 44 km von Toledo entfernt) und dennoch abgelegen, war die Sommerresidenz der königlichen Familie, sowohl der Habsburger

Aranjuez

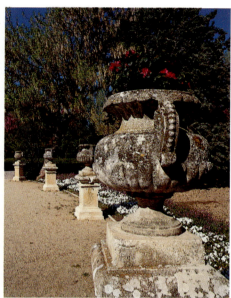

In den Gärten von Aranjuez

wie der Bourbonen. Vor allem war Aranjuez durch Anlage und Umgebung das heitere Gegenstück zum düster-erhabenen Escorial.

Der Schlossbau geht auf einen Klosterpalast des Santiago-Ordens aus dem Jahr 1387 zurück. Philipp II. ließ ihn für seine Zwecke umgestalten. Den Entwurf lieferte Juan de Herrera 1569. Bis zum Tod Philipps II. 1598 waren jedoch lediglich die Südseite und die westli-

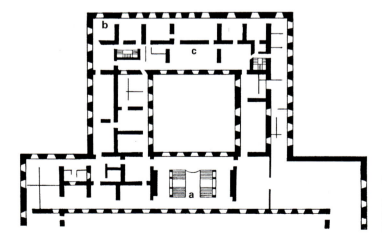

Aranjuez, Schloss

a *Haupttreppe*
b *Porzellanzimmer*
c *Großer Speisesaal*

In der Umgebung von Madrid

Aranjuez, Schloss

che Hauptfassade sowie die Kapelle fertiggestellt. Erst 1778 wurde die Schlossanlage vollendet und zugleich erweitert. Hinzu kam seit 1744 die Errichtung der heutigen Hofstadt.

Der italienische Architekt Giacomo Bonavia (gest. 1759) schuf 1748 auf der Grundlage der Pläne Herreras die heutige Frontseite mit der *Haupttreppe* (a). In der Mittelpartie tragen die Balustraden die Statuen der Bauherren Philipp II., Philipp V. und Ferdinand VI. Die Seitenflügel wurden auf Anweisung von Karl III. 1771 durch Francisco Sabatini angefügt. Während der rund 200-jährigen Bauzeit hielt man sowohl am Grundrhythmus der Fenster- und Pilasteranordnung wie an den für Aranjuez charakteristischen konstrastierenden Baumaterialien fest: heller Kalkstein und rotbraune Ziegel.

Die Innenräume des Schlosses sind (mit Führung) zu besichtigen. Gezeigt werden 29 Räume des Obergeschosses, die von den Bourbonen im 18. und 19. Jahrhundert in den jeweils ›modischen‹ Stilen eingerichtet wurden: pompejanisch, chinoise oder maurisch. Berühmt ist das sogenannte *Porzellanzimmer* Karls III. Es wurde von neapolitanischen Meistern unter der Leitung Giuseppe Griccis (der auch im Palacio Real von Madrid das Porzellanzimmer (b) gestaltete, s. S. 245) 1759–65 geschaffen und ist von sinnverwirrender Wirkung.

Ein angeschlossenes Kostüm-Museum gibt Einblick in die Garderobe der spanischen Herrscher von den Katholischen Königen bis zu den Bourbonen des 20. Jahrhunderts. Auch Accessoires wie handbemalte Fächer aus dem 18. und 19. Jahrhundert (Saal 14) kommen nicht zu kurz.

Aranjuez

Die Gärten sind im 18. Jahrhundert angelegt worden, ebenso die Wasserkaskade unmittelbar an der Schlossseite. Der **Jardín de Isla** entstand bereits im 16. Jahrhundert und wurde von dem italienischen Gartenarchitekten Cosimo Lotti (gest. um 1650) im 17. Jahrhundert zu einem fontänenreichen Park der antiken Götter und Helden umgebaut. Der vier Kilometer lange **Jardín del Principe** wurde ab 1780 unter Karl IV. neu gestaltet. Hier befindet sich das *Marinemuseum* mit den restaurierten Barken, auf denen die königliche Gesellschaft den Tajo entlanggleitend höfische Feste feierte. Nicht versäumen sollte man einen Besuch der **Casa del Labrador** (Haus des Landmannes), ist es doch das jüngste (1792–1803 errichtet) und eleganteste der spanischen Bourbonenschlösser. Der leicht irreführende Name geht auf das Bauernhaus zurück, das hier stand, als Karl IV. diesen Ort zufällig auf der Jagd entdeckte (und dessen Nachbildung im Kellergeschoss des Schlösschens bewahrt wird). Im Ambiente historisierender Architektur und kostbarer Dekorationen eines schon überholten Rokoko traf sich die Königin María Luisa mit ihrem Geliebten, dem Minister Godoy. Von hier wurde Godoy im März 1808 von aufgebrachten Bürgern vertrieben.

Auf dem Rückweg nach Madrid lohnt ein Abstecher zum nahen Ort **Chinchón**. Er besitzt eine pittoreske Plaza Mayor, die im August und im Oktober zur Stierkampfarena wird, und ist bei den Madrileños vor allem wegen seiner guten Küche sehr beliebt. In der Pfarrkirche *Asunción*, die 1537–1626 errichtet wurde, befindet sich eine ›Himmelfahrt Mariä‹ von Goya.

»*Die schönen Tage in Aranjuez sind nun zu Ende.*«
Schiller, Don Carlos

In der Umgebung von Madrid

Alcalá de Henares

Alcalá de Henares

Besonders sehenswert
Universität

Die Altstadt und die Universität von Alcalá de Henares gehört seit 1998 zum Weltkulturerbe. Die Stadt war neben Salamanca von 1499 bis 1833 eine der wichtigsten Universitätsstädte Spaniens, in der Renaissance und im *siglo de oro* sogar gemeinsam mit Salamanca eine der glänzendsten Ausbildungs- und Publikationsstätten Europas. Die Universität war eine Gründung des mächtigen Kardinals Cisneros. Unter seiner Verantwortung entstand in Alcalá de Henares u. a. eine prachtvolle mehrsprachige (hebräisch, griechisch, lateinisch, chaldäisch) Bibelausgabe in sechs Bänden (1522). Cisneros war nicht nur seit 1495 Primas von Spanien sowie Beichtvater und Berater Isabella der Katholischen, sondern übernahm in Zeiten des Übergangs zur Thronnachfolge (nach dem Tod Philipps des Schönen 1506/07 sowie nach dem Tod Ferdinands V. 1516/17) auch die Regentschaft. In Alcalá de Henares gründete er eine Bildungsstätte aus dem Geist eines Neubeginns christlicher Theologie und der Offenheit gegenüber den humanistischen Strömungen der Renaissance. Calderón und Lope de Vega, Quevedo und Tirso de Molina studierten hier. Miguel de Cervantes wurde hier geboren.

Nahe den altsteinzeitlichen Siedlungen gründeten die Römer die Stadt Complutum. Ihren heutigen Namen aber erhielt sie im Anschluss an die christliche Wiedereroberung 1118 nach der arabischen Festung Al-Kal'a am Ufer des Henares. Sie bekam bereits 1135 städtische Sonderrechte und wurde im 13. Jahrhundert Erzbischof-Sitz. Durch königliches Dekret entstand 1293 das ›Estudio General‹, ein Vorläufer der eigentlichen Universität, die 1499 vom (spanischen) Papst Alexander VI. genehmigt wurde.

Alcalá de Henares

1 Universität
2 Santa María
3 Casa de Cervantes
4 Erzbischöflicher Palast
5 Las Bernardas

Bis ins 19. Jahrhundert wirkte sie als Anziehungspunkt für Studierende. Als die Universität, nach der römischen Stadt ›Complutense‹ genannt, 1833 nach Madrid verlegt wurde, verlor die Stadt an Bedeutung. Im Spanischen Bürgerkrieg erlitt sie im Kampf um Madrid starke Zerstörungen. Seit 1978 wieder geöffnet, wird die alte – teilweise restaurierte – Universität inzwischen von studentischem Leben erfüllt. Die nach dem Literatur-Nobelpreis wohl bedeutendste Anerkennung für literarische Leistungen und der wichtigste Preis für spanischsprachige Literatur, *El Premio Cervantes*, wird alljährlich in der Aula der traditionsreichen Universität vom spanischen König vergeben.

Die Plaza de Cervantes ist der ebenso gemächliche wie betriebsame Mittelpunkt der Altstadt, die in wenigen Minuten bequem zu Fuß durchschritten ist. Daneben an der Plaza de San Diego liegt die alte **Universität** (1). Ihre Hauptfassade, zwischen 1537 und 1553 entstanden, gehört zu den Glanzstücken des ausgewogen-eleganten, klassisch-platteresken Stils der spanischen Renaissance. Ihr Schöpfer war Rodrigo Gil de Hontañon. Es dominiert das Ideal proportionaler Ausgewogenheit in streng geometrischer Gliederung. Die platteresken Zutaten sind sparsam akzentuiert und harmonieren mit dem Wechselspiel von glatter Wandfläche und gliedernden Säulen, Pilastern und Gesims.

Alcalá de Henares, Hauptfassade der Universität

Der strenge *Patio principal* oder *Hof des heiligen Tomás de Villanueva* (der hier studierte) im Escorial-Stil entstand nach Entwürfen des Hofarchitekten Philipps II., Juan Gomez de Mora, wurde 1617 begonnen und war 1662 vollendet. Über dem Eingang sieht man das Wappen Cisneros': Schachbrettmuster, Kardinalshut, zwei Schwäne (*cisne* = Schwan). Wir gelangen in einen zweiten ausgedehnten Hof, *Patio de los Filosofos*, der 1960 neu errichtet worden ist; dahinter befindet sich als dritter Hof der *Patio Trilingue*, zwischen 1564 und 1570 entstanden. Sein Architekt war Pedro de la Cotera. Hier waren die Philologen zu Hause; es gab Institute für Hebräisch, Latein und Griechisch. Den Abschluss des Hofs bildet das ehemalige *Colegio de San Jeronimo*, heute Hostería del Estudiante, ein stilvoller Ort für das Mittagsmahl nach der Besichtigung (von außen über die Calle Colegios zu erreichen). Zuvor aber wenden wir uns rechts zum Eingang in den sogenannten *Paraninfo*, den Festsaal der Universität, der 1520 entstand und nach dem Spanischen Bürgerkrieg restauriert wurde. Hier erhielten (und erhalten heute wieder) die Studenten ihre Diplome. Und hier wird alljährlich unter starker öffentlicher Anteilnahme der renommierte Cervantes-Preis vergeben, durch die Medien der gesamten hispanischen und euro-amerikanischen Welt vermittelt. In der prachtvollen Artesonado-Decke verbinden sich im typischen Stil Cisneros' Renaissance-Strukturen mit plattereskem Schmuckwerk.

Rechts neben der Hauptfassade befindet sich der Eingang zur Universitätskapelle. Sie wurde von Pedro Gumiel (gest. 1514/17) zu Beginn des 16. Jahrhunderts im Stil Cisneros' entworfen. Während des

In der Umgebung von Madrid

Alcalá de Henares, Innenhof der Universität

Bürgerkriegs erlitt sie so schwere Zerstörungen, dass sie danach umfassend restauriert werden musste. Sie birgt das marmorne Grabmal des Kardinals Cisneros, ein weiteres Meisterwerk des Florentiner Bildhauers Domenico Fancelli, der auch das Grabmal des Infanten Juan in Santo Tomás von Ávila schuf. Nach dem Tod Fancellis setzte sein Mitarbeiter Bartolomé Ordoñez (um 1480–1520) das Werk fort, beendet hat es schließlich Pedro de Cardona. 1522 wurde es von Italien nach Spanien verschifft und an diesen Ort gebracht.

In den Nischen am Unterbau des Sarkophags stehen allegorische Figuren der Sieben Freien Künste (Grammatik, Rhetorik, Dialektik, Arithmetik, Geometrie, Musik, Astronomie), daneben Heilige und die vier spanischen Kirchenväter: Isidoro, Eugen, Leandro und Ildefons. Die Deckelzone rahmen sitzend die lateinischen Kirchenväter Ambrosius, Augustinus, Hieronymus und Gregor der Große ein.

Vielleicht war es kein Zufall, dass der Schöpfer des ersten europäischen Romans, und noch dazu eines Werks, das sich bis heute einer begeisterten Leserschar erfreut, in einer Stadt zur Welt kam, in der die geistige Elite Kastiliens und der spanischen Weltmacht ausgebildet wurde. Aber Cervantes (1547–1616) war nur in seinen Anfängen von diesem Geist umfangen. Das aufstrebende Madrid mit seinen Dramatikern und Satirikern entwickelte sich zum literarischen Zentrum, das auch den ehrgeizigen jungen Autor anzog, der so lange erfolglos blieb. Er war Soldat unter Juan de Austria, wurde während der Schlacht von Lepanto zum Krüppel geschossen, auf der Rückreise von Italien nach Spanien von Piraten gekidnappt, war jahrelang Gefangener in Nordafrika, schließlich reisender Steuereintreiber – ein Fahrender wie die Gestalt, die er schuf. Im Gefängnis von Sevilla, wo er wegen des Verdachts auf Betrug einsaß, brachte Cervantes Ende des 16. Jahrhunderts, im für damalige Zeit fortgeschrittenen Alter von 50 Jahren, die ersten Seiten des ›Don Quijote de la Mancha‹ zu Papier: erfahrungsgesättigt, satirisch, kritisch, grotesk und human, eines der wenigen die Zeiten überdauernden literarischen Werke, populär und kunstvoll zugleich. Cervantes' klassisch gewordene kastilische Prosa bildet bis heute den literarischen Maßstab für die gesamte spanische Sprachwelt.

Auf den Spuren des Miguel de Cervantes kehren wir von der Universität auf den nach ihm benannten langgestreckten Platz zurück, wo wir auf seine Statue (1878) treffen. In der nahe liegenden, 1456 erbauten Kirche **Santa María** (2) wurde er 1547 getauft. In der *Capilla del Oidor*, heute ein Ausstellungssaal, befindet sich der Taufstein. Gehen wir die Calle Mayor entlang, treffen wir nach wenigen hundert Metern rechts auf die **Casa de Cervantes** (3), die nachweislich im Besitz seiner Familie gewesen ist. Sie gilt als sein Geburtshaus und ist im Stil des 16. Jahrhunderts eingerichtet.

Nur wenige Schritte rechter Hand führt uns der Weg zu den Resten des **Erzbischöflichen Palasts** (4) und seiner Festungsmauern, die zu einer arabischen Burganlage gehörten. Eine Explosion kurz nach dem Spanischen Bürgerkrieg hat das Werk Alonso Covarrubias' aus den 30er Jahren des 16. Jahrhunderts weitgehend zerstört. Geblieben sind lediglich die Hauptfassade mit einem barocken Fenster sowie ein Eckturm der Festigung.

Ganz in der Nähe befindet sich die Klosterkirche des Zisterzienserinnenklosters **Las Bernardas** (5) aus dem beginnenden 17. Jahrhundert. In Abkehr zum damals bevorzugten Escorial-Stil entschied man sich hier für die stärker an italienischen Vorbildern orientierte Form des Ovalbaus. (Immerhin waren die Architekturtraktate von Sebastiano Serlio und Giacomo da Vignola bereits im 16. Jahrhundert ins Spanische übersetzt.) Der große, in ein Rechteck eingeschriebene ovale Kuppelraum wird von je zwei weiteren ovalen Kapellen an den Längsseiten flankiert. An der ›italienischen‹ Innenausstattung arbeitete seit 1619 der Toskaner Angelo Nardi.

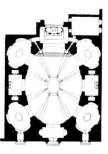

Las Bernardas

Guadalajara

Bei Guadalajara, 55 km von Madrid entfernt, wurden im Spanischen Bürgerkrieg die heftigsten Schlachten im Kampf um die spanische Hauptstadt geschlagen. Die Stadt fiel einem Bombenhagel zum Opfer, bei dem auch der berühmte Stadtpalast der mächtigen Familie Mendoza, ›Duques del Infantado‹, der Ende des 15. Jahrhunderts errichtet und im 16. Jahrhundert reich ausgeschmückt worden war, in Mitleidenschaft gezogen wurde. Die Restauratoren ließen den zerstörten **Palacio del Infantado** inmitten moderner Neubauten nach 1940 wieder auferstehen. Als Architekt des berühmtesten Bauwerks im Isabellinischen Stil gilt Juan Guas, der auch San Juan de los Reyes

Guadalajara

Besonders sehenswert
Palacio del Infantado

In der Umgebung von Madrid

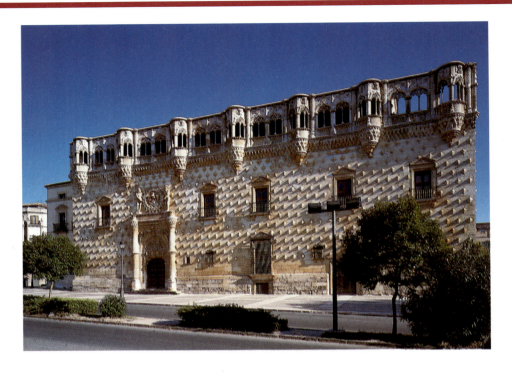

Guadalajara, Palacio del Infantado (oben) Arkaden des Innenhofs (unten)

in Toledo schuf. 1525 wurde dem französischen König Franz I., der als Gefangener Karls V. nach Madrid unterwegs war, in diesem Stadtpalast ein festlicher Empfang bereitet, und 1560 fanden hier die Hochzeitsfeierlichkeiten für Philipp II. und seine dritte Ehefrau Elisabeth von Valois statt. Heute dient der wieder hergestellte Bau als Provinzmuseum und Bibliothek.

Während die berühmten mudéjaren Innendekorationen und italienischen Fresken unwiederbringlich verloren sind, zählen die Nordfassade, vor allem aber der reich verzierte zweigeschossige Arkadenhof des Stadtpalasts wieder zu den besonderen Sehenswürdigkeiten Guadalajaras. Spätgotisches Flamboyant-Dekor verbindet sich mit Mudéjar-Traditionen und Elementen der Renaissance. Sie profilieren gemeinsam eine Architektur, die geradezu musikalisch beschwingt die Balance zwischen ruhigem Gleichmaß und dynamischer Bewegung, zwischen Schwere und Leichtigkeit hält. Der durch Diamantquader an der Fassade optisch aufgelockerte vierflügelige Palast wird von einem reich verzierten Belvedere-Geschoss bekrönt, dessen durchlaufende Fensterreihe durch sieben sich nach außen wölbende Erker rhythmisch gegliedert ist. Die wappentragenden ›Wilden Männer‹ am Portal, die wir auch am stilistisch vergleichbaren Colegio de San Gregorio in Valladolid (s. S. 294f.) finden, standen ursprünglich über einem Doppelfenster oberhalb der Portalrahmung. Die Restauratoren haben sie dem Betrachter näher gebracht.

Auch der Innenhof läßt das gezähmte Wilde zur Sprache kommen: Löwen und Greife, dazwischen immer wieder das Wappen der Mendoza, die sich als vitale und dynamische Bezwinger begriffen. Eindrucksvoll sind die akzentuierten Vorhangbögen, auffällig die gedrehten Säulen des Obergeschosses.

Die Familie der Mendoza übte nicht nur in Staat und Kirche Spaniens größten Einfluss aus. Viele ihrer Mitglieder gehörten zu den ersten Konquistadoren und Kolonisatoren Amerikas. Pedro de Mendoza gründete 1536 Buenos Aires, die Hauptstadt Argentiniens. Mit Recht wird der Infantado-Palast nicht nur als krönendes Beispiel des Isabellinischen Stils gesehen, sondern auch als Ausdruck der Konquistadorenzeit – ganz ähnlich dem zeitgenössischen Emanuel-Stil im benachbarten Portugal.

Sigüenza

Sigüenza liegt inmitten der geschwungenen Weiten der nördlich von Madrid sich erstreckenden kastilischen Hochebene, der Steppenlandschaft von ›El Cid‹. Der heute 5200 Einwohner zählende Ort hat eine lange Vergangenheit. Schon in vorgeschichtlicher Zeit besiedelt, gewann er in römischer Zeit Bedeutung als Station an der Straße zwischen Merida (Emerita) und Zaragoza (Caesaraugusta). Unter den Westgoten wurde die Stadt Bischofssitz, war dann bereits 713 Teil des maurischen Reichs und 1124 nach langen Kämpfen endgültig wieder in christlicher Hand. Bernard de Agen, ein südfranzösischer Kluniazensermönch, wurde erster Bischof in der rückeroberten Stadt und zugleich weltlicher Herrscher über die Baronie; er veranlasste den Umbau der Burg, in der er residierte, und den Bau der Kathedrale.

»Die romanischen Dome entstanden in Spanien im gleichen Rhythmus, wie die Schwerter auf die Mauren niedersausten. Sigüenza war lange Zeit hindurch als Grenzort weit gegen maurisches Gebiet vorgeschoben. Deswegen musste die Kathedrale wie in Ávila zugleich auch Festung sein; ihre beiden quadratischen Türme heben sich breit, plump und düster dem Firmament entgegen, ohne jedoch wie die Türme gotischer Kathedralen von der Erde wegstreben zu wollen. Nicht zu entscheiden, was den Erbauern mehr am Herzen lag: den Himmel zu erreichen oder die Erde nicht zu verlieren.«

Hoch über der spätmittelalterlichen Stadt thront die riesige Burg aus dem 12. Jahrhundert. Zuvor hatte sich dort ein römisches Kastell befunden, dann ein maurischer Alcázar. Während der ersten Karlistenkriege wurde die Burg 1836 zerstört und erst nach dem Spanischen Bürgerkrieg im 20. Jahrhundert wieder rekonstruiert und zum Parador umgewandelt. Wo einst der Bischof residierte und die ver-

Sigüenza

**Besonders sehenswert
Kathedrale**

*José Ortega y Gasset,
Kastilische Landschaften, 1916*

In der Umgebung von Madrid

Sigüenza, Burg

stoßene Gemahlin des kastilischen Königs Pedros des Grausamen, Blanca von Bourbon, im 14. Jahrhundert jahrelang in der Verbannung saß, kann der Reisende heute alle Annehmlichkeiten eines großzügig eingerichteten Hotels genießen.

Sehenswert ist die mittelalterliche Stadt, deren Gassen sich den Hang unterhalb der Burg entlangziehen. Das erste Ziel der Besichtigung ist die Kathedrale aus dem 12. Jahrhundert am Fuß des Hügels; die angrenzende Plaza Mayor präsentiert sich in reizvoll rustikalem Renaissancestil. Im **Museo Diocesano** gegenüber der Kathedrale sind Gemälde und Plastiken vom Mittelalter bis zum 18. Jahrhundert ausgestellt. Besonders eindrucksvoll in Saal C ist die lebensgroße alabasterne Figurengruppe des Francisco de Eraso (er war der Sekretär Karls V.) und seiner Frau, 1590 von Juan Bautista Monegro geschaffen. In Saal E sollte man ›Die Verkündigung‹, ein Spätwerk El Grecos (eine Replik hängt im Hospital Santa Cruz in Toledo; s. S. 85ff.), und eine ›Beweinung Christi‹ von Luis de Morales nicht versäumen. Ein erst spät entdecktes Frühwerk Francisco de Zurbaráns, eine schlichte ›Unbefleckte Empfängnis‹ von 1630, kann man in Saal F bewundern.

Die mächtige festungsartige **Kathedrale** erscheint außen wie innen trotz unterschiedlicher Stilelemente als harmonisch aufeinander abgestimmtes Bauensemble. Die *Westfassade* (a) zeigt ein romanisches Rundbogenportal mit einem barocken Aufsatz. Innerhalb eines gotischen Bogens darüber befindet sich eine zwölfteilige Fens-

Sigüenza

Sigüenza, Kathedrale

terrose. Den krönenden Abschluss bildet wiederum eine Balustrade mit dem Kugel-Motiv kastilischer Renaissance, das sich auch über die Zinnen der Glockentürme ausgebreitet hat. Der romanische Ursprung der Kathedrale aus der Mitte des 12. Jahrhunderts ist auch innen sichtbar in der Massivität des Baukörpers und an der Bogenform der Fenster; gotisch sind bereits die Konstruktionsprinzipien der Gewölbe (14. Jahrhundert), durch Umbauten im Osten (16. Jahrhundert) ist am Ende auch noch ein Werk der Renaissance entstanden.

Von erlesener Schönheit sind die Innendekorationen aus dem 16. Jahrhundert. Besonders das nördliche Querschiff zeigt die Handschrift eines großen spanischen Meisters des plateresken Stils: Alonso de Covarrubias. Von ihm stammen die beiden *Alabasterretabel* (b) ›Altar der heiligen Librada‹ und das im rechten Winkel dazu errichtete ›Mausoleum von Don Fadrique de Portugal‹ (1520). Daneben zwei Portale von 1573, ebenfalls im plateresken Stil geschmückt. Gegenüber in der *Capilla de San Juan y Santa Catalina* (c) gibt es das berühmte Grabmal des Doncel zu sehen, ein »Bildwerk, das zu den schönsten Spaniens zählt«, so das Urteil Ortega y Gassets. Sein Schöpfer ist unbekannt geblieben. Dafür ist Sigüenza allbekannt als die ›Stadt des Doncel‹. Der Sarkophag mit der anrührenden Figur eines in einem Buch lesenden Jünglings mit lässig übereinandergeschlagenen Beinen entstand 1491 für einen jungen Ritter, der 1486 im Krieg gegen Granada während einer mutigen Hilfsaktion für in Bedrängnis geratene Männer aus Jaen von Mauren erschlagen wor-

In der Umgebung von Madrid

Sigüenza, Kathedrale

a Westfassade
b Alabasterretabel
c Capilla de San Juan y Santa Catalina
d Chorgestühl
e Capilla de las Cabezas
f Capilla del Espiritu Santo
g Capilla de la Anunciación

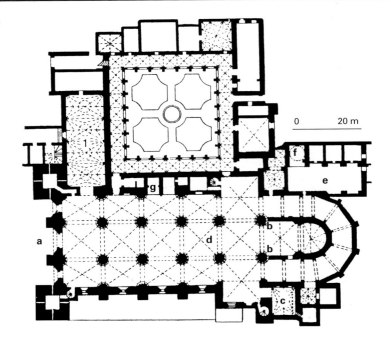

den war (das erzählt die Tafel über der Skulptur). Tränen vergießt nur der Page am Fußende.

Das holzgeschnitzte *Chorgestühl* (d) aus dem 15. Jahrhundert ist bemerkenswert, insbesondere der Sitz des Bischofs mit dem hölzernen Baldachin in Form einer gotischen Fiale – ein Werk Rodrigo Alemáns, der hier gemeinsam mit Rodrigo Duque und Francisco de Coca arbeitete. An der Nordseite des Chorumgangs gelangen wir zu einem frühen Meisterwerk Alonso de Covarrubias: die *Capilla de las Cabezas* (e), heute Sakristei. Vom Tonnengewölbe herab blicken mehr als 300 individuell gestaltete winzige Köpfe in Medaillons. Hinter der Sakristei liegt die *Capilla del Espíritu Santo* (f) mit einer ›Grablegung‹ aus der Schule Tizians und einer ›Verkündigung‹ El Grecos. Dieses Alterswerk lebt von der dramatischen Exposition wie von der Magie der Farbe, die die eigentliche innere Handlung auszustrahlen scheint. El Greco lässt vieles ungeformt (die Engelschar links oben); den Hintergrund bildet ein Farbgewitter vor nächtlicher Schwärze. Auf dem Rückweg zum Ausgang kommen wir am nördlichen Seitenschiff vorbei. Vor der *Capilla de la Anunciación* (g) steht ein Portal eines unbekannten Meisters vom Beginn des 15. Jahrhunderts, das noch einmal die in dieser Kathedrale auffällige Freude an der Stilmischung offenbart: Die Verknüpfung von platereksen Elementen im unteren Teil mit Mudéjar-Stil im mittleren Bereich und gotischen Formen in der oberen Zone ist bewundernswert harmonisch gelungen.

Cuenca

Ein Ausflug nach Cuenca führt in die herbe, doch reizvolle Landschaft östlich von Madrid. Noch vor wenigen Jahrzehnten war die Anreise durch diese menschenleere Gegend mühsam. Inzwischen ist die Region verkehrstechnisch jedoch gut erschlossen, und Cuenca, die Stadt mit den über der Schlucht ›hängenden‹ Häusern der Altstadt, die sich zwischen zwei Flüssen auf einem hohen Felsgrat emporzieht, ist mit Recht zu einer Touristenattraktion geworden, besonders für die Bewohner Madrids und Valencias. Die Lage erinnert an Segovia, allerdings wirkt die Szenerie der Häuser über hohen Felsabstürzen in Cuenca noch dramatischer.

Ähnlich wie Segovia war auch Cuenca ein Zentrum spanischer Tuchindustrie. Einer der großen Schafstreiberpfade zwischen Nord und Süd führte hier vorbei und bescherte dem bis Ende des 12. Jahrhunderts maurischen ›Conca‹ im 15. und 16. Jahrhundert wirtschaftlichen Aufschwung und damit architektonische Glanzlichter.

Schon wenige Jahre nach der christlichen Eroberung wurde mit dem Bau der **Kathedrale** (1) begonnen. Führend waren französische

Cuenca

Besonders sehenswert
Kathedrale

Cuenca

1 Kathedrale
2 Rathaus
3 Museo Diocesano
4 Museo de Cuenca
5 ›Hängende Häuser‹, Museum abstrakter spanischer Kunst
6 Parador

In der Umgebung von Madrid

Cuenca, Kathedrale

a Hauptkapelle
b Coro
c Arco de Jamete
d Capilla Honda

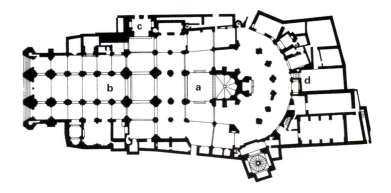

Baumeister, die das Vorbild des jungen gotischen Stils ihrer Heimat mitbrachten und in der hell erstrahlenden Kathedrale von Cuenca eindrucksvoll umsetzten. Zwar war um 1250 der größte Teil der Kirche fertig gestellt, aber Abbrüche, Einstürze und Wiedererrichtungen blieben für dieses Bauwerk charakteristisch. Die neugotische, unvollendete Fassade entstand erst 1910. Sie ersetzte eine des 17. Jahrhunderts, die 1902 von einem einstürzenden Glockenturm schwer beschädigt worden war. Von den ehemals vier Türmen steht heute kein einziger mehr.

Im Innern sind die verzierten Gitter aus dem 16. Jahrhundert sehenswert, die zu den kunstvollsten Schmiedearbeiten in Spanien zählen. Sie sind der *Hauptkapelle* (a) und dem *Coro* (b) vorgesetzt, aber auch vielen der Privatkapellen, die von Familien des Adels und des Klerus gestiftet wurden. Ungewöhnlich ist die Bogenschmückung auf der Triforiengalerie vor den Rundfenstern. Der *Arco de Ja-*

Cuenca,
Innenhof des Parador

mete (c; links gegenüber dem Coro, 1545–1550) gehört zu den bedeutendsten Innendekorationen spanischer Renaissance und ist ein Werk des aus Frankreich stammenden Esteban de Jamete. Spanische Dekorationslust trifft hier auf französische Strukturklarheit. Die *Capilla Honda* (d) sticht durch feine mudéjare Dekoration hervor.

Ein Gang durch die Altstadt bis zur ehemaligen Festung ist überaus reizvoll. Schräg gegenüber der Kathedrale steht das zu Beginn des 18. Jahrhunderts errichtete **Rathaus** (2).

In unmittelbarer Nähe der Kathedrale befinden sich drei besuchenswerte Museen. (Sie liegen auf dem Weg zur eisernen Brücke

Cuenca, hängende Häuser und eiserner Steg

über die Schlucht, an deren Ende sich in einem ehemaligen Kloster der Parador befindet, sehenswert mit seinem schlichten Innenhof, auch wenn man dort nicht absteigt.) Das **Museo Diocesano** (3) enthält eine interessante Sammlung sakraler Kunst, darunter zwei Werke von El Greco und eine Bildreihe Juan de Borgoñas vom Anfang des 16. Jahrhunderts, dazu Skulpturen, kostbare Bücher und Gobelins. Das **Museo de Cuenca** (4) stellt provinz-archäologische Funde und Artefakte bis zum 17. Jahrhundert aus. Das dritte Museum befindet sich innerhalb der ›**hängenden Häuser**‹ (5). Der abstrakten Kunst Spaniens gewidmet, ist es an ungewöhnlichem Ort in außergewöhnlicher Weise eingerichtet.

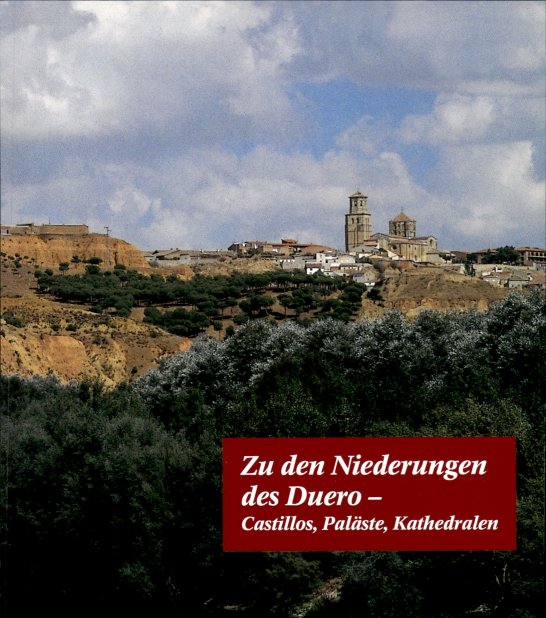

Zu den Niederungen des Duero –
Castillos, Paläste, Kathedralen

Ausflug zu den kastilischen Burgen

Die Fahrt an den Duero ist von Madrid, aber auch von Segovia oder Salamanca eine sinnvolle Ergänzung des Besichtigungsprogramms. Kunstgeschichtliche Schwerpunkte dieser Tour sind die architektonische Besonderheit der sogenannten salmatinischen Romanik in Toro und Zamora, das schönste Beispiel Kastiliens für den Mudéjar-Stil in Tordesillas ehemaligem Königspalast sowie platereske Renaissance-Architektur und barocke Bildhauerkunst in Valladolid.

Ausflug zu den kastilischen Burgen

Auf dem Weg nach Valladolid liegt eine Reihe eindrucksvoller Burgen: in nördlicher Richtung 20 km von Segovia entfernt im schön gelegenen mittelalterlichen Dorf Pedraza; östlich von Valladolid hoch über dem Duero das Castillo de Peñafiel; einsam in der kastilischen Weite die Burg Coca; auf einem Hügel inmitten der Stadt Medina del Campo die Burg La Mota; südöstlich von Medina Reste der Burg von Arévalo und südöstlich von Salamanca die von Alba de Tormes.

Die Burg **Pedraza** stammt aus dem 14. Jahrhundert. Einem Festungskern mit quadratischen Wehrtürmen im Stil maurischer Alcázares ist ein niedriger Mauerring mit runden Befestigungen vorgestellt. Die Söhne des französischen Königs Franz I. wurden hier im 16. Jahrhundert als Geiseln festgehalten. Der vor allem von Künstlern aus Madrid seit Beginn des 20. Jahrhunderts entdeckte typisch kastilische Ort mit Arkadenplatz und Adelshäusern ist schön restauriert und renoviert. 1927 kaufte der Maler Ignacio Zuloaga die Burg und nutzte sie als Atelier. Heute ist darin das Museo de Zuloaga eingerichtet.

Pedraza, Abbildung Seite 16

Die langgestreckte Burg von **Peñafiel** war jahrhundertelang eine bedeutende Grenzfestung sowohl der Mauren wie der Christen. Auf ihren Ruinen bauten Mitglieder des Calatravaordens im 15. Jahrhundert eine unvollendet gebliebene Burganlage, die mit 210 m Länge zu den eindrucksvollsten Festungen Kastiliens gehört. Der mehrstöckige Wohnturm bietet eine schöne Aussicht auf die berühmte Weingegend des Ribera de Duero. Sehenswert im Ort unterhalb der Burg ist die Apsis der ehemaligen Klosterkirche San Pablo, die 1324 errichtet wurde. Sie zeigt eine Vielzahl von verschiedenen verzierten Zacken- und Hufeisenbögen, die von Mudéjar-Künstlern geschaffen wurden. Im 16. Jahrhundert schloß man der Apsis auf der Nordseite eine Kapelle an und schmückte sie im platerseken Stil. Der mittelalterliche Versammlungsplatz, dessen heutige Form mit Holzveranden vor zweistöckigen Häusern aus dem 18. Jahrhundert stammt, bietet den Rahmen für Festlichkeiten. Viele Bodegas und die qualitätvolle Gastronomie laden ein, sich für den Besuch etwas mehr Zeit nehmen.

Peñafiel, Abbildung Seite 6/7

Coca, die schönste Festungsanlage, ist im 15. Jahrhundert für den prunkliebenden Erzbischof von Sevilla, Alonso de Fonseca, errich-

◁ *An den Niederungen des Duero, im Hintergrund Toro*

Zu den Niederungen des Duero

Einsam in der kastilischen Weite thront die mächtige Burg Coca

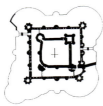

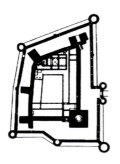

tet worden. Die wie La Mota aus Backsteinen erbaute Burg ist ein architektonisches Schmuckstück: mächtig auftrumpfend und zugleich märchenhaft verspielt. Zur Zeit ihrer Errichtung war in dieser Gegend der Glaubenskampf gegen die Mauren vorüber. Es war daher nicht mehr nötig, nach außen spröde Härte zu zeigen. Lediglich rivalisierende Adelsfamilien während der Herrschaft schwacher Könige machten die Gegend unsicher. Und die Demonstration persönlicher Macht vertrug sich recht gut mit ästhetischer Stilisierung funktionsgerechter Teile oder filigraner Ausschmückung im Mudéjar-Stil.

La Mota, auf einem Hügel inmitten der mittelalterlichen Finanzmetropole Medina del Campo errichtet, stammt aus dem 13. Jahrhundert. Die Katholischen Könige ließen die Burg für ihre Zwecke umbauen. Isabella zog sich kurz vor ihrem Tod hierher zurück und starb 1506 in Medina del Campo, angeblich in der Burg. Im 16. und 17. Jahrhundert diente die Festung als Staatsgefängnis für hochgestellte Gefangene. Einer davon war der Papstsohn Cesare Borgia, dem 1506 die Flucht gelang. 1940 wurde die Burg restauriert.

In der Burg von **Arévalo** aus dem 14. Jahrhundert (36 km südöstlich von Medina del Campo) verbrachte Isabella die Katholische

Ausflug zu den kastilischen Burgen

acht Jahre ihrer Mädchenzeit. Der Ort mit zahlreichen, zumeist nur noch als Ruinen zu besichtigenden Kirchen inmitten des mittelalterlichen Stadtkerns (darunter ehemalige Synagogen) gehört mit seinem charakteristischen Ziegeldekor zu den Zentren des Mudéjar-Stils in Kastilien. Sehenswert ist die mittelalterliche Plaza de la Villa.

Alba de Tormes liegt 23 km südöstlich von Salamanca. Von der ehemals großen Burg der Herzöge von Alba ist nur noch der mächtige Hauptturm erhalten, in dem man neben italienischen Fresken (Cristobal Passin) eine kleine Ausstellung zu dem einstmals mächtigsten Adelsgeschlecht Spaniens besichtigen kann. Für Lope de Vega und viele andere Autoren des *siglo de oro* war der Palast ein beliebter Aufenthaltsort. Teresa von Avila gründete hier 1571 ein Kloster; in dem sie 1582 starb. In diesem Convento de la Anunciación nahe der Plaza Mayor befindet sich ihre Grabstätte. Eine mächtige neogotische Basilika ihr zu Ehren aus dem Jahre 1898 harrt noch immer der Vollendung. Sehenswert ist die stark restaurierte Iglesia de San Juan im Mudéjar-Stil des 12. Jahrhunderts an der Plaza Mayor. Den Altarraum beherrscht eine ganz ungewöhnliche Gruppe von sitzenden Aposteln aus bemaltem Stein, ein ausdrucksstarkes Werk romanischer Bildhauerkunst aus dem 11. Jahrhundert.

Zu den Niederungen des Duero

Valladolid

Valladolid ☆

Besonders sehenswert
Colegio de San Gregorio

Colegio de San Gregorio

Valladolid ist eine moderne, elegante und betriebsame Provinzhauptstadt. Vor allem aber ist es ein geschichtsträchtiger Ort. Hier heirateten die Katholischen Könige Isabella und Ferdinand, hier starb Christoph Kolumbus, verbittert, weil die spanischen Herrscher seine Entdeckung nicht gebührend anerkennen wollten. Philipp II. wurde in Valladolid geboren. In der zeitweiligen Hauptstadt Spaniens tagte die Ständeversammlung, die *cortes*, und nach der Entdeckung und Eroberung Amerikas der Indiorat, vor dem Karl V. den berühmten Disput um die Menschenrechte ausfechten ließ: zwischen dem ›Apostel der Indios‹ genannten Dominikanermönch Bartolomé de Las Casas und dem Staatsrechtslehrer der Universität Salamanca, Gines de Sepulveda. Eine Casa de Cervantes erinnert daran, dass der Autor des Don Quijote in dieser Stadt einige Jahre lebte und dort den ersten Teil seines sogleich erfolgreichen Romans vollendete.

Besonders sehenswert ist das **Colegio de San Gregorio** (1), in dem Las Casas seinerzeit wohnte. Die prachtvolle platereske Fassade und der wunderschöne Innenhof sind Werke Enrique Egas (um 1455 – um 1534). Das Colegio befindet sich neben der Kirche **San Pablo** (2) aus dem Jahr 1276. Ihre platteresk überarbeitete Fassade schuf Simón de Colonia (gest. 1511) 1492 in Konkurrenz zu San Gregorio.

Heute ist im Colegio de San Gregorio das Museo Nacional de Escultura untergebracht. Meisterwerke der bedeutendsten spanischen Bildhauer des 16. und 17. Jahrhunderts sind hier versammelt, die in

Valladolid

1 *Colegio de San Gregorio (Museo de Escultura)*
2 *San Pablo*
3 *Universität*
4 *Colegio de Santa Cruz*
5 *Kathedrale*
6 *El Palacio Real*
7 *Archäologisches Museum*
8 *Casa Cervantes*

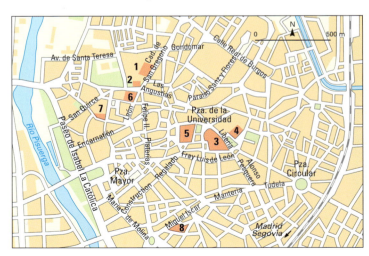

 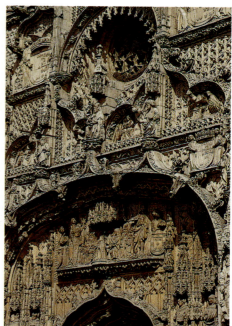

Details der Fassaden von:
San Gregorio (links)
San Pablo (rechts und unten)

erster Linie für die großen Altarwände der Kirchen und insbesondere für das städtische Kloster San Benito geschaffen wurden. Sie sind zumeist farbig gefasst und als Teil von liturgischen Inszenierungen zu verstehen, wie sie zur Zeit der Gegenreformation nicht nur die Altäre der Kirchen belebten, sondern späterhin auch durch *pasos* (Szenenbilder) in den Prozessionen bildhaft und mit suggestiver Wirkung vorgeführt wurden.

Wir begegnen in drei Sälen der rahmensprengenden, expressiven Bildkunst Alonso de Berruguetes (›Apostel‹, ›Abraham und Isaak‹, ›Die Heiligen Christophorus und Sebastian‹), der im römischen Atelier Michelangelos geschult worden war (von ihm stammt u. a. das Chorgestühl der Kathedrale von Toledo, s. S. 71ff.). Auch der französische Künstler Juan de Juni (um 1507–77), der seit 1544 in Valladolid arbeitete und hier mit einer gefühlvollen, feinsinnigen ›Grablegung Christi‹ vertreten ist, absolvierte seine Ausbildung in Italien. Von Diego de Siloé (um 1495–1563), überwiegend als Architekt sakraler Renaissancebauten in Nord- und Südspanien hervorgetreten, stammt die Skulpturengruppe der ›Heiligen Familie‹. Hauptvertreter der Schule von Valladolid war Gregorio Fernández (1576–1636), der sich weniger von den sinnlich-verführerischen Idealisierungen des Südens anregen ließ als vielmehr von den realistisch-herben Ausdrucksformen des europäischen Nordens (›Mater dolorosa‹). Aus

Zu den Niederungen des Duero

Arkaden in Innenhof von San Gregorio

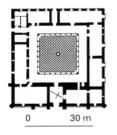

Colegio Santa Cruz

der Mitte des 17. Jahrhunderts stammen die Werke Pedro de Menas (1628–88; Schüler des Granadiners Alonso Cano) aus Andalusien, der den naturalistischen Stil von Fernández fortführte (›Maria Magdalena‹).

Die **Universität** (3) von Valladolid wurde 1346 gegründet. Ein vernichtender Brand 1939 ließ nur noch die barocke Hauptfassade übrig, von Narciso (gest. 1742) und Diego Tomé (gest. 1732) 1716 bis 1718 geschaffen.

Nur wenige Schritte davon entfernt befindet sich das **Colegio de Santa Cruz** (4), eine Gründung von Kardinal Mendoza und 1480 bis 1491 errichtet. Es stellt ein frühes und für Kastilien beispielgebendes Werk spanischer Renaissance-Architektur dar, die im Lauf der Bauzeit den ursprünglich vorgesehenen gotischen Baukanon verwandelte. Der dreigeschossige Patio ist von großer Schönheit. Ein Tor führt von hier aus zur Kapelle, die eine Christusfigur des Gregorio Fernández bewahrt.

Gregorio Fernández ist der überragende Meister dieser Stadt. In den Kirchen Valladolids stoßen wir überall auf seine Werke. Die Kirche La Cruz, 1595 im Herrera-Stil errichtet, beherberg einige jener *pasos* von Fernández, die in der berühmten *Semana Santa* von Valladolid auf den Prozessionen mitgeführt werden. Nuestra Señora de la Angustias, außen im zurückhaltenden Herrera-Stil gearbeitet und innen barock ausgeschmückt, zeigt von ihm einen ›Heiligen Johannes‹ und eine ›Magdalena‹. In San Lorenzo aus dem Jahr 1485 konkurrieren mehrere seiner Gemälde und geschnitzten Altäre um die Aufmerksamkeit der Besucher.

San Martin, 1148 gegründet und 1621 umgestaltet (der Turm stammt aus dem 13. Jahrhundert), besitzt von Fernández eine ›Jungfrau mit dem toten Christus‹; in San Miguel schließlich, im

Arkaden in Innenhof von San Gregorio

16. Jahrhundert erbaut, beeindruckt eine ›Heilige Familie‹ von seiner Hand.

Die **Kathedrale** (5) von Valladolid, 500 m von der Plaza Mayor entfernt, wurde von Juan de Herrera entworfen, aber nie zu Ende geführt. Sie ist ähnlich wie das Kloster San Benito ein riesenhafter düster-bedrohlich wirkender Torso von 122 m Länge und 62 m Breite. Sehenswert sind der Hochaltar von Juan de Juni aus dem Jahr 1561 (aus der Kirche María la Antigua) und eine ›Mariä Himmelfahrt‹ von Velázquez. Im Diözesanmuseum befindet sich unter anderem eine 2 m hohe silberne Kustodie aus dem Jahr 1590, ein Meisterwerk des Gold- und Silberschmieds Juan de Arfe (aus der dritten Generation der deutschstämmigen Arfe-Familie).

Der ehemalige Regierungssitz, **El Palacio Real** (6), zeigt sich in seiner 1601 erneuerten Form mit einem schönen Renaissanceinnenhof (die Bearbeitung der Medaillons stammt von Alonso de Berruguete).

In der Nähe befindet sich der Renaissancepalast des Florentiner Financiers Fabio Nelli aus der zweiten Hälfte des 16. Jahrhunderts. Heute ist darin das **Archäologische Museum** (7) untergebracht. Im Palacio de los Vivero fand 1469 die Hochzeit zwischen Isabella von Kastilien und Ferdinand von Aragon statt. Zu besichtigen ist das Haus, in dem Kolumbus 1506 starb; ein kleines Museum befindet sich im Nebenhaus.

Auch die **Casa Cervantes** (8), wo der Schriftsteller von 1603 bis 1606 lebte, wurde zusammen mit zwei kleinen Nebengebäuden als Museum eingerichtet. Ein Spaziergang durch die Altstadt ist sehr reizvoll. Das Auto lässt sich bequem unter der Plaza Mayor parken, dem eleganten Schmuckstück der an Plätzen reichen ehemaligen Königsstadt.

Tordesillas

Tordesillas ☆

Besonders sehenswert
Königspalast

Mudéjar-Fenster vom alten Königspalast Abbildung Seite 33

Von Valladolid führt uns der Weg nach Westen am Duero entlang, jahrhundertelang der umkämpfte Grenzfluss zwischen Christen und Mauren. Jenseits des Flusses beginnt der Norden Spaniens. Das milde Flusstal bildet eine landschaftlich reizvolle Reisestrecke. Südlich des Flusses befindet sich eines der markantesten Weinanbaugebiete des Landes. Die kraftvoll-samtigen roten Duero-Weine sind bei Weinkennern in aller Welt beliebt; sie werden inzwischen nicht mehr nur vom englischen Königshaus zu besonderen Anlässen kredenzt, sondern finden auch in Deutschland immer mehr Anhänger – neben den Rioja-Weinen aus dem Norden Spaniens.

Auf einem Hügel über dem Fluss erhebt sich das Städtchen Tordesillas. Nahe der Brücke streben die Mauern des Klarissenklosters empor, dem unser Besuch gilt. Das Kloster war ursprünglich ein Palast des kastilischen Königs Alfons XI., zwischen 1340 und 1344 errichtet und vom späteren König Pedro I. zweien seiner Töchter aus einer illegitimen Ehe vermacht. Sie waren es, die 1363 den Palast in ein Klarissenstift umwandelten.

Das **Real Monasterio de Santa Clara** in Tordesillas zeigt die besterhaltenen Beispiele des Mudéjar-Stils in Kastilien, in Stil und Ausführung vielfach an die Kostbarkeiten des Alcázar von Sevilla erinnernd. Mudéjar heisst, dass islamische Baumeister und Künstler im christlichen Auftrag wirkten – in die ornamentale Tradition wurden Wappen und Embleme der christlichen Auftraggeber eingearbeitet. Die Schrift diente neben der Erbauung auch dekorativen Zwecken.

Besonders sehenswert sind der Fassadenschmuck am Eingang des alten Palasts mit dem arabischen Doppelfenster und der kleine Patio im Mudéjar-Stil mit Hufeisen- und Vielpassbögen, die gipsernen Ornamentbänder an den Wänden der *Capilla mudéjar*, ursprünglich das Vestibül des Königspalasts, die vergoldete *Capilla dorada* und die prachtvolle holzgeschnitzte Kuppel über der Hauptkapelle der Kirche sowie die Sakristei aus Ziegelstein. Am äußersten Ende des Palasts liegen die erst jüngst restaurierten, mit Sternen- und Wasserwellenmustern versehenen arabischen Bäder.

Mit dem kleinen Ort Tordesillas verbinden sich folgenschwere weltgeschichtliche Entscheidungen. 1494 wurde an diesem Ort die Welt der Kolonien zwischen Spanien und Portugal aufgeteilt. Dem Vertrag von Tordesillas, von spanischen und portugiesischen Gesandten und Kartographen ausgehandelt, stimmte der Papst zu. Auf diese Weise fielen Portugal Afrika und große Teile Brasiliens zu. Die gesamte westlich des 60. Längengrads befindliche und damals noch zu entdeckende und zu erobernde Neue Welt kam schon vorab ›rechtmäßig‹ an Spanien.

In einem inzwischen niedergebrannten Palast Tordesillas lebte die Tochter der Katholischen Könige, Johanna die Wahnsinnige (1479 bis 1555) 46 Jahre in Gefangenschaft. Sie war die legitime kastilische Thronerbin ihrer Mutter Isabella. Zunächst hielt sie ihr Vater Ferdinand von der Macht fern, nach dessen Tod Kardinal Cisneros, der die Regierungsgeschäfte in Vertretung übernahm, und schließlich ihr eigener Sohn Karl V., der sie nur um ein Jahr überlebte. Die als Europas schönste und intelligenteste Prinzessin geltende junge Frau, sprachgewandt und den Musen zugetan, war seit ihrer Heirat 1496 in ihren Ehemann, den Habsburger Philipp den Schönen, derart verliebt gewesen, dass sie krank vor Eifersucht wurde angesichts seiner Mätressen. Sie zerkratzte ihnen in aller Öffentlichkeit das Gesicht. Als Philipp 1506 starb, wollte sie monatelang nicht von seinem Leichnam lassen. Johanna konnte sich in dieser einen Leidenschaft ihres Lebens nicht beherrschen. Das machte sie als zukünftige Herrscherin für die männlichen Inhaber der Staatsmacht fragwürdig und gab ihnen Gelegenheit, durch gezielte Indiskretionen und Legendenbildung eigene Machtinteressen zu wahren. Ob sie tatsächlich geistes- oder nervenkrank war oder aber eine empfindliche Seele mit der Neigung zu hysterischen Ausbrüchen – ihre wirkliche Persönlichkeit jenseits der Legende bleibt geheimnisvoll. Vor den versammelten *cortes* trat sie 1520 in Tordesillas mit der stolzen Zurückhaltung einer Königin auf. Vereinzelte Besucher berichteten von einer klugen und handlungsfähigen Frau. Die gegen Karl V. aufständischen *comuneros*, die sie 1520 nach ihren anfänglichen Erfolgen in Tordesillas aufsuchten und sie darum baten, ihr Thronrecht in Anspruch zu nehmen und ihren Sohn, den flämischen Fremdling Karl V., wieder zurück nach Brüssel zu schicken, berichteten von einem gefassten und würdigen Auftritt ihrer kastilischen Wunschkönigin, die allerdings den Wünschen der Patrioten nicht entsprechen wollte. Sie verzichtete auf das Angebot der legitimen Thronnachfolge und verbrachte weitere 34 Jahre hinter den Mauern von Tordesillas.

In der Altstadt von Tordesillas

Zu den Niederungen des Duero

Toro

Toro ☆

Besonders sehenswert
Colegiata Santa María la Mayor

Die kleine Stadt Toro liegt hoch über dem Duero zwischen Tordesillas und Zamora. Sie war im 13. Jahrhundert Sitz kastilischer Könige, im 14. Jahrhundert Tagungsort der *cortes*. 1505 versammelten sich hier die von König Ferdinand einberufenen Stände. Die *comuneros* hatten wenig später in dieser Stadt einen wichtigen Verbündeten. Nach ihrer Niederlage verlor die Stadt schlagartig an Bedeutung und Einwohnern.

Der kraftvolle Wein von Toro war schon im Mittelalter berühmt, ist es bis heute geblieben und ging durch Cervantes in die Literatur ein. Er bestimmt bis heute die Landschaft um Toro und den guten Ruf dieser Gegend. Einen Abstecher in diese kleine lebendige Stadt zu machen lohnt daneben aber auch aus kunstgeschichtlichem Interesse. Vor allem die **Colegiata Santa María la Mayor**, die imposant den Duero überragt, ist sehenswert. Sie gehört gemeinsam mit der Alten Kathedrale von Salamanca und der Kathedrale im nahen Zamora zu einer speziellen Gruppe von Kuppelkirchen, die im 12. Jahrhundert im Übergang von der Romanik zur Gotik nur in dieser Region entstanden. Sie trägt den Namen *grupo salmantino* und ist mit

Toro, Colegiata Santa María la Mayor

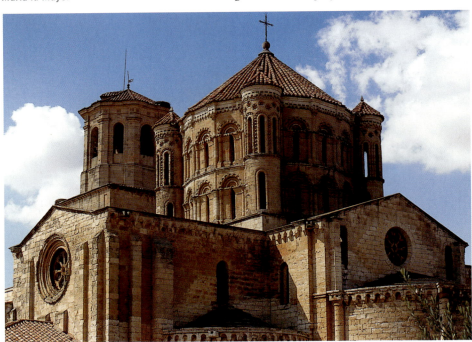

Toro, Colegiata Santa María la Mayor, Blick in die Kuppel

ihren fortgeschrittenen Konstruktionstechniken ähnlich geheimnisumwittert, beispiellos und ästhetisch eindrucksvoll wie die ihrer Zeit weit vorauseilende sogenannte frühromanische Baukunst Asturiens. Gegenüber älteren romanischen Bauten aus dem kastilischen Norden Spaniens sind die Langhauspfeiler komplizierter geworden, nicht mehr einfach und rechteckig. Ihnen sind dreiviertelrunde Säulen vorgelagert, die die Gurt- und Arkadenbögen tragen und den Pfeilerkern fast völlig verdecken. Im Mittelschiff tragen die mittleren dieser Vorlagen die jochtrennenden Gurte. Im Seitenschiff werden die Rippen des Kreuzgewölbes durch sie vorbereitet. Der Raum behält einerseits noch seine aus der Romanik bekannte flächige äußere Schale, wird andererseits aber auch schon durch ein plastisch hervortretendes konstruktives Gerüst gegliedert, das dank der Kreuzrippengewölbe auch den oberen Deckenabschluss einbezieht. Diese Neuerung wurde nicht auf einen Schlag vollzogen, sondern geschah in wechselnden Schritten. Wir finden dieses Konstruktions- und Dekorationsmerkmal im übrigen besonders eindrucksvoll in San Vicente in Ávila (s. S. 126 ff.). In Toro hat man im Mittelschiff auf das Kreuzgrat- zugunsten des traditionellen Tonnengewölbes verzichtet, dafür aber befinden sich Kreuzgratgewölbe in den Seitenschiffen.

In Zamora, der ältesten der salmatinischen Kirchenkonstruktionen, 1151 begonnen, hatte man bereits das Mittelschiff mit einem Kreuzgratgewölbe ausgestattet, allerdings noch nicht mit einem achtteiligen Rippenstern, wie wir ihn in den später, seit 1160 gebauten Seitenschiffen der Colegiata Santa María la Mayor in Toro finden.

Colegiata Santa María la Mayor

Die auffälligste Besonderheit der drei Kirchen von Salamanca, Toro und Zamora besteht allerdings in der allein ihnen – und der Kathedrale von Evora in Portugal – gemeinsamen, wenn auch unterschiedlich gestalteten Rippenkuppel über der Vierung (spanisch: *cimborrio*).

Sphärische Dreiecke, sogenannte Pendentifs, bilden den Übergang vom Vierungsquadrat zum Ring unterhalb der Kuppel. In Toro ist sie im Vergleich zu Salamanca und Zamora im Innern eher schlicht, dafür aber auch besonders groß ausgefallen. Von außen wird der in Toro zweigeschossig aufragende Kuppelturm von dreiviertelrunden Seitentürmchen gestützt, die auch die diagonal wirkenden Schubkräfte der Kuppel neutralisieren. Abgesehen von dieser Funktion entfalten sie eine starke dekorative Wirkung. Miniaturhafte Arkadenreihen werden von Kuppeln und Giebeln gekrönt, die an byzantinische Vorbilder (Hagia Sophia) denken lassen. Nahe liegender ist, dass französische Einflüsse wirksam waren: Konstruktionsvorbilder aus Poitiers und Burgund, mitgebracht von französischen Baumeistern im Gefolge der aus Frankreich stammenden Ehefrauen kastilischer Könige im 12. und 13. Jahrhundert. Außerdem kamen in jener Zeit die Bischöfe sowohl Salamancas wie Zamoras aus der südwestfranzösischen Provinz unweit von Frankreichs berühmter Kuppelkirche St. Front in Périgueux, mit deren Bau bereits 1120 begonnen worden war. Auch die über ganz Europa verstreuten Zisterzienser, die auf Einladung des kastilischen Königs Alfons VII. seit 1131 auch in Spanien ihre Klöster bauten, verbreiteten in Europa das Wissen um ursprünglich französische Konstruktionstechniken. Welches auch immer die Vorbilder der *cimborrio* waren, die unbekannten Schöpfer der Kuppeltürme machten das Colegiata Santa María la Mayor von Toro gemeinsam mit ihren Schwesterkirchen in Salamanca und Zamora zu architekturgeschichtlichen Besonderheiten ersten Ranges, deren Wirkungsgeschichte allerdings auf die Provinz beschränkt blieb.

Neben dem Glockenturm späteren Datums befindet sich das Tor der Majestät, ein überaus reich mit Figuren geschmücktes Portal aus der Mitte des 13. Jahrhunderts, das eindrucksvoll den Übergang zum gotischen Stil demonstriert. Das ältere, vergleichsweise streng gegliederte Nordportal enthält eine Figurensammlung im romanischen Stil über einem dekorierten Zackenbogen, der an maurische oder islamische Ursprünge denken lässt. Im Innern überrascht die für spanische Kirchen ungewöhnliche Helligkeit. Der Eindruck von großzügiger Räumlichkeit stellt sich ein, weil man darauf verzichtet hat, den *coro*, wie sonst üblich in Spanien, in die Mitte zu setzen. Die Altäre sind im churrigueresk-barocken Stil des 18. Jahrhunderts errichtet. In den gotischen Gräbern liegen Mitglieder der in Westspanien dominierenden Fonseca-Familie, auf deren sichtbare Spuren wir bereits in Salamanca und Coca gestoßen sind. Das in der Region berühmte Gemälde ›Die Jungfrau mit der Fliege‹ stammt aus dem 15. Jahrhundert und zeigt ein idealisiertes Porträt der Königin Isabella. Der

Toro, Colegiata Santa María la Mayor, Nordportal

Schöpfer dieses Werks, wahrscheinlich aus dem Umkreis Fernando Gallegos, ist unbekannt.

Neben dem Kloster Santa Clara mit seinem hübschen Innenhof und der alten Stierkampfarena aus dem Jahr 1828 (gegenüber der Post, hinter Vorbauten verborgen) sind vor allem die Kirchen **San Sebastián** mit erst jüngst restaurierten gotischen Wandfresken aus dem 14. Jahrhundert und **San Lorenzo** aus dem 12./13. Jahrhundert sehenswert. In dieser schönsten Ziegelsteinkirche Toros verbinden sich schlichte romanische Bauformen mit kostbaren Dekorationen im Mudéjar-Stil. Bemerkenswert ist die Artesonado-Decke. Die Bilder des Retabels im Altarraum stammen von Fernando Gallego.

Zamora

Die Altstadt von Zamora liegt wie Tordesillas und Toro auf einem Hügel hoch über dem Duero. Sie ist von ungewöhnlicher atmosphärischer Dichte und ruft mit ihren Gassen, Stadtpalästen und romanischen Kirchen in der Phantasie des Besuchers unmittelbar die urbane Szenerie des mittelalterlichen Spanien hervor. Getrennt davon breiten sich die ausgedehnten Straßenzüge der modernen Provinzhauptstadt nach Osten aus.

Besonders zur Karwoche vor Ostern, wenn die berühmten Büßerprozessionen stattfinden, bietet das abgeschiedene Zamora in düster-schwermütiger Weise ein unvergleichliches Bild des alten, strengen Kastilien mit seinen Obsessionen, Selbstkasteiungen und tief im Wunderglauben verankerten Erlösungserwartungen.

Zamora ☆

**Besonders sehenswert
Kathedrale**

**Außerhalb der Stadt
bei Campillo
San Pedro de la Nave**

Zu den Niederungen des Duero

Zamora

1. Steinerne Brücke
2. Kathedrale
3. ehem. Burg
4. Santiago de los Caballeros
5. San Claudio
6. La Magdalena
7. Palacio de los Condes Alba y Alista (Parador)
8. San Cipriano
9. Santiago del Burgo
10. San Juan de la Puerta Nueva
11. Santa Maria la Nueva
12. Museo de Semana Santa (Karwochenmuseum)

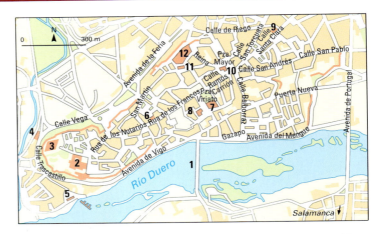

Über die **steinerne Brücke** (1) führte einst die römische ›Silberstraße‹, die *Ruta de la Plata* von Sevilla, Merida und Salamanca im Süden nach Astorga und Leon im Norden, wo sich vor dem Kantabrischen Gebirge die Wege nach Westen (Galicien) und Osten (Pyrenäen) verzweigten. Nicht mehr als gepflasterte römische Straße, sondern als Passweg über das Gebirge führte die Strecke weiter in nördlicher Richtung ins grüne Asturien über Oviedo bis zur Hafenstadt Gijon. Die *Ruta de la Plata* bildet für den heutigen Reisenden eine landschaftlich und kunstgeschichtlich gleichermaßen reizvolle Strecke inmitten der Iberischen Halbinsel, auf der sich die Pole von Orient und Okzident auf so unvergleichliche Weise zueinanderneigten. Denselben Weg von der andalusischen Atlantikküste über Salamanca und Zamora hatte im dritten vorchristlichen Jahrhundert bereits Hannibal mitsamt seinen Kriegselefanten beschritten, um auch den Norden Spaniens in karthagischen Besitz zu nehmen, bevor ihn der 2. Punische Krieg, ausgelöst durch die Zerstörung des Rom treuen Sagunto im spanischen Osten, nach Italien führte. Der endgültige römische Sieg über Karthago bedeutete zugleich den Beginn der vollständigen römischen Kolonisierung Spaniens.

Unter den Römern hieß Zamora *Ocellum Durri* – Auge des Duero. Die maurischen Eroberer nannten den Ort Samurah, aus dem das christliche Zamora wurde. Während der Reconquista zwischen dem neunten und dem Beginn des elften Jahrhunderts war die Stadt hart umkämpft und abwechselnd maurisch und christlich beherrscht, bevor der kastilische König Fernando I. (reg. 1035–65) sie endgültig einnahm und mit starken Wehrmauern befestigen ließ, von denen ein Rest noch heute den äußersten Westteil der Altstadt umfasst. Während dynastischer Familienstreitigkeiten um den Besitz der Stadt wurde Sancho II. von Kastilien 1072 vor den Mauern Zamoras ermordet. Sein Nachfolger Alfons VI., der spätere Eroberer Toledos (1085) wurde trotz seines Eides, den er an seinen berühmten Feldherrn ›El Cid‹ geben musste, dass er an dieser Bluttat unschuldig sei, nie ganz von dem Verdacht der Urheberschaft am Königsmord losgesprochen. Auch auf die Stadt Zamora fiel ein belastender Schatten in der legendengesättigten und erzählfreudigen Gesellschaft des mittelalterlichen Kastilien. Im 12. und 13. Jahrhundert gehörten die Ritter Zamoras zu den wagemutigsten Kämpfern der Reconquista, was der Stadt wieder zu einem besseren Ruf verhalf.

Im äußersten Westen der Altstadt, an exponierter Stelle nahe der Burganlage und hoch über dem Fluss, befindet sich die **Kathedrale** (2) von Zamora. 1151 wurde mit ihrem Bau begonnen, und 1174 konnte sie bereits geweiht werden. Sie ist damit nicht nur die älteste der westspanischen Kuppelkirchen, sondern auch die am raschesten errichtete Kirche der salmatinischen Romanik. Ihr *cimborrio* ist vielleicht der schönste, jedenfalls der auffälligste unter den bekannten Kuppeltürmen. Grau und mit silbrigen Schuppen bedeckt, erscheint er im Licht des Morgens; die Abendsonne bewirkt sein rotglühendes Leuchten. Reich mit vorgelagerten Säulenhäuschen und Kuppelhäubchen geschmückt, erhebt sich der Turm über dem zergliederten Kirchenbau. Wie in Salamancas *cimborrio* sind auch hier die Kuppelfelder von Fischschuppen-Ziegeln bedeckt. Gemeinsam mit den nach außen hervortretenden 16 Rippen verleihen sie der Kuppelschale plastisch gliedernde und zugleich fließende Akzente, die den

Zamora, die Kuppel der Kathedrale

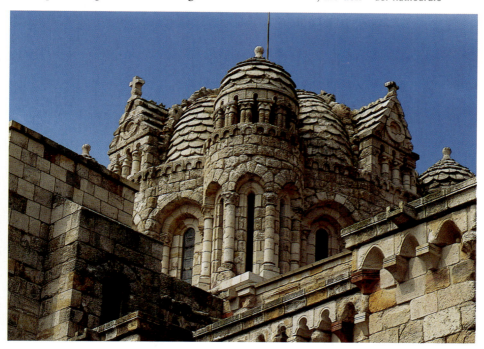

Zu den Niederungen des Duero

Zamora

Blick auf Zamora mit steinerner Brücke und Kathedrale

Schwung ihrer Rundung noch stärker hervortreten lassen. Aber es gibt keine auftrumpfende Monumentalität. Weder rhetorische Übertreibung noch propagandistische Wiederholung ist in dem krönenden Werk zu finden, das immerhin den kurz zuvor errungenen Sieg während der Reconquista bezeugen sollte. Die Kleinförmigkeit, von der Funktion vorgegeben, wirkt gleichwohl wie eine Botschaft, die menschliches Maß anzeigt und darüber hinaus den Zusammenklang von Orient und Okzident verkörpert. Der Kuppelbau ist sowohl inspiriert vom christlich-orthodoxen Byzanz, das jahrhundertelang künstlerisch auf den gesamten Süden Europas einwirkte, wie von islamischer Baukunst, die aus Andalusien (Córdoba) von Mozarabern in den Norden Spaniens und nach Südwestfrankreich getragen worden war.

Die dekorativen Formen bleiben auf ihren funktionalen Sinn hin durchsichtig: die Seitentürme stützen den Kuppelturm und gleichen mit ihrem Gewicht den Schub über der Vierung aus, die Säulenfelder ermöglichen die Öffnung der Seitenfronten für Fenster, in die das Licht eindringen kann, das nun auch von oben in den Kirchenraum herabfällt.

Aus einer im Innern dunklen und nach außen abweisenden Glaubensfestung sollte ein gleichnishaftes Werk universeller Harmonie werden. Nicht das Reconquista-Signum spröder Abwehr kam hier zur Geltung, sondern selbstbewusste, furchtlose Öffnung. Der sakra-

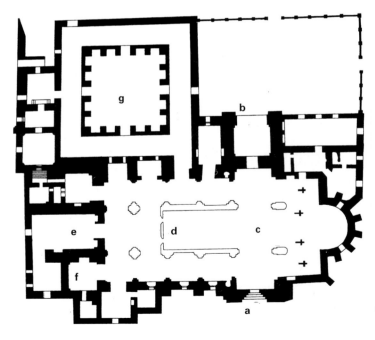

Zamora, Kathedrale
a *Puerta del Obispo*
b *Eingangsportal*
c *Vierung*
d *Chorgestühl*
e *Capilla de San Ildefonso*
f *Capilla de San Juan Bautista*
g *Kreuzgang*

Zamora, Kathedrale

le Raum im Innern wurde, wenn auch noch spärlich, von natürlichem Licht erhellt. Dieser Vorgang wurde als Teil einer Gesamtbewegung der europäischen Architektur nicht nur zum Ereignis für die europäische Kunstgeschichte. Der Impuls, Transzendenz zu schaffen und das Innere des sakralen Raums dem Licht von außen zu öffnen, ist mobilisierender Teil einer umfassenden geistigen Dynamik, die die europäische Kultur seit dem Mittelalter bis zum Zeitalter der Aufklärung *(siglo de las luces)* charakterisiert. Das mit der Lichtmetaphorik verbundene und dem entdeckten Irdischen näher gerückte Gottesbild inspiriert die Verfeinerung menschlicher Sinne. Der Kirchenraum als Abbild Christi wandelt sich. Die Idee der Schöpfung findet Gestalt, wie hier im Kuppelturm selbst, als befruchtende Veredlung, aus der das Neue originär entspringt. Inspiriert von Musik und Astronomie gehen Mathematik und Architektur ein schöpferisches Bündnis ein. Statische Berechnung macht das Material für neue Formschöpfung verfügbar und bricht den geschlossenen Raum des Sakralen auf für göttliche Vielstimmigkeit in Licht, Ton und Gestalt.

Das wird das theologisch begründete ästhetische Programm der Gotik sein, das Mitte des 12. Jahrhunderts in Paris entwickelt wurde und von dort aus einige Jahrzehnte später seine Wirkung auf ganz Westeuropa entfalten wird. Aber es gilt schon auf eigenwillige Weise für diesen zeitgleich errichteten Kuppelturm in der spanischen Provinz. Das Heilige wird nicht verborgen, sondern offenbart sich: als den Menschen zugängliche göttliche Vernunft, die in von ihnen geschaffener Schönheit sichtbar wird. Es stellt sich in lichter Weise dar, ohne den zuspitzenden Höhendrang des Nordens und ohne dass man den Raum, den es einnimmt, betreten könnte. Sich zeigend bewahrt es sein Geheimnis.

Zu den Niederungen des Duero

*Zamora, Kathedrale,
Puerta del Obispo*

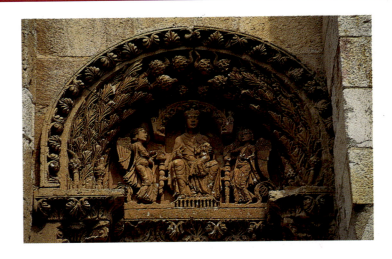

Die Grundstruktur der Kathedrale von Zamora ähnelt der Kollegiatskirche von Toro: ein dreischiffiges, verhältnismäßig kurzes Langhaus mit breiten Seitenschiffen; die ursprünglich gestaffelte Dreiapsidengruppe, in Toro vollständig erhalten, fehlt in Zamora. An ihrer Stelle sind spätgotische rechteckige Nebenkapellen entstanden. Das Original spanischer Romanik ist an der südlichen Fassade unverändert geblieben, einschließlich der *Puerta del Obispo* (a) mit ihren kraftvollen Zackenbögen, die an maurische Vorbilder erinnern. Rechts daneben, reizvoll kontrastierend zu den abstrahierenden Bogenläufen des Portals, umschließt eine Girlande aus Pinienzapfen eine Figurengruppe.

Von Norden, vom Kathedralvorplatz aus, fallen zunächst der massige, kubusförmige Glockenturm auf und ein Vorbau mit korinthischen Doppelsäulen. Er bildet das *Eingangsportal* (b). Treten wir von hier aus in den Innenraum, stehen wir unmittelbar unter der *Vierungskuppel* (c): Von vier sphärischen Dreiecken (Pendentifs) eingefasst, erhebt sich über einem Tambour und einer Säulenreihe zwischen den Fenstern eine von jeweils 16 geschmückten Rippen und Zwischenfeldern gebildete Kuppelschale.

Besonders sehenswert im Innern ist das zweistöckige *Chorgestühl* (d); es handelt sich um eine der kunstvollsten Schnitzarbeiten dieser Art in Europa, geschaffen von einer Reihe zumeist unbekannter flämischer und nordfranzösischer Meister, darunter Juan de Bruselas (um 1500), in der Nachfolge Rodrigo Alemáns. Die ausgewogene Gesamtkomposition sowie die großen Relieffiguren an der oberen und die Halbrelieffiguren an der unteren Rückwand des Chorgestühls zeigen schon die Berührung der spätgotischen Formenwelt mit den maßvollen Idealen der Renaissance. Manche Inhalte sprengen indes auf provokative Weise den Rahmen des in einem Kirchenraum Üblichen. Das Thema animalischer Triebhaftigkeit wird in großer Offenheit behandelt. Auf den berühmten Misericordien sind drastische Darstellungen sexueller Szenen zu sehen, in die Mönche und Nonnen verwickelt sind. Obszöne Phantasien der Künstler haben sich im Hinblick auf bekannte Exzesse klösterlichen Lebens ungehemmt entfalten können und den vergleichsweise braven Stadtklerikern, die sich hier anlehnen durften, taktil spürbare, wenn auch holzharte Vorlagen für jene dämonische Triebspannung geliefert, der sie zu widerstehen hatten. Die Knäufe mit ihren bizarren Figuren erfüllen ihre stützende wie schmückende Funktion gleichermaßen und stellen zumeist zusammengerollte Tiere dar, die die schließende Hand bequem ausfüllen.

Außerdem sehenswert sind die Eisengitter der Kathedrale sowie die *Capilla de San Ildefonso* (e) aus der Mitte des 15. Jahrhunderts, deren rechte Seite Bilder von Fernando Gallego zieren: Taufe und Kreuzigung Christi, Enthauptung des Johannes sowie drei Szenen zur Ildefonso-Legende. Nebenan in der *Capilla de San Juan Bautista* (f) befindet sich ein schön gestaltetes spätgotisches Grab aus der Zeit um 1500.

Der *Kreuzgang* (g) wurde zwischen 1592 und 1621 von Juan Gómez de Mora (1586–1648) errichtet. Das Kathedralmuseum zeigt neben Gemälden, darunter zwei Werke von Fernando Gallego, kostbare Gobelins des 15. Jahrhunderts.

Die **ehemalige Burg** (3), im äußersten Westen an der alten Stadtmauer gegenüber der Kathedrale gelegen, ist modernisiert worden und beherbergt heute eine Schule. Einige Stufen führen durch den Portillo de la Traición durch die Stadtmauer. Der Name spielt auf jenen Verrat an, dem der kastilische König Sancho II. zum Opfer fiel. In der nahen Kirche **Santiago de los Caballeros** (4) außerhalb der

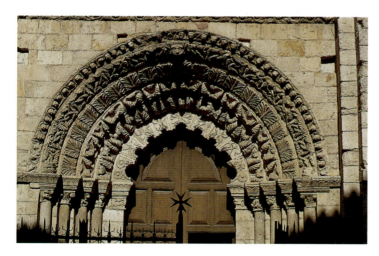

Zamora, La Magdalena, Südportal

Stadtmauer wurde ›El Cid‹ 1060 vom kastilischen König Fernando I. zum Ritter geschlagen. Zwölf Jahre später war er an dieser Stelle dem Mörder seines Königs auf der Spur, bevor dieser, so die Legende, durch jenes Tor in die Stadt entwich und verschwand.

Gehen wir um die Mauern in Richtung Río Duero weiter, stoßen wir zunächst auf die romanische Kirche **San Claudio** (5) mit Kapitellskulpturen aus dem 12. Jahrhundert. Nach einigen hundert Metern am Fluss entlang steigen wir wieder in die Altstadt hinauf, wo wir auf die romanische Kirche **La Magdalena** (6) aus dem letzten Drittel des 12. Jahrhunderts treffen, die in ihren Proportionen und mit ihrem charakteristischen Ornamentschmuck (Südportal) den romanischen Stil Zamoras am reinsten verkörpert.

An der Plaza de Viriato befindet sich das Standbild des gleichnamigen lusitanischen Heerführers aus Zamora, der den Römern im zweiten vorchristlichen Jahrhundert mit seinen Kämpfern jahrelang widerstand, bis er meuchlings ermordet wurde. Die gesamte Südseite des Platzes wird vom **Palacio de los Condes de Alba y Alista** (7) eingenommen, einem riesigen Renaissancepalast mit schönem Innenhof, der heute, in günstiger Lage für Spaziergänge in der Altstadt, das zentrale Gästehaus der Stadt Zamora ist und zu den schönsten und großzügigsten Paradores Spaniens zählt.

Sehenswert sind noch einige weitere romanische Kirchen, so die unterhalb des Paradors in Richtung Duero inmitten des ehemaligen Judenviertels gelegene, ursprünglich im elften Jahrhundert errichtete Kirche **San Cipriano** (8) und an der nahen Plaza Mayor **San Juan de la Puerta Nueva** (9) sowie weiter ostwärts in Richtung Geschäftszentrum (Fußgängerzone) **Santiago del Burgo** (10), um 1300 entstanden.

Nahe der nördlichen Stadtmauer steht die nach schweren Zerstörungen im 16. Jahrhundert wieder errichtete Kirche **Santa María la Nueva** (11) mit einer elegant gestalteten Apsis, die als einzige der hiesigen Kirchen noch Reste romanischer Malerei bewahrt. Zu ihrer weiteren Ausstattung gehört eine liegende Christusfigur von Gregorio Fernández.

Gegenüber befindet sich das **Museo de Semana Santa** (12), in dem man jene *pasos* besichtigen kann, die in der Karwoche durch die Straßen getragen werden. Sie erzählen und vergegenwärtigen Passionsgeschichte in anschaulichen Bildfolgen. So wie Christus in Jerusalem sein Kreuz bis Golgatha tragen musste, wird es nun symbolisch wiederholt und der Glaube durch Nachahmung bekräftigt. Der Schmerz Christi und der Gottesmutter erfüllt dann die Gassen Zamoras. Kapuzenverhüllte Mitglieder der Bruderschaften begleiten den Zug des Kreuzes. Die Verhüllung der Gesichter geht auf ein päpstliches Verbot der öffentlichen Selbstzüchtigung im 14. Jahrhundert zurück, das die Büßer und Flagellanten zwang, ihre Identität zu verbergen. Die meisten der Bildwerke, die das Geschehen der Karwoche lebendig vor Augen führen sollten, entstanden zur Zeit der Gegenreformation im 17. Jahrhundert. Die Kirche trat so buchstäblich nach außen. Sie entsprach darin den Erwartungen der

San Pedro de la Nave

Zamora, Kreuzwegdarstellung im Museo de Semana Santa

Volksfrömmigkeit mit ihrem Vergnügen an öffentlichen Kundgebungen und theatralischer Dramatisierung. Das eindrückliche Erlebnis der Teilhabe wird bis heute von Bruderschaften organisiert, die einst von Berufsgenossenschaften, später von Stadtteilgruppen gebildet wurden. Fast wie eine kollektive Initiation mit dem gemeinsamen Schmerz im Zentrum verbindet dieses öffentliche Geschehen in seiner rituellen jährlichen Wiederholung potentiell alle Christen der Stadt um den Leidenskern ihres anschaulich gemachten gemeinsamen Glaubens. Der Kreuzigung gilt alle Aufmerksamkeit. Es ist die Zeit der Buße und Vorbereitung zur erneuernden Umkehr angesichts des Todes. Zu Ostern, Zeit der Auferstehung, ruhen sich alle von den Strapazen aus.

20 km nordwestlich von Zamora entfernt, nahe dem Ort Campillo in Richtung Portugal, ist eine kunsthistorische Rarität zu besichtigen: eine westgotische Kirche aus dem siebten bis acht Jahrhundert. **San Pedro de la Nave** wurde 1930 von den Bewohnern Campillos vor den gestauten Wassern des Río Esla gerettet, indem sie Stein für Stein abgetragen und in der Nähe wieder originalgetreu zusammengesetzt wurde. Sie wurde auf dem Grundriss eines griechischen Kreuzes errichtet und besitzt Portale in Form von Hufeisenbögen, eine Anregung, die die Westgoten auf ihrer langen Wanderung bei der Berührung mit den Steppenvölkern des östlichen Orients aufgenommen und in den Westen Europas mitgebracht hatten. Sie wurden wenig später durch mannigfaltige Verbreitung und Variation zum Stilmerkmal der arabisch-maurischen Baukunst. Der bemerkenswerte Skulpturenschmuck an den Säulenkapitellen der Vierung zeigt Szenen aus dem Alten Testament wie ›Daniel in der Löwengrube‹ und die ›Opferung Isaaks‹.

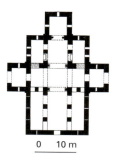

San Pedro de la Nave, Abbildung Seite 12

Glossar

Spanische Bogenformen:

Westgotischer Hufeisenbogen

Rundbogiger maurischer Hufeisenbogen

Abbasiden Arabisch-islamische Dynastie (750–1258)
Ajimez Zwillingsfenster mit Mittelsäule
Alkázar (arab.: die Burg) Bezeichnung für Schlösser und Paläste in Spanien, auch nichtmaurischen Ursprungs.
Allegorie Anschaulich-sinnbildliche figürliche Darstellung eines abstrakten Begriffs (z. B. Liebe, Gerechtigkeit).
Almohaden Berber-Dynastie (147–1269)
Almoraviden Berber-Dynastie in Marokko und Spanien
Amphitheater Antikes Theater mit ringsum geschlossenen Sitzreihen um eine ellipsenförmige Arena, in der vornehmlich sportliche Veranstaltungen, Tier- und Gladiatorenkämpfe ausgetragen wurden.
Apsis Meist halbrunder, mit einer Halbkuppel überdeckter Raum, der sich auf einen Hauptraum öffnet; in der christlichen Baukunst überwiegend der östliche Abschluß einer Kirche.
Aquädukt Römische Wasserleitung mit leichtem Gefälle, die Täler und Schluchten auf oft mehrstöckigen Bogenstellungen überspannt.
Arabeske Ornament aus stilisiertem Laub und Ranken, oft durch eingefügte Sphingen (Sphinx), Masken, Figuren und Gefäße bereichert.
Arkade Bogenstellung über Säulen oder Pfeilern
Artesonado Kunstvoll dekorierte Kassettendecke aus Holz im maurischen oder Mudéjar-Stil.
Baldachin In der Baukunst dachartiger Aufbau über einem Altar, Bischofsstuhl, einer Statue oder einem Grabmal.
Balustrade Ein aus kleinen, gedrungenen Stützen (Balustern) gebildetes Geländer an Treppen, Balkonen oder als Dachabschluß.
Basilika Drei- und mehrschiffige Kirche, deren Mittelschiff höher und breiter ist als die Seitenschiffe, so daß der durchfensterte Obergaden für Lichteinfall sorgt. In der römischen Architektur eine Markt- und Gerichtshalle, in der christlichen Baukunst früh bevorzugter Kirchentypus.
Bündelpfeiler Pfeiler, der rundherum mit Dreiviertelsäulen (Diensten) verschiedenen Durchmessers besetzt ist, die in die Rippen des Gewölbes oder des Bogens überleiten.
Capilla Mayor Altarraum
Chiaroscuro (ital.; franz.: Clairobscur) Helldunkel-Malerei, bei der Licht und Schatten vorherrschende Formprinzipien sind und die Lokalfarben an Bedeutung verlieren.
Chinoiserie Imitation chinesischer Darstellungs- und Dekorationsformen in der europäischen Kunst seit dem 17./18. Jahrhundert.
Chor Hochaltarraum einer Kirche, einige Stufen höher liegend als der Gemeinderaum, architektonisch besonders ausgestaltet und oftmals durch

einen Lettner, durch Gitter oder Schranken vom Mittelschiff getrennt.

Churrigueresk Stil des spanischen Hochbarock, geprägt durch die Brüder Churriguera (José Benito 1665–1725, Joaquín 1674–1724, Alberto 1676 bis 1750).

Cimborrio Kuppel und Kuppelgewölbe über der Vierung insbesondere der westspanischen Romanik in Zamora, Toro und Salamanca.

Coro In Spanien üblicher abgegrenzter Bezirk im Mittelschiff, dem Hauptaltar gegenüber. Er enthält das Chorgestühl (silleria). Die Außenseiten bilden den Trascoro (Außenchor).

Custodia Hostienbehälter (Monstranz) In Spanien das für Prozessionen bestimmte künstlerisch ausgeschmückte Tabernakel. Mehrtürmige Werke von Gold- und Silberschmieden.

Dienst Einer Wand oder Pfeilern vorgelegter Rundstab, der die tragenden Teile der gotischen Kreuzrippengewölbe aufnimmt.

Epitaph Erinnerungsmal (Inschrift, figürliche Darstellung) für einen Verstorbenen, aber kein Grabmal.

Fassung Bemalung eines Holz- oder Steinbildwerks

Fiale (griech.: Gefäß) Architektonisches Zierelement der Gotik: spitz zulaufendes Ziertürmchen auf Strebepfeilern oder seitlich von Wimpergen.

Flamboyant Stilbezeichnung für die flammenförmige Ornamentierung der Spätgotik innerhalb des spanisch-flämischen Dekorationsstils. Leitform ist die sogenannte Fischblase.

Fresko Wandmalerei, bei der mit Kalkwasser angerührte Farbe auf den noch feuchten Putz aufgetragen wird; besonders haltbar, weil sich Farben und Verputz unauflöslich miteinander verbinden. Im Gegensatz dazu: Seccomalerei auf trockenem Putz.

Gaden, Obergaden Wandabschnitt über den Mittelschiffarkaden einer Basilika, in dem sich die Fenster befinden; auch Licht- oder Fenstergaden genannt.

Galerie Langer, gedeckter, nach einer Seite offener Gang: 1. Laufgang mit offenen Arkaden an einer Fassade 2. Laufgang über den Seitenschiffen in Kirchen (Empore).

Girola Chorumgang

Gurtbogen Verstärkungsbogen quer zur Hauptrichtung des Gewölbes, der von Pfeiler zu Pfeiler gespannt wird und die Gliederung des Gewölbes in den Jochen betont.

Herrera-Stil Nach einem der Erbauer des Escorial genannter ornamentloser schlichter Stil, der sich von geometrischen Formprinzipien der italienischen Renaissance leiten ließ und eine strenge schmucklose Monumentalität anstrebte. Von Philipp II. durchgesetzt, sogenannter spanischer Vor- oder Frühbarock.

Hufeisenbogen Hufeisenförmig eingezogener Rundbogen

Isabellinischer Stil Architektur- und Dekorationsstil Kastiliens zur Zeit Isabellas der Katholischen zwischen 1480 und 1510, vorbereitet in der ersten Hälfte des 15. Jahrhunderts durch flämische Künstler.

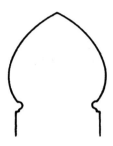

Spitzbogiger maurischer Hufeisenbogen

Gestelzter Vierpassbogen

Glossar

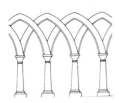

Durchflochtene Spitzbögen

Sich durchkreuzende Vielpassbögen

Hauptvertreter: Juan Guas und Enrique Egas. Maßgeblich auch für die neuen (jüngeren) Kathedralen von Segovia und Salamanca.

Joch Einzelner Gewölbeabschnitt oder Gewölbefeld eines aus mehreren längs oder quer gereihten Gewölbefeldern konstruierten Raums.

Kapellenkranz Um einen halbrunden oder mehreckigen Chor radial angeordneter Kranz von Kapellen.

Kapitell Oberer Abschluß von Säule, Pfeiler oder Pilaster mit ornamentaler, figürlicher oder pflanzlicher Dekoration.

Kapitelsaal Versammlungsraum der Mönche in einem Kloster.

Kastilische Kugel Plastisches Dekorationsmotiv der kastilischen Architektur im 15. Jahrhundert.

Korbbogen Gedrückter elliptischer Rundbogen

Kreuzgang Um den rechteckigen Innenhof eines Klosters angelegter überdachter Umgang.

Kreuzgewölbe (auch Kreuzgratgewölbe) Zwei sich rechtwinklig durchdringende Tonnengewölbe.

Kreuzrippengewölbe Konstruktion, in der Diagonalrippen das Gewölbe tragen oder ihm unterlegt sind; in der Gotik spitz zulaufend.

Langhaus (Längsschiff) Bei einer Kirche der langgestreckte Gebäudeteil zwischen Fassade und Chor.

Lapidarium Sammlung von Steindenkmälern und -inschriften

Lettner Trennwand mit einem oder mehreren Durchgängen zwischen Chor und Mittelschiff einer Kirche – zur Scheidung von Priestern und Laien.

Manierismus Künstlerische Strömung des 16. Jahrhunderts in Europa, die die klassische Form der Renaissance bewußt zugunsten eines freien, aber auch ›künstlichen‹ (manierierten) Ausdrucks gesprengt hat.

Maßwerk Geometrisches Bauornament der Gotik, zunächst nur zur Unterteilung von großen Fenstern, später auch zur dekorativen Gliederung von Wandflächen, Giebeln usw.

Miserikordie An der Unterseite der Klappsitze im Chorgestühl angebrachte Stütze zum Anlehnen im Stehen; meist mit Drolerien oder symbolischen Darstellungen verziert.

Mozarabischer Stil Von islamischen Elementen durchsetzte Kunst von Christen unter maurischer Herrschaft und islamischen Künstlern im christlichen Norden.

Mudéjar Weiterlebende künstlerische Tradition des Islam in christlicher Dekorationskunst, die von maurischen Künstlern fortgeführt wird; insbesondere Verwendung des Hufeisenbogens, ornamentale Stuckdekoration an den Wänden, Keramikfliesen (Azulejos), Verwendung der Schrift als Wanddekor und kunstvolle Deckengestaltung (Artesonado).

Paso Prozessionsfiguren bzw. Figurengruppen

Patio Offener Innenhof

Pendentif Wandfläche in sphärischer Dreiecksform zur Überleitung von einem quadratischen Grundriß zum Fußkreis einer Kuppel.

Glossar

Pilaster Der Wand oder einem anderen Bauglied vorgelegter vertikaler Mauerstreifen mit Basis und Kapitell.

Plateresk (span. platero = Silber-, Goldschmied) Stilbezeichnung für die filigrane spanische Dekorationskunst seit 1500, vielfach durch Stichvorlagen von Goldschmieden vermittelt; verschwenderische Verwendung von Ornamenten, die in keiner Beziehung zum Baukörper stehen.

Portal Repräsentativer, durch Größe und Schmuckwerk hervortretender Eingang zu einem Gebäude.

Querhaus (Querschiff) Zwischen Langhaus und Chor eingeschobener Querbau, durch den ein Kirchengrundriß Kreuzform erhält.

Reconquista (span. Wiedereroberung) Bezeichnung für die christliche Wiedereroberung des seit dem Beginn des 8. Jahrhunderts maurisch beherrschten Spanien. Beginn: Schlacht bei Covadonga (Asturien) 722. Ende: Eroberung von Granada 1492.

Refektorium Speisesaal eines Klosters

Reja Schmiedeeisernes Ziergitter

Retabel Mit Gemälden oder Skulpturen geschmückter Altaraufsatz.

Risalit Ein in ganzer Höhe eines Bauwerks vorkragender Mittelteil, der auch als Eck- und Seitenrisalit zur Auflockerung der Fassade beiträgt.

Säkularisation Enteignung geistlicher Besitzungen für den weltlichen Gebrauch.

Schlußstein Oberster, als letzter eingesetzter Stein eines Bogens oder eines Kreuzrippengewölbes; oft mit Ornamenten (Wappen, Köpfen, Tieren usw.) geschmückt.

Sieben Freie Künste Seit der Antike Bezeichnung für die Bildungszweige der ›freien‹ Bürger, also für die Wissenschaften, im Gegensatz zu den von ›Unfreien‹ ausgeübten mechanischen Künsten, das heisst die bildenden und angewandten. In Malerei, Plastik und Dichtung werden die S. F. K. in Gestalt von jungen Frauen personifiziert: Grammatik, Dialektik, Rhetorik sowie Arithmetik, Geometrie, Musik und Astronomie.

Sterngewölbe Gewölbe, bei dem die Rippen eines Jochs Sternform bilden.

Tambour Zylinderförmiger, durchfensterter Unterbau einer Kuppel.

Templer Angehöriger des Templerordens. Der geistliche Ritterorden wurde Anfang des 12. Jahrhunderts zum Schutz der Jerusalempilger gegründet.

Triforium Laufgang in der Kirchenwand zwischen Arkaden oder Emporen und der Fensterzone.

Triptychon Dreiteiliges Bild, insbesondere ein mittelalterlicher Flügelaltar, bestehend aus einem Mittelbild und zwei Seitenflügeln.

Vedute Gemalte, gezeichnete oder gestochene Ansicht einer Stadt oder eines charakteristischen Ausschnitts, meist ›originalgetreu‹ wiedergegeben; vor allem vom 17. bis zur ersten Hälfte des 19. Jahrhunderts.

Vierung Meist quadratischer Raum, in dem sich Haupt- und Querschiff durchdringen.

Literatur

Bennecker, Walter L., Discherl, Klaus (Hg.), Spanien heute, Frankfurt/M. 1998

Brentjes, Burchard: Die Kunst der Mauren · Islamische Tradition in Nordafrika und Südspanien, Köln 1992

Buendia, J. Rogelio: Begegnung mit dem Prado, Bilbao 1982

Burckhardt, Titus: Die maurische Kultur in Spanien, München 1980

Burmeister, Hans-Dieter (Hg.): Spanien · die Entdeckung einer europäischen Kultur, Loccum 1996

Castro, Americo: Spanien · Illusion und Wirklichkeit, Köln – Berlin 1957

Dietrich, Anton: Der Prado in Madrid, Ein Führer durch eine der schönsten Gemäldesammlungen Europas, Köln 1992

Duby, Georges: Die Zeit der Kathedralen · Kunst und Gesellschaft 980–1420, Frankfurt/M. 1985

Elliott, John H. (Hg.): Spanien und die spanische Welt, Freiburg/Breisgau 1991

Fuentes, Carlos: Der vergrabene Spiegel · Die Geschichte der hispanischen Welt, Hamburg 1992

Foucault, Michel: Die Ordnung der Dinge, Frankfurt/Main 1966

Gaya Nuño, J. A.: Los Monumentos Cardinales de España, I, Escorial, Madrid 1955 und VI, Madrid, Madrid 1956

Le Goff, Jacques: Kultur des europäischen Mittelalters, München–Zürich 1970

Goytisolo, Juan: Spanien und die Spanier, Frankfurt/Main 1982

Gudiol, José: Die Kunst Spaniens, Zürich 1964

Hälker, Maria Anna / Blázques, Manuel García: Madrid und Umgebung, Köln

Hänsel, Sylvaine / Karge, Henrik (Hg.): Spanische Kunstgeschichte · Eine Einführung, 2 Bde, Berlin 1992

Harvey, John: The Cathedrals of Spain, London 1957

Herzog, Werner: Spanien, München 1987

Hoag, John D.: Islamic Architecture, London 1987

Hofmann, Werner: Das Irdische Paradies · Motive und Ideen des 19. Jahrhunderts, München 1974

Hofmann, Werner (Hg.): Studien zur Geschichte der westeuropäischen Kunst, Köln 1974

Justi, Carl: Velázquez und sein Jahrhundert, Bonn 1888

Karge, Henrik (Hg.): Vision oder Wirklichkeit · Die spanische Malerei der Neuzeit, München 1991

Kesser, Caroline: Las Meninas von Velázquez · Eine Wirkungs- und Rezeptionsgeschichte, Berlin 1994

Küngel, Richard: 400 Jahre Kunst, Kultur und Geschichte im Prado, Zürich 1964

Lahnstein, Peter: Auf den Spuren Karls V., München 1979

De Madariaga, Salvador: Spanien · Land, Volk und Geschichte, München 1983

Literatur

Meier-Graefe, Julius: Spanische Reise, München 1984

Ortega y Gasset, José: Velázquez und Goya · Beiträge zur spanischen Kulturgeschichte, Stuttgart 1955

Palol, Pedro de / Hirmer, Max: Spanien · Kunst des frühen Mittelalters vom Westgotenreich bis zum Ende der Romanik, München 1965

Die Sammlungen des Prado, Malerei vom 12.–18. Jahrhundert, Köln 1995

Schomann, Heinz: Kunstdenkmäler der Iberischen Halbinsel, 2: Zentralspanien, Darmstadt 1997

Spanien · Bildatlas der Spanischen Kunst, Köln 1968

Stoichita, Victor I.: Imago Regis, Kunsttheorie und königliches Porträt in den Meninas von Velázquez, Zeitschrift für Kunstgeschichte, 2, München 1986

Wagner, Monika (Hg.): Moderne Kunst 1 · Das Funkkolleg zum Verständnis der Gegenwartskunst, Reinbek 1992

Warnke, Martin: Hofkünstler · Zur Vorgeschichte des modernen Künstlers, Köln 1985

Literarische Reisebücher

Koeppen, Wolfgang: Ein Fetzen von der Stierhaut, in: Nach Rußland und anderswohin, Frankfurt/Main 1961

Michener, James A.: Iberia, Darmstadt 1969

Morton, H. V.: Spanien · Wanderungen durch Vergangenheit und Gegenwart, München–Zürich 1974

Nootebohm, Cees: Der Umweg nach Santiago, Frankfurt/Main 1992

Weltliteratur im Gepäck

Calderón de la Barca: Das Leben ein Traum, in: Klassisches spanisches Theater II, Berlin 1969

Cervantes Saavedra, Miguel de: Don Quijote, München 1988

Chirbes, Rafael: Der Fall von Madrid, München 2000

Chirbes, Rafael: Der Lange Marsch, München 1998

Delibes, Miguel: Der Ketzer, Zürich 2000

Feuchtwanger, Lion: Spanische Ballade, Stuttgart–Zürich–Salzburg 1955 (auch als ›Die Jüdin von Toledo‹ erschienen)

Feuchtwanger, Lion: Goya oder der arge Weg der Erkenntnis, Frankfurt/Main 1951

Frank, Bruno: Cervantes, München 1975

Hemingway, Ernest: Wem die Stunde schlägt, Frankfurt/Main 1950

Kesten, Hermann: Ferdinand und Isabella, Frankfurt/Main–Berlin–Wien 1984

Schneider, Reinhold: Philipp der Zweite oder Religion und Macht, Frankfurt/Main 1987

Schneider, Reinhold: Las Casas vor Karl V., Frankfurt/Main 1979

Theile, Albert / Peiser, Werner (Hg.): Spanische Erzähler vom 14. bis 20. Jahrhundert, Zürich 1979

Praktische Reiseinformationen

Reisevorbereitung 322
- Auskünfte 322
- Einreisebestimmungen 322
- Klima und Reisezeit 322
- Anreise 323

Informationen für unterwegs 323
- Unterwegs in Madrid 324
- In der Umgebung von Madrid 324
- Informationen, Verkehrsverbindungen und Öffnungszeiten 325
- Unterkunft 329
- Essen und Trinken 332

Informationen von A bis Z 335

- Ärzte 335
- Apotheken 335
- Diebstahl 335
- Diplomatische Vertretungen 336
- Feiertage 336
- Fundbüro 336
- Geld und Geldwechsel 336
- Notruf 336
- Öffnungszeiten 336
- Post 337
- Telefonieren 337
- Trinkgeld 337
- Zeit 337

- Zitatnachweis 337
- Abbildungsnachweis 338
- Register 339

Reisevorbereitung

Auskünfte

Spanische Fremdenverkehrsämter im Ausland

... in Deutschland
10707 Berlin
Kurfürstendamm 180
✆ 0 30/8 82 65 43
Fax 8 82 66 61

40237 Düsseldorf
Grafenberger Allee 100
✆ 02 11/6 80 39 81 (Auskunft)
6 80 39 80 (Anforderung von Info- und Prospektematerial)
Fax 6 80 39 85-86

60323 Frankfurt/M.
Myliusstraße 14
✆ 0 69/72 50 33 od. 72 50 38
Fax 72 53 13

88051 München
Postfach 15 19 40
✆ 0 89/5 30 74 60
Fax 5 32 86 80

... in Österreich
Walfischgasse 8/14
1010 Wien
✆ 01/5 12 95 80
Fax 5 12 95 81

... in der Schweiz
1201 Genf
15, Rue Ami-Levrier
✆ 0 22/7 31 11 33
Fax 7 31 13 66

8008 Zürich
Seefeldstraße 19
✆ 01/2 52 79 30
Fax 2 52 62 04

Auskünfte im Internet
tourspain.es: Spanisches Fremdenverkehrsamt (hier findet man auch alle ortsrelevanten E-Mail-Adressen)
munimadrid.es: Stadt Madrid
comadrid.es: Region Madrid
jccm.es/turismo: Kastilien–La Mancha
jcyl.es/turismo: Kastilien–Leon

Einreisebestimmungen

Seit dem Schengener Abkommen entfallen zwischen westeuropäischen Ländern die Warenkontrollen bei der Ein- und Ausreise. Reisepapiere sollte man für Stichproben dabeihaben.

Bargeld und Schecks können in unbegrenzter Höhe eingeführt werden. Richtmengenobergrenze für den persönlichen Bedarf von EU-Bürgern: 90 l Wein oder 10 l Spirituosen, 800 Zigaretten; für Nicht-EU-Bürger: 1 l Spirituosen, 200 Zigaretten.

Klima und Reisezeit

Die schönste Reisezeit ist Frühjahr und Frühsommer, aber auch Spätsommer und Herbst, allerdings trifft man dann statt auf grüne, duftende Landschaft nur auf ausgebrannte Erde, die Temperaturen sind jedoch angenehm. Im Hochsommer kann es sehr heiß werden (40°C sind nicht selten) und im Winter äußerst kalt. Zwischen November und April regnet es.

Anreise

... mit dem PKW

Die nordspanischen Autobahnen sind gebührenpflichtig. In Zentralspanien gibt es auch autobahnähnliche, kostenfreie *autovías*. Die Hauptverkehrsstraßen nach und in Zentralspanien sind in sehr gutem Zustand.

In Madrid läßt man das Auto besser stehen und benutzt Metro, Bus oder ein preisgünstiges Taxi.

... mit dem Flugzeug

Iberia und Lufthansa fliegen von Berlin, Düsseldorf, Frankfurt, Hamburg, Hannover, München, Stuttgart regelmäßig nach Madrid; Swiss Air und Iberia ab Genf und Zürich; Austrian Airlines und Iberia ab Wien. Spartarife/Wochenendangebote können den Linienflugpreis halbieren.

Am Flughafen in Madrid, Aeropuerto de Barajas, 16 km nordöstlich des Zentrums, kann man einen PKW mieten. Von 4.45 morgens bis 2 Uhr nachts fahren Busse im 15-Minuten-Takt ins Zentrum zum Busterminal unter der Plaza de Colon. Von dort Weiterfahrt mit der Metro oder Taxis. Eine Metroverbindung bietet die Linie 8; sie ist an die Linie 4 angeschlossen, die ins Zentrum führt (ca. 40. Min.).

... mit Bahn und Bus

Die Bahnfahrt von Norddeutschland führt über Paris (Ankunft Gare du Nord oder Gare de l'Est, mit der Metro zum Gare d'Austerlitz, von dort im Zug nach Madrid). Von Süddeutschland ist die Route über Barcelona günstiger. Ankunftsbahnhof in Madrid: Estación de Chamartín; Reisedauer 20–30 Stunden, Metroanschluß.

Europabusse fahren von mehreren Städten in Deutschland, Österreich und der Schweiz nach Madrid, je nach Standort 20–30 Stunden. Jugendliche bis 26 Jahren und Studenten erhalten Ermäßigung. Auskunft: Deutsche Touring GmbH, Am Römerhof 17, 60 486 Frankfurt, ✆ 069/7 90 30; in Madrid: Estación Sur. (Adresse s. S. 324f.).

Informationen für unterwegs

Madrid bietet mit seinen überragenden Gemäldesammlungen sicherlich den Schwerpunkt einer Reise nach Zentralspanien. Ein längerer Aufenthalt in dieser lebendigen und faszinierenden Großstadt ist reizvoll. Von Madrid aus lassen sich bequem mit dem Zug, dem Bus oder dem Auto ein- oder mehrtägige Ausflüge in die Umgebung unternehmen, etwa nach Alcalá de Henares, Aranjuez, zum Escorial, aber auch nach Ávila, Toledo oder Segovia. Wegen der ausgezeichneten Straßenverhältnisse ist dies selbst für Salamanca, Valladolid, Cuenca und Zamora möglich. Verkehrsprobleme für den Autofahrer gibt es lediglich an

Informationen für unterwegs

der Peripherie von Madrid. Die besonderen Atmosphären dieser Städte bieten willkommene Abwechslungen zu Madrid. Die würdevolle Geruhsamkeit kastilischer Provinz mit der emsigen Betriebsamkeit der spanischen Metropole zu verbinden, gehört zu den besonderen Reizen einer Reise ins Zentrum Spaniens.

Unterwegs in Madrid

In der City sind alle Besuchsziele mit der **Metro** erreichbar. Es gibt elf Linien. Sie verkehren von 6 Uhr morgens bis 1.30 nachts. Fahrkarten erhält man an den Metro-Stationen. Um die Hälfte günstiger als der Einzelfahrschein ist der *bonometro* mit zehn Fahrscheinen *(diez viajes)*. Sie werden am Eingang entwertet.

Madrid verfügt über 175 **Buslinien**. Den einzelnen Busfahrschein erhält man auch im Bus beim Fahrer, den *metrobús* (gilt für Busse und Metro, 10erkarte) in Tabakläden oder an Zeitungskiosken. Die Stadtachse Paseo del Prado–Paseo de Recoletos–Paseo de la Castellana wird von der Linie 27 befahren. Busse fahren 6–23.30 Uhr. Danach gibt es auf 20 Linien Nachtbusse, die 24–3 Uhr halbstündlich und 3–5 Uhr stündlich verkehren. Start: Plaza de Cibeles. Ab Atocha Hochgeschwindigkeitszug AVE nach Sevilla.

Taxifahren in Madrid ist bequem und relativ günstig. In der Regel wartet man an der Straße nur wenige Minuten, bis ein Taxi auf Handzeichen hält. Sondertarife gibt es vom Flughafen, nachts und an Feiertagen.

Telefonische Taxi-Bestellung: Radio-Taxi, ☎ 9 14 47 51 80 Radio-Taxi Independiente, ☎ 9 14 05 12 13

In der Umgebung von Madrid

Die staatliche Eisenbahngesellschaft RENFE verfügt über ein Streckennetz mit **Nahverkehrszügen** in die Umgebung von Madrid. Die sogenannten *cercanias*, durch ein C gekennzeichnet, verkehren von den Bahnhöfen Atocha, Chamartín, Príncipe Pío, Recoletas und Nuevos Ministerios und fahren nach Aranjuez, El Escorial, Guadalajara und Alcalá de Henares. Sie sind von 5/6 bis 24/1 Uhr in Betrieb. Info: ☎ 9 02 24 02 02, renfe.es/empresa/cercquias.

Der historische Sonderzug *Tren de la Fresa* (›Erdbeerzug‹) verkehrt an Wochenenden und an Feiertagen zwischen Madrid und Aranjuez ab Estación de Atocha.

Vom Bahnhof Chamartín fahren die Züge in Richtung Norden, Osten und Süden des Landes sowie nach Frankreich und Portugal und vom Bahnhof Atocha in Richtung Süden und nach Portugal. Zwischen den beiden großen Bahnhöfen verkehren alle zehn Minuten Nahverkehrszüge. Zwischenstationen: Recoletos, nahe Plaza de Cibeles, und Nuevos Ministerios.

Vom zentralen **Busbahnhof** Estación Sur, c/Méndez Álvaro, Ecke Calle de Retama, Metro: c/Méndez Álvaro, fahren die meisten Busse ab, mit denen man alle größeren Städte Spaniens erreicht, nach Toledo und

Ávila alle 30. Min. Empfehlenswert ist eine vorzeitige Reservierung. Info: ✆ 9 14 68 42 00

Einige Busunternehmen haben eigene Bahnhöfe. Nach San Lorenzo de El Escorial fährt die Firma Autobuses Herranz: ab Intercambiador de Transportes de Moncloa, alle 15 Min. (Metro: Moncloa), ✆ 9 18 90 41 00.

Nach Segovia, La Granja und Ávila fahren die Busse der Firma La Sepulvedana, Paseo Florida 11, Metro: Príncipe Pío, ✆ 9 15 30 48 00.

Leihwagen kann man in den Zweigstellen der internationalen Leihwagenfirmen buchen, die zahlreich am Flughafen vertreten sind, oder vorab im Reisebüro.

Information, Verkehrsverbindungen und Öffnungszeiten

Alba de Tormes

Oficina de Turismo, Lepanto 4 ✆ 9 23 30 08 98, Fax 9 23 30 00 24
Zur Besichtigung der Sehenswürdigkeiten hier mit Zeitangabe anmelden.

Alcalá de Henares

Oficina de Turismo, Callejón de Santa María 1 (nahe Plaza de Cervantes), ✆ 9 18 89 26 94
Verkehrsverbindungen von Madrid:
Nahverkehrszüge der Linie C1, C2, C7a alle 20 Minuten; Busse ab Av. América (Metro: Av. América) alle 15 Minuten; Busbahnhof in Alcalá an der Av. de Guadalajara (Ende Calle Libreros).

Öffnungszeiten:
Capilla del Oidor: Di–So 12–14 und 18–21, im Winter 17-20 Uhr, Casa de Cervantes: Di–So 10–14, 16-18.15 Uhr.
Universität: Mo–Fr geführte Besichtigungen: 11.30, 12.30, 13.30 Uhr sowie 17.30 und 18.30 Uhr. Im Winter 16.30 und 17.30 Uhr, Sa/So alle 45 Min., 11–14 und 17–20, im Winter 16–19 Uhr.

Aranjuez

Oficina de Turismo, Plaza San Antonio 9, ✆ 9 18 91 04 27, Fax 9 18 91 41 97
Verkehrsverbindungen von Madrid:
Nahverkehrszüge der Linie C-3 alle halbe Stunde ab Estación de Atocha; an Sommerwochenenden fährt der ›Erdbeerzug‹ (Nachbau der historischen Waggons von 1851), Information: ✆ 9 13 28 90 20. Stündlich fahren Busse von der Estación Sur de Autobuses (Metro: Méndez Álvaro) Busunternehmen: Samar und AISA.
Öffnungszeiten:
Königliche Schloß- und Parkanlage: Schloß 10–18.15, im Winter bis 17.15 Uhr, Gärten 8–20.30 Uhr, im Winter 8–17.15 Uhr.

Ávila

Oficina de Turismo, Plaza de la Catedral 4, ✆ 9 20 21 13 87, Fax 9 20 25 37 17
RENFE, ✆ 9 20 25 02 02
Busbahnhof, ✆ 9 20 22 01 54
Öffnungszeiten:
Kathedrale: tägl. 10–13 und 15.30–19, im Winter bis 18 Uhr, So nur nachmittags.
Kloster Santo Tomás: tägl. 10–13 und 16–20 Uhr.

Informationen für unterwegs

Kloster Santa Teresa: tägl. 9–3.30 u. 15.30–19.30 Uhr.
San Vicente: 10–13.30, 16–18.30 Uhr.

Campillo

Öffnungszeiten:
San Pedro de la Nave: Mo–Sa 16–17.30, So 10–13.30 Uhr.

Cuenca

Oficina de Turismo
Glorieta González Palencia
✆ 9 69 17 88 00
Fax 9 69 17 88 43
RENFE, ✆ 9 69 22 07 20
Öffnungszeiten:
Kathedrale: tägl. 9–13.30, 16.30–19.30, im Winter bis 18.30 Uhr.
Museo de Arte Abstracto Español: Plaza Mayor 1, ✆ 9 69 23 21 19, Di–Fr 11–14 u. 16–18, Sa 11–14 u. 16–20, So 11–14 Uhr.
Museo Diocesano de Arte Sacro: Di–Fr 11–14 u. 16–18 Uhr, Sa 11–14, 16–20, So 11–14.30 Uhr.

El Escorial

Oficina de Turismo
Floridablanca 10
✆ 9 18 90 53 13
Verkehrsverbindungen von Madrid:
Ab Plaza de Moncloa alle 15 Min. Busse nach El Escorial und weiter zum Valle de los Caídos (Di–So 15.15 Uhr, Rückfahrt nach San Lorenzo 17.30 Uhr). Rückkehr ab Plaza Virgen de Gracia, Ecke Floridablanca (Transportes Herranz).
Nahverkehrszüge der Linie C-8a von den Stationen Atocha, Recoletos, Nuevos Ministerios und Chamartín stündlich.

Öffnungszeiten:
April–Sept. Di–So 10–18 Uhr, Okt.–März 10–17 Uhr.
Valle de los Caídos: Di–So 10–19, Okt.–März 10–18 Uhr.

Madrid

Informationsstellen in Madrid:
Oficina Municipal de Turismo
Plaza Mayor 3
✆ 9 15 88 16 36,
Fax 9 13 66 54 77
Mo–Fr 10–20, Sa/So 10–14 und 15–20 Uhr.

Touristeninformation der Comunidad de Madrid
Duque de Medinaceli 2
✆ 9 14 29 49 51
Fax 9 14 29 09 09
Mo–Fr 9–19, Sa 9–13 Uhr.

Aeropuerto de Barajas (Flughafen), ✆ 9 13 05 86 56
Mo–Fr 8–20, Sa 9–13 Uhr.

Estación de Chamartín (Bahnhof)
✆ 9 13 15 99 76
Mo–Fr 8–20, Sa 9–13 Uhr.

Info-Telefon für Touristen
✆ 0 10 (Mo–Fr 8.30–21.30 Uhr; gratis) oder ✆ 0 98 (gebührenpflichtig).

Info-Telefon von Turespaña
✆ 9 01 30 06 00
Öffnungszeiten:
Fundación Casa de Alba/Palacio de Liria: Princesa 20, ✆ 9 15 47 53 02; Besichtigung nach Voranmeldung.
Instituto Valencia de Don Juan: Fortuny 43, ✆ 9 13 08 18 48; Besichtigung nach Voranmeldung.
Monasterio de las Descalzas

Reales: Plaza de las Descalzas 3; ✆ 9 15 47 53 50; Di–Do, Sa 10.30–12.45 u. 16–17.45, Fr 10.30–12.45, So 11 bis 13.45 Uhr.
Monasterio de la Encarnación: Plaza de la Encarnación 1, ✆ 9 15 42 00 59; Di, Mi, Do, Sa 10.30–12.45, 16–17.45, Fr 10.30–12.45, So 11–13.45 Uhr.
Museo Arqueológico Nacional: Serrano 13, ✆ 9 15 77 79 12; Di–Sa 9.30–20.30, So 9–14 Uhr.
Museo Cerralbo: Ventura Rodriguez 17, ✆ 9 15 47 36 46; Di–Sa 9–14.30, So 10–14 Uhr.
Museo de América: Avenida de los Reyes Católicos 6, ✆ 9 15 43 94 37, Di–Sa 10–15, So u. feiertags 10–14.30 Uhr, So gratis.
Museo de la Fundación Arte y Tecnologia de Telefónica: Fuencarral 1, ✆ 9 15 22 66 45; Di–Fr 10.30–14.30 und 17–20, Sa und So 10–14 Uhr. Aus der Geschichte der Telekommunikation und eine Kunstsammlung spanischer Meister des 20. Jh.s, darunter Werke von Juan Gris, Joan Miró und Pablo Picasso.
Museo de la Real Academia de Bellas Artes de San Fernando: Alcalá 13, ✆ 9 15 22 00 46; Di–Fr 9–19, Sa, Mo und feiertags 9–14.30 Uhr.
Museo Lázaro Galdiano: Serrano 123, ✆ 9 15 61 60 84; Di–So 10–14 Uhr.
Museo Municipal: Fuencarral 78, ✆ 9 15 88 86 72, Di–Fr 9.30–20, Sa und So 10–14 Uhr, feiertags geschlossen.
Museo Nacional Centro de Arte Reina Sofía: Santa Isabel 52, ✆ 9 14 67 50 62; Mo und Mi–Sa 10–21, So 10–14.30 Uhr, Sa nachm. und So gratis.
Museo Nacional de Artes Decorativas: Montalbán 12, ✆ 9 15 32 68 45; Di–Fr 9.30–15, Sa, So und feiertags 10–14 Uhr.
Museo Nacional del Prado: Paseo del Prado ✆ 9 14 20 37 68; Di–Sa 9–19, So 9–14 Uhr, Sa nachm. u. So gratis.
Museo Sorolla: Paseo General Martínez Marcos 37, ✆ 9 13 10 15 84; Di–Sa 10–15, So 10–14, an Stierkampftagen bis 13 Uhr.
Museo Thyssen-Bornemisza: Paseo del Prado 8, ✆ 9 13 69 01 51; Di–So 10–19 Uhr.
Real Fábrica de Tapices: Fuenterrabia 2, ✆ 91 55 34 00; Mo–Fr 9–12.30 Uhr Königliche Teppichfabrik.
Palacio Real: Bailén s/n, ✆ 9 15 42 00 59; Mo–Sa 9–18, So 9–15 Uhr, bei offiziellen Anlässen geschlossen.
San Antonio de la Florida (Pantéon de Goya): Paseo de la Florida, ✆ 9 15 42 07 22; Di–Fr 10–14 und 16–20, Sa 10–14 Uhr, Mi gratis, So u. Fei geschlossen.

Salamanca

Oficina de Turismo
Plaza Mayor 14
✆ 9 23 21 83 42
Fax 9 23 27 91 14
RENFE/Informationen,
✆ 9 23 21 24 54
RENFE/Estación,
✆ 9 23 22 03 95 u.
9 23 22 57 42
Öffnungszeiten:
Clerecía (Jesuitenkirche): Di, Do und Fr 11–13 Uhr, der Patio de los Estudios Mo–Fr 9–13.30 und 16.30–20.30 Uhr, So und feiertags geschl.
Colegio de Arzobispo Fonseca, tägl. 9–14 und 16–19 Uhr.
Convento de las Dueñas, tägl. 10–13 und 16.30–18 Uhr.

Convento de San Esteban, tägl. 9–13 und 16–20 Uhr (Frühling u. Sommer), 16–18 Uhr (Herbst u. Winter)
Convento de las Ursulas, tägl. 10–13 und 16.30–18 Uhr.
Alte und Neue Kathedrale: Mo–Sa 10–14 und 16–20, So und feiertags 10–14 und 16–19 Uhr.
Universität: Mo–Fr 9.30–13.30 und 16–18, Sa, So und feiertags 10–13 Uhr.

Segovia

Oficina de Turismo, Plaza Mayor 10, ✆ 9 21 46 03 34, Fax 9 21 46 03 30
RENFE Informationsdienst, ✆ 9 21 42 07 74
Estación de Autobuses, ✆ 9 21 42 77 07
Verkehrsverbindungen von Madrid:
Züge ab Chamartín und Atocha alle zwei Std.; Busse der Gesellschaft La Sepulvedana von Po. Florida 11, ✆ 9 15 30 48 00 (Madrid); Sa und So Abfahrt 9 Uhr, Rückfahrt 19 Uhr.
Von Segovia nach **La Granja** fahren mehrfach Busse der Gesellschaft La Sepulvedana, ✆ 9 21 42 77 07 (Segovia).
Öffnungszeiten:
Alcázar: tägl. 10–18, April–Sept. bis 19 Uhr.
Kathedrale: tägl. 9.30–18 Uhr, Frühjahr u. Sommer bis 19 Uhr.
Monasterio de El Parral: tägl. 10–12.30 u. 16–18 Uhr, am Portal des Klostergartens re. läuten.
Vera Cruz: tägl. 10.30–13 und 15–18 Uhr.
Wohnhaus Antonio Machado: 16–18 Uhr.
La Granja de San Ildefonso: Okt.–März Di–Sa 10–13.30 und 15–17, So 10–14 Uhr, April/Mai Di–Fr 10–13.30, 15–17 Uhr, Sa, So und feiertags 10–18, Juni–Sept. 10–18 Uhr, Mo geschl.
Park tägl. von 10 Uhr bis Sonnenuntergang; Brunnenspiele ab April Mi, Sa, So ca. 17.30 Uhr.

Sigüenza

Oficina de Turismo, Plaza del Obispo D. Bernardo, ✆ 9 11 39 02 88
Öffnungszeiten:
Kathedrale: tägl. 8.30–13.30 und 16–20 Uhr.
Museo Diocesano: tägl. 11.30 bis 14 und 16–19.30 Uhr.

Toledo

Oficina de Turismo, Puerta de Bisagra, ✆ 9 25 22 08 43, Fax 9 25 25 26 48
Verkehrsverbindungen von Madrid:
Ab Estación Sur de Autobuses jede halbe Stunde; Busbahnhof in Toledo an der Calle General Lobo 4. Züge ab Estación de Atocha alle 90 Min.
Öffnungszeiten:
Alcázar: Di–So 9.30–14.30 Uhr.
Hospital de Tavera: tägl. 10.30–13.30 Uhr, 15.30–18 Uhr.
Hospital de Santa Cruz: tägl. 10.30–13.30 und 15.30–18 Uhr, feiertags 10–14, Mo 10–14 und 16.30–18.30 Uhr.
Kathedrale: tägl. 10.30–13.30 und 15.30–18 Uhr (im Sommer bis 19 Uhr).
San Juan de los Reyes: tägl. 10–14 und 15.30–18 Uhr
San Román (Museum des Konzils und der westgotischen Kultur): Di–Sa 10–14 und 16–18.30, So 10–14 Uhr.

Santa María la Blanca: tägl. 10–14 und 15.30–18 Uhr (im Sommer bis 19 Uhr).
Santo Tomé (El Greco, Begräbnis des Grafen Orgaz): tägl. 10–18, im Sommer bis 19 Uhr.
Sinagoga del Tránsito: Di–Sa 10–14 und 16–18, So 10–14 Uhr.

Tordesillas

Oficina de Turismo, Plaza Mayor 1, ✆ 9 83 77 00 61
Öffnungszeiten:
Real Monasterio de Santa Clara: Di–Sa 10.30–13.30 und 15.30–17.30, So 11–13.30 Uhr.

Toro

Oficina de Turismo, Plaza de España 1, ✆ 9 80 69 18 62
Öffnungszeiten:
Colegiata Santa María la Mayor: tägl. 10.30–13.30 und 17–19 Uhr im Sommer, 12–13 und 19–20 Uhr im Winter.
In San Lorenzo finden Führungen statt, Zeitpunkte sind in der Oficina de Turismo zu erfahren.
Iglesia Museo San Sebastián: tägl. 11–13.30 und 17–19 Uhr, im Winter nur an Wochenenden.

Valladolid

Oficina de Turismo, Plaza de Zorilla, 3, ✆ 9 83 35 18 01
Von Madrid (Bahnhof Atocha) fährt 11.15 Uhr ein Zug, der um 14 Uhr in Valladolid ankommt; ab 15.45 Uhr fahren die Züge alle 1 1/2 Std., ebenso zurück.
Öffnungszeiten:
Casa-Museo de Colón: tägl. 10–14 und 16–18 (im Sommer 17–19) Uhr, So 10–14 Uhr, Mo geschl.
Colegio de San Gregorio, Museo Nacional de Escultura, Di–Sa 10–14 und 16–18, So 10–14 Uhr
Casa-Museo de Cervantes: tägl. 10–15.30, So 10–15 Uhr, Mo geschl.
Museo Diocesano y Catedralicio: Di–Fr 10–13.30 und 16.30 bis 19 Uhr, Sa, So und feiertags 10–14 Uhr, Mo geschl.

Zamora

Oficina de Turismo, Santa Clara 20, ✆ 9 80 51 18 45; RENFE, Ramon Alvarez 6, ✆ 9 80 52 14 56
Nueva Estación de Autobuses, gegenüber vom Hauptbahnhof
Öffnungszeiten:
Kathedrale: tägl. 10–13 und 17–20 Uhr, So nachm. geschl.
Museo de Semana Santa: Mo bis Sa 10–14 und 16–19 Uhr, So und feiertags 10–14 Uhr.

Unterkunft

Ávila

*****Parador de Ávila,* Marqués Canales de Chozas 2, ✆ 9 20 21 13 40, Fax 9 20 22 61 66; in der Altstadt nahe der nördlichen Stadtmauer im ehemaligen Palast der Piedras Albas aus dem 15. Jh.; stilvolles Interieur, günstige Lage.
***Hostería de Bracamonte,* Bracamonte 6, ✆ 9 20 25 12 80; schönes kleines Gasthaus in der Altstadt zwischen Parador und Kathedrale.
***San Segundo,* San Segundo 30, ✆ 9 20 25 25 90; unmittelbar vor der Stadtmauer gegenüber der Kathedrale und nahe der Plaza Santa Teresa gelegen; kleines stilvolles Hostal.

Informationen für unterwegs

Cuenca

****Parador, Paseo de la Hoz del Huecar, ✆ 9 69 23 23 20, Fax 9 69 23 25 34, parador.es; gegenüber den ›hängenden‹ Häusern in einem schlicht und stilvoll eingerichteten ehemaligen Kloster, eine Eisenbrücke führt die Fußgänger über die Schlucht direkt ins Zentrum der hoch gelegenen Altstadt.
****Leonor de Aquitania*, ✆ 9 69 23 10 00, Fax 9 69 23 10 04; ein renoviertes mittelalterliches Haus im Nordteil der Altstadt in der Nähe von San Pedro.
***Posada de San José*, ✆ 9 69 21 13 00, Fax 9 69 23 03 65; sympathisches, labyrinthisch verwinkeltes Hostal, erstklassig renoviertes mittelalterliches Gästehaus in schöner ruhiger Lage nördlich der Kathedrale.

Madrid

Hotelempfehlungen für Madrid zu geben ist wegen der Fülle des Angebots ebenso schwierig wie für Restaurants.

Luxushotels:
Spitzenpositionen in jeder Beziehung (auch im Preis: DZ 400–500 €) nehmen ein:
*****Hotel Ritz, Plaza de la Lealtad 5, ✆ 9 15 21 28 57, Fax 9 15 32 87 76; direkt gegenüber dem Prado gelegen.
******Villa Magna – Park Hyatt*, Paseo de la Castellana 22, ✆ 9 15 87 12 34, Fax 9 14 31 22 86, madrid.hyatt.com
*****Palace, Plaza de las Cortes 7, ✆ 9 13 60 80 00, Fax 9 13 60 81 00, palace1@mol.es; nahe dem Prado und dem Museo Thyssen-Bornemisza gelegen.

Empfehlenswerte Hotels:
(DZ 150–200 €)
*****Gran Hotel Reina Victoria*, Plaza de Santa Ana 14, ✆ 9 15 31 45 00, Fax 9 15 22 03 07, reinavictoria@trypnet.com; traditionsreiches Hotel an einem der beliebtesten Plätze Madrids.
****Tryp Ambassador, Cuesta de Santo Domingo 5, ✆ 9 15 41 67 00, Fax 9 15 59 10 40, ambassador@trypnet.com; im ehemaligen Adelspalast des Marqués de Granada eingerichtet, in der Nähe der Oper und des Königspalastes.

Mittelklasse-Hotels:
(DZ 80–140 €)
****Carlos V.*, Vitoria 5, ✆ 9 15 31 41 00, Fax 9 15 31 37 61, hotelcarlosv.com; traditionsreiches Hotel mit Salon, Kristallüstern und Balkonen nahe der Puerta del Sol in einem Altstadthaus.
***Queen Prado, Prado 11, ✆ 9 13 69 02 34, Fax 9 14 29 28 29, queenhoteles.com; günstig gelegenes ruhiges Hotel nahe der wichtigen Museen; für Wochenenden günstige Sondertarife; hauseigener Parkplatz.
***Inglés, Echegaray 8, ✆ 9 14 29 65 51, Fax 9 14 20 24 23; kleines Hotel im Literaturviertel nahe der Plaza S. Ana gelegen, nur wenige 100 m zum Prado.
Puerta de Toledo,
****Glorieta Puerta de Toledo 4, ✆ 9 14 74 71 00, Fax 9 14 74 07 47; im Süden der Stadt gelegenes, jedoch mit dem eigenen Fahrzeug, der Metro oder zu Fuß vom Zentrum gut erreichbares großes Hotel; hauseigener Parkplatz.

Unterkunft

Preiswerte Hotels:
(DZ 60 €)
**Mónaco,* Barbieri 5, ✆ 9 15 22 46 30; Fax 9 15 21 16 01 außergewöhnliches (etwas heruntergekommenes) Hotel aus der Zeit Alfons XIII.; alle Zimmer sind unterschiedlich eingerichtet.

Hostales:
(ab 40 €)
Hostal Alfaro, Ventura de la Vega 16, 2. Stock li., ✆ 9 14 29 61 73; familiäre Atmosphäre, günstig gelegen, Preisnachlässe je nach Dauer des Aufenthalts.
Hostal Josefina, Gran Vía 44, ✆ 9 15 21 81 31.

Pedraza
(Provinz Segovia)

Posada de Don Mariano, Mayor 14, ✆ 9 21 50 98 86, Fax 9 21 50 98 86; vom Innenarchitekten Pedro Muñoz in unterschiedlichem Stil eingerichtete Zimmer, die verschiedenen Regionen des Landes entsprechen; im mittelalterlichen Ortskern nahe der Burg von Pedraza.

Salamanca

****Las Torres,* Concejo 4, ✆ 9 23 21 21 00, Fax 9 23 21 21 01, kleines Hotel unmittelbar hinter der Plaza Mayor; beste Lage, gute Zimmer.
*****Gran Hotel,* Pl. Poeta Iglesia 5, ✆ 9 23 21 35 00, Fax 9 23 21 35 01; gut gelegenes, ansehnliches großes Hotel nahe der Plaza Mayor.
**Don Juan,* Quintana 6, ✆ 9 23 26 14 73, kleines Hotel mit günstigem Preis.
***El Toboso,* El Clavel 7, ✆ 9 23 27 14 62 Fax 9 23 27 14 64, kleines Hotel mit viel Atmosphäre zu günstigem Preis.

Segovia

****Infanta Isabel,* Isabel la Católica 1, ✆ 9 21 46 13 00, Fax 9 21 46 22 17; zentral in der unmittelbaren Nähe zur Plaza Mayor gelegenes Hotel in einem 1860 gebauten Haus mit großzügigen und gut eingerichteten Zimmern.
****Los Linajes,* Dr. Velasco 9, ✆ 9 21 46 04 75, Fax 9 21 46 04 79; modern eingerichtetes Hotel in einem Gebäude aus dem 11. Jh.; schön gelegen nahe der nördlichen Stadtmauer im Stadtteil St. Esteban; vor allem für Familien mit Kindern geeignet.
**Don Jaime,* ✆ 9 21 44 47 87; nahe dem römischen Aquädukt gelegenes kleines und preislich sehr günstiges Haus mit ausreichendem Komfort; besonders für Einzelreisende.

Sigüenza

******Parador Castillo de Sigüenza,* ✆ 9 49 39 01 00, Fax 9 49 39 13 64; einer der großzügigsten, beeindruckendsten und am besten eingerichteten Paradores Spaniens; von der Burg aus führt der Fußweg durch mittelalterliche Gassen und kleinstädtische Straßen zur Kathedrale.

Toledo

*****Parador Conde de Orgaz,* Cerro del Emperador, ✆ 9 25 22 18 50, Fax 9 25 22 51 66; gegenüber Tajo und Altstadt auf den Hügeln gelegenes, modernes Gebäude im kastilischen

Informationen für unterwegs

Stil; schöner Blick auf Toledo.
***Pintor El Greco, Alamillos del Tránsito 13, ✆ 9 25 21 42 50, Fax 9 25 21 58 19; inmitten des ehemaligen Judenviertels gelegenes Hotel mittlerer Größe.
****Hostal del Cardenal*, Paseo Recaredo 24, ✆ 9 25 22 49 00, es werden auch stilvoll eingerichtete bequeme Zimmer in dem ehemaligen Kardinalspalast vermietet; die Gäste essen im angeschlossenen Restaurant.
*****Alfonso VI.*, General Moscardó 2, ✆ 9 25 22 26 00, Fax 9 25 21 44 58; gut gelegenes mittelgroßes Hotel, direkt neben dem Alcázar.
***Hostal Nuevo Labrador*, Juan Labrador 10, ✆ 9 25 22 26 20; nahe des Alcázars und der Plaza de Zocodover, preisgünstig.

Valladolid

***Mozart, Menéndez Pelayo 7, ✆ 9 83 29 77 77, Fax 9 83 29 21 90; gut organisiertes, elegantes mittelgroßes Hotel im Zentrum, südlich der Plaza Mayor.
*París, Especería 2, ✆ 9 83 37 06 25, Fax 9 83 35 83 01; nur wenige Meter nordöstlich der Plaza Mayor gelegenes schlichtes und preisgünstiges Hostal, beste Lage.
****Olid Meliá, Plaza San Miguel 10, ✆ 9 83 35 72 00, Fax 9 83 33 68 28; großes und gut gelegenes Hotel nahe San Gregorio/San Pablo und Kathedrale; gehobene Preisklasse.

Zamora

*****Parador de Zamora*, Plaza de Viriato 5, ✆ 9 80 51 44 97, Fax 9 80 53 00 63; wunderschöner Renaissancepalast mit Patio in bester Lage.

****Hostería Real de Zamora*, Cuesta de Pizarro 7, ✆ 9 80 53 45 45, Fax 9 80 53 45 45; im ehemaligen Palast kirchlicher Würdenträger aus dem 15. Jh.; schön eingerichtetes kleines Gasthaus mit angeschlossenem ausgezeichneten Restaurant, s. Restaurants; nahe der mittelalterlichen, ehemals römischen Brücke am Südrand der Altstadt gelegen.

Essen und Trinken

Alcalá de Henares

Hostería del Estudiante, Colegios 3, ✆ 9 18 88 03 30, direkt im abschließenden Teil des alten Universitätsgebäudes aus dem 16. Jh.; stilgerecht eingerichtet; Blick in den Universitätshof; solide kastilische Küche.

Aranjuez

El Molino de Aranjuez, Príncipe 21, ✆ 9 18 92 42 33; gegrillte Brasse, Lamm, Rebhuhn und in der Saison: Spargel und Erdbeeren aus der Umgebung.

Ávila

Mesón del Rastro, Plaza del Rastro 1, ✆ 9 20 21 12 18; stilvolles kastilisches Haus an der Stadtmauer; regionale Küche, Zicklein im Eintopf, Spanferkel, Bohnengerichte; unterirdischer Parkplatz außerhalb der Stadtmauer unmittelbar in der Nähe.
El Almacén, Straße nach Salamanca 6, ✆ 9 20 25 44 55; direkt hinter der Brücke über dem Fluß Adaja, auf der rechten Seite; schöner Blick auf die Stadt-

Essen und Trinken

mauer von Ávila; Küche verschiedener kastilischer Regionen; So und Mo geschl.
Doña Guiomar, Tomás Luis de Victoria 3, ✆ 9 20 25 37 09; im Zentrum der Altstadt gelegen, nahe der Plaza de la Victoria.

Cuenca

Mesón Casas Colgadas, Canonigos , ✆ 9 69 22 35 09; direkt in den ›hängenden‹ Häusern neben dem Museum für moderne Kunst gelegen; schöner Blick hinaus ins abfallende Tal; Käseplatten, Wild- und Fischgerichte.
Figón de Pedro, Cervantes 13, ✆ 9 69 22 68 21; außerhalb der pittoresken Altstadt gelegen, dafür aber die traditionsreichste und beste Küche der Stadt mit regionaltypischen Gerichten.
Los Arcos, Severo Catalina 3 (Plaza Mayor), ✆ 9 69 21 38 06; solide kastilische Küche im Zentrum der Altstadt.

Madrid

Madrid ist nicht nur die Hauptstadt Spaniens, es ist auch die Hauptstadt der spanischen Küche. Hier findet man nicht nur alle Regionen des Landes mit ihren typischen Speisen vertreten, sondern auch Spitzenqualität. Diese Auswahl empfehlenswerter Restaurants gibt daher nur einen kleinen Ausschnitt, sozusagen als Anreiz für eine Entdeckungsreise auf den Spuren spanischer Kochkunst. Telefonische Reservierung ratsam.
El Cenador del Prado, Prado 4, ✆ 9 14 29 15 61; zwischen Paseo del Prado und Plaza Santa Ana; originelle Küche mit marktfrischen Produkten (nur abends).
Paradis, Marqués de Cubas 14, ✆ 9 14 29 73 03; Speisen nach modernen Rezepten katalanisch-mediterraner Herkunft; erstklassige Qualität der Produkte.
Nicolás, Cardenal Cisneros 82, ✆ 9 14 48 36 64; originelle Küche auf der Basis erstklassiger und frischer Produkte.
Lhardy, Carrera de San Jerónimo 8, ✆ 9 15 21 33 85; klassisches Madrider Restaurant im Stil des 19. Jh.s; seit 150 Jahren geöffnet; berühmter Madrider Eintopf *cocido madrileño* (nur Mittags); Soufflé ›Lhardy‹.
La Toja, Siete de Julio 3, ✆ 9 13 66 30 34; unmittelbar an der Plaza Mayor gelegen; hervorragende Fischspeisen, galicische Küche.
El Amparo, Puigcerdá 8, ✆ 9 14 5 31 64 56; französisch-baskische Küche; *Rabo de toro* zur Stierkampfsaison; Lachs und Langusten.
Princípe de Viana, Manuel de Falla 5, ✆ 9 14 57 15 49; Sa und So, Semana Santa und August geschl.; Gemüsesuppe, Stockfisch und Fleisch nach baskisch-navarrenischen Rezepten.

Tapas, eine Vielzahl unterschiedlichster Speisen in kleinen Portionen, bieten fast alle Madrider Restaurants. Hier nur ein Tip für Lokale, in denen die Auswahl besonders groß ist, Reservierung nicht möglich:
Casa Antonio, Latoneros 10, südlich der Plaza Mayor; alte Taverne, dem Stierkampf verbunden; bis 2 Uhr nachts geöffnet.
La Dolores, Plaza de Jesus 4, im Literaturviertel; eines der ältesten Lokale.

Cafés (in denen man auch Kleinigkeiten essen kann):
Café de Gijón, Paseo de Recoletos 21, 9–2 Uhr geöffnet; traditionsreichster, über 100 Jahre alter Treffpunkt der Madrider Intellektuellen zwischen Plaza de Cibeles und Plaza de Colón.
Café Salón del Prado, Prado 4; nahe der Plaza Santa Ana gelegenes kleines Café; Do 23 Uhr Livekonzerte mit klassischer Musik.
Café del Círculo de Bellas Artes, Alcalá 42, zwischen Plaza Cibeles und Beginn der Gran Vía; stilvoller Künstlertreffpunkt im Kulturzentrum Círculo de Bellas Artes; 100 Pts. Eintritt.

Salamanca

Chez Victor, Espoz y Mina 26, ✆ 9 23 21 76 99; Spezialitätenrestaurant; So und Mo geschl.; zehn Minuten zu Fuß von der Plaza Mayor in nordwestlicher Richtung.
El Mesón, Plaza Poeta Iglesias 10, ✆ 9 23 21 72 22; kastilische Küche mit frischen Gerichten je nach Saison; Eierspeisen, Zicklein, Lamm, Fischgerichte (Merluza); Nachspeisen aus eigener Produktion.
La Montaraza, José Jauregui 9, ✆ 9 23 26 00 21; kastilische Küche; Vorspeisen: ›sopa castellana‹ oder verschiedene Eierspeisen mit Gemüse; der angebotene Fisch, je nach Marktangebot, ist frisch und von guter Qualität.

Segovia

Mesón de Candido, Plaza Azoguejo 5, ✆ 9 21 42 59 11; unterhalb des römischen Aquädukts in einem traditionsreichen Gasthaus des 15. Jh.s; das Spanferkel ist weltberühmt; hervorragende Lammkeule; Fischgerichte; der Wein des Hauses ist empfehlenswert.
José María, Cronista Lecea 11, ✆ 9 21 43 44 84; eines der besten kastilischen Gasthäuser mit traditionellen Gerichten; rechts hinter dem Theater in der Nähe des Rathausplatzes gelegen.
La Cocina de Segovia, Paseo de Ezequiel González 26, ✆ 9 21 43 74 62; nahe der Kirche San Millán; das Restaurant Segovias mit den höchsten gastronomischen Auszeichnungen.
Casa Amado, Fernández Ladreda 7, ✆ 9 21 43 20 77; neben typischer kastilischer Küche auch alternativ Fische und Meeresfrüchte; Nachspeise aus eigenem Haus und Punsch *(ponche)* auf Segovianer Art.

Toledo

Hostal del Cardenal, Paseo Recaredo 24, ✆ 9 25 22 49 00; im ehemaligen, 200 Jahre alten Palast des Kardinals Lorenzana eingerichtet; großzügig, stilvoll; im Garten kann man den Aperitif genießen.
Adolfo, La Granada 6, ✆ 9 25 22 73 21; im Stil des 14.–16. Jh.s; nahe der Kathedrale in einer Seitenstraße gelegen; So abends geschl.
La Lumbre, Real de Arrabal 3, ✆ 9 25 22 03 73; geschmackvoll im Toledaner Stil dekoriert, in einem Haus des 14. Jh.s; vor allem Fischgerichte, aber auch Lamm, Spanferkel, Steaks, Zwiebelkuchen und spezielle Gemüsegerichte.

Tordesillas

Mesón Valderrey, nahe der Brücke über den Duero und dem Katharinenkloster, ✆ 9 83 77 11 72; gute kastilische Küche.

Toro

Casa Lorenzo, Puerta del Mercado, ✆ 9 80 69 11 53; Mo abends und von 9–21 Uhr; Sept. geschl.; Wurstspezialitäten, mit Knoblauch zubereiteter Aal, Wein aus Toro.

Valladolid

Mesón Cervantes, Rastro 6, ✆ 9 83 30 61 38; bestes Restaurant der Stadt; südlich der Plaza Mayor; So und Aug. geschl.
La Goya, Puente Colgante 79, ✆ 9 83 35 57 24; gute Küche, reiche Auswahl an Vorspeisen, Fleisch und Fisch; je nach Jagdsaison Angebote von Wildgerichten; Duero-Wein.

Zamora

Pizarro, Cuesta de Pizarro 7, ✆ 9 80 53 45 22; nahe der Steinbrücke über den Duero am Rand der Altstadt im heutigen Hotel Hostería Real de Zamora; gespeist wird im Kreuzgang der ehemaligen Klerikerresidenz; Speisekarte mit baskischer Note; Kaviar u. Lachssalat; Seezunge in Anchovis-Soße.
Marcial, an der Landstraße zwischen Zamora und Toro, 14 km von Zamora in Fresno de la Ribera, ✆ 9 80 69 56 82; Restaurant im Familienbetrieb; gemütliche Atmosphäre; reiche Auswahl an frischem Gemüse, Fisch und Fleisch aus Galicien; eigene Nachspeisen; Wein aus Toro.

Informationen von A bis Z

Ärzte

Nach deutschsprachigen Ärzten kann man sich bei den Botschaften erkundigen oder beim ADAC in München; von Spanien aus: ✆ 00 49 89/22 22 22.

Apotheken

Man erkennt die Apotheken *(farmacias)* an dem grünen Kreuz auf weißem Grund. Neben Medikamenten halten sie auch zahlreiche Drogerieartikel bereit. Den Notdienstplan kann man den Tageszeitungen entnehmen oder (in Madrid) unter ✆ 098 erfahren. Jede Apotheke zeigt einen Aushang mit dem Hinweis auf die nächstgelegene Notapotheke.

Diebstahl

Grundsätzlich sollte weder am Tag noch in der Nacht Gepäck im Auto gelassen werden. In der kastilischen Provinz ist die Gefahr eines Diebstahls gering, größer allerdings in Madrid. Anzuraten ist der Abschluß einer

Informationen von A bis Z

Reisegepäckversicherung. Der Diebstahl muß bei der Polizei *(comisaría)* angezeigt und die Schadensmeldung umgehend an die Versicherung weitergeleitet werden.

Diplomatische Vertretungen

Botschaft der Bundesrepublik Deutschland:
Madrid, Fortuny 8
☏ 9 13 19 91 00
Metro: Rubén Darío

Österreichische Botschaft
Paseo de la Castellana 91
☏ 9 15 56 53 15
Metro: Santiago Bernaben

Schweizer Botschaft
Nuñez de Balboa 35, 7. Stock
☏ 9 14 36 39 60
Metro: Velázquez

Feiertage

1. Januar (Neujahr)
6. Januar (Dreikönigstag)
19. März (Fest des hl. Joseph)
Gründonnerstag und Karfreitag; Ostermontag ist ein Arbeitstag
1. Mai (Tag der Arbeit)
2. Mai (Tag zur Erinnerung an den Madrider Aufstand gegen die Franzosen im Jahr 1808)
15. Mai (Stadtfest in Madrid zu Ehren des Stadtpatrons San Isidro)
25. Juli (Spanischer Nationalfeiertag zu Ehren des hl. Santiago)
15. August (Mariä Himmelfahrt)
12. Oktober (Tag der Entdeckung Amerikas)
1. November (Allerheiligen)
8. Dezember (Maria Empfängnis)
25. Dezember (Weihnachten)

Fundbüro

Städtisches Fundbüro in Madrid: Santa Engracia 120
☏ 9 15 88 43 46
Metro: Iglesia

Geld und Geldwechsel

Währungseinheit ist die *peseta* (Pta./Pts.) 1 Euro= 166,39 Pts = 1,96 DM.

Bequem ist die Benutzung von EC-Karte und gängigen Kreditkarten an Geldautomaten (unter Verwendung der Geheimnummer), von denen es in Zentralspanien viele gibt. Gebührenfrei ist das Geldabheben mit dem Postsparbuch bei der Caja Postal.

Banken haben in der Regel von Mo–Fr von 9–13.30 Uhr geöffnet. Man achte auf das EC-Zeichen bzw. auf den Hinweis *Cambio* (Wechsel).

Hotels und gute Restaurants akzeptieren in der Regel Kreditkarten. In den größeren Hotels ist auch Geldwechsel möglich.

Notruf

Ärztlicher Notdienst: 061
Polizei: 091 oder 092
Feuerwehr: 080

Öffnungszeiten

Der Arbeitstag beginnt gemächlich; vor 10 Uhr öffnet

kaum eine Einrichtung (außer den Bars zum Frühstück).
In der Regel: 10–13.30/14 und 15/16 –19.30/20
Die Mittagspause *(siesta)* ist im Winter etwas kürzer als im Sommer.

Post

Briefmarken bekommt man beim *estanco*, dem Tabakwarenladen, oder beim Postamt *(correos)*.
Eilige Sendungen sollte man per Einschreiben schicken *(certificado)*. Während der *siesta* haben die Postämter geschlossen.

Telefonieren

Die internationale Vorwahlnummer für Spanien von Deutschland ist: ✆ 00 34.
Alle Telefonnummern in Spanien bestehen aus 9 Ziffern (keine zusätzliche Ortsvorwahl) und beginnen mit ›9‹. An den ersten Ziffern erkennt man die jeweilige Provinz. Von Spanien ins Ausland wird zunächst 00 gewählt, dann die Landeskennzahl (Deutschland: 49, Österreich: 43, Schweiz: 41), die Ortsvorwahl ohne 0 und die Teilnehmernummer.
Es gibt Telefonzellen mit Münzbetrieb und für Telefonkarten *(tarjeta telefónica*, man bekommt sie beim Zeitungskiosk).
Werktags nach 22 Uhr und an Sonn- und Feiertagen ist das Telefonieren in Spanien um die Hälfte billiger.

Trinkgeld

Es ist üblich, in Restaurants, Bars und Cafeterías Trinkgeld in einer Höhe bis zu 10 % des Rechnungsbetrags zu geben. Man läßt das Trinkgeld einfach auf dem Tisch liegen oder auf dem Teller, auf dem die Rechnung gebracht wurde.

Zeit

In Spanien gilt die Mitteleuropäische Zeit. Sommerzeit ist vom letzten Sonntag im März bis zum letzten Sonntag im Okt.

Zitatnachweis

S. 72f.: Aus: Luis S. Guanjel, Miguel de Unamuno, Stuttgart 1962, S. 127, 100/101, 245/246

S. 234ff.: Aus: Peter Weiss, Die Ästhetik des Widerstands, Bd. 1, © Suhrkamp Verlag Frankfurt am Main 1975, neue durchgesehene Auflage 1976, S. 332–334

S. 261: Aus: Reinhold Schneider, Philipp II. oder Religion und Macht; Gesammelte Werke, Bd. 1, © Insel Verlag Frankfurt am Main 1977, S. 210/211

S. 283: Aus: José Ortega y Gasset, Kastilische Landschaften, 1916; Gesammelte Werke, Bd. 1, © DVA Stuttgart 1978, S. 32

Abbildungsnachweis

Archiv für Kunst und Geschichte, Berlin S. 20, 21, 28, 39, 49, 50, 92, 170/171, 183, 187, 194, 204, 215, 218/219, 220/221

Artothek, Peissenberg S. 37, 167, 178, 181, 182, 192, 212, 216 (Detail von S. 37), 232

bildarchiv preussischer kulturbesitz, Berlin Umschlagrückseite unten, S. 8/9, 19, 31, 44, 52, 54/55, 59, 78, 172/173, 176, 200/201, 208/209, 213, 222, 236/237, 253o

Hans-Peter Burmeister, Bremen 29, 33, 86, 88, 98, 101, 106u, 124re, 125li, 132, 134, 138/139, 141o li u. re, 142, 143re, 149li, 154, 246, 257o, 260, 272, 273, 280, 282u, 295, 296, 297, 311

Fridmar Damm, Köln Umschlagvorderseite, Umschlagrückseite oben, S. 120, 147, 160li, 258re, 292/293

Franz Marc Frei, München Umschlagklappe hinten, S. 1, 23, 63, 83, 254, 257u, 320

Manuel García Blázquez, Madrid S. 275li, 279

Robert Janke, Boslar S. 6/7, 11, 16, 60/61, 69, 81, 82, 89, 97, 106, 107o, 109, 113, 115, 116/117, 119, 121, 124li, 127, 128, 130, 131u, 133, 143li, 145, 149re, 151, 153, 275re, 276/277, 282o, 284, 285

Georg Jung, Hamburg S. 263

Johannes Kautzky, Innsbruck S. 41, 129, 248, 294, 295u, 301, 303

Laif, Miquel Gonzalez, Barcelona Umschlagklappe vorn, S. 95, 102, 105, 107u, 110, 112re

Laif, Gernot Huber, Köln S. 85, 156/157, 159, 160re, 163, 238, 255, 259, 267, 268

Werner Neumeister, München S. 34, 90, 99, 112li

Museo Thyssen-Bornemisza, Madrid, Copyright © Fundatión Colección Thyssen-Bornemisza, Madrid S. 27, 231, 225 (Detail von S. 27)

Klaus Thiele, Warburg S. 12, 35, 131o, 141u, 288, 289, 313

White Star, Hamburg S. 270, 290

Monica Grimm S. 56, 66, 76, 103, 161, 225, 253u, 299, 300, 305, 306/307, 309, 310

J. Steiner S. 258li

Farbige Karten und Pläne:
Berndtson und Berndtson, Fürstenfeldbruck, © DuMont Buchverlag, Köln

Grundrisse mit freundlicher Genehmigung folgender Verlage:

Limes Verlag, München S. 288, 308 (aus: Reinhard Winter, Kastilien · Madrid, München, Zürich 1992)

Philipp Reclam Jun. GmbH & Co., Stuttgart S. 96, 100, 123, 144, 148, 245, 262, 271, 275, 314, 315, 316 (aus: Gisela Noehles-Doerk, Madrid und Zentralspanien, Kunstdenkmäler und Museen, Stuttgart 1986)

Wissenschaftliche Buchgesellschaft, Darmstadt S. 292, 296, 313 (aus: Heinz Schomann, Iberische Halbinsel, Teil 2: Zentralspanien (BWR), Darmstadt 1997; umgezeichnet bzw. ergänzt von Anja Schomann)

Alle übrigen Abbildungen und Pläne stammen aus den Archiven des Autors und des Verlags.

Register

Personen

Abd ar-Rachman I. 43
Aelst, Pieter van 247
Aelst, Willem van 226
Álava, Juan de 98, 108f., 114
Álava, Pedro Ibarra 114
Alba, Herzog von 199, 251, 293
Alba, Herzogin von 53, 213, 251
Alemán, Rodrigo 71, 286, 310
Alfons VI. 43, 57, 65, 70, 91, 121, 129, 304
Alfons VII. 302
Alfons VIII. 122, 156
Alfons IX. 26, 43, 100
Alfons X., der Weise 25, 29, 59, 62, 64, 100
Alfons XI. 118, 140, 298
Alfons XII. 46
Alfons XIII. 46f., 265
Anaya y Maldonado, Diego de 98, 110
Arco, Marqués de 146
Ardemans, Teodoro 85, 272
Arfe, Enrique de 76
Arfe, Juan de 126, 297
Aristoteles 14, 59
Astray, Millan 94
Averroes 14, 59
Avicenna 59

Bacon, Francis 233
Barocci, Federico 264
Bayeu y Subias, Francisco 52, 212, 247, 255
Bazan, Don Alvaro de 255
Beckmann, Max 230
Bellini, Giovanni 75, 240
Benlliure Gil, Mariano 255
Bernard de Agen 283
Berruguete, Alonso 71, 72f., 88, 114, 126, 132, 295, 297
Berruguete, Pedro 133, 146
Bigarny, Felipe 71, 105
Blomberg, Barbara 265
Bonavia, Giacomo 276
Bonifacio, Blandino 76
Borgoña, Juan de 76, 125
Borgoña, Raimondo de 91, 121, 132
Bosch, Hieronymus 162, 164, **169ff.**, 175, 176, 251, 266
Bosco, Ricardo Velázquez 258
Brahe, Tycho 58
Braque, Georges 230, 231, 239
Bravo, Juan 29, 142
Brueghel d. Ä., Pieter 162, 164, **175f.**

Bruselas, Juan de 310
Bustamante, Bartolomé de 88

Calderón de la Barca, Pedro 31, 104, 158, 254, 278
Cambiasso, Orazio 264
Cano, Alonso **193**, 195, 198, 240, 264, 296
Caravaggio 75, 89, 191
Cardona, Pedro de 280
Carlos I. 26, 44, 161, 265
Carlos II. 45
Carlos III. 45
Carlos IV. 45f.
Castello, Fabricio 264
Castro, Gutiérre de 97
Cellini, Benvenuto 268
Ceroni, Antonio 108
Cerralbo, Marqués de 251
Cervantes, Miguel de 31, 104, 158, 256, 258, 278, 280f., 294, 297, 300
Cézanne, Paul 51, 230
Chardin, Jean-Baptiste Siméon 226
Churriguera, Alberto 100, 111, 118
Churriguera, Joaquín 99, 111, 115
Churriguera, José 109
Cisneros 70, 76, 278f., 299
Coca, Francisco de 286
Coello, Claudio 75, 109, 256
Colonio, Casandor 121
Covarrubias, Alonso de 65, 87, 88, 114, 281, 285, 286
Coxie, Michiel 264

Dalí, Salvador 162, **232**, 233, 239
Dante 58, 174
Dégas, Edgar 230
Delacroix, Eugène 53
Doesburg, Theo van 231
Domingo de Guzmán 150
Don Juan Pardo de Tavera 88
Don Quijote 15, 31, 36, 92, 158, 281, 294
Duque, Rodrigo 286
Dürer, Albrecht 162, 164, **177ff.**
Dyck, Anton van 75, 226

Egas, Enrique 84, 85
El Cid 29, 283, 305
Elisabeth von Valois 282
Enrique II. 146
Enrique IV. 140
Eraso, Francisco de 284

Fancelli, Domenico 70, 133, 280
Farnese, Isabella 274
Ferdinand I. 250
Ferdinand III. 59
Ferdinand V. 278
Ferdinand VI. 276

339

Register

Ferdinand VII. 46, 53, 216, 273
Ferdinand von Aragon (der Katholische) 19, 22, 43, 44, 82, 132f., 140, 149, 294, 297
Fernández, Gregorio 131, 145, 295, 296, 312
Ferrer, Vicente 24, 81
Flandes, Juan de **27**, 225
Florentino, Nicolás (Dello de Nicola) 96
Fonseca, Alonso de 114f.
Fra Angelico 251
Fragonard, Jean-Honoré 226
Franco 25, 39f., 47, 94, 118, 161, 203, 234, 244, 270f.
Franz I. 282
Fray Luis de León 102, 103f.
Frémin, René 273
Friedrich II. 58f.

Galdiano, José Lazaro 251
Galen 59
Gallego, Fernando 97, 104, 105, 303, 311
Garcia Lorca, Federico 176
Gasparini, Matías 246
Gasset siehe Ortega y Gasset
Gerhard von Cremona 58f.
Giaquinto, Corrado 246
Gil de Hontañon, Juan 98, 144
Gil de Hontañon, Rodrigo 98, 144, 279
Giordano Luca 75, 89, 266, 268
Giovanni da Bologna 254
Giraldo, Lucas 126
Godoy, Manuel 46, 214, 215, 259, 277
Goethe, Johann Wolfgang von 14, 210
Góngora, Luis de 31
González Velázquez, Antonio 255, 246, 247
Gonzalez, Julio 239, 259
Goya y Lucientes, Francisco de 7, **37**, 45, 51, **52f.**, 73, 75, 160, 162, 164, 166, **210ff.**, 229, 233, **240ff.**, 246f., 252, 256, 277
Granello, Niccolò 264
Greco, El 7, 31, 32, **48ff.**, 63, 73f., **77ff.**, 85, 87f., 166, **185ff.**, 225, 251, 264f., 284, 286
Gricci, Giuseppe 245, 276
Gris, Juan 162, 231, 233, 239
Guas, Juan 83, 123, 124, 146, 151f., 281
Gumiel, Pedro 279

Hanequín de Bruselas 85, 146
Hannibal 10
Hans von Evalo 265
Heinrich II. 261
Heinrich IV. 253

Hemingway, Ernest 274
Herkules 70
Hermann der Dalmatier 58
Hermannus Germanicus 59
Herrera, Fernando de 31
Herrera, Juan de 85, 148, 253, 262, 267, 275, 276, 297
Holanda, Cornelis de 126
Hopper, Edward 233

Ibarra, Pedro 115
Ildefonso 66
Isabella Farnese 118
Isabella I. von Kastilien (die Katholische) 19, 21, 22, 29, 43, 44, 71, 82, 102, 140, 132f., 149, 278, 292f., 294, 297, 299, 302

Jamete, Esteban de 289
Johann II. 264
Johanna die Wahnsinnige 26, 62, 106, 149, 298, 299
Johannes vom Kreuz 153
Jovellanos, Gaspar Melchor de 52, 212
Juan Carlos 47
Juan de Austria 45, 265, 280
Juan de Sevilla 58
Juni, Juan de 132, 145, 295, 297

Kalf, Willem 226
Karl III. 118, 160, 244, 259, 276
Karl IV. 38, 214f., 246, 247, 259, 262, 277
Karl V. 26, 28f., 44, 45, 63, 65f., 70, 73, 87, 102, 104, 133, 149, 156, 166, 167, 180, 251, 266, 268, 274, 282, 284, 299
Karl Martell 11
Kauffmann, Angelika 229
Kepler, Johannes 57f.
Kolumbus, Christoph 21, 44, 294
Kopernikus, Nikolaus 58

Las Casas, Bartolomé de 20, 104, 108, 294
Leoni, Leone 268
Leoni, Pompeo 268
Levi, Samuel 80
Lotti, Cosimo 277
Loyola, Ignatius von 45, 111, 189
Luzan, José 52

Machado, Antonio 92, 150
Madrigal, Alonso de 125
Maella, Mariano Salvador 247
Maimonides 14, 59
Maldonado de Talavera, Rodrigo 113
Manet, Edouard 51, 53, 198, 229

340

Personenregister

Marc, Franz **230**
Margarete von Österreich 111
María Luisa 247, 277
Maria von Österreich 255
Maria von Ungarn 167
Maximilian II. 256, 265
Meister Fruchel 123, 124
Meister Hannequin (Hanequín de Bruselas) 85, 146
Memling, Hans 162
Menas, Pedro de 296
Mendoza, Pedro de 283
Mengs, Anton Raphael 212, 214, 246
Michelangelo 48, 186, 193, 262, 269, 295
Miró, Joan 162, 233, 239, 259
Modena, Nicoletto da 102
Mohammed 12f., 58
Molina, Tirso de 31, 278
Monegro, Juan Bautista 262, 266, 268, 284
Monterrey, Graf 114
Mor, Antonis 89
Mora, Juan Gómez de 111, 253, 255, 279
Morales, Luis de 75, 88, 106, 115, 146, 240, 284
Mugaguren, Juan de 144
Muhammad I. 155
Murillo, Bartolomé Esteban 80, 166, **195ff.**, 240, 251f.

Napoleon Bonaparte 46, 217
Nardi, Angelo 281
Nassau, Justin von 199
Nebrija, Elio Antonio de 29
Nelli, Fabio 297

Oliva, Perez de 101
Olivares, Herzog von 50
Ordoñez, Bartolomé 280
Ortega y Gasset, José 283, 285
Ovid 207

Pacheco, Francisco 50
Palomino, Antonio 110
Pannemaker, Fam. 247
Passin, Cristobal 293
Pedro I. (der Grausame) 43, 80, 140, 284, 298
Peemans, Gerard 146
Philipp I. 26
Philipp II. 30, 35, 45, 48, 63, 73, 121, 148, 156ff., 166f., 169, 182ff., 251, 254f., 261, 264ff., 270, 275f., 279, 282, 294
Philipp III. 45, 50, 89, 111, 254, 262
Philipp IV. 45, 50, 179, 193, 256, 262
Philipp V. 45, 118, 244, 272, 274, 276

Philipp der Schöne (Habsburger) 106, 149, 278, 299
Picasso, Pablo 162, 163, 230, 231, **233ff.**
Pituenga, Florin de 121
Primo de Rivera, J. A. 46f., 270

Quevedo 158, 252, 278
Quiñones, Andrés García de 111, 118

Raffael 75, 164
Ribera, José de (Lo Spagnoletto) 88, 89, 114, 166, **191ff.**, 195f., 198, 240, 251, 255, 264f.
Ricci, Francisco 256
Robert von Chester 58
Rodriguez, Juan 126
Rubens, Peter Paul 51, 75, 146, 162, 166, 186, 198, 204, 222, 651, 256, 264
Rudolf von Brügge 58

Sabatini, Francisco 146, 259
Sacchetti, Giovanni Battista 244, 272
Salaverria, José María 164
Salina, Francisco de 103
Sánchez, Martín 133
Sancho II. 304
Santangel 22
Santurin, Antonio 269
Sartorius 41
Schneider, Reinhold 261
Scotus, Michael 58
Sedirac, Bernhard de 70
Serlio, Sebastiano 87, 281
Serrano, Pablo 115, 259
Sevilla, Nicasio 104
Siloé, Diego de 114, 295
Simón de Colonia 294
Solana, José Gutiérrez 239
Sorolla, Joaquín 252
Spinola, General Ambrosio de 199

Tacca, Pietro 254
Tavarone, Lázaro 264
Teresa von Ávila 130, 146, 269, 293
Theotocópuli, Jorge Manuel 85
Thierry, Jean 273
Thomas von Aquin 58, 133
Tibaldi, Pellegrino 266, 268f.
Tiepolo, Giovanni Battista 162, 244, 246, 247
Tiepolo, Giovanni Domenico 247
Tintoretto 48, 51, 162, 166, 240, 264, 266
Tizian 28, 48, 51, 73, 75, 161f., 166, **179**, 193, 207, 214, 266, 269, 286
Toledo, Juan Bautista de 256, 262, 267

341

Register

Tomé, Diego 296
Tomé, Narciso 75, 296
Torquemada, Tomás de 23, 43, 132

Unamuno, Miguel de 92f., 103, 115
Urban II. 57
Urraca 91, 121, 129

Valdés Leal, Juan de 80, 176
Vasco de la Zarza 125
Vega, Lope de 31, 104, 158, 254, 278, 293
Velázquez de Silva, Diego 7, 36, **50ff.**, 73, 75, 158, 162, 166, 179, 195, **197ff.**, 214f., 229, 251f., 266, 297
Veronese 48, 51, 166, 193, 214, 264, 266
Vignola, Giacomo da 281
Villalpando, Francisco de 70, 87
Villanueva, Juan de 254, 262
Villoldo, Isidro de 126
Villreal, José de 255
Vitoria, Francisco de 20, 103f., 108

Weiss, Peter 234ff.
Wellington, Herzog von 46
Weyden, Rogier van der 164, **167f.**, 225, 264

Zarza, Vasco de la 125f.
Zuccari, Federico 268
Zuloaga, Daniel 150
Zurbarán, Francisco de 80, 89, 162, 166, **193ff.**, 195, 198, 240, 251, 284

Orte

Alba de Tormes 293
Alcalá de Henares 29, 160, **278ff.**
Altamira 41
Andalusien 41, 121
Aragon 19
Aranjuez 46, 160, **274ff.**
Arévalo 292f.
Asturien 12, 42
Ávila 6, 34, 43, **121ff.**, 135
– Convento de la Santa 130
– Convento Santo Tomás 132
– Cuatro Postes 121, 122
– Kathedrale **122ff.**
– San Andrés 129
– San Pedro 130
– San Segundo 132
– San Vicente **126ff.**
– Stadtmauer 121

Barcelona 160
Bologna 91, 100

Bordeaux 53
Bourges 67
Breda 199
Burgos 29, 67

Cádiz 10, 38, 40
Campillo 313
Coca 291f.
Cordoba 14, 41, 43, 59, 64, 66, 81, 96, 155
Covadonga 42
Cuenca 29, 43, 287ff.

Duero 17, 41, **291ff.**

Ebro 17, 41
El Escorial 35, 45, 48, 63, 87, 169, **261ff.**
Extremadura 10, 121f.

Galicien 11, 15, 304
Granja, La **271ff.**
Granada 18, 21, 43, 84, 121
Guadalajara **281f.**
Guadiana 41

Jarama 155

Kantabrien 12, 42

Leon 26, 66
Lepanto 45

Madrid 10, 29f., 40, 45f., 48, 50f., 62f., 136, **155ff.**, 273, 287, 291
– Atocha-Bahnhof 258
– Basílica de San Francisco el Grande 256
– Buen Retiro 156, 258
– Café Gijon 259
– Calle Mayor 253
– Casa Alba 251
– Centro de Arte Reina Sofía **233ff.**
– Cervantes-Denkmal 155
– Gran Vía 259
– Instituto de Valencia de Don Juan 252
– Kybele-Brunnen 258
– Monasterio de las Descalzas Reales 255
– Museo Arqueológico Nacional 248
– Museo Cerralbo 251
– Museo de América 248, 250
– Museo Lazaro Galdiano 251
– Museo Nacional del Prado **163ff.**
– Museo Sorolla 252
– Museo Thyssen-Bornemisza **225ff.**
– Neptun-Brunnen 258
– Palacio de Cristal 258

Ortsregister

- Palacio Real **244ff.**
- Palast der Herzogin von Alba 259
- Plaza de Colón 259
- Plaza de España 155
- Plaza de la Villa 255
- Plaza Mayor 253
- Plaza Oriente 256
- Puerta de Alcalá 259
- Puerta del Sol 160, 252
- Real Academia de San Fernando **240f.**
- Real Monasterio de la Encarnación 255
- San Antonio de la Florida **241ff.**
- Templo de Debod 257
- Torre Picasso 259

Manzanares 30, 155, 160
Marokko 18, 22, 43, 57
Medina del Campo 29, 291
- La Mota 292

Merida 283

Oxford 91, 100

Palermo 58
Paris 67, 91, 100
Pedraza 291
Peñafiel 291
Plasencia 18
Pyrenäen 10, 137

Ríofrio 274
Rom 48, 52, 64, 102

Sagunt 41
Salamanca 6, 10, 18, 29, 34f., 43, **91ff.**, 135, 294
- Alte Kathedrale **94ff.**
- Casa de las Conchas 112f.
- Casa de las Muertes 115
- Casa Ibarra 115
- Clerecía 111
- Colegio Anaya 110
- Colegio Mayor Arzobispo Fonseca 114
- Convento de las Ursulas 115
- Escuelas Menores 104
- Kathedrale 91
- La Purísima 114
- Museo Provincial de Bellas Artes 106
- Neue Kathedrale **98ff.**
- Palacio Monterrey 113
- Plaza Mayor **116ff.**
- Römische Brücke 91, 94
- San Esteban 107
- San Sebastian **111ff.**
- Santa María de las Dueñas **106f.**
- Universität **100ff.**
- Vera Cruz 115

Segovia 6, 10, 18, 26, 29f., 34, 43, 62, 121, **135ff.**, 274, 287
- Alcázar **147ff.**
- Casa de los Picos 141
- Casa del Conde de Alpuente 141
- Convento de Carmelitas Descalzos 153
- Corpus Christi 143
- Erzbischöflicher Palast 149
- Kathedrale **144ff.**
- Römisches Aquädukt 135, 137
- San Esteban 149
- San Juan de los Caballeros 150
- San Lorenzo 150
- San Martin 142
- San Millán 141
- Santa Cruz la Real 150
- Santuario de la Virgen de la Fuencisla 153
- Vera Cruz 152
- El Parral 151

Sevilla 40, 43, 47, 50, 62, 80, 195, 197
Sierra de Guadarrama 155, 261
Sierra Nevada 10
Sigüenza **283ff.**

Tajo 41, 63
Toledo 6, 11, 17f., 25f., 29f., 34, 42f., 48, **57ff.**, 96, 105, 121, 135, 137, 140, 155f., 195, 250, 295
- Alcázar 57f., 64
- Casa del Greco 80
- Hospital de Tavera 88f.
- Hospital Santa Cruz 85ff.
- Kathedrale 67ff.
- Parador 63
- Puente Nuevo 57
- Puerta del Sol 63, 66
- Puerta del Valmardón 66
- Puerta Nueva de Bisagra 65f.
- Puerta Vieja de Bisagra 65
- San Juan de los Reyes 65, 82ff.
- San Román 67
- Santa María la Blanca 81f.
- Santiago de Arrabal 66
- Santo Cristo de la Luz 66f.
- Santo Tomé 77ff.
- El Tránsito 80f.

Tordesillas 43f., 291, **298f.**
Toro 96, 291, **300ff.**

Valencia 287
Valladolid 29f., 62, 282, 291, **294ff.**
Valle de los Caídos **270f.**

Zamora 43, 96, 291, **303ff.**
- Kathedrale **305ff.**

Zaragoza 52, 283

Umschlagvorderseite: Kathedrale von Segovia
Umschlagklappe vorn: Fassadendetail der Casa de las Conchas in Salamanca
Umschlagklappe hinten: Die hängenden Häuser von Cuenca
Umschlagrückseite
  oben: Windmühlen mit Kastell in Consuegra bei Toledo
  Mitte: Grundriß Alcázar von Segovia
  unten: Picasso, Guernica (Detail)
Abb. Seite 1: Störche auf einem Kirchturm in Kastilien

Hans-Peter Burmeister, geboren 1949, studierte Kunstgeschichte, Literatur- und Religionswissenschaften. Er promovierte mit einer Arbeit über den modernen Kunstbegriff und wirkt als Studienleiter an der Akademie Loccum im Schwerpunkt ›Europäische Kultur‹. Seit fünfzehn Jahren bereist er Spanien als Reiseleiter und ist Autor zahlreicher Publikationen. Bei DuMont sind von ihm ›Richtig Reisen Andalusien‹ und das ›Reise-Taschenbuch Extremadura‹ erschienen.

© DuMont Buchverlag, Köln
3., aktualisierte Auflage 2001
Alle Rechte vorbehalten
Satz und Druck: Rasch, Bramsche
Buchbinderische Verarbeitung: Bramscher Buchbinder Betriebe
Grafisches Konzept: Ralf Groschwitz, Hamburg

Printed in Germany   ISBN 3-7701-3458-3